Herderbücherei

Band 492

Über das Buch

Es ist nicht leicht, diesem theologisch und spirituell auf hohem Niveau stehenden Werk gerecht zu werden. Sicher läßt es sich nicht als eine glatte Absage an die heutigen antirömischen Strömungen innerhalb der katholischen Kirche bezeichnen, dazu redet es zu differenziert. Wer es liest (nicht bloß durchblättert), wird an entscheidenden Stellen die nötigen kritischen Akzente finden.

Das Buch ist keine Apologie für das Papsttum, sondern der Versuch, das Phänomen, mit dem der Katholik leben und das der nichtkatholische Christ zur Kenntnis nehmen muß, in einen solchen biblischen Zusammenhang zu stellen, daß es in seiner Funktion verständlich, in seinem Anspruch annehmbar, in seinen Exzessen kritisierbar wird.

Der unermeßliche Stoff ist auf ein paar Hauptthemen und charakteristische Beispiele zusammengedrängt; die letztern sind zum Teil aus dem aktuellen Schrifttum ausgewählt. Aber nicht auf der Einzelauseinandersetzung liegt der Schwerpunkt, sondern auf dem evangelischen Anliegen. Auch ökumenisch wird man auf die Dauer mehr erreichen, wenn man ein schwieriges Problem mutig angeht, als wenn man es als angeblich unlösbar oder unerheblich vorläufig in die Ecke stellt.

Über den Autor

Hans Urs von Balthasar, geboren am 12. August 1905 in Luzern, studierte Germanistik in Wien, Berlin und Zürich, sodann Philosophie und Theologie. Freundschaft mit E. Przywara und Henri de Lubac. Übersetzer bedeutender französischer philosophischer, theologischer und belletristischer Schriften. Verfasser grundlegender theologischer Werke. Er lebt heute als freier Schriftsteller in Basel.

LöHV

# Hans Urs von Balthasar
# Klarstellungen

Zur Prüfung der Geister

Herderbücherei Band 393 · 192 Seiten

Alte Wahrheiten, neue Interpretationen, Tendenzen bei Reformen und neue Experimente in den Lebensvollzügen des Gottesvolkes nimmt der Autor kritisch auf den Prüfstand. Er deckt ungerechtfertigte Einseitigkeiten auf und bietet ausgezeichnete Orientierungshilfen für die „Scheidung der Geister". Nicht, daß er die Vergangenheit glorifizieren oder konservieren möchte, auch nicht, daß er skeptisch allen neuen Ansätzen gegenüberstünde; aber er wehrt sich gegen den breiten Weg der Mode. Die vorgelegten Kapitel geben „Zeugnis von einer Grundanschauung, sind ein paar Strahlen, die alle von der gleichen Mitte ausgehen". Auf jeder Seite wird der Bezug zu den christlichen Grundstrukturen deutlich.

Herderbücherei

# Glaubensinformation

Ladislaus Boros
Der anwesende Gott
Band 441 · 192 Seiten

Christa Meves
Die Bibel antwortet uns in Bildern
Band 461 · 160 Seiten, 4. Aufl.

Joachim Illies (Hrsg.)
Die Sache mit dem Apfel
Band 447 · 176 Seiten, 2. Aufl.

Marc Oraison
Der Buchstabe tötet
Band 417 · · 192 Seiten

Josef Sudbrack
Beten ist menschlich
Band 465 · · · 256 Seiten

Helmut Thielicke
Die geheime Frage nach Gott
Band 429 · · 208 Seiten, 2. Aufl.

# in der Herderbücherei

Hans Urs von Balthasar

# Der antirömische Affekt

Herderbücherei

Originalausgabe
erstmals veröffentlicht als Herder-Taschenbuch


Herder Freiburg · Basel · Wien
Herder Druck Freiburg im Breisgau 1974
ISBN 3-451-01992-2

FRAU

DR. MAGDALENA HUTTON

IN DANKBARKEIT

ZUGEEIGNET

# Inhalt

III

DAS WUNDER LEBEN

# Einleitung

Was das Buch will? Zeigen, daß es innerhalb der katholischen Kirche – was außerhalb ist, interessiert uns im Augenblick nicht – einen tiefsitzenden antirömischen Affekt gibt, daß dieser Affekt nicht nur soziologische und geschichtliche, sondern auch theologische Gründe hat, daß er etwas von der Gemeinschaft der Kirche immer neu zu Überwindendes ist. Jede Papolatrie liegt uns fern. Wir werden versuchen, die gegen die Kirchenleitung, wie sie anfangs war, sich historisch entwickelt hat und heute ist, erhobenen Bedenken wirklich zu sehen und ernst zu nehmen, werden uns auch durch die Tatsache, daß wir im 20. Jahrhundert durch eine Reihe selbstloser, der Sache Christi ganz ergebener Päpste begünstigt sind, nicht verführen lassen, dieses Jahrhundert durch einen Zauberschnitt von der vielfach so dunkeln Geschichte des Papsttums zu trennen und die letztere einfach zu vergessen. Aber wir werden uns auch des Wortes Montalemberts erinnern: „Pour juger le passé il aurait fallu le vivre; pour le condamner il faudrait ne rien lui devoir.“[1] Wir werden der Weisheit Möhlers gedenken, der uns (anläßlich der antipapalen Sekten des 12. Jahrhunderts, die, von einer geistlichen und heiligen Kirche träumend, „der bestehenden, durch so viele Stürme und Umwälzungen hindurchgegangenen Kirche vorzuwerfen“ wagten, „sie habe ihre Bestimmung verfehlt“) erklärt: „Hätten diese Gebilde der Phantasie und der Selbstsucht, als was sie gewiß anzusehen sind, wenn man auch das Bessere an ihnen nicht verkennen soll, *die* Last der Zeiten getragen, welche der katholischen Kirche auferlegt wurde, sie wären im ersten Augenblick schon in das Nichts zurückgesunken, aus welchem sie hervortauchten.“[2]

Versuchen wir in dieser Einleitung den kirchlichen Realismus, den diese Sätze ausdrücken, zuerst theologisch zu begründen, dann einen ersten Blick auf die umstrittene Realität der Kirche zu werfen,

[1] Rede in Mecheln 1863.

[2] Symbolik § 37.

um zuletzt, des theologischen Realismus eingedenk, den Vorschlag anzudeuten, der im zweiten und dritten Teil des vorliegenden Buches näher ausgeführt werden soll.

### 1. *Der Grundsatz: „Das Wort ist Fleisch geworden"*

Johannes formuliert in diesem Axiom das Wesen der endgültigen Offenbarung Gottes, wie es in allen Evangelien konkret beschrieben wird. Das Wort, der griechische „Logos", die hebräische „Weisheit" war ewig bei Gott, war auch das göttliche Prinzip, durch das Gott alle Dinge schuf, das Licht, durch das er sie bleibend erleuchtete. Das Wort ist Gottes Kunst, in souveräner Freiheit zu schaffen und zu ordnen, allmächtig, durch nichts gebunden als seinen eigenen Plan und Willen, auch nicht durch die Finsternisse der Endlichkeit und der Sünde, die sein alldurchströmendes Licht nicht zu fassen, aufzuhalten, zu binden vermögen (ein Ding, eine Wahrheit er-fassen, ver-stehen – lat. per-stare = ver-harren –, heißt, es geistig beherrschen und in be-greifende Kategorien fesseln). Dieses Fassen des Göttlich-Unfaßlichen erhält einen bestimmten Ausdruck im alttestamentlichen Gesetz, das zunächst offene und öffnende Weisung auf das Anwohnen des Mysteriums göttlichen Lichtes und göttlicher Wahrheit war, aber sich dann vielfach verhärtet hat zur quasi-magischen Formel für Erkennen und Tun, kraft deren die „Finsternis" sich schließlich doch des strömenden Lichtes bemächtigen kann. Hier wird es widersprüchlich und tragisch.

Etwas Neues, Unerhörtes geschieht, wenn das Wort von sich aus, von dem Gott her, bei dem es ist, Fleisch wird. Fleisch ist der konkrete Mensch, dessen Gegenwart und Erscheinungsweise das individuelle Leibgebilde ist. Gewiß ist der „Fleisch-Mensch" von einer aus Gottes Odem stammenden Seele durchwaltet, der ihn von Pflanzen, Tieren unterscheidet; aber für die Bibel ist er trotzdem mit diesen Schöpfungsgenossen zusammen Fleisch. Fleisch heißt: geboren werden, wachsen, sich nähren müssen, zeugen können, sterben. Fleisch heißt: in einer Ahnenkette stehen, durch die man in geheimnisvoller Weise gezeichnet und determiniert wird; deshalb beginnen zwei Evangelien mit dem Stammbaum Jesu. Kein Fleischlicher fängt bei sich selber an. Jeder wächst in eine Gemeinschaft hinein, die längst besteht und eine Tradition hat, die ihn er-zieht. Die Tradition des fleischgewordenen Wortes ist das Alte Testament, in das Jesus hineinwächst. Und damit auch das Gesetz: factus ex muliere und factus sub lege (Gal 4, 4) gehören zusammen. Für den Juden der Zeit

Jesu weht der Geist Gottes dort, wo das Gesetz des Moses, das Gottes Bundeswillen mit Israel ausdrückt, gehalten wird. Lukas wiederholt in der Darstellungsszene mit Absicht das Wort „Gesetz des Herrn", „Gesetz des Moses" (2,22–39) fünfmal: alles „muß" nach diesem Gesetz vollbracht werden. Und mitten darin weht der „Heilige Geist" (dreimal) in Simeon: *Im* Gesetzesgehorsam wird das Fleisch Jesu beschnitten, das Fleisch Marias „gereinigt", geschieht die Ablösung zwischen Altem und Neuem Bund – in dem Kind, das Ärgernis werden soll, „Fall und Auferstehung vieler", in der Mutter, deren Herz das Schwert durchdringen wird. Fleisch heißt ferner: Determination der menschlichen Möglichkeiten durch einen komplizierten, festgelegten, dem Denkenden und Handelnden großenteils unbekannten physischen Organismus. Der einfache Akt des Sehens und Hörens setzt fast unabsehbare, nie zu Ende erforschte körperliche und physiologische Verhältnisse voraus. Diese sind immerfort bedroht, sie können zum Teil ausfallen; es gibt Blinde, Lahme, Taube, Kranke aller Art, aber auch Gefangene, Unterdrückte, Mittellose, Verfolgte, in jeder Weise durch die Enge der körperlichen Realität Behinderte: um ihretwillen vor allem erscheint Jesus im Fleisch: Is 61,1 ff; 58,6 = Lk 4,18. Fleisch ist wehrlos an Fleisch ausgeliefert: es kann wie Lazarus vor der Tür liegen bleiben, wie der Täufer eingekerkert und geköpft werden, es ist „Spielzeug" („sie taten mit ihm, was sie wollten", Mk 9,13), so wie Jesus in seiner Passion Spielball zwischen all den ihn verwerfenden Parteien der Christen, Juden und Heiden wird: wenn diese sich untereinander hassen, so sind sie doch in dem Spiel eins: der Mann muß weg. „Die Seinigen nahmen ihn nicht an" (Joh 1,11), er muß „außerhalb der Bundeshege zu Tode gebracht" werden (Hebr 13,12). Fleisch kann sich nicht entziehen, es kann geohrfeigt, angespuckt, gegeißelt, mit Stacheln gekrönt, auf zwei Balken genagelt und, bis es tot ist, verhöhnt werden.

Der Übergang vom Einzelnen zur Gemeinschaft ist im Fleisch immer schon vollzogen. Das Individuum wird als Teil einer völkischen und menschheitlichen Geschichte geboren und von andern in sie hinein erzogen. Die Vielfalt seiner eigenen Organe und Glieder (von denen ihm einige von vornherein fehlen, andere abgehauen werden können) erinnert den Einzelnen wie von selbst daran, daß er ebenfalls nur ein Glied am Körper der Polis, des Volkes oder der Menschheit ist, ein zumeist auch leicht entbehrliches Glied. Wie seine Knochen und Muskeln sich ihren Platz im Leib nicht selber aussuchen, sondern so und nicht anders aneinanderstoßen und sich verflechten müssen, damit der Mensch sich sinnvoll äußern kann, so sucht der Einzelne sich seinen Platz im Sozialkörper nicht selbst aus: was er darin zu sein hat, wird ihm zugeteilt, physisch und politisch. Er muß seine Funktion ausüben, seine Rolle spielen.

Wenn vom fleischgewordenen Wort eine soziale Wirkung ausgehen soll, kann es der Härte und dem Realismus dieses individuell-sozialen Determinismus keinesfalls entrinnen. Die Fleischwerdung des Wortes wird nie rückgängig gemacht: „Tastet mich ab und seht: Ein Geist hat nicht Fleisch und Bein, wie ihr es an mir seht" (Lk 24,39). Und der Organismus, der seine Kirche heißt und der „Leib" Christi ist (Eph 1,22f) – und das im genauen Sinn des „Fleisches" (1 Kor 6,13–20) mit seinen „Gliedern" (Röm 12,4f) – entgeht ihm ebensowenig. Nur indem der Einzelne sich darin als Funktion eingefügt, eingekeilt findet, an einem ihm von Christus zugewiesenen Platz (Eph 4,11), und nach dem Gesetz des ganzen Leibes „funktioniert", reift dieser Leib und damit auch das Glied „dem vollkommenen Mannesalter Christi entgegen". „Wir wachsen in allem bis zu ihm, dem Haupt, Christus, von dem aus der ganze Leib, dank all seinen einzelnen Gelenken, Zusammenhalt und enge Verbindung in sich hat, sein eigenes Wachstum erhält, um sich selber in der Liebe aufzubauen" (Eph 4,15f). Was für ein Bild! Nicht das einer Gesellschaft freier Individuen, die sich nach eigenem Belieben in einem „Contrat social" zum Zweck des eigenen Wohles der Einzelnen zusammentun, sondern das einer von oben verfügten, vorbestehenden und doch erst durch das Mitwirken aller eng ineinander-verzahnten Glieder zu erreichenden „Fülle", „Vollreife", „Einheit".

Wo bleibt da die vielgerühmte „Freiheit des Christenmenschen"? Fragen wir zuerst, worin die Freiheit Christi besteht. Grundlegend darin, daß das Wort Fleisch wird: daß der Logos ungezwungen, nicht „geworfen", sondern frei-willig in die Determinationen des Fleisches eintritt. Von dieser Frei-Willigkeit her ist seine ganze Existenz im Fleisch bestimmt. Aber sie ist Frei-Willigkeit des Göttlichen, der „bei Gott" ist und von Gott in das Fleisch „gesendet" wird und in Freiheit diesen Willen Gottes erfüllt. „Gaben und Opfer hast du nicht gewollt, einen Leib aber hast du mir gegeben. Da sprach ich: Siehe ich komme – in der Buchrolle steht (das) von mir geschrieben – deinen Willen zu tun, o Gott" (Ps 40, 7–9 = Hebr 10,5–7). Der ganze Determinismus wird bis in seine Tiefen hinein durchformt von dieser vorausliegenden Frei-Willigkeit. Damit ist zweitens auch die gesamte Exponiertheit des Fleisches den Mit-Gliedern gegenüber frei-willig geworden. Hier wird sich die Mentalität der „Welt" offenbaren, die eine solche Frei-Willigkeit aus Gott nicht erträgt, sie als Angriff auf die ganze geschlossene „Sicherheit" kosmischer

Gesetzlichkeit empfindet und deshalb ihren Unwillen und Haß an dem nur von Gott Gehaltenen, der Welt aber wehrlos Preisgegebenen ausläßt. Genau in diese Situation wird der Leib Jesu, der die Kirche ist, eingefügt. Einerseits werden die ihn Aufnehmenden die Möglichkeit erhalten, aus dem vorweltlichen Willen und Wesen Gottes „geboren" zu werden – *nicht* aus dem Blute und *nicht* aus dem Willen des Fleisches und *nicht* aus dem Willen des Mannes" (Joh 1,13) –, weshalb sie in das gleiche Exponiertsein wie Jesus geraten: „Selig seid ihr, wenn man euch um meinetwillen schmäht und verfolgt und euch alles Böse lügnerisch nachsagt" (Mt 5,11). „Haben sie mich verfolgt, so werden sie auch euch verfolgen" (Joh 15,20). Das ist die Struktur unserer christlichen Freiheit: mit Jesus zusammen von weiter her kommend als die „Welt" (denn wir sind mit dem Sohn Kinder Gottes), und tiefer mit ihm eingebunden in die Determinismen des Fleisches, wehrloser ausgeliefert zu sein dem Widerspruch der Welt, die solche Freiheit nicht erträgt und sie gerade in ihrem Widerspruch demonstriert bekommt, ja – tiefstes Mysterium Christi und der Kirche – im stellvertretenden Ertragen mit-geschenkt erhält.

Aber hat uns Christus nicht vom Gesetz befreit (Gal 5,1), „so daß wir nicht Kinder der Magd, sondern der Freien", des „Jerusalem droben" sind? (Gal 4,31.26.) Ja, wir sind befreit von dem von außen und oben kommenden Gesetz, das uns immerfort verführt hat, Gott und sein freies Licht in den Netzen unserer Weisheit und unserer Praxis einfangen zu wollen, weshalb Paulus davon spricht, daß wir „vom Gesetz der Sünde befreit" oder einfach „von der Sünde befreit" wurden (Röm 8,2; 6,18; 6,21). Aber befreit sind wir durch das Wort-Fleisch: hier liegt auch für uns „das vollkommene Gesetz der Freiheit" (Jk 2,25)[3], durch das wir, tiefer in das Fleisch gebunden, nicht nur „Hörer des (gesetzhaften) Wortes", sondern „Be-folger in der Tat" sein sollen (Jk 2,22.25), und so erst Kirche, die aus der Freiheit Christi lebt, deren Ursprung Gehorsam an den Vater, deren Ende die Exponiertheit des Kreuzes ist.

### 2. *Die Tatsache: Anti Rom*

Blicken wir von hier auf den antirömischen Affekt innerhalb der Kirche, so ahnen wir schon, daß er mit der unausweichlichen Fleischlichkeit der Kirche, der engen Verfügtheit aller ihrer Glieder

[3] H. Schlier, Das vollkommene Gesetz der Freiheit, in: Die Zeit der Kirche (Herder 1956) 193–206.

ineinander zusammenhängen muß. Sowenig wie die Kirche im ganzen ist ihre Führung reiner Geist, engelhafte Idee, die im Gefüge einer Kirche der Inkarnation keinen Platz haben kann. Die Glieder stoßen hart aneinander, ihre Bewegung ermüdet, der Mensch kann ebenso wie „Funktionslust" auch den Überdruß an der Begrenztheit seiner möglichen Äußerungen, ihrer Verbrauchtheit, ihrem Mechanismus empfinden. Aber tiefer: der menschliche Leib wird von einem Geistprinzip bewegt, das ihm immanent ist, das „System Mensch" hat eine gewisse Autonomie und Geschlossenheit. Der kirchliche Leib wird von einem „Haupt" bewegt, das über ihm steht, im Verhältnis zu ihm „übernatürlich" ist, und die Leitungsfunktion der Kirche, zuhöchst des Papsttums, ist da, um dauernd auf diese Transzendenz zu verweisen und sie sogar zu repräsentieren. Das ist dem Leib, soweit er sich immanent, das heißt soziologisch versteht, unbehaglich. Schon den korinthischen Gemeinden war das ganze Phänomen Paulus in diesem Sinn unbehaglich, ein Anlaß zu Remonstration. Dieser antipaulinische Affekt suchte sich vielfache Gründe im persönlichen Charakter und Benehmen des Apostels, in seiner scheinbaren Autokratie – seinem Gegensatz gegen die Ansichten der Jerusalemer Ur-Gemeinde – und wurde schwerlich dadurch besänftigt, daß Paulus sich in langen Selbstverteidigungen ergeht. Qui s'excuse, s'accuse.

Paulus als Person verschwindet, aber das Amt Petri bleibt, so wie das Amt der Apostelnachfolger, der Bischöfe, bleibt. Der antipaulinische Affekt lebt als antipetrinischer fort. Mit ihm soll sich diese Studie befassen. Wir engen also unser Objekt sehr ein und lassen eine Großzahl von zusammenhängenden Problemen außer acht. Wir befassen uns nicht mit einer Theologie des Papsttums, gar einer Theologie der Kirche oder auch nur des Verhältnisses zwischen päpstlichem und bischöflichem Amt, der katholischen Kollegialität also, oder der Deduktion der bischöflichen Vollmacht vom Apostelkollegium, dessen Verhältnis zu den Zwölfen, der Aufgliederung des kirchlichen Amtes in seine hierarchischen Stufen, dem allgemeinen Priestertum des ganzen Volkes Gottes. Über all dies gibt es reiches Informationsmaterial. Wir fragen bloß nach dem seltsam irrationalen Phänomen des antirömischen Affekts, wobei dieser Affekt außerhalb der Catholica uns nur am Rande beschäftigen wird.

Daß Luther die testamentarische Weisung hinterließ: Hoc unum me mortuo servate: odium in pontificem Romanum[4], kümmert uns

[4] H. Preuß, Martin Luther, der Prophet (Gütersloh 1933) 173. Ich verdanke dieses Zitat P. Yves Congar, der mir wenige Tage vor Abschluß der vorliegenden Arbeit freundlicherweise seinen Aufsatz über „Le Complexe Antiromain" zusandte, der dem-

weniger, als daß ein mir bekannter englischer Geistlicher seine Besucher mit „Good bye; keep away from Rome“ zu entlassen pflegt. Er hat vielleicht Kirchengeschichte studiert und festgestellt, daß man, von ihr aus gesehen, viel mehr Anlaß zu einem antipetrinischen Affekt hat, als die Korinther einen entsprechenden gegen Paulus hegen mochten. Aber er hätte sich wenigstens die Frage stellen müssen, ob er nach dem II. Vatikanum, das die Balance zwischen bischöflicher Kollegialität und päpstlichem Primat, ja mehr: die Balance zwischen der Verantwortung des ganzen Gottesvolkes und seiner Führung als das Ideal kirchlicher Existenz und Selbstdarstellung proklamiert hat, durch seine Gegenstellung gegen das Leitungsamt dieses nicht in eine Isolation treibt, die jene erwünschte Integration ganz unnötig hemmt und verzögert.

Aber, so heißt es, man kann eben Rom nicht trauen, es bleibt sich immer gleich: es will herrschen, es mißbraucht die ihm zum Dienen gegebene Vollmacht, indem es einen gesetzhaften Gehorsam erzwingt. Und so fällt man mit ihm immer wieder hinter die evangelische Freiheit in die verfremdende Gesetzesreligion des Alten Bundes zurück. *Newman* hat, in seinem anglikanischen Frühwerk über „Das prophetische Amt in der Kirche“, diesem Mißtrauen so kräftig Ausdruck gegeben, daß wir ihm ein wenig zuhören wollen:

„Der Romanismus mit seinem Anspruch auf Unfehlbarkeit erniedrigt das Niveau und die Qualität des Gehorsams an das Evangelium und verletzt seinen Geheimnis- und Heiligkeitscharakter, und zwar auf vielfache Weise. Wenn man die Religion in all ihren Aspekten auf ein bloßes System reduziert, besteht die Gefahr, daß man vor allem auf Irdisches achtet statt auf unsern Schöpfer. Nun aber klassifiziert Rom unsere Pflichten und deren Belohnung, die zu glaubenden Dinge, die zu setzenden Akte, die Weisen, Gott zu gefallen, das Strafbare und das Sündenvergebende, und all das mit solcher Akkuratesse, daß der Einzelne sozusagen genau weiß, auf welchem Punkt seiner Pilgerschaft zum Himmel er sich gerade befindet, wieweit er vorankam und wieviel Weg ihm noch übrigbleibt: das Ethische wird berechenbar. Nun aber ist es evident, daß der reinste religiöse Dienst der ist, der zwanglos, freiwillig, als spontane Hingabe an den allmächtigen Gott erfolgt. Gewiß gibt es im Christenleben unausweichliche Pflichten, aber ihre genauen Grenzen werden offengelassen, wie um unsern Glauben und unsere Liebe zu erpro-

nächst auf deutsch erscheinen soll. Er befaßt sich jedoch fast ausschließlich mit der Geschichte dieses Affekts im Mittelalter und in den von der katholischen Kirche getrennten Konfessionen, somit gerade mit dem, was wir als für uns unerheblich ausklammern.

ben. Welchen Prozentsatz unseres Vermögens wir zum Beispiel als Almosen geben sollen, ob wir Ehe oder Zölibat wählen, wie wir unsere Sünden büßen, welche Freuden wir uns leisten können: dies und ähnliches bleibt unserer Eingebung überlassen. Daß die Kirche ihre Kinder berät und lenkt, ist gewiß gut, aber von einem bestimmten Punkt an ist Autorität nur noch Bürde. Wahre christliche Freiheit verlangt, daß wir die Gelegenheit haben, Gott nach Belieben strikter zu gehorchen als aufgrund eines formellen Gesetzes. Christus gefällt ein offenherziger Dienst, vollzogen ohne Rückblick auf sich selbst, aus der Fülle ehrfürchtiger Dankbarkeit, ohne abzumessen, was von uns verlangt wird. Minuziöse Vorschriften aber zwingen uns, auf unsere Fortschritte zu reflektieren und sie einzuschätzen; echter Glaube dagegen sieht vor allem sein Versagen und nicht seine armseligen Errungenschaften, worin immer diese bestehen mögen. Im römischen System aber gibt es wenig Raum für solch unbewußte Hingabe. Jeder Akt hat hier seinen Preis, jeder Quadratmeter des verheißenen Landes ist genau auf der Karte verzeichnet, alle Straßen sind angegeben, als gäbe es eine Wissenschaft, wie man den Himmel erwirbt. Christliche Heiligkeit verliert dadurch ihre Frische, Kraft und Schönheit, erstarrt gleichsam in bestimmten Attitüden, die doch nur als unbewußte anmutig wären."[5]

Trifft der junge Newman hier nicht den Kern all der Einwände, die der antirömische Affekt gegen das „System" erhebt, das sich immer trennender, immer verhärteter, immer rationalistischer wie eine chinesische Mauer zwischen die Seele und Gott, den Glaubenden und dem lebendigen Christus des Evangeliums aufreckt? Und selbst wenn es dem Christen möglich wäre, in der gesetzhaften Formulierung wie in einer Chiffre oder Hieroglyphe den ursprünglich lebendigen Sinn eines Anspruchs Gottes zu entdecken: die römische Form wirkt als solche unnötig verfremdend, die durch sie angebotene Vermittlung überflüssig, sie reizt zum Widerspruch.

Freilich: Newman selbst wurde, als er die katholischen Heiligen und die Väter der ungetrennten Kirche kennenlernte, eines Besseren belehrt. Was er hier fand, war nicht Entfremdung, sondern ein beglücktes Bei-sich- und Bei-Gott-Sein, behütet durch die einheitbildende Kraft der Kirche sowohl im Glauben wie in der Liebe. Die Minimalforderungen der Kirche an die lauen und mittelmäßigen Christen sind ja alle nach oben offen und möchten die freie Spontaneität provozieren. Und während eine Forderung des Evangeliums,

---

[5] Von Newman abgedruckt in: Via Media I (1891) 102–104 (das Zitat ist gekürzt worden).

die nur im Buch besiegelt wurde, uns nicht selten in menschlicher Trägheit erstarren läßt, stört uns die in der lebendigen Autorität der Kirche auf uns zukommende dauernd auf. Schon das reine Wissen, daß es inmitten der Geschichte diesen lebendigen, mahnenden, lenkenden und stachelnden Punkt gibt, läßt uns, auch wenn er nicht eigens in Aktion tritt, nie restlos zur Ruhe kommen, obwohl er uns anderseits, wenn wir darauf achten, das beflügelnde Bewußtsein gibt, nicht völlig vom Weg abgeirrt und nur noch ein einsamer Sucher auf eigene Kosten und Gefahren hin zu sein.

Aber kann man sich einer Instanz anvertrauen, die in der Kirche so oft versagt hat? Menschlich versagt, aber oft auch in jenen allgemeinen Weisungen, die geschichtsmächtig waren, selbst wenn man sie vielleicht nicht im engeren theologisch-technischen Sinn als „unfehlbar" bezeichnen muß? Die Entscheidung ist wohl nicht in unser Belieben gestellt, denn das Evangelium spricht über Petrus und sein Amt eine deutliche Sprache. Er ist in seiner Exponiertheit, in die er durch Jesus selbst hinausgestellt wird, einer besonderen Versuchlichkeit überantwortet. „Die Pforten der Hölle werden sie nicht überwältigen", heißt nicht, daß die Kirche, und das Petrusamt in ihr, nicht von allen Seiten und in bevorzugter Weise angefochten, geradezu ein Anziehungspunkt für die dunkelsten Kräfte der Weltgeschichte sein wird: „Simon, Simon, sieh, Satan hat verlangt, euch im Sieb zu schütteln wie Weizen" (Lk 22,31). Wie eindringlich dieser zweimalige Name! Aber noch näher, bis zur Verwechslung, rükken sich Versucher und Versuchter: „Er fuhr Petrus an: ‚Hinweg von mir, Satan! Denn du denkst nicht, was Gott denkt, sondern die Menschen'" (Mk 8,33). Unfehlbarkeit ist, nach dem I. Vatikanum, keine persönliche Eigenschaft der empirischen Kirche noch ihres Repräsentanten, sondern mitten in der brandenden Versuchung (nach Reinhold Schneiders Wort) die Spitze, die eben noch aus dem Gischt ragt, in dem gottgeschenkten Akt, der die Kirche vor dem Scheitern bewahrt. Das Ärgernis kommt der Kirche nicht nur von außen, sondern ebensosehr von innen; was man „Struktur" nennt, was durch seine Unpersönlichkeit immun für das Ärgernis zu sein scheint, kann zum bevorzugten Herd der Infektion werden. Hier hilft nur das im Gebet erflehte Unterscheiden der Geister, wie die Heiligen es für sich und alle erlangten: Nicht die Struktur, nicht die Form, nicht das Knochengerüst des Körpers oder der Gesellschaft ist das Tote, durch Operation zu Entfernende; der Geist, der den Körper belebt, ist gut oder böse.

Man achte darauf, mit welcher *Härte* Jesus den Petrus erzieht, damit er zum Fels wird und einst seine Brüder stärken kann. Nichts an Tadel und Demütigung wird ihm erspart. Er muß wissen, daß die Liebe Christi unerbittlich ist, und zwar mitten in ihrem „sanft und demütig von Herzen“. Er muß es nicht nur wissen, er muß es auch für die ihm Anvertrauten lernen. Es ist ihm verboten, sich nur sanft und demütig zu geben, und nicht gleichzeitig im Namen seines Meisters die Unerbittlichkeit der Liebe Gottes zu verkörpern, deren „Forderung nach Mehr“ dem Lauen wie ein „Gesetz“ *über* ihm erscheinen muß, obschon es ja eigentlich *in* ihm ist. Die Heiligen wußten zu unterscheiden zwischen der Repräsentation dieses Mehr und der Schwachheit des Repräsentierenden; nicht genug: zwischen dem, was in der Härte der Forderung allzu menschlich ist – die Hülle –, und dem Kern, an den der Gehorsam des Glaubens und der Liebe sich richtet. Die Nichtheiligen unterscheiden lieber zwischen der „sündigen Struktur“, gegen die zu revoltieren erlaubt, ja geboten ist, und einem „Inhalt“, den sie an jeder kirchlichen Struktur vorbei direkt aus dem Evangelium schöpfen zu können meinen. Damit stehen sie aber schon in jenem Ideologisierungsprozeß, der die konkrete Kirche im Fleisch, *als* Fleisch Christi, zu desinkarnieren trachtet, in der Zerfällung zwischen dem für mich heute gültigen „Logos“ und der als überflüssige „Struktur“ fallenzulassenden „Sarx“. Was im Neuen Testament Pneuma heißt, weht jedoch nie einseitig in einem seiner Sarx entkleideten Logos. Deshalb müssen wir im folgenden die Problematisierung der kirchlichen Strukturen, den Willen, sie grundsätzlich und radikal zu „verändern“, vom Neuen Testament her selber in Frage stellen. Dieses verweist uns in eine Kirche, die in einer harten, durch Leiden gehärteten Schale die weiche und süße Frucht des Geistes – der am Kreuz ausgehaucht wurde – birgt. De forti egressa est dulcedo. Indem wir die ganze Tatsache des durch die Geschichte und bis in die Gegenwart sich durchhaltenden antirömischen Affekts zur Lösung an das Neue Testament zurückverweisen, sind wir beim dritten, bei unserem Vorschlag.

### *3. Der Vorschlag: Integrieren*

Pascal sagt in seinen Pensées: „Betrachtet man die Kirche als Einheit, so ist der Papst, der ihr Haupt ist, gleichsam alles. Betrachtet man sie als Vielheit, so ist der Papst nur ein Teil von ihr. Die Kirchenväter haben sie bald in der einen, bald in der andern Weise betrachtet ... aber indem sie eine dieser beiden Wahrheiten hervorhoben, schlossen sie die andere nicht aus. Die Vielheit, die sich auf keine Einheit zurückführen läßt, ist Wirrwarr; die Einheit, die nicht von der Vielheit abhängt, ist Tyrannei.“ Und er fügt bei: „Fast nur noch in Frankreich ist es erlaubt zu sagen, das Konzil stehe über dem Papst.“[6]

Auch uns wird es im Gang dieses Buches um Integration von Einheit und Vielheit gehen, und wir möchten dabei einen neuen Weg einzuschlagen versuchen. Er erhebt nicht den Anspruch, kirchenpolitisch praktische Weisungen geben zu können (damit mag er für manchen Leser a priori uninteressant sein), höchstens den, *theologisch* und in größtmöglicher Nähe zum Evangelium Jesu Christi die Stellung des Petrusamtes – auch nach dem I. Vatikanum! – in seiner Unentbehrlichkeit und zugleich Relativität aufzuweisen. Die antirömische – und heute mehr als überholte – Animosität beruht auf einer verengten Sicht der für katholische Augen im Neuen Testament grundgelegten Fakten; ein tieferes Nachdenken über diese vermag das Petrusamt als *eines* von mehreren unentbehrlichen Momenten des kirchlichen Gefüges festzustellen und es so aus der Isolation einer Pyramidenspitze zu befreien, auf die es sich – historisch zugleich unfreiwillig (in der Nachfolge des römisch-kaiserlichen Modells) und freiwillig (in der Reaktion gegen die Übergriffe der mittelalterlichen Kaiser) eingelassen hat. Die Spannung Primat – Kollegialität scheint uns unzureichend, um das Kräftefeld der Kirche zu beschreiben, erst recht ist dessen Übersetzung in die Kategorien von Monarchie – Demokratie ungenügend. Tieferliegende, hintergründigere Spannungen sind im Spiel, und erst deren Beachtung – falls das theologische Auge des Christen sie *wahrzunehmen* geruht – kann die Atmosphäre entgiften.

Um wirklich hilfreich zu sein, muß die Betrachtung bis in die theologische Tiefe der kirchlichen Realität vordringen. Bloße kulturphilosophische oder soziologische Betrachtungen über das Papsttum im ganzen oder gar – mit einem Schuß Tiefenpsychologie – über die Gestalt des heutigen Papstes genügen nicht, um die Situation zu klären und die Schäden zu heilen. Derartige persönliche „Enthüllungen“ wirken sensationell und sind wesentlich indiskret, sie mögen zur Verherrlichung des Papstes geschrieben sein wie die Gespräche von Jean Guitton mit Paul VI.[7] (in denen der Verfasser

---

[6] Pensées (éd. Chevalier) 809.

[7] Gespräche mit Paul VI. (Fischerbücherei 966, 1969). Sehr viel seriöser und gehaltvoller ist das ausgewogene Buch von David A. Seeber, Paul, Papst im Widerstreit. Dokumente und Analysen (Herder 1971). Seeber versucht eine Psychologie des jetzigen Papstes, die einerseits der Komplexität seiner Persönlichkeit gerecht wird, diese anderseits sehr richtig aus und angesichts der ungeheuren Komplexheit der Situation, in die er gestellt ist, entwickelt, so daß man dort, wo Seeber vorsichtige Vorbehalte anbringt, jeweils fragen möchte: Hätte der Autor, nach Berücksichtigung aller Umstände, den

zugestandenermaßen vieles dem Papst in den Mund legt, was dieser so nicht gesagt hat), oder der „kritischen Information" dienen, wie das Buch der beiden Autoren, die sich zusammen „Hieronymus" nennen[8], oder von hoher weltgeschichtlicher Warte die Tragik des Papsttums beleuchten und gleichzeitig mit fachmännischem Stethoskop die Seelen der drei letzten Päpste abhorchen, wie Reinhard Raffalt[9], oder schließlich, wie Fritz Leist in seinem „Der Gefangene des Vatikans"[10], den Unrat der vergangenen Papstgeschichte aufwühlen und ihn in die geklärten Gewässer der heutigen hineinleiten.

Wir nannten diese Autoren nur, um auf das hinzuweisen, was wir nicht tun möchten. Was wir positiv anstreben, ist dies: das theologische Verständnis für die neutestamentliche Konstellation wecken, in die jeder Papst, auch der heutige, hineingestellt ist und die er nur mit der Gesamtkirche zusammen darstellen und im Gehorsam Christi bewältigen kann. Man wird uns vermutlich vorwerfen, wir flüchteten uns damit in Abstraktionen, um den harten und dramatischen Personalfragen auszuweichen. Aber das Spannungsgefüge, das wir in Erinnerung rufen und das von Anfang an da war, scheint uns viel dramatischer als all die kleinen, vergänglichen, unvermeidlichen Spannungen zwischen Personen und ihren Kompetenzen. In das wahre Gefüge des „Fleisches" Christi sind wir selbst unerbittlich miteingefügt, wir können die Mitverantwortung so wenig abschütteln, wie wir je die Vergangenheit der katholischen Kirche als etwas Fremdes, uns nichts Angehendes von uns distanzieren können. Wie sollten wir uns von der „Struktur" der Kirche desolidarisieren dürfen, wie etwa Frau Regina Bohne, wenn sie, auf den Tag des Gerichtes vorblickend, zu sagen wagt: „Diesen Tag ... muß die Systemkirche ... jedenfalls sehr viel mehr fürchten *als wir*, die ‚Herde'."[11] Wir werden also die unbequeme Vergangenheit nicht verleugnen, in welcher zweifellos die päpstliche Gewalt und Herrschaft nicht immer im Sinn des evangelischen Dienstes verstanden worden ist. Aber welcher Kritiker der heutigen Kirche ist sicher, daß er seine Kritik wirklich einzig im Sinn eines evangelischen Dienstes an der von Christus gewollten Einheit vorbringt?

Daß im Neuen Testament der Begriff Exousia sowohl Vollmacht

---

Mut gehabt, andere Entscheidungen zu treffen? Kann in einer Weltsituation wie der unsern überhaupt erwartet werden, daß ein Einzelner, wer immer er sei, allseits befriedigende Lösungen findet und im Alleingang zur Durchführung bringt?

[8] Vatikan intern (Dt. Verlagsanstalt, Stuttgart 1973).

[9] Piper-Verlag, München-Zürich 1973.

[10] Kösel-Verlag, München 1971.

[11] Das katholische System, Kritische Texte 11 (Benziger 1972) 46.

wie Dienst besagt, vielmehr. Vollmacht, die für einen Dienst verliehen wird, sollte nicht in einem fort und bis zum Überdruß wiederholt werden müssen. Schließlich kann das jeder Staatsbürger vom Präsidenten bis hinab zum kleinsten Beamten sehr wohl verstehen: Damit Dienst am Gemeinwesen wirksam und zweckmäßig ausgeübt werden kann, ist nicht nur fachliche Kompetenz, sondern auch amtlich übertragene und sozial anerkannte Vollmacht notwendig. Und sollten Katholiken die von Paulus für die Kirche getroffene Unterscheidung wirklich nicht verstehen können: zwischen „fleischlichen Waffen", die er ablehnt, und „geistlichen Waffen", mit denen er allerdings jedes Bollwerk des Hochmuts zu schleifen befugt ist, das sich gegen die Wahrheit Gottes erhebt (2 Kor 10,4 f)? Die Exousia, die Jesus den Zwölf bei ihrer Erwählung verleiht, kann im Lateinischen einzig durch potestas, im Deutschen einzig durch Vollmacht wiedergegeben werden: sie ist das Mittel, durch das sie befähigt werden, dem Gottesvolk, das sie „richten" sollen (Mt 19,28; Lk 22,30), wirklich zu helfen. Ist das unverständlich? Es scheint so, da (immer nach Frau Bohne) Jesus „eine freie Bruderkirche" wollte, in der es „anarchisch zugehen sollte, herrschaftsfrei..." [12]

Das Spannungsgefüge der Kirche hat, da sie sichtbar ist, wie der Mensch Jesus sichtbar war, natürlich eine soziologische und psychologische Außenseite, die keineswegs unterschätzt werden soll, da wir die sichtbare Kirche von der unsichtbaren nie (adäquat) trennen dürfen. Trotzdem ist die Kirche *zuerst* ein Mysterium (so wie Jesus zuerst, nicht nachträglich, Gottes eingeborener Sohn ist), und sie ist, als dieses Mysterium, Christi Leib und seine Braut. Und nur *als* dieses Mysterium wird sie zum Volk Gottes, zur sichtbaren soziologisch-psychologischen Realität. Deshalb werden die Spannungen, die wir aufzeigen werden, immer auf das Mysterium verweisen: sie sind sein notwendiger Ausdruck, kein der Kirche anhaftender Mangel, den man etwa durch „Veränderung ihrer Strukturen" beheben könnte. Das Mysterium Gottes läßt sich nicht manipulieren; an den sichtbaren Konturen der Kirchenstruktur darf nur im gehorsamen Hinblicken auf das mysteriale Gefüge etwas geändert werden, um dieses in seiner von Anfang an ärgerniserregenden Gestalt heller hervorleuchten zu lassen. Man kann sogar sagen: um soweit wie möglich jedes falsche Ärgernis zu entfernen, damit *das wahre Ärgernis* der Kirche vor aller Welt desto evidenter aufscheine. Wir sind nicht die Kirche, sofern diese die uns geschenkte Fülle Christi ist: sie ist uns voraus, wir wurden in ihr und durch sie aus der Taufe

---

[12] Ebd. 9.

gehoben. Wir können sowenig „über" die Kirche reden und verfügen, als wir „über" Gott reden und verfügen können. Wir *empfangen* das Wort und die Sakramente, wir verändern, vermehren, vermindern sie nicht. Im gleichen Sinn empfangen wir auch die grundlegende Konstellation Christi, von der im zweiten Teil dieser Arbeit die Rede sein wird; sie ist uns voraus, wir mehren, mindern, manipulieren sie nicht. Wir können bloß eins: das, was wir aus der Ganzheit dieser Konstellation herausisoliert haben – und was sich in dieser Isolierung abstrakt, unglaubwürdig, vielleicht grotesk ausnimmt –, zurückintegrieren in den Kontext des mysterialen Gefüges. Die vom II. Vatikanum proklamierte Integration von Primat und Kollegialität ist *ein* Aspekt dieser Integration. Sie hat noch andere, die bisher nur unvollkommen berücksichtigt wurden, vielleicht deshalb, weil diese schwerer in überblickbare Begriffe und Proportionen zu bringen sind. Lassen wir die vielberufene Spannung zwischen Amt und Charisma einmal außer Spiel, weil sie gar nicht adäquat durchführbar ist, da ja auch das Amt im Neuen Testament einen klar charismatischen Aspekt hat: aber wer hat sich je die Mühe genommen, die große personale Heiligkeit (das besondere, geschenkte, aber auch wahrhaft angenommene und richtig beantwortete Charisma) in ihrer theologischen Spannung zum kirchlichen Amtsprinzip zu sehen und sie – nicht polemisch, sondern konstruktiv – in die Gesamttheologie der katholischen Kirche zu integrieren? Wollte man erwidern, dies sei unmöglich, so wäre wenigstens zuzugeben, daß die übliche Kirchentheologie nur partielle Aspekte des Kirchenmysteriums zu erfassen vermag. Erst wer das sieht, kann versuchen, unpolemisch, unparteiisch die spannungsreichen Fazetten der *einen* Wahrheit Christi sich ineinander spiegeln zu lassen: Wahrheit einer objektiven Lehre und entsprechenden objektiven Leitung, Wahrheit einer personalen, einmaligen Berufung, Wahrheit einer genial intuierten Theologie (die vielleicht der durchschnittlichen Kirchentheologie in manchem voraus und mit ihr nicht konform ist), Wahrheit eines schlichten dunkeln Glaubens, der für sich keine andere Wahrheit kennen will als die des führenden Gottes ... Dies alles kann man nicht unbezogen nebeneinander stehen lassen, wie ein müder „Pluralismus" es tut; man soll sich aber ob des Reichtums der kirchlichen Perspektivik freuen und sich von ihm anspornen lassen, das meist nur flächig dargestellte Gebilde drei- und mehrdimensional werden zu sehen.

Gerade in diesem viel reicheren Gebilde, als unsere Schulweisheit es sich zumeist träumt, ist das unentbehrliche Formelement davor bewahrt, in eine bloß äußerliche und dann auch zu „verändernde" oder abzustreifende „Struktur“ abzusinken. Ein spiritueller Platonismus wie ein vertrockneter Strukturalismus reichen an die lebendige Form der Kirche gar nicht heran. Ja, der Kampf gegen die äußern Strukturen ist in Wahrheit das Endstadium eines Krankheitsprozesses, den Madeleine Delbrêl richtig diagnostiziert hat: „Eine Welt, die einst verchristlicht worden ist, scheint sich von innen her auszuleeren: zuerst entledigt sie sich Gottes, dann des Sohnes Gottes, dann dessen, was dieser an Göttlichem seiner Kirche vermittelt, und oft ist es die Fassade, die als letzte zusammenstürzt.“ [13]

---

[13] La Joie de Croire (Seuil 1967) 29.

# I

# Der Ring schließt sich

# Das Phänomen

## 1. *Bauernaufstand?*

Der antirömische Affekt ist so alt wie – erstens das Römische Reich und zweitens der Vorrangsanspruch des römischen Bischofs. Er ist – gesteigert – die normale Seelenhaltung in den von der Communio mit Rom getrennten Kirchen: wer wollte sich darüber wundern. Aber daß er nach dem II. Vatikanum, worin dem Gottesvolk die Vorrangstellung gegeben und der Papst aus seiner Isolierung in die Kollegialität der Bischöfe zurückgestellt wurde, weitherum auch innerhalb der Catholica als die normale Seelenlage bezeichnet werden muß, ist doch ein beunruhigendes Phänomen. Wenn die törichte Einteilung der Menschenherde in einen linken und einen rechten Haufen einmal hilfsweise verwendet werden darf, so ist der linke Haufe geschlossen gegen die monarchisch-aristokratischen, bürokratischen und überhaupt-kratischen Ansprüche des zentralen „Apparats", während der rechte in sich gespalten ist: neben einem kleinen Sektor, in dem immer noch die Papolatrie grassiert, macht sich in einem größeren ein steigendes Mißtrauen breit, der Papst könnte von progressistischen Gruppen gegängelt werden, wenn er nicht gar selber ein Linker ist, der auf Kosten der „schweigenden Kirche" dubiose diplomatische Fäden nach Moskau und Peking spinnt. Natürlich gibt es nach wie vor ein gesundes katholisches Volksempfinden, das romtreu ist, ohne die Fehler und Menschlichkeiten der Kurie, des Papstes selbst zu übersehen: gerade der gesunde Menschenverstand rechnet unbefangen und selbstverständlich damit; aber dieses, katholisch gesprochen, intakte Fühlen wird doch immerfort unterhöhlt durch das unablässige Träufeln der Massenmedien, der Presse und zahlreicher Publikationen, die ihre christliche Mündigkeit mit einer süffisanten, wenn nicht gehässigen Überlegenheit über alles, was von Rom kommt, in Rom geschieht und nach Rom geht, zur Schau stellen.

Was von Rom kommt, ist, gemessen am Stand der theologischen

Forschung und soziologischen Einsicht, a priori rückständig; man kann auf zwei Arten darauf reagieren: es entweder ironisieren und nur, durch ein kritisches Sieb gefiltert, in kleinen Ausschnitten tendenziös darstellen, oder es ganz einfach totschweigen. Katholiken, die angesichts sarkastischer, ätzender Großangriffe gegen Kirchliches, vorab Römisches wissen, was es geschlagen hat, brauchen deswegen noch nicht ebenso hellhörig zu sein für die insidiöseren Methoden des eigenen Lagers, nicht ebenso sensibel für die ständigen Gewichtsverlagerungen, da irgendwelche Nebensächlichkeiten zu Ereignissen erster Größe oder Testfällen aufgebauscht werden, während Wichtiges unterschlagen, Richtiges jedoch mißdeutet und nur verzerrt wiedergegeben wird. Natürlich gilt jede Handhabung von Autorität, die eine Verfügung nicht bis ins letzte begründet, als „repressiv", während theologisches und soziologisches Räsonnieren ihr gegenüber mit seinen Gegenargumenten ungehindert einen buchstäblich unabschließbaren Verzögerungsprozeß durchführen kann. Man will nicht einsehen, daß es nach dem II. Vatikanum nur noch um die Einübung einer Integration von „Volk Gottes" und von christusgewollter und verantworteter Führung (wir werden das spät eingeführte und in seinem ursprünglichen Sinn gar nicht mehr verstandene Wort „Hierarchie" vermeiden), und innerhalb der Führung um Primat und Kollegialität gehen kann, was von beiden Seiten sehr viel Geduld, Entgegenkommen und weitherziges Verständnis fordert. Man kann und soll das I. Vatikanum als ein abschließendes Wort gegen jahrhundertelange Ausflüchte ansehen, wodurch eine Diskussion beendet und Raum für eine neue, interessantere und fruchtbarere frei geworden ist: das Gespräch um die kirchliche Communio, um den Austausch innerhalb der christlichen Liebe zwischen dem, was man mit einem höchst mißverständlichen Bild als „Basis" und „Spitze" kennzeichnet, war in der Urkirche nichts anderes als das Verhältnis zwischen dem Apostel und seiner Gemeinde. Eine solche Einübung mag schwierig sein, weil vieles daran noch ungewohnt ist, vielleicht auch deshalb, weil sie nicht nur von Rom, sondern besonders von der Provinz sehr viel mehr aktiven Beitrag zur kirchlichen Integration verlangt, der in etwas ganz anderem bestehen muß als in kirchlicher „Ideologiekritik" und „schöpferischem Ungehorsam".

Wir stellen hier gleich eingangs ein für allemal fest: Nichts kann der wahren Communio abträglicher sein als die unbesonnene oder auch böswillige Gleichsetzung dessen, was Christus seinen erwählten Jüngern bei ihrer Berufung als „*Vollmacht*" geschenkt hat und was nur ein Geschenk der göttlichen Liebe für seine Kirche sein kann, mit all dem, was in der Weltgeschichte von den großen Machtballungen Assurs, Alexanders und Roms bis zu den faschistischen und kommunistischen Totalitarismen als Gewaltanwendung bekannt ist: Widerstand gegen das, was vom Evangelium her (wo „exousia“ ganz richtig mit „potestas“ übersetzt wird) und in Praxis und Theorie des kirchlichen Lebens und des Kirchenrechts Jurisdiktionsgewalt heißt. Was anderes sollte denn gemeint sein, wenn dem Petrus und nachher den übrigen Elfen die Macht zu binden und zu lösen verliehen wird? Und wie sollte ein Hirt – und das Hirtenbild und Hirtenamt dominiert doch in der Vollmachtsverleihung, wie uns jene gern zugeben werden, die dauernd gegen die Sazerdotalisierung des kirchlichen Leitungsamtes polemisieren – nicht mit Vollmachten ausgestattet sein, wenn er eine Herde lenken und ihre Wehrlosigkeit gegen die von außen einbrechenden reißenden Wölfe, ja gegen die „aus eurer Mitte auftretenden Männer mit ihren verkehrten und verführerischen Reden“ (Apg 20,29f) verteidigen soll? Wenn Fritz Leist, von dem gleich noch zu reden sein wird, im Namen des Evangeliums alle Jurisdiktionsgewalt grundsätzlich ablehnt und dafür den orthodoxen „Ehrenprimat“ des römischen Bischofs verteidigt, gibt er sich schwerlich Rechenschaft, daß gerade dieser Titel so unevangelisch wie nur möglich ist, vielmehr einem höfischen und diplomatischen Denken entstammt. Er muß mit seinem Kronzeugen Döllinger bei seiner radikalen Ablehnung des I. Vatikanums (und damit auch des Zweiten) und seinem gleichzeitigen Anspruch, trotzdem katholisch bleiben zu wollen, genau wie dieser zwischen alle Stühle geraten. Jedermann, der die Kirchengeschichte kennt, wird natürlich zugeben, daß in ihr die evangelische geistliche (aber echt jurisdiktionelle) Vollmacht oft genug mit der weltlichen Machtanwendung kombiniert worden ist, was wir heute erkennen, bedauern und für die Zukunft verwerfen. Aber wie solche Gleichsetzungen oft (nicht immer) unchristlich und sündig waren, so ist es nicht weniger unevangelisch und ärgerniserregend, jedes rechtliche Verfügen der Kirchenleitung a priori als verkappte oder offene Machtgier, jedenfalls als Mißbrauch der anvertrauten „exousia“ zu verdächtigen. Dabei tun das die gleichen Leute, die zwar die Kirche immerfort des Übergriffs auf den weltlichen Machtbereich anklagen, aber heute als Hauptaufgabe der Kirche (nicht nur einzelner engagierter Christen) die mit revolutionärer Gewalt durchzuführende Veränderung der gesellschaftlichen Strukturen proklamieren!

Länder, die den Faschismus und den Nationalsozialismus mit ihrem formalistischen Gehorsamsprinzip und mit dessen Folgen kennengelernt haben, sind vielleicht geneigter als andere, jeden Gehorsam als Unmündigkeit und Feigheit zu taxieren und ihren Beitrag zum kirchlichen Ganzen vor allem in dessen „Demokratisierung" zu sehen, wobei doch für jeden, der das Evangelium kennt, einsichtig sein müßte, daß der Grundriß der von Jesus sich herleitenden Gemeinschaft weder durch Monarchie noch durch Oligarchie oder Aristokratie noch durch Demokratie beschrieben werden kann. Länder mit starker national-kirchlicher Tradition und jene, die eine solche Kirchenverfassung anstreben, werden unwillkürlich die vom II. Vatikanum gesuchte Integration im Sinn einer Distanzierung des nationalen Episkopats von Rom interpretieren. Indem man auf die gallikanische „réception" pocht, werden die von Rom kommenden Weisungen filtriert, das Unzumutbare ausgesondert und das angeblich der Nation Bekömmliche beigemischt. Länder mit nichtkatholischer Mehrheit gefallen sich in einseitiger, von den Partnern nicht erwiderter „Großzügigkeit" in ökumenischen Annäherungen und meinen dadurch ihre Geistesweite zu bezeugen, daß sie die vor vierhundert Jahren von den Reformationskirchen abgebauten mittelalterlichen „Vorurteile" nun ebenfalls preisgeben und so mit geringen Kosten zu einer Katholizität der Einebnung gelangen – natürlich auch unter bewußter Distanzierung von der überalterten römischen Zentrale. Westliche Länder, die im Sog der kommunistischen Propaganda stehen und alles Heil von einer „Veränderung der Strukturen" (der „sündigen Strukturen", wie man lesen kann) erwarten, lieben es, den Kapitalismus vom mittelalterlichen Papsttum herzuleiten, die gesamte „Hierarchie" als eine Christus fremde, praktisch von Paulus erfundene Superstruktur anzusehen, die Heiligen in der Kirchengeschichte als „dezidierte Nonkonformisten" und „potentielle Neinsager" zu verherrlichen, die Wehrufe Jesu gegen die pharisäischen Heuchler auf die römische Kurie und auf die von ihr abhängigen Bischöfe zu übertragen, die Verpflichtung der Gläubigen auf uralte, gänzlich unzeitgemäße dogmatische Sätze als unzumutbar abzulehnen: „Von der römischen Systemkirche muß gesagt werden, daß sie sich in radikaler Frontstellung gegen die Gebote Gottes und Jesu Christi befunden hat und auch heute noch befindet ... Hat die römische Systemkirche denn gar kein Mitleid mit Christus?"[1] Ländern, die unlängst unter einer importierten, rationalistisch-supranaturalen Theologie standen, in der eine kontingente Erscheinungsform der Kirche als ganze vom Himmel her sanktioniert schien und wo unter dem Eindruck des modernen

[1] Regina Bohne, a.a.O. 66, 80.

Pragmatismus und der Kybernetik diese übernatürliche Aureole verblaßt ist, erscheint alles in der Kirche im Sinn der modernen Gesellschaft „umfunktionierbar", vor allem die ehemals sakral-feudal sich gebärdende Ämterhierarchie, und kein Grund ist ersichtlich, warum nicht auch das Petrusamt in eine rationelle Präsidentenschaft auf Zeit verwandelt werden sollte. Freilich sinkt damit auch eine ganze aus dem Evangelium und aus Paulus begründete Anschauung kirchlichen Gehorsams als angeblich feudalistisch bedingt und somit überholt ins Grab: Der Priester – zuhöchst natürlich der Papst – „kann nicht zugleich die hierarchische Institution repräsentieren, deren Entscheidungsverfahren noch deutlich absolutistischen Mustern folgen, und andererseits auf die individuellen und gesellschaftlichen Erwartungen nach Verwirklichung von Mitbestimmung und Schutz des Individuums gegenüber den Interessen der Institution eingehen"[2]: im Programm des Konzils, Primat und Kollegialität, allgemeinen Gehorsam und personale Freiheit zu vereinen, läge somit ein glatter *Widerspruch*. Würde man die Alternative so ausdrücken, daß man eine kirchliche Wahrheitsfindung durch Befragung des „sensus fidelium" und durch einen autoritativen Entscheid der Kirchenleitung entgegensetzen würde einer Wahrheitsfindung durch Abstimmung, wobei die Wahrheit bei der größeren Stimmenzahl zu liegen käme, dann freilich müßte man von Widerspruch reden, und der „hierarchisch-feudalistische Ämteraufbau" müßte als „anachronistisch und „dysfunktional" dahinfallen[3]: „An die Stelle einer obrigkeitlich-hierarchischen Autorität tritt somit die Expertenautorität"[4]: Gehorsam wird rationellerweise einem Vorsteher soweit geleistet, als er seine Kompetenz ausweisen kann, und über Umfang und Grad derselben befindet, wer zu gehorchen hat: die Gemeinde beim Pfarrer, das Gesamt der Gläubigen beim Papst. Eine spezielle Folgerung daraus wäre die Projektion des Glaubensmysteriums auf die Ebene rational-theologischer Verstehbarkeit, auf welcher Ebene dann auch theologische Meinungsdifferenzen zwischen dem sogenannten „kirchlichen Lehramt" und der Theologenzunft ausgehandelt werden müßten. Wo immer Rom sich im so formulierten Dilemma nicht für die durch die moderne „Freiheitsgeschichte" geschaffene gesellschaftliche Lage entschiede, müßte man es „einer prinzipiellen Blindheit gegenüber allem Neuen",[5] der „Blindheit und Starrheit (in) der Kirchenleitung",[6] der „Immobilität" und des unzeitgemäßen „Autoritätsgebarens"[7] gegenüber „der

[2] Reform und Anerkennung kirchlicher Ämter, ein Memorandum der Arbeitsgemeinschaft ökumenischer Universitätsinstitute (Kaiser-Grünewald 1973) 75.

[3] Ebd. 79, 80. [4] Ebd. 82. [5] Ebd. 64. [6] Ebd. 174. [7] Ebd. 15.

berechtigten Forderung nach Demokratisierung"[8] anklagen. Enttäuscht und verbittert müßte man feststellen: „Der päpstliche und in seinem Gefolge auch der bischöfliche Zentralismus nimmt eher zu als ab", so daß sich der Eindruck verstärkt, „daß die Institution Kirche mit ihrer Struktur und ihren Gesetzen hinter dem Anspruch des neuzeitlichen Freiheitsbewußtseins zurückbleibt."[9]

Die meisten dieser Anklagen – sofern sie nicht persönliche Schwächen betreffen, sondern grundsätzliche Kritik der Kirchenordnung sein wollen – sind unheilbar *romantisch*. Für sie fällt der ganze reale Erfahrungsbereich zweitausendjähriger kirchlicher Geschichte aus, und sie halten nur die beiden Enden: dort ein in rosig-renan'schem Licht gesehenes Evangelium aus lauter „Gewaltlosigkeit" und „Seligpreisungen der Armen und Unterdrückten", hier eine marxistische Gesellschaftskritik, die durch „Veränderung der Strukturen" (ein neues mythisch-magisches Zauberwort) jenes evangelische Paradies herzustellen hofft. Fernand Guimet hat gegen diese Naiven, die sich gern mit den Gaben des Heiligen Geistes zieren, völlig zutreffend geltend gemacht, daß sie eigentlich Archäologen sind: sie streben durch exegetische Grabungen zu einem vorpfingstlichen Christentum zurück, wo die späteren strukturellen Setzungen alle noch ungewiß sind – man lese einmal die Deutung der Petrus-Worte bei Fritz Leist nach, bei dem man in jedem Satz über ein „vermutlich", „wahrscheinlich", „vielleicht" stolpert –, sie möchten ohne den vermittelnden heiligen kirchlichen Geist eine „Gleichzeitigkeit" mit dem Christus-„Ereignis" gewinnen, just zu einem Zeitpunkt, da die Jünger noch ganz im judaistischen Geist, zum Teil in einer völlig un-christlichen politischen Theologie befangen waren. Solche Theologen haben, nach Guimet, „von Anfang an eine unendliche Verspätung der aktuellen Bedeutung des Glaubens gegenüber und können sich deshalb in ihrer Suche nach ihm nur vergeblich erschöpfen, ihm nachrennend, ohne jede Hoffnung, diese Verspätung je aufholen zu können"[10]. Aktualität durch Archäologie unter Überspringung der Geschichte und durch Abwälzung ihrer Last zeitigt keine echte Heilsbotschaft für das Heute, um so weniger als diese im Glashaus moderner Ideologien Gefangenen, die sich von der kirchlichen Vergangenheit distanzieren, dauernd mit Steinen nach dieser werfen und sich von ihrer in die Gegenwart hineinragenden Mächtigkeit frustriert fühlen. Ausgerechnet heute, wo jeder wirkliche Druck eines „Heiligen Offiziums" aufgehört hat, klagen

[8] Ebd. 22. [9] Ebd. 45.

[10] Existenz und Ewigkeit. Meditation über das Geheimnis des Heiligen Geistes. Theologia Romanica I (Johannesverlag, Einsiedeln 1973) 45–46.

sie – im Gegensatz zur letzten Generation großer Theologen, die diesen Druck schweigend aushielten – wehleidig im voraus (wie Kinder beim Zahnarzt, ehe ihnen auch nur ein Zahn angebohrt wurde) und schwören, „auf die Barrikaden zu steigen", falls man ihre christenmenschliche Freiheit im geringsten einschränken sollte.

An *Fritz Leists* Invektiven gegen den „Gefangenen des Vatikans"[11] – deren berechtigtes Anliegen wir nicht verkennen: die Enttabuisierung immer noch fortwirkender volkstümlicher Papolatrie – ist dreierlei falsch und peinlich: die schon erwähnte Gleichsetzung des Jurisdiktionsprimats[12] mit weltlichem Herrschaftsanspruch, ferner die Herleitung dieses Anspruchs aus den magisch-mythischen Grundlagen der heidnischen „Roma aeterna"[13], ja – da von den Päpsten überall die phallisch zu deutenden Obelisken der Pharaonen aufgerichtet wurden – aus den Fruchtbarkeitsmythen Ägyptens und seinen Vorstellungen königlicher „Heilbringer"[14] – kurz die Klage auf maßlose Überhöhung der Sakralität des Papstes, seine „mana"-Geladenheit[15], die Sakralisierung seiner ganzen Umgebung, vor allem seines „Hofstaates"[16], die Verwandlung des Vatikanstaats in eine „hierokratische Monarchie"[17], eine Christifizierung des (sich fälschlich als Mittler[18], ja als „universaler Vater"[19] verstehenden) Papstes usf. Schließlich drittens die kategorische Forderung, die Aussagen des I. Vatikanums als unbiblisch zurückzunehmen, damit überhaupt eine Basis für eine innerkirchliche Kollegialität – die sonst die „Quadratur des Zirkels"[20], der Teufelskreis[21] bleibt – und für Ökumene nach außen entstehe. Und dann diese „Angst", unter der nach Leist die armen Theologen vor dem (doch längst abgeschafften) Index und der (doch milde zusehenden) Glaubenskongregation (gewesenen Inquisition) heute noch arbeiten müssen! Man ist erstaunt, wie tapfer diese Theologen ihre heimliche Angst zu tarnen wissen! Der gute Wille, der Paul VI. nicht abgestritten wird, bleibt ohnmächtig, solange er

---

[11] Der Gefangene im Vatikan. Strukturen päpstlicher Herrschaft (Kösel-Verlag, München 1971).

[12] Für den „Ehrenprimat": ebd. 300f.

[13] Ebd. 86. [14] Ebd. 106ff. [15] Ebd. 66, 69, 127.

[16] Ebd. 24ff („der päpstliche Hof, Gefüge und Verhalten der Kurie – das sind die größten Hindernisse für eine vorbehaltlose ökumenische Begegnung mit Rom": 30). Dieser „Hof" wird psychologisch gedeutet als „Schutzwall um eine Institution, die sich zutiefst bedroht fühlt, weil der Herr fernbleibt... Sicherung (der) Macht aus der tief unüberwundenen Angst, auf dieser Erde verlassen zu sein": 40.

[17] Ebd. 46. [18] Ebd. 53ff. [19] Ebd. 59ff., 70ff.

[20] Ebd. 316. [21] Ebd. 320.

selbst „der Gefangene der kurialen Herrschaft und der römischen Ideologie“ [22], „der Gefangene dieser Bilder vom Heiligen und vom Vater“ [23], der Gefangene „in den Strukturen eines Feudalrechtes und eines sakralen Königtums“ bleibt [24], und deshalb nur solipsistisch denken [25], nur mit sich selber monologisieren [26] kann. Leist verfehlt es schließlich nicht, auf die germanische Taste zu drücken: „Dieses System trägt seinen romanischen Ursprung an der Stirne und wird nie in germanischen Ländern durchzudringen vermögen.“ [27]

Wir möchten ihm dies spaßeshalber durch einen andern Germanen bestätigen lassen, der diese vorläufige Rundsicht über die Gefilde des antirömischen Affekts auf ebenso vorläufige Art abschließen mag.

„Wir Europäer befinden uns im Anblick einer ungeheuren Trümmerwelt, wo einiges noch hoch ragt, wo vieles morsch und unheimlich dasteht, das meiste aber schon am Boden liegt, malerisch genug – wo gab es je schönere Ruinen? – Die Kirche ist diese Stadt des Untergangs: wir sehen die religiöse Gesellschaft des Christentums bis in die untersten Fundamente erschüttert – der Glaube an Gott ist umgestürzt, der Glaube an das christlich-asketische Ideal kämpft eben noch seinen letzten Kampf. Aber das Wunderlichste: die, welche sich am meisten bemüht haben, das Christentum zu halten, zu erhalten, sind gerade seine besten Zerstörer geworden – die Deutschen. Es scheint, die Deutschen verstehen das Wesen der Kirche nicht. Sind sie dazu nicht geistig genug? Der Bau der Kirche ruht jedenfalls auf einer *südländischen* Freiheit und Freisinnigkeit des Geistes und ebenso auf einem südländischen Verdachte gegen Natur, Mensch und Geist – er ruht auf einer ganz andren Kenntnis des Menschen, Erfahrung vom Menschen, als der Norden sie hat. Die Luthersche Reformation war in ihrer ganzen Breite die Entrüstung der Einfalt gegen etwas ‚Vielfältiges‘, um vorsichtig zu reden, ein grobes, biederes Mißverständnis. Man übersieht heute gut genug, wie Luther in allen Kardinalfragen der Macht verhängnisvoll kurz, oberflächlich, unvorsichtig angelegt war. Er döselte auf, er riß zusammen, er lieferte die heiligen Bücher an jedermann aus – damit gerieten sie endlich in die Hände der Philologen, das heißt der Vernichter jeden Glaubens, der auf Büchern ruht. Er zerstörte den

---

[22] Ebd. 318. [23] Ebd. 79. [24] Ebd. 316.
[25] Ebd. 281 ff. [26] Ebd. 139.
[27] Ebd. 328. Herr Leist verrät uns am Schluß, es sei nicht seine Aufgabe gewesen, „darzulegen, wie das Petrusamt – oder richtiger (?) gesagt: der Petrusdienst – heute aussehen müßte“ (351). So ist es mit den meisten Kritikastern: wie man es, realistisch, machen sollte, wissen sie nicht.

Begriff ‚Kirche', indem er den Glauben an die Inspiration der Konzilien wegwarf: denn nur unter der Voraussetzung, daß der inspirierende Geist, der die Kirche gegründet hat, in ihr noch lebe, noch baue, noch fortfahre, sein Haus zu bauen, behält der Begriff ‚Kirche' Kraft. Er gab dem Priester den Geschlechtsverkehr mit dem Weibe zurück: aber drei Viertel der Ehrfurcht, deren das Volk, vor allem das Weib aus dem Volke fähig ist, ruht auf dem Glauben, daß ein Ausnahmemensch in diesem Punkte auch in andren Punkten eine Ausnahme sein wird – hier gerade hat der Volksglaube an etwas Übermenschliches im Menschen, an das Wunder, an den erlösenden Gott im Menschen, seinen feinsten und verfänglichsten Anwalt. Luther mußte dem Priester, nachdem er ihm das Weib gegeben hatte, die Ohrenbeichte *nehmen,* das war psychologisch richtig: aber damit war im Grund der christliche Priester selbst abgeschafft, dessen tiefste Nützlichkeit immer die gewesen ist, ein heiliges Ohr, ein verschwiegener Brunnen, ein Grab für Geheimnisse zu sein. ‚Jedermann sein eigener Priester' – hinter solchen Formeln und ihrer bäuerischen Verschlagenheit versteckte sich bei Luther der abgründige Haß auf den ‚höheren Menschen' und die Herrschaft des ‚höheren Menschen', wie ihn die Kirche konzipiert hatte – er zerschlug ein Ideal, das er nicht zu erreichen wußte, während er die Entartung dieses Ideals zu bekämpfen und zu verabscheuen schien. Tatsächlich stieß er, der unmögliche Mönch, die *Herrschaft* der *homines religiosi* von sich; er machte also gerade das selber innerhalb der kirchlichen Gesellschafts-Ordnung, was er in Hinsicht auf die bürgerliche Ordnung so unduldsam bekämpfte – einen ‚Bauernaufstand'. Er wußte nicht, was er tat" (Nietzsche, Die Fröhliche Wissenschaft, 358)[28].

## 2. *Provinzialisierung*

Unterbrechen wir hier für einen Augenblick die antirömischen Gravamina und blicken kurz auf deren Erfolge. Lassen wir dabei die Romantiker mit ihren Entmythisierungsforderungen und evangelischen Freiheitsansprüchen stehen, um den Realisten das Wort zu geben, die die gewiß berechtigten Folgerungen aus dem Kollegialitätsgedanken des II. Vatikanums und der damit zusammenhängenden Dezentralisation vieler in Rom kumulierten Vollmachten und Kompetenzen gezogen haben. Über die positiven Seiten solcher Macht-

---

[28] Jedermann kann dort nachsehen, welche Sätze und Wendungen ich ohne Punkte fallengelassen habe. Man wird aber mit Nutzen auch Fortsetzung und Ende des Essays lesen.

verteilung, die Aufwertung und Anspornung der regionalen Verantwortungen ist hier kein Wort zu verlieren, sie sind offenkundig. Aber wenn man eine Gesamtbilanz zieht, erschrickt man doch über die Negativposten, die sich aus dem so lautstark – am lautesten von Kardinal Suenens – geforderten Abbau der kurialen Konzentration ergeben. Zunächst ist beachtlich, daß neben dem Einzelbistum die regionale oder nationale Bischofskonferenz vom Konzil besonders nachdrücklich bedacht und empfohlen wurde, daß also, was an Kompetenzen und damit an neu zu errichtenden Instanzen von der zentralen römischen Kurie in die Einzelregion hinabfällt, gleichzeitig in doppelter Gestalt auftreten muß: als diözesane und als interdiözesane Kommission oder Koordinationsstelle oder – wie in Frankreich – als dauerndes, vielfach aufgegliedertes Büro der Bischofskonferenz. Damit ist eine ganz unverhältnismäßige Vermehrung der kirchlichen Bürokratie verbunden – Kurie mal Anzahl der Diözesen mal Anzahl der Bischofskonferenzen –, die „streitende Kirche" hat sich, nach dem Ausspruch eines Witzbolds, in die „polykopierende Kirche" verwandelt. Kommen in einzelnen Ländern gar noch Synoden hinzu, in denen das Mitbestimmungsrecht des gesamten königlich-priesterlichen Kirchenvolkes in kirchlichen Angelegenheiten zum Ausdruck gelangen soll, so vermehrt sich die Papierflut ins Legendäre und ist von keinem normalen und beruflich beschäftigten Menschen mehr zu bewältigen. Auch die zeitliche Überforderung der Bischöfe wie der Synodalen ist eklatant, außerdem die gesteigerte Gefahr, daß Gremien wie die Synoden nun wirklich – das Wort wird hier unvermeidlich – auf vielfache Art manipuliert werden. Auch von Bischofskonferenzen kann dies gelten, zumal dann, wenn die überforderten einzelnen Mitglieder gezwungen sind, wichtige Aufgaben, die Formulierung weittragender Beschlüsse, die Ausarbeitung von Religionsbüchern, von liturgischen Texten usf. Kommissionen zu überlassen, deren personale Zusammensetzung nicht immer so sorgsam bedacht werden kann wie bei der einen römischen Kurie, für die bei der Besetzung der Hauptposten und in den Einzelkommissionen Fachleute aus der ganzen Welt ausgewählt werden können. Man kann es dann einzelnen Bischöfen kaum anlasten, wenn Verfügungen und Verlautbarungen herauskommen, mit denen sie sich nur partiell identifizieren können, oder wenn, wie das für einzelne Regionen nachgewiesen werden könnte, von dem ständigen Büro der Bischofskonferenz ein einschüchternder Druck selbst auf Bischöfe ausgeübt wird und der angestrebte Pluralismus sich mehr auf der nationalen als auf der diözesanen Ebene durchzusetzen vermag. Die Zeit ist vielleicht nicht fern, da mancher Bischof wieder dankbar sein wird, den Papst als Hort der Freiheit gegen eine mehr oder weniger anonyme bürokratische Maschine anrufen zu können.

Mit dieser simplen Feststellung soll in unserem Zusammenhang genug gesagt sein für die Zweckmäßigkeit einer römischen Kurie, zumal einer so tüchtig arbeitenden wie der heutigen. Sie wird wie alle aus Menschen bestehenden Verwaltungskörper ewig zu Kritiken Anlaß geben, aber die groben Mißbräuche früherer Zeiten wird ihr niemand nachsagen können. Mancher Zopf ist von Paul VI. bereits abgeschnitten worden; vielleicht locken noch vorhandene zu weiteren Abschneideaktionen. Und vermutlich sind es vor allem die geistlichen Zöpfe – Rangstufen, Orden, Betitelungen, auch das ganze durch die Kurie ermöglichte Image des Papstes vor der christlichen und nichtchristlichen Öffentlichkeit –, die einer freiwilligen oder unfreiwilligen Reduktion harren. Vielleicht wird es einmal ohne den ganzen personalen und finanziellen Aufwand gehen müssen. Aber man darf sich doch fragen, ob es nicht die Klugheit (und weniger die Herrschsucht) des Papstes ist, die den in dieser Übergangszeit, da die Katholiken sich so pubertär als mündig aufspielen und es noch so wenig sind, dank einiger vorzüglicher Arbeitskräfte trotz Reibungen tüchtig funktionierenden Apparat aufrechterhalten hat[29]. Einem andern Aspekt der Kurie werden wir später nochmals begegnen, er hängt mit dem Selbstverständnis des gegenwärtigen Papstes zusammen: Damit ein Auge gütig blicken, ein Mund lächeln, eine Hand sich anbieten kann, damit diese unteilbar einfachen menschlichen, allgemein verständlichen Gebärden möglich sind: welch unsagbar komplizierter Apparat an Muskeln, Nerven, Adern und Venen ist dafür stillschweigend vorausgesetzt! Menschen sind keine reinen Geister; auch der Einzelne nicht, der von Amts wegen eine unersetzliche Aufgabe erfüllen muß, dem das Charisma und Vorrecht der Heiligen (einiger wenigstens), durch ihre ganze Existenz ein Zeichen zu sein, nicht mit in die Wiege gelegt wird. – Aber zurück zu den Versuchen, auf (inter-)diözesaner Ebene den Apparat zu vervielfachen.

Ökumenische Konzilien haben eine bewegte Geschichte, auf einigen wurde bestochen, geprügelt, auf andern geschossen; politische Pressionen aller Art waren an der Tagesordnung. Immerhin kam dabei für die Christenheit – Dei providentia et hominum confusione – etwas heraus. Was hingegen den ungeheuren Zeit-, Gesund-

---

[29] Auf das Problem der vatikanischen Finanzen einzugehen, ist hier nicht der Ort. Man lese darüber Corrado Pallenberg: Die Finanzen des Vatikans (dtv 1973).

heits-, Geld- und Materialaufwand der nationalen Synoden rechtfertigt, ist einstweilen noch nicht erwiesen. In all der Geschäftigkeit wird eins sichtbar: eine nie dagewesene Selbstbezogenheit der Kirche, des Klerus im besonderen. Man ringt um seine Identität (ein klinisches Problem), man betreibt individuelle und kollektive Nabelschau, und je mehr Stimmen durcheinanderreden, um so weniger wird eine nationale Kirche sich klar, wer sie eigentlich ist. Man redet von Orthopraxie und Veränderungen der Strukturen in Brasilien und reicht mit der ganzen leeren Programmatik, was Effizienz betrifft, einem der großen Laien der Kulturkampfzeit nicht bis ans Knie. Vielleicht schaut man mit heimlichem Neid auf die geschmähte römische Kurie, wo weniger geredet, dafür aber Dinge wirksam erledigt werden. Einübungsphasen der christlichen Demokratie? Couésche Selbsttherapeutik einer von der Angst um die eigene Identität gepeinigten Klerisei – und Laienschaft? Aber der Verdacht regt sich doch schon, daß die großen Bewegungen und Reformen der Kirche auch in Gegenwart und Zukunft nicht von solchen Gremien ausgehen werden, sondern von den Heiligen, den stets Einzelnen und Einsamen, in die Gottes Blitz gefahren ist und die ihre Umgebung in eine Feuersbrunst verwandeln, was ein ganz anderer Vorgang ist als eine kunstvolle Organisation. Heilige haben keine Zeit, über ihre Identität nachzusinnen. Vielleicht müßten wir lernen, wie ein Volk einen Heiligen „fabriziert": durch Beten und Büßen, durch glühenden Glauben, der sich von einer Mutter auf einen erwählten Sohn überträgt ..., durch ein Einig-sein-Wollen als Kirche, das sich plötzlich zu einer wirksamen Einigkeit aus Fleisch und Blut konkretisieren kann.

Aber der Heilige ist immer gekennzeichnet durch seine Leidenschaft für das Katholische. Er weiß sich als ein einzelnes, unbedeutendes Glied, ist entweder dies oder das, aber immer Glied des lebendigen *Ganzen,* durch das und für das er lebt. Nie wird sich deshalb ein Heiliger mit dem abfinden, was sich heute als müder, resignierter oder trotzig sich partikularisierender „theologischer Pluralismus" ausgibt. *Pluralismus* im strengen Sinn – als Lehre von Standpunkten innerhalb der einen katholischen Kirche, die untereinander von keinem menschlich einsichtigen Punkt aus mehr in Harmonie zu bringen sind – ist Provinzialismus und damit Leugnung der Katholizität. Genauer: Leugnung der Konkretheit des Einheitsprinzips der Catholica, aus dem alle Glieder mit ihren Sonderaufträgen und -perspektiven sich herleiten und nähren. Eine Theologie, die etwas auf sich hält, müßte heute den Ehrgeiz haben, die auseinanderfallenden Aspekte der christlichen Wahrheit „aus einem Punkte zu kurieren", das praktische und theoretische Gegen- und gleichgültige Neben-Einander zu einem theoretischen und dann auch praktischen Miteinander zu bringen; einsichtig genug sein, daß sie alle unfruchtbare Dialektik übersteigt und alles Gezeter, die Standpunkte (wie Primat und Kollegialität) seien unvereinbar, zum Schweigen bringt. Und gewiß wird es dabei um eine Grundentscheidung gehen: ob man die konkrete Einheit der Catholica relativiert und auflöst auf eine abstrakte Einheit der Humanitas hin – wie das die konsequent pluralistischen Theologen heute ja zwangsmäßig tun müssen –, oder ob man diese konkrete Einheit der Catholica auch dort festhält, wo sie sich grenzenlos öffnen muß – etwa zur ökumenischen Haltung mit ihren tausend Problemen und weiter zur gesamten religiösen und atheistischen Menschheit hin –, ohne dabei das Gesetz zu verleugnen, nach dem sie angetreten ist und in dem sie wirklich geprägte Form ist, die lebend sich entwickelt.

Diese Öffnung, die heute mehr als je für die Glaubwürdigkeit der Catholica unentbehrlich ist, setzt ein ruhiges Wissen um das eigene, bestimmte Wesen voraus, so wie eine Frau sich dem Mann nur hingeben und erschließen kann, wenn sie sich fraulich und nicht männlich oder antimännlich verhält. Und um einen Blick ins letzte Geheimnis zu tun: im *dreieinigen Gott* widersprechen sich Bestimmtheit und Unendlichkeit nicht: die göttlichen Personen werden, da sie Gott sind, nicht durcheinander begrenzt, wohl aber bestimmt. Wer sich diesen Geheimnishintergrund verschließt, verurteilt sich dazu, die Kirchensturktur rein soziologisch zu verstehen und notwendig dort Widersprüche und Unvereinbarkeiten zu finden, wo der vom Mysterium lebende Christ beglückt erfährt, daß jene Spannungen lebbar und fruchtbar sein können – sogar die fruchtbarsten von allen –, deren Existenz von den andern als „Quadratur des Kreises" abgetan wird. Das einfachste Beispiel ist die katholische Vereinbarkeit von echtem uneingeschränktem Gehorsam und echter Selbstverantwortung, wie sie so viele Heilige im Ordensstand, von den echten Jesuiten ganz zu schweigen, vorgelebt haben: eine für den Nichtkatholiken ewig unbegreifliche Möglichkeit, die sich im letzten nur trinitarisch auflösen läßt. Die halbgläubigen Katholiken verweisen zwar oft auf die Heiligen, aber nur um auf ihre Konflikte mit der Autorität und ihre Leiden an dieser hinzuzeigen, in einem aufbegehrenden Ton, der dem der Heiligen völlig unangemessen ist: diese hätten es sich allesamt verbeten, daß für sie gegen das Kirchenamt Stellung genommen wird. Selbstverständlich ist das trinitarische Geheimnis des Gehorsams, in die Hände von Menschen gelegt, immerfort gefährdet, da von beiden Seiten, dem

Befehlenden wie dem Gehorchenden, gleicher Glaubensgehorsam zum göttlichen Wort hin erfordert wird; aber welches der großen göttlichen Geschenke, die Gott in Menschenhände gelegt hat, ist nicht gefährdet und vom Menschen entgegen der göttlichen Absicht verwendbar?

Auch das *christologische Mysterium* erfordert in seiner kirchlichen Ausfaltung eine beinah unbegreifliche Pluralität, die etwas gänzlich anderes ist als ein auseinanderfallender Pluralismus. Bei Paulus schon wird deutlich, daß der Christ in der Nachfolge des Herrn sehr wohl als ein immerfort der Welt Gekreuzigter, täglich Sterbender, aber auch – und nicht minder wahr – als ein mit Christus Auferstandener, ja in den Himmel Aufgefahrener leben muß; daß die Situation der Welt und der Kirche und die christliche Vorsehung ihm Gelegenheit gibt, beides zu erfahren, ohne damit schon in der Gefahr eines falschen Passionismus oder Triumphalismus zu geraten. Wieder scheint dies, von außen gesehen, unmöglich.

Endlich hält der Katholik die *Heilige Schrift* als ganze für *inspiriert* und für ein der Kirche gehörendes Buch: in ihrer verwirrenden Buntheit, in all ihren durch die moderne Exegese fast unabsehbar erweiterten Aspekten bleibt sie wesentlich *eine*, und dies nicht oberhalb oder unbezogen neben der Einheit der Kirche, sondern untrennbar bezogen auf diese: sie ist eigentlich das archetypische Dialogwort, das von Christus (als Wort des Vaters) im Heiligen Geist an die Kirche ergeht und von ihr im Glauben beantwortet wird. Objektive, das heißt diesem Ursprungsort der Schrift Rechnung tragende Exegese kann ungehindert und beinah ins Unendliche neue Aspekte aufdecken, Schichten bloßlegen, die auch das Werden des vollreifen kirchlichen Glaubens zeigen; sie wird aber in dem Augenblick unsachlich, wo sie einzelne Aspekte innerhalb dieses Werdens herausisoliert und sie gegen die integrierte Ganzheit ausspielt (zum Beispiel gewisse rein hypothetisch angesetzte Gemeindestrukturen im paulinischen Korinth gegen die ausgewachsene Kirchenstruktur der nachapostolischen Zeit innerhalb der Bibel, die durch synchrone und bald nachfolgende Zeugnisse: Klemens von Rom, Ignatius usf. bestätigt wird). Innerhalb des kirchlichen Glaubens ist keine Pluralität zu fürchten; erschreckend wird nicht so sehr das Resultat außerkirchlichen Forschens, der doktrinäre Pluralismus, als die Haltung jener Forscher und sonstigen Christen, die mit einem Fuß im Glauben der Kirche, mit dem andern im selbstverfertigten Glauben und einer unkirchlichen Neutralität stehen, somit einen existentiellen Pluralismus betreiben, der an Schizophrenie grenzt.

Wer ernsthaft und systematisch diese Möglichkeit des Glaubenden, aus dem trinitarischen, christologischen und pneumatologischen Mysterium zu leben, angreift und mitten in dieser Negation den Anspruch erhebt, gut katholisch zu sein, besser vielleicht als der Papst, der muß den Glaubenden durch das Hirtenamt als ein Verirrter signalisiert werden, genauso wie die Apostel in ihren Taten und Briefen diesen Dienst am Glauben immer neu und ohne Furcht, die Liebe zu verletzen, ausgeübt haben[30]. Daß dieser Dienst weder mit Feuer und Schwert zu geschehen hat noch unter Mißachtung der Menschenrechte (was man nicht zu Unrecht dem vorkonziliaren Prozeßverfahren des Heiligen Offiziums vorgeworfen hat), müßte selbstverständlich sein, und es ist hier nicht der Ort, zu untersuchen, wie weit es im neuen Verfahren in allen Teilen schon selbstverständlich geworden ist. Aber unter dem Vorwand der Freiheit der Forschung und des modernen Meinungspluralismus dem Urteil des kirchlichen Amtes jede Kompetenz absprechen, zu entscheiden, wo die Grenzen des katholischen Glaubens überschritten werden, heißt die Verfaßtheit der Kirche aus dem Offenbarungsgeheimnis heraus in Frage stellen.

Die Welt vereinheitlicht sich, aber vor allem äußerlich, in technischer Gleichmacherei; sie provinzialisiert sich gleichzeitig, indem sie als ganze unübersehbar wird und den ernsthaft erkennenwollenden Blick ermüdet: daher beschränkt man sich auf ein enges Fachgebiet; humanistische Bildung wird durch frühe Spezialisation in der Ausbildung ersetzt, Nationen geben der Tendenz nach, in ihre Bestandteile zu zerfallen, niemand überblickt mehr die Ergebnisse und Forschungswege der „exakten“ Wissenschaften (denen die angeblich „unexakten“ Geisteswissenschaften es methodisch gleichzumachen versuchen). Zwar mehren sich die Kongresse von Fachleuten, die Bemühungen um Komparatistik, aber immer seltener werden naturgemäß die Superköpfe, die im Stil eines Leibniz die Dimensionen des Menschheitswissens umrißweise abstecken können. Daher die Entmutigung der Philosophie, und wiederum: daher die Verfachlichung und *Verprovinzialisierung der Theologie*. Gesamtdogmatiken wagt man bestenfalls und ausnahmsweise im Teamwork, und dann gilt: tot capita quot sensus. Sie werden ersetzt einerseits durch populäre Serien, anderseits durch die unübersehbare Flut der Spezialuntersuchungen in Exegese, Kirchengeschichte, Kirchenrecht, bestimmten Feldern der früher einheitlich geschauten Dogmatik. Der Mangel an überzeugenden Durchblicken ermutigt

---

30 Ein paar Texte für diese Grenzziehungen im Neuen Testament: Mt 18,15–17; Röm 14,1f; 16,17; 1 Kor 5,5; 5,9; 2 Thess 3,14f; 3,6; 1 Tim 1,20; Tit 3,10f; Hebr 10,24f; 1 Joh 2,19f; Jud 22–23; Apk 22,15 usw.

das Ausweichen in die angeblich lebensnähere Praxologie: Religionspädagogik, religiöse Gruppendynamik, kritische Religions- und Kirchensoziologie, Befreiungs- und Dritte-Welt-Theologie. Zwischen den Ländern werden die theologischen Kontakte rapid schwächer (in Deutschland weiß niemand, was in Polen theologisch produziert wird, obschon es viel ist, weiß auch kaum einer mehr, was noch an bedeutenden französischen, spanischen, italienischen, geschweige denn afrikanischen, asiatischen, amerikanischen, australischen Arbeiten – abgesehen von ein, zwei Revolutionstheologien – erscheint.

Zudem: die Stimme Gottes aus der Not der Welt ist laut und eindeutig genug, um sich Gehör und vordringlichen Gehorsam zu verschaffen. Auf das überflüssige Doppel dieser Stimme aus Rom zu horchen, die zudem gar nicht für das Dringlichste, oft genug für Nebensächliches oder Unverständliches Gefolgschaft einfordert, scheint überflüssig und wirkt irritierend. Inmitten dieser geschäftigen, praxis-zentrierten Zersplitterung muß der römische Monolith als Repräsentant einer kaum noch für möglich gehaltenen Einheit unzeitgemäß, unrealistisch, prätentiös, dilettantisch, in seinen Äußerungen falsch-rhetorisch, verdeckend-diplomatisch, kurz unglaubhaft erscheinen. Es ist das ideale Objekt für die Sarkasmen eines „kritischen Katholizismus". Es genügt, daß etwas von Rom kommt – auch wenn es von einem Gremium ausgeht, das sich nur zufällig in Rom versammelt und in dem kein Römer ist (wie zum Beispiel der Internationalen Theologenkommission) –, damit es als unerheblich und „passé" beiseite gewischt wird. Vielleicht findet der „Club of Rome" trotz seiner apokalyptischen Warnungen deshalb bisher so wenig Gehör[31].

## *3. Papstsein heute*

Während die beiden „Hieronymi", die an Sarkasmus der Kurie gegenüber nicht sparen, ein recht freundliches psychologisches Gutachten über Paul VI. abgeben[32], ein wenig auf seinem Selbstvergleich mit dem spanischen Heros insistieren – er fragt vor seiner Asien- und Australienreise, nicht ohne Humor, mit wem man ihn wohl vergleichen wird: „David und Goliath? Andere werden sagen:

---

[31] Zum Ganzen: Johannes Groß, Die Welt wird Provinz (FAZ 3.8.1973). Alvin Toffler, Der Zukunftsschock (Droemer Knaur 1974) 4. Teil: Vielfalt, 189–237.
[32] Vatikan intern (Deutsche Verlagsanstalt, Stuttgart 1973) 227–281.

Don Quixote" – und ihm das Attribut „Hamlet" absprechen, das ihm, als er noch Primas von Mailand war, Roncalli, damals in Venedig, zugelegt hatte, reitet *Reinhard Raffalt* in seiner Attacke auf die Gesamtlinie Pauls VI. („Wohin steuert der Vatikan?"[33]) beharrlich auf dieser Bezeichnung herum: „Hamlet auf dem Heiligen Stuhl" heißt ein ganzes langes Kapitel. Dabei wird nicht klar, worin der Vergleichspunkt besteht: doch wohl schwerlich darin, daß Paul VI. nicht handelt – er handelt für Raffalt nur allzu zielstrebig, aber leider in Richtung auf links, was dem Autor gegen jeden Strich geht – auch schwerlich darin, daß er in seiner Politik manchen „Denkfehler"[34] begeht, denn solche begeht Hamlet gerade nicht; somit vielleicht bloß darin, daß beide tiefsinnig sind, komplexe und symbolische Taten setzen („Theater im Theater"), daß sie durch die äußern Umstände gezwungen werden, ihre Taktik zu ändern, wobei aber der Vergleich dort wieder versagt, wo Hamlet seine entscheidende Aktion immer wieder hinausschieben muß, während Paul VI. unablässig und zielstrebig agiert. Also im ganzen eine verunglückte Parallele. Denn wenn sie bloß darin bestünde, daß „die Welt aus den Fugen ist" und Hamlet und Paul es beklagen müssen, daß sie „zur Welt kamen, um sie einzurenken", so dürfte die Situation auf manchen tragischen Helden und manchen tragischen Papst – etwa Gregor den Großen, der gewiß kein Hamlet war – zutreffen.

Das Paradoxe an Raffalt ist, daß er – im genauen Gegenspiel zu Leuten wie Hernegger oder Leist – in die heilbringende Symbiose zwischen dem antiken und dem päpstlichen Rom verliebt ist und daß ihn deren Auflösung durch das II. Vatikanum und erst recht durch die klar verfolgte Politik Pauls VI. zu seiner scharfen, wenn auch noblen antipäpstlichen Haltung zwingt. Er wird damit zu einem besonders qualifizierten Sprecher der kirchlichen Rechten, jener Traditionalisten, die sich schon über Leos XIII. Öffnung zum

[33] Piper (München-Zürich 1973). Von den zahlreichen Reaktionen auf Raffalts Buch seien hervorgehoben: *Josef Schmitz van Vorst*, Wohin die Ostpolitik Pauls VI. steuert (FAZ 22. 12. 1973: Wiedervereinigung mit der Orthodoxie als Ziel); *N. Benckiser* Gott aussparen? (FAZ 2. 1. 1974: vorsichtig zustimmend); *Ad. Holl*, Verwirrt vom Vatikan (Welt am Sonntag 18. 11. 1973: Diagnose richtig, aber was würde Raffalt selbst tun?); *Hansjakob Stehle*, Wenn einer rot sieht (Die Zeit 7. 12. 1973: Raffalt zeichnet „eine Karikatur dessen, was vatikanische Ostpolitik ist ... [Sie] war und ist nie auf ideologische Koexistenz gerichtet ... sondern ganz nüchtern auf einen praktischen Modus vivendi für die Gläubigen in atheistisch regierten Ländern"); *Walter Dirks*, Römisches Allzurömisches (Die Welt 3. 1. 1974: „Es ist, als ob die Kirche mit Konstantin begonnen habe" – vom Evangelium ist kaum die Rede); *Max von Brück*, Vom Mut, unmodern zu sein (SZ 1./2. 12. 1973: Raffalts „Schema zu grobschlächtig"); *G. W.*, Wohin steuert der Vatikan? (Rhein. Merkur 30. 11. 1973: „einseitig", „konstantinisch").

[34] Ebd. 140, 218f, 225 usf.

Sozialismus mächtig aufregten und mit denen zusammen er, der grundsätzlich romtreue, „zwischen alle Stühle" zu sitzen kommt[35]. Schon in seinem „Ende des römischen Prinzips"[36], auf das wir unten noch eingehen werden, hat Raffalt den Entzug der heidnisch-römischen Basis („Santa Maria sopra Minerva"), der Aequitas und der Pietas als kosmischer Frömmigkeit, als Sinn für himmlisch-irdisches Gleichgewicht, für das Rechte, das Jus, als die Destruktion auch der Vorrangstellung Petri beschrieben; sein Schifflein, das den sichernden Anker gelichtet hat, ist den Wellen preisgegeben. Für diese Situation der gesamten modernen Zivilisation ist nun aber nicht der Papst verantwortlich zu machen, und wenn er sich darin – laut Raffalt – „inkonsequent"[37] und „dialektisch" (nicht „unbedingt" schizophren)[38] verhält, so müßte man schlicht an den Autor die Rückfrage stellen, welchen Kurs denn *er*, in den gleichen Fall gesetzt, einhalten würde.

Wollten wir Raffalts und die von ihm abgelehnte Position auf eine formale Chiffre bringen, so könnten wir sagen: Raffalt will „Harmonie"[39], im antiken Rom war sie immanent, im christlichen wurde sie transzendent, durch die Verherrlichung des Imperator Christus für den Glaubenden auf das ewige Leben bezogen. Einer seiner Vorwürfe gegen das Papsttum ist, durch seine Wendung zum Sozialismus „zahllose Millionen der *heute* Armen und Unterdrückten auf ein *morgiges* Heil zu vertrösten" und sie des „jenseitigen Trostes" beraubt zu haben, der sie allein ihr jetziges Elend ertragen ließe[40]. Dieser Harmonie stehen die für Raffalt unerträglichen „Spannungen" entgegen, die sich daraus ergeben, daß das Konzil und nach ihm Paul VI. „zu vieles auf einmal anstrebt", praktisch Unvereinbares zusammenzwingen will. Daß „die Gemeinschaft der Bischöfe zusammen mit dem Papst die Nachfolge der Apostel inne"-hat, daß die „oberste Regierungsgewalt über die Kirche Sache der Bischöfe gemeinsam mit dem Papst" ist (die Formulierung Raffalts ist nicht ganz exakt), „bedeutete eine vernichtende Niederlage der Konservativen und eine unmittelbare Gefahr für den Heiligen Stuhl"[41]. Nunmehr „galt es, Brüderlichkeit zu üben, ohne das Papsttum zu schmälern; in diesem Zwiespalt lag für alle weiteren Jahre die Tragik (!) des paulinischen Pontifikats"[42]. Dieses steuert „einen

---

[35] Ebd. 8. [36] Siehe unten S. 47. [37] Ebd. 240.
[38] Ebd. 247. [39] Ebd. 75.
[40] Ebd. 254. In den Besprechungen von Sagorsk am 15. Juni 1973 (dem Schlußbouquet des Buches Raffalts) „wurde der jenseitige Sinn des christlichen Glaubens in die zweite Position gedrängt": 286.
[41] Ebd. 40–41. [42] Ebd. 41.

schwankenden Kurs zwischen dem Willen zur Brüderlichkeit und dem Recht auf Gehorsam"[43]. Gestehen wir es Raffalt ruhig zu, daß, an den Kategorien weltlicher Staatskunst gemessen, hier ein „Widerspruch" vorliegt, daß wenn Paul VI. vor dem Weltkirchenrat in Genf in gut leoninischer Tradition die Aussage wagt: „Ich bin Petrus", der Weltkirchenrat es „hörte, ohne zu verstehen"[44]. Aber wenn Raffalt über die Jesuiten sagt: „Ausgereifte Individualität und deren gleichzeitige totale Unterordnung unter das Gehorsamsprinzip – in solch absurder (!) Spannung lebten die Mitglieder des ignatianischen Korps"[45], dann ist dies vielsagend: das Prinzip des Jesuitischen selbst ist für ihn „absurd", weil er es nicht vom christologischen Mysterium her, sondern nur psychologisch-soziologisch zu denken vermag. Aber sind Persönlichkeiten wie Franz Xaver oder Canisius wirklich absurd, das heißt schizophren? Und von hier aus: ist die Forderung des Konzils und nach ihm Pauls VI., Brüderlichkeit und einen letzten Gehorsam an den Papst zu vereinen, wirklich – vom Neuen Testament her betrachtet – „absurd" und für gläubige Menschen undurchführbar? Steht „Diskussion" wirklich in unvereinbarem Gegensatz zu „Autorität", „Dienst" zu „Macht"?[46] Ohne Zweifel wird von den Christen *mehr* verlangt als in einem einfachen System, sei es des Absolutismus, sei es des Liberalismus; aber muß nicht gerade dieses Mehr von ihnen gefordert, ihnen vom Evangelium mit seinem christologischen und trinitarischen Mysterium her zugemutet werden?

Raffalt trägt viel beunruhigendes Material zusammen, aus dem er apokalyptische Konsequenzen zieht; die „Wurzeln" der Tradition sind „abgesägt", so daß nichts mehr blühen kann[47]. Durch die „Internationalisierung der Kurie" wird ein „ständiger Senat der Bischöfe" möglich[48], durch die Altersbeschränkung des Wahlrechts der Kardinäle wird deren Amt funktionalisiert und damit das Prinzip der Hierarchie selbst angegriffen[49], sie wird „demokratisiert"[50] – die extremsten Theorien Balduccis sind keine Utopien mehr[51] –, der Entwurf zur neuen Konklaveordnung sprengt die Einrichtung des Kardinalats (mit dessen Bindung an den römischen Bischofssitz), mehr noch, es „ändert das Papsttum": „Ein durch den Episkopat erkorener Bischof der universalen Kirche ‚muß' nicht unbedingt auch Bischof von Rom sein"[52], die Sukzession muß neuinterpretiert

[43] Ebd. 14. [44] Ebd. 49. [45] Ebd. 233.
[46] Ebd. 37. [47] Ebd. 97. [48] Ebd. 40.
[49] Ebd. 113. [50] Ebd. 259ff. [51] Ebd. 71ff.
[52] Ebd. 271. Wir stehen hier vor einer Frage von theologischem Gewicht. Kann, neutestamentlich gedacht, die Bindung des Petrusamtes an Rom gleicher oder auch nur ähn-

werden, der Weg zu „einer Art Kirchenpräsidentschaft" scheint frei[53]. Hierzu nur zwei summarische Bemerkungen: Das Volk der Christen als „Wahres Israel" ist nicht wie das alte „fleischliche" Volk an ein Land und an eine „heilige Stadt" gebunden, Rom ist nicht die Fortsetzung Jerusalems, es ist grundsätzlich nicht heiliger als die übrige von Christus erlöste Welt; noch weniger ist das Christentum auf Gräbern, und wären sie Apostelgräber[54], aufgebaut, sondern auf der Tatsache der Auferstehung Jesu, deren Zeichen das leere Grab war. Sodann ist der Kardinalat als Fortsetzung der suburbanen Ämter schon lange eine teilweise Fiktion; man kann an ihr sinnvollerweise auch bei weiterer Internationalisierung des Kardinalats und sogar bei seiner Verwandlung in andere Gestalten festhalten; wie immer das Wahlgremium festgelegt werden mag: seine Absicht, den Nachfolger Petri zu wählen, der bisher immer der Bischof von Rom war, bleibt entscheidend. Resignation ist möglich, wie der Fall des heiligen Papstes Cölestin V. zeigt, zu dessen Grab in Fumone Paul VI. eine Wallfahrt antrat. Das Christentum ist die Religion der letzten Zeiten, es erwartet nicht lässig, sondern gespannt die Wiederkehr des Herrn; „Maranatha", „Komm, Herr Jesus", wie sollte es sich dabei an irdische Orte, gar an feudale Traditionen klammern!

Aber Raffalts viel wichtigeres Gravamen richtet sich gegen den sozialpolitischen Kurs des neuen Papsttums, der sich seit Leo XIII. abzeichnet, seit „Quadragesimo Anno" und besonders bei Johannes' XXIII. „Pacem in Terris" immer tiefer ins Gespräch mit dem Sozialismus, ja mit der Doktrin des Dritten Rom einläßt, wo anstelle

---

licher Art sein wie die alttestamentliche Bindung Israels an das „Heilige Land" und an den Tempel von Jerusalem? Kann nach der Auferstehung Jesu überhaupt noch eine Landschaft oder eine Stadt heiliger genannt werden als eine beliebige andere? Ist nicht künftighin jedes Land gleich heilig und gleich profan? Damit soll nicht in Frage gestellt werden, daß die (theologisch notwendige) Successio im Vorsteheramt Petri faktisch von den Bischöfen von Rom ausgeübt wurde – was völlig unbestreitbar ist –, wohl aber, ob Rom notwendig der Sitz des Papstes sein muß. Es dürfte ein Rückfall in alttestamentliches Denken sein, wenn man annehmen wollte, die „Verbannung" eines Papstes nach Avignon oder Savona oder Gaëta habe theologisch einen mit der Verbannung Israels nach Babylon oder sonst in eine Diaspora vergleichbaren Charakter.

53 Ebd. 273.

54 Die Begründung der Patriarchalsitze durch das Vorhandensein eines Apostelgrabes ist bekanntlich nicht weniger fragwürdig als die des römischen, der für sich wenigstens die größte Wahrscheinlichkeit für die Anwesenheit und das Martyrium der beiden Apostelfürsten am Ort beanspruchen kann. Zudem gilt für diese Sitze die gleiche Problematik, die vorhin (in Anm. 21) für den römischen Sitz angemerkt wurde. Es ist ja durchaus denkbar, daß die geographische Bindung gerade an die ältesten Patriarchatssitze einmal verunmöglicht werden wird und diese, falls sie auf Sukzession Wert legen, anderswohin verlegt werden müssen.

des Kaisers im „zweiten Rom“, Byzanz, und anstelle des Zaren jetzt ein sowjetischer „Kirchenminister“ das eigentliche Oberhaupt der russisch-orthodoxen Kirche (mit ihren hundert Millionen Anhängern) geworden ist, während nur ein Prozent dem Patriarchen Athenagoras unterstand. Schon in jungen Jahren war Montini ein begeisterter Antifaschist, als Student gründete er mit Freunden die Kampfschrift „La Fionda“ (Die Kampfesfront), später war er Studentenpfarrer der FUCI, jener antifaschistischen katholischen Studenteneinigung, die um des Konkordats mit Mussolini willen (an dem Montini gleichzeitig im Staatssekretariat mitarbeiten mußte) fallengelassen wurde[55]. Als er in einem zweitägigen Konklave als Nachfolger Johannes' XXIII. und als Fortführer des Konzils gewählt ward, wußten die Kardinäle, daß sie einen progressiven Papst wählten[56]. Der Horizont, den er vor seinen innern Augen entrollte, war, seiner Vorstellung von Katholizität entsprechend, strikt universal. Er schloß im engeren Kreis die ökumenische Bewegung als das Selbstverständliche ein, aber schon der Schwerpunkt, den die Reise nach Jerusalem setzte, strebte darüber hinaus: die dort gesprochenen Worte verweisen – in Nachfolge von berühmten Gedanken Louis Massignons – auf Abraham als den Konvergenzpunkt der drei großen monotheistischen Religionen: Judentum, Christentum, Islam. Es war folgerichtig, daß einseitige Beziehungen zum neuen Israel vermieden, auf die arabische Welt immerfort Rücksicht genommen wurde[57]. Aber die Öffnung wäre nicht vollständig gewesen ohne Einbeziehung Moskaus und Pekings, mit denen der Heilige Stuhl unermüdlich um Beziehungen kämpft – zuweilen, wenn die beiden Supermächte um die Vormacht ringen, in Verlegenheit, an welche er sich halten muß[58]–, und nicht nur, weil Moskau über das Schicksal der orthodoxen Christen, Peking über das einer (jetzt von Rom dissidenten, vorkonziliaren) katholischen Kirche von drei Millionen(?) Gläubigen verfügt, sondern weil der Kommunismus als solcher mit seinem ebenfalls „katholischen“, das heißt totalen Anspruch ein würdiger, sogar notwendiger Gesprächspartner für Rom ist. Um dieser so utopisch scheinenden Beziehungen willen mußte Paul VI. sich an mehreren Stellen der östlichen Welt vom radikal antisowjetischen Widerstand einzelner Personen und Gruppen distanzieren,

---

[55] Vgl. darüber „Hieronymus“, a. a. O. 230ff. Die Aussage Raffalts, Montini habe keine seelsorgliche Praxis durchgemacht, ist somit nicht exakt.

[56] Raffalt, 23.

[57] Ebd. 156, 184, 191, 195f, 201ff. Über die politischen Hintergründe der Begegnung mit dem Oberhaupt der Kopten: 214ff.

[58] Ebd. 177; vgl. 160.

sogar – das ist der härteste Vorwurf Raffalts, im Gefolge der bitteren Klagen des ehemaligen Kardinal Slipyis, des Groß-Erzbischofs der Ukrainer – ganze romtreue Kirchen des Ostens fallenlassen. Schmerzliche Situationen mit Ungarn, der Tschechei, Litauen, Rußland, China, Taiwan ..., Ignorierung des Protestschreibens Solschenizyns, dafür Buchung kaum beachtlicher diplomatischer Erfolge, die die „Goliaths", mit denen „David" verhandelt, schließlich zu nichts verpflichten. Soll die Bezeugung guten Willens sie rühren? Ist Paul VI. doch, was er von sich selber sagt, Don Quixote, und dies auf eine für die gesamte Christenheit gefährliche Weise? Raffalt verfehlt nicht, auf einen weitern wenigstens ersehnten Gesprächspartner Pauls VI., die UNO, hinzuweisen[59]: ihr Ziel ist das seine: Weltfriede. Aber auch ihre Form strebt nach einer Katholizität der Menschheit. Der UNO sagte Paul VI.: „Sie sind die Brücke zwischen den Völkern ... Wir wären versucht zu sagen, daß Ihre Eigenart in der zeitlichen Ordnung gewissermaßen widerspiegelt, was unsere katholische Kirche in der geistigen Ordnung sein will: einzig und universal." „Also galt es", fährt Raffalt fort, „die Kirche zu einer Organisation zu machen, die sich zu den Vereinten Nationen ‚spiegelbildlich' verhielt ... Schließlich mußte die Kirche sich in die flexible, überall nützliche Weltorganisation verwandeln, deren Angebot zur Zusammenarbeit von den Vereinten Nationen nicht mehr zurückgewiesen werden konnte."[60] Und so kehrt der Gedanke von hier wieder zur „Funktionalisierung" der „Hierarchie" zurück. Soweit Raffalt.

Ein Wort dazu. Es soll nicht der Unfehlbarerklärung des geistigen Konzepts eines Papstes dienen: jedes mögliche bleibt innerhalb der irdischen Kontingenzen beschränkt und – gemessen an der Universalität des Reiches Christi – fragwürdig, es mag das Konzept Leos I. oder Gregors I. oder Hildebrands und Innozenz' III. oder der letzten Kirchenstaat-Päpste sein. Aber wenn kein Papst ohne realpolitische Klugheit regieren konnte und durfte, so auch keiner ohne das Fundament des Glaubens, der die Welt überwindet (1 Joh 5, 4). Rein realpolitisch gemessen, wird dieser Glaube immer als utopisch, „töricht" (1 Kor 1, 18.21.23.25.27), donquixotisch erscheinen. Ist „Don Quixote" nicht – über alle zeitgebundenen Symbolgehalte hinaus – neben Dostojewskijs „Idiot" das stärkste Symbol Christi in der Weltliteratur? Und wenn diese beiden zuletzt scheitern: ist etwa Jesus nicht auch gescheitert? War Erfolg je ein Maßstab für christliches Handeln? Und wer kann sagen, ob das Koordinaten-

[59] Ebd. 60f, 111f. [60] Ebd. 111–112.

netz, das Paul VI. zu spannen versucht, nicht übermorgen sich doch als das gültige erwiesen haben wird?

Man wirft dem Papst spöttisch vor, er sei zwar ein Meister symbolträchtiger Gebärden – jedes Reiseziel ein wohlberechneter Schachzug, auch ein Bild, das sich den Massen einprägt –, aber diese Symbole blieben ästhetisch, folgenlos, sie wirkten in der nüchternen technischen Welt von heute sentimental und überholt. Diese Kritik ist ungerecht. Denn einmal ist es gut, daß nicht die vatikanische Politik die höchste Ausdrucksform der weltlich gesehen ohnmächtigen Kirche ist, sondern ein personales Sprechen in allgemein verstehbaren Bildern; sodann ist es sicher verkehrt, von diesem Exponenten kirchlicher Haltung ein versachlichtes unterkühltes Verhalten zu erwarten. Christsein ist schwierig: der Christ kann Christus nicht nachahmen, sofern er einzig ist, aber er soll ihm trotzdem nachfolgen. Das gibt ihm die Zuversicht, jene Paradoxe von Kindsein und Mündigkeit, von „Sendungsbewußtsein und Demut“[61], ja von Vaterschaft und Bruderschaft[62] zu verwirklichen, die Raffalt für „absurd“ hält, während sie doch in allen Heiligenbiographien als verwirklichte Tatsachen geschildert und dem einfachen Christen als mit der Gnade zusammen erstrebenswert vorgestellt werden. Natürlich steht der Psychoanalytiker vor einem wirklichen Christen und gerade vor diesem Papst wie vor einem Rätsel. Wir sagten es schon: der Schlüssel liegt tief verschüttet im Mysterium der Trinität und der Menschwerdung. Paul VI. kann immer von entgegengesetzten Seiten her kritisiert werden. Sein „Credo“ wirkt traditionalistisch; man lächelt über seine Vater-Romantik: wie kann sich einer „als Vater der ganzen Menschheitsfamilie“ fühlen? „Selbst wenn die Kinder den Vater gar nicht kennen, ist er's trotzdem. Das Wissen um diese Vaterschaft fixiert ihn auf jede einzelne Person, macht diese Person zu einer ganzen Welt, auch wenn man ihr nur einmal begegnet oder auch wenn sie ein Kind ist. Ich meine, das Bewußtsein, Vater zu sein, ist das Wesentliche eines Papstes.“[63] Das Gegenstück ist seine marianische Frömmigkeit und sein Wissen um die Mütterlichkeit der Kirche: aus beidem ergeht seine Zölibatsbetonung, versteht sich seine Auffassung von kirchlichem Gehorsam, vielleicht auch seine Weitherzigkeit, die zum Beispiel eine ganze dissidente

---

[61] Ebd. 18. [62] Ebd. 14, 40.

[63] Ebd. 24. Weitere wichtige Texte in Guittons „Dialog mit Paul VI.“ (Fischerbücherei 966 [1969] 32ff, einige Zitate daraus mit hämischem Kommentar bei F. Leist, a.a.O. 70–82). Neue positive Einsichten in das Wesen menschlicher und christlicher Vaterschaft vermittelt das Werk von Marcel Légaut (s.u.).

Kirche wie die chinesische leben läßt, ohne sie aus dem Vaterhaus zu verstoßen. Anderseits wirkt seine Politik progressistisch, in einem sehr unromantischen Sinn, der scheinbar herzlos mit menschlichen Schmerzen, Enttäuschungen, Verlusten zu rechnen vermag. „Spiegelbild zur UNO“ soll sein Kirchenkonzept sein: das Wort ist nicht schlecht gewählt, bloß rechnet es wieder nicht mit dem Mysteriencharakter der Catholica, die sich wirklich in allem spiegeln darf, was versuchsweise über alle völkischen Differenzen hinweg und ohne sie zu zerstören die Universalität der Menschheit zur Darstellung bringen möchte. Dies heißt noch lange nicht, daß der Papst aus der Kirche eine geistliche UNO machen möchte – seine Abgrenzung der Catholica gegenüber dem ökumenischen Kirchenrat spricht hier eine deutliche Sprache –, wohl aber, daß das Anliegen beider Katholizitäten – jede auf ihrem Gebiet genommen – einander sehr ernsthaft angehen. Schließlich meint auch die Pastoralkonstitution „Gaudium et Spes, Luctus et Angor“ nichts anderes. Ein letztes: Paul VI. hat in Jerusalem vom Verräter Petrus geredet und das Schuldbekenntnis für die Christenheit und für die Sünden des Papsttums insbesondere abgelegt: er ist sich der Last der kirchlichen Vergangenheit bewußt. Anderseits ist es ihm nicht verstattet, jenen Horizont von Katholizität, den etwa die Päpste von Gregor VII. bis zu Bonifaz VIII. auf eine sehr zeitbedingte, nie wiederkehrende Art entworfen haben, einfach zu verleugnen und ihn auf einen kleinmütigen Provinzialismus einschrumpfen zu lassen. Er hat die „suprema potestas“ der großen Mittelalterlichen zur Idee der rein geistigen „liebenden Vaterschaft“ sublimiert. Deshalb wagt er es, zu Raffalts größtem Mißfallen, der das peinlich findet, um die Liebe seiner Kinder zu werben, wenn auch mit wenig Erfolg[64].

---

[64] Nochmals: es geht in diesem Buch nicht darum, die gegenwärtige vatikanische Politik zu besprechen, noch weniger sie in ihren konkreten Unternehmungen zu rechtfertigen. Zu dieser Politik im ganzen vgl. die umfassenden Werke von W. A. Purdy, Die Politik der katholischen Kirche (Sigbert Mohn Verlag, 1967; engl. Original 1966, behandelt Pius XII. und Johannes XXIII.), sowie Peter Nichols, Die Politik des Vatikan (Gustav Lübbe Verlag, Bergisch Gladbach 1969, engl. Original 1968). Eine kurze Reflexion über diese Politik, zumal die den Ostblock betreffende, soll aber hier doch angeschlossen werden. Paul VI. denkt nicht nur kraftvoll petrinisch, er denkt auch paulinisch-missionarisch-universalistisch („Vermutlich liegt in dieser montinischen Verbindung des petrinischen und paulinischen Prinzips der eigentliche Schlüssel zum Verständnis seines Pontifikats“: Seeber, a. a. O. 40–41), er denkt schließlich, wie erwähnt, marianisch, wobei die Frage gestellt werden kann, ob dieses marianische Denken nicht starke Anstöße von Fátima her erhält, wo anscheinend privatoffenbarlich mit einer „Bekehrung Rußlands“ gerechnet wird. Wäre dies der Fall, so wäre das Marianische, wie wir selbst es im folgenden verstehen, hier stark eingeschränkt und in einer Weise festgelegt, die es in harte, vielleicht unerträgliche Konflikte mit einer in seine Dienste gestellten („paulini-

Wir sagten, daß wir das persönliche Konzept Pauls VI. nicht als unfehlbar hinstellen, sondern nur ein wenig erklären wollten, was nicht durch psychologisches Unterwandern, sondern nur durch Einordnung in den theologischen Rahmen geschehen kann. Wir lassen die Frage offen, ob dieses Konzept sich in das theologische Koordinatensystem, das im 2. und 3. Teil dieser Arbeit entfaltet werden soll, reibungslos einfügt oder ob es vielleicht, wenn auch auf sehr geistige Weise, einen Totalitätsanspruch anmeldet, das den dort dem Hirtenamt zugewiesenen Platz überbordet. Wir möchten uns nicht vermessen, darauf eine endgültige, positive oder negative Antwort zu geben. Die Geschichte dieses Papsttums ist nicht abgeschlossen, sein Satz ist nicht zu Ende gesprochen.

Diese kurze Antwort auf Raffalts Anklage steht hier auch nur episodisch, antizipierend. Das Thema dieses ersten Abschnitts war das Phänomen des (heutigen) antrirömischen Affekts innerhalb der katholischen Kirche. Er äußert sich gesteigert, zumindest mit gleicher Stärke wie im letzten Jahrhundert, und das Neue ist, daß er gleichzeitig von progressiver wie von konservativer Seite angriffig wird. So wie heute hat sich der Ring noch nie geschlossen. Im folgenden soll auf die seltsame Einheit dieser Weigerung weiter eingegangen werden, über ihre Erwägung werden wir zu unserer eigenen These vorstoßen.

---

schen"?) Diplomatie bringen muß. Kann überhaupt „Politik" in den Dienst von „Mystik" gestellt werden – zwei Kategorien, die für Péguy unversöhnliche Haltungen kennzeichnen? Konkreter: kann man gleichzeitig auf universale „mystische" Vaterschaft Anspruch erheben, wenn man im Namen politischer Weitsicht, die ein eventuelles Wohl künftiger Generationen im Auge hat, die Schreie und blutigen Tränen vergewaltigter katholischer Völker und ihrer Priester überhören muß, die sich nun vaterlos vorkommen und ihre Zuflucht bei Gott allein – und bei der „Kirche der Heiligen" zu suchen verurteilt sind? Vielleicht wird an dieser Tragik nur eine neue, die heutige Tragik des petrinischen Amtes, von der Reinhold Schneider so viel gewußt hat, sichtbar, und daran wiederum seine innere Grenze und die Notwendigkeit seiner Einordnung in die christologische Konstellation, wie wir sie aufzeigen werden. Ohne dem katholischen Amt (in der Nachfolge Pauli: 1 Kor 4,15; Gal 4,19) seinen Vatercharakter absprechen zu wollen, muß dieser sich doch schließlich unter das Machtwort des Herrn demütigen: „Auch Vater nennt keinen von euch auf Erden; denn einer ist euer Vater: der Vater im Himmel" (Mt 23,9).

# Die Weigerung

## *1. Der Weg zurück*

Die Geschichte der Kirche scheint spätestens mit dem 1. Vatikanum in eine ausweglose Sackgasse geraten zu sein. Eine solche Herausstellung der nackten Autorität des Papstes in einem Zeitalter, das sich immer mehr als „Freiheitsgeschichte“ der Menschheit versteht, und zwar einer Autorität, die durch keine freigebende Begleitung geprägt, umhüllt, abgeschützt wird, erscheint unerträglich. Nimmt man die Methoden hinzu, in denen diese Autorität sich praktisch darzustellen pflegt (im Grunde unverändert vom Mittelalter zur Neuzeit), nimmt man die Ereignisse um den Modernismus, den Sieg des Thomismus, die Verfolgung der angeblichen Nouvelle Théologie hinzu, noch über das I. Vatikanum hinaus, vielleicht gar im Zuge seines Sieges, so erscheint der durchlaufene Weg wie ein unaufhaltsames Crescendo, von dem man nur schwer sagen kann, zu welchem Zeitpunkt es dem Ohr vollends unerträglich wird, und der zum Zuhören Gezwungene schreit: Jetzt aber Schluß!

Das Seltsame freilich ist dies, daß nicht nur dieser Zeitpunkt historisch nicht feststellbar ist, sondern daß es immer schon Leute gab, die diesen gleichen Ruf ausstießen, der sich somit offenbar nicht auf den Intensitätsgrad bezieht, sondern auf die Sache selbst, die sich in der Wirklichkeit des Papsttums den Glaubenden vorstellt – die andern werden ohnedies, wenn sie es aufgrund vergleichender Religionsgeschichte beurteilen, nichts davon verstehen. Wir können und müssen hier die psychologischen Milderungsgründe für den, der den päpstlichen Anspruch unerträglich findet, ausklammern, so schwerwiegend sie menschlich und christlich sein mögen: sie betreffen das *Wie* der christlichen Ausübung von Autorität. Darüber wäre vieles zu sagen, und es wäre wahrscheinlich nicht leicht, zu einer Übereinkunft zu gelangen, denn das *Wie* der Ausübung göttlicher oder gottverliehener Autorität in der Bibel kann im Grenzfall hart, unerbittlich, menschlich überfordernd und grausam auftreten. Diese wichtige Untersuchung, wie Gott selber den Patriarchen, dem Moses, den Richtern und Königen, den Propheten befiehlt, wie ihrerseits die Propheten und Johannes der Täufer im Namen Gottes entscheiden, wie dem Gottesknecht Jesus rücksichtslos befohlen wird und wie er selbst rücksichtslos befiehlt, mit welcher schneidenden, unwidersprechlichen Schärfe Paulus seine Weisungen erteilt, mit welcher Endgültigkeit sogar Johannes ein Ja und Nein, ein Links und Rechts setzt: sie muß hier unterbleiben. Jeder weiß, wie Jesus mit Petrus umspringt, und falls man dies als pädagogische Einschulung eines Sünders, der rasch etwas ganz Neues zu lernen hat, ansehen will, so mag man eine Betrachtung darüber anstellen, wie Jesus mit seiner Mutter, die keine Sünderin war, verfuhr. Als käme es überall darauf an, den rücksichtslosen Ungehorsam Evas und Adams durch einen ebenso rücksichtslos geforderten Gehorsam zu überwinden, mag der Mensch darunter schreien oder verstummen, sich krümmen und winden (wie Elias, der nicht weiter kann, wie Jeremias, der einfach bockt, wie Jesus am Ölberg), sich das Jawort zu Gott nicht in Kraft, sondern in äußerster Schwäche wie einen Sterbenshauch abringen, mit seiner Seelenspitze, während alles andere in ihm nein rufen will...

Man könnte einwenden, solches Befehlen und Gehorchen sei auf den Raum der Bibel beschränkt oder, wenn es später noch vorkomme, so nur zwischen der Seele und Gott unmittelbar, ohne Zwischenkunft einer menschlichen Autorität. Oder – äußerster Fall – wenn ein Mensch im Namen Gottes absolut zu befehlen befugt wäre, dann nur kraft solcher Ausgewiesenheit, wie sie ein „pater pneumatikos" im östlichen Christentum (von den Wüstenvätern über die byzantinischen Mönche bis zu den Starzen) für den Jünger besitzt, der sich ihm frei anvertraut. Hier liegt ein personales Verhältnis vor, das eine human fundierte Berechtigung hat, und vom Gehorchenden überblickt, beurteilt, ratifiziert und aufgekündet werden kann. Dieses sein Urteil geht entscheidend in seinen Gehorsam mit ein (er ist zum Beispiel frei, sich so lange einen „pater pneumatikos" zu suchen, bis er den ihm zusagenden gefunden hat); so gehorcht er wenigstens zum Teil sich selbst, auch wenn ihm Schwieriges und Unerwartetes befohlen wird.

Die von Christus an Petrus im Rahmen der Zwölf erteilten Vollmachten überschreiten aber dieses Verhältnis. Denn einmal sind sie nicht personal, sondern sozial und universal, sie betreffen die zu weidende Herde im ganzen. Das schließt nicht aus, daß der Hirt einmal die Herde stehen läßt, um ein verirrtes, in der Finsternis blökendes Schaf persönlich suchen zu gehen. Aber das „Stehenlassen der Herde“ ist nicht die normale Anweisung an den Hirten. So hat innerhalb der Kirche, die Petrus in Letztverantwortung weidet, der Einzelne nicht nur als private Person, sondern auch als ein mehr oder weniger anonymes Glied der Herde zu gehorchen. Ferner geht es um Binden und Lösen, Auf- und Zuschließen, um sachliche Funktionen, die nicht von der besonderen menschlichen und christlichen Qualität des Schlüsselträgers abhängen. Es geht, kirchengeschichtlich gesprochen, um den entscheidenden Schritt über den Donatismus hinaus, wie ihn Augustinus gewagt hat: so wünschbar es ist, daß der Träger kirchlicher Vollmacht ein geisterfüllter Heiliger sei: nicht Petrus, nicht Judas tauft, sondern Christus, und das gilt nicht nur für die sakramentalen Handlungen, sondern – innerhalb des Petrus zugestandenen Amtsbereichs – durchaus auch für jurisdiktionelle, worauf die Schlüssel und das Binden und Lösen ja vor allem hinweisen. Es gibt ein Folgen, einfach weil Petrus befiehlt oder vorangeht. „Petrus sagte zu diesen: ‚Ich gehe fischen.‘ ‚Dann gehen wir mit dir‘, sagten die andern“ (Joh 21,3). Natürlich wird es hier schwierig, weil biblische Autorität meistens personal ausgewiesen ist und es auch sein soll. Aber es gibt auch nackte Befehle: nicht nur Befehle Gottes, das anscheinend Absurde, Unmenschliche zu tun (Os 1,2ff; Ez 4,1ff; 5,1ff; 12,1ff; 24,15ff), sondern Befehle eines Menschen im Namen Gottes, ohne anders als durch seinen Auftrag ausgewiesen zu sein (Amos 7,14ff), und von hier aus fallen die meisten Prophetenaufträge unter dieses Muster. Was heißt schon: personal ausgewiesen? Ist einer, der im Brustton der Überzeugung redet und befiehlt oder ein Ziegenfell trägt oder sich von Heuschrecken nährt, damit personal ausgewiesen?

In Petrus – als der Spitze der Zwölf, in der ihre aktuelle Autorität ihre letzte Akuität erhält – soll biblisch-konkrete Autorität auf die Gläubigen aller Zeiten und auch der heutigen zukommen. Das erscheint ihnen zu einer Zeit, da „mit dem Tod des letzten Apostels“ die biblische Offenbarungszeit als „abgeschlossen“ gilt, bestürzend, unwahrscheinlich und, wo es ans Lebendige geht, unerhört. Es ist ein Eingriff in den Bereich der persönlichen Freiheit, es besagt einen Rückschritt aus den Gewohnheiten des Gotteskindes in die Zwänge des (Gottes?-)Knechtes, wir haben die diesbezügliche Klage des anglikanischen Newman über den Romanismus gehört. Und der neutestamentliche Christ ist ein geborener Donatist: er wird dem, der ihm mit uneinsichtigen Forderungen kommt, sogleich seine personalen Beglaubigungspapiere abverlangen, und welcher Triumph wird es dann sein, auf die skandalerfüllte Papstgeschichte verweisen zu können, die eigentlich jede heute noch erhobene Forderung apriori entkräftet. Müßte das Papsttum nicht wenigstens ein oder zwei Jahrtausende Buße tun, ehe es erneut im Namen Christi mit Forderungen hervorzutreten wagt? Ein paar undeutlich gemurmelte Entschuldigungsworte genügen bei weitem nicht. Die Christenheit hat zumindest ein Recht, in dem, der in Christi Namen fordert, einen Schimmer der persönlichen Autorität Christi zu erblicken. Mußte sich aber die Christenheit nicht jahrhundertelang das Haupt verhüllen, um nicht sehen zu müssen, wer da befiehlt und wie es in jener heiligen Hauptstadt zuging, von der nicht vor allem heilige Befehle, sondern Bannstrahlen, Interdikte, oft genug um rein weltlicher Vorteile willen, und unerhörte Erpressungen ausgingen?

Die Reaktionen auf ein verweltlichtes Rom, das fortfährt, eine geistliche Autorität auf weltliche Art auszuüben, ja die erlaubten „geistlichen Waffen" mit den verbotenen „fleischlichen" zusammen zu führen (2 Kor 10,4), sich aufgrund immer neuer Fälschungen die Legitimität auch der fleischlichen zu sichern (bis zur Zwei-Schwerter-Theorie), stufen sich ab von der ernsten Sorge der Besten, wie das „Haupt" zu reformieren sein mag, über die Empörung der Vielen bis zur schlichten Aufkündigung des Gehorsams, oft einfach im Namen des Evangeliums. Die Kirchengeschichte ist so erfüllt von diesem Thema, der vielfach variierte, aber immer wieder eindeutige Ruf „Los von Rom" hallt so sehr an all ihren Wenden wider, daß es zu einem echten Theologumenon wird. Man kann nicht umhin, durch den Lärm hindurch den Widerhall eines anderen Wortes zu vernehmen: „Wir wollen nicht, daß dieser über uns herrsche" (Lk 19,14). „Dieser", der sich offenkundig – denn wir kennen doch die Schrift und die „Gestalt" unseres Gottes – mit Gott selber verwechselt: „zu wem machst du dich selbst?" (Joh 8,53).

In keiner Weise werden wir hier die Geschichte dieses Tumults ausbreiten; man müßte dazu jedes Jahrhundert, jede Phase der katholischen Kirchengeschichte durchgehen; was uns interessiert, ist nur die seltsame Einstimmigkeit gerade auch der verschiedensten Richtungen: hier kommen sie überein. Was ist entgegengesetzter zum Beispiel als der Geist des Jansenismus und der der Aufklärung? Aber beide vermählen sich im Febronianismus und auf dem Konzil von Pistoia aufgrund ihres gemeinsamen Nein zu Rom. Die Stimmen klingen so durcheinander, daß es schwer ist, sie zu unterscheiden: die verschiedensten Proteste und Gegenvorschläge sind meist nicht scharf voneinander abgrenzbar. Die hier vorgeschlagene Einteilung ist nur ein Notbehelf.

Das Leitmotiv, das das Ganze durchzieht, ist die Setzung einer Grenze, bis zu der die Ausübung römischer Vollmacht legitim oder wenigstens erträglich war und von der an man aus Gewissenspflicht ein Nein sprechen mußte. Das fing ja schon mit den ersten Päpsten an: bis Victor, sagt um 250 Artemon, war das Papsttum intakt, aber seit Zephirin ist es verändert[1], nach dem gleichen Schema denken die Montanisten samt Tertullian, aber auch Hippolyt und in gewisser Weise Cyprian. Der antirömische Affekt gibt sich mit Vorliebe traditionalistisch[2]. Immer meint man, es sei früher anders gewesen; die Kunst liege darin, den Schnitt am rechten Ort anzubringen. Marcion scheut sich nicht, ihn mitten durch das Neue Testament zu legen: bis Paulus geht er mit, aber nur bis zum reinen, unverfälschten Paulus, den er, Marcion, aus den Übermalungen befreien kann.

### *a) Ein Papst, bloß nicht dieser*

Meist beginnt der Protest nicht mit der Anklage der Person, sondern der Umgebung des Papstes: die Kardinäle, die Kurie sind schuld. Vom Augenblick an, da die letztere als ein größerer Verwaltungskörper ausgebaut wurde, verstummen die Klagen nicht mehr. Sie beginnen im Mittelalter: die Lösung der Kirche von der kaiserlichen Macht im Investiturstreit habe sie der um so härteren Sklaverei der römischen Kurie unterworfen. Mitte des zwölften Jahrhunderts ist die ganze geistliche und weltliche Literatur gegen sie aufgebracht; die Theologen, Historiker, Dichter, „sie alle greifen in der Regel nicht die Gewalt, nicht die Rechte des Papstes an, aber sie fließen über von scharfen Äußerungen und schmerzlichen Klagen... über die Ausartung des durch die Curie corrumpierten Klerus, über die Simonie eines geistlichen Hofes, wo jeder Federzug, jede Ausformulierung mit Gold aufgewogen werden müsse, wo man Pfründen, Dispensen, Erlaubnisscheine, Absolutionen, Indulgenzen, Privilegien wie die Ware eines Kaufmanns erwerbe“[3]. Döllinger, von dem dieser Satz stammt, fügt erschreckende Weissagungen und Drohworte der hl. Hildegard und Brigitta gegen römische Mißbräuche bei, an späterer Stelle den Ausspruch der hl. Caterina Gregor XI. gegenüber, sie finde in der römischen Kurie den Gestank infernaler Laster, worauf der Papst erwiderte: sie sei ja erst wenige Tage anwe-

---

[1] Anonymer Schriftsteller, zit. bei Eusebius, Kirchengeschichte V 28,3.

[2] Nachweise bei G. Bardy, La Théologie de l'Église de S. Irénée au Concile de Nicée (Cerf 1947) 1. Kap.

[3] Döllinger, Das Papsttum, neue Bearbeitung durch J. Friedrich, 1892 von: Janus: Der Papst und das Konzil 105. Zur Ausbildung der Kurie vgl. C. Bauer, die Epochen der Papstfinanz, in Hist. Ztschr. 138 (1928) 457–503; K. Jordan, Die Entstehung der Römischen Kurie, in Ztschr. der Savignystiftung f. Rechtsgesch. Kan. Abt. 28 (1939) 97–152.

send. Sie erwidert: „Ich wage zu sagen, daß ich in meiner Geburtsstadt den Gestank der Sünden, welche an der Kurie begangen werden, stärker empfunden habe, als diejenigen sie empfinden, welche sie täglich begehen.“[4] Die Reformkonzilien von Konstanz und Basel hatten vor allem die Reform der Kurie im Auge, aber unter dem nach Beilegung des großen Schismas gewählten Martin V. gingen die Mißbräuche schon in den ersten Wochen weiter. Kaum einer der eifrigen Päpste hat sich nicht in Kurienreform versucht, keiner ist dabei so weit gelangt, als er sich vorgenommen. Der Kurie, die heute noch ein großer und, wenn eine zentrale Regierung der Kirche nicht einfach aufgegeben werden soll, unentbehrlicher Apparat ist, dem niemand mehr die mittelalterlichen Mißstände nachsagen wird, kann aber als ganzer das Charisma der Heiligkeit oder Unfehlbarkeit nicht eignen; zur „ecclesia mixta“ gehörig, kann sie nur von Naiven als das Muster einer „reinen Kirche“ angesehen werden. Lamennais gehörte zu diesen Naiven, da er noch 1832 äußerte, der Papst sei schon recht, nur seine Umgebung sei unleidlich; kurz darauf war er sich im klaren, daß man den Papst aus dieser Umgebung nicht herauslösen kann; nun begann er Gregor XVI. als Menschen (der von Metternich verführbar war) und Gregor als Papst (der unfehlbar ist) zu unterscheiden; dies war undurchführbar, und so erklärte er kurzerhand den ganzen Anspruch Roms als ungerechtfertigt[5]. Das war bereits der Standpunkt der Aufklärung gewesen, und Tyrrell in „The Church and the Future“ (1903) wird kaum anders reden.

„Das Papsttum, aber nicht dieser Papst“ ist ein weiterer Schritt. Der Gallikanismus versuchte es seit Gerson, theologisch gewiß in der besten Absicht, mit der Unterscheidung der Indefektibilität der Sedes, aber nicht des Sedens; die Unterscheidung war von vornherein verfehlt, praktisch undurchführbar, wie de Maistre bemerkt[6]. Gasser in seiner Schlußrede am I. Vatikanum betont, die Unfehlbar-

---

[4] Ebd. 179.

[5] „Le Pape est pieux et voudrait le bien; mais, étranger au monde, il ignore complètement et l'état de l'Église et l'état du monde et l'état de la société; immobile dans les ténèbres qu'on épaissit autour de lui, il pleure et prie.“ An die Contesse de Senfft 10. 2. 1832. Louis Le Guillou, L'évolution de la pensée religieuse de Félicité Lamennais (A. Colin 1966) 157. Vgl. 178–179. Unter dem Vorwand, daß der Papst nur über das Geistliche, nicht über das Zeitliche Gewalt hat, verzichtet Lamennais auf das Priestertum, um sich der Politik zu widmen: hier hat ihm der Papst nichts mehr dreinzureden. Im gleichen Brief heißt es: „Encore vingt ans d'un pareil état, et le catholicisme sera mort; Dieu le sauvera par les peuples: que m'importe le reste? Ma politique, c'est le triomphe du Christ; ma légitimité c'est la loi; ma patrie, c'est le genre humain qu'il a racheté par son sang.“

[6] Du Pape, in: Œuvres Complètes (1884) II, 82, 85, 87.

keit sei keine Prärogative eines *abstrakten* Papsttums, sondern des konkret regierenden[7]. Auch Bossuet, der bei aller Kirchlichkeit in bezug auf seine Stellung zum Papsttum ewig Schwankende, mit „zwei Maßen und zwei Gewichten“ Messende[8], nimmt Zuflucht zu dieser nutzlosen Unterscheidung, die den Gehorsam gleichzeitig zusagt und verweigert. Oder da ist die ganze gallikanische Problematik der „acceptation“ („toujours des énigmes!“, sagt de Maistre dazu[9]), die mit der Zweideutigkeit zwischen „Einhelligkeit“ im Geist der kirchlichen Communio und schlichtem Gehorsam an die Weisung des Vorstehers spielt; Y. Congar hat sich mit dem Recht und Unrecht dieser Forderung beschäftigt[10]. Die Vorbehalte des Gallikanismus betreffen nicht zunächst die Communio, sondern meinen die Möglichkeit, jeden päpstlichen Entscheid in Klammer zu setzen, sei es durch Berufung an ein Konzil, sei es durch die Klausel, die Anweisung müsse von der Kirche (Bischof und Volk) angenommen werden, um rechtsgültig zu sein. Eine andere Art der Klammer wird von den Jansenisten angelegt, die durchaus für eine päpstliche Autorität eintreten, wenn sie bloß nicht einer höheren Instanz, etwa der Autorität des hl. Augustinus, des authentischen Auslegers der paulinischen Rechtfertigungslehre, widerspricht. Der endlose Streit um die Bulle „Unigenitus“, um ihre Tragweite und Auslegung, die früheren Unterscheidungen der Jansenisten zwischen quaestio facti und juris (der Papst hat Sätze von Baius oder Jansenius verurteilt, aber hat er sie in dem Sinn verurteilt, den die Verfasser selbst meinten?, dies würde seine Kompetenz überschreiten), waren Fluchtversuche vor der Möglichkeit eines letztinstanzlichen Entscheids der konkreten päpstlichen Autorität. Sicher ist das Gewissen die für den Einzelnen letzte konkrete Instanz seines sittli-

---

7 J. P. Torrell, L'Infaillibilité Pontificale est-elle un privilège ‚personnel'? in: Rev. Sc. Phil. Théol. (1961) 229–245. – Ein besonders hervorstechendes Beispiel des Antikurialismus ist der Servit *Paolo Sarpi* (1552–1623), der große Berater der Republik Venedig in ihrem Kampf gegen Papst und Kurie. Über seine Zitation nach Rom und nach Nichterscheinen seine Exkommunikation setzte er sich ebenso hinweg wie die Serenissima über das verhängte Interdikt. Ein vermutlich vom Kirchenstaat her inszenierter Mordversuch, dem er entging, vermehrte noch seinen Ruhm; sein Begräbnis wurde zum Triumphzug. Ein Schriftenwechsel zwischen ihm und Bellarmin über die Befugnisse des Papsttums zeigt ihn unnachgiebig; aber er ist entschlossen, katholisch zu bleiben, um das kuriale und papale System unterwandern zu helfen. Gewiß sympathisiert er mit dem Protestantismus, aber mit diesem nicht als dogmatischem System, sondern als einer Chance zu einer Reform der katholischen Kirche, wie die Vertreter der konziliaren Idee und viele Humanisten sie ersehnt hatten.

8 A.-G. Martimort, Le Gallicanisme de Bossuet (Cerf 1953) 588ff.

9 A.a.O. 142.

10 Die Rezeption als ekklesiologisches Problem, in: Concilium 8 (1972) 500–514.

chen Handelns; aber wenn sich eine Gemeinschaft innerhalb der katholischen Kirche auf ihr kollektives Gewissen gegen ein päpstliches Schlußwort beruft, dürfte der kirchliche Geist schon verloren sein; manche integralistische Gruppen heute müßten davon Kenntnis nehmen. Daß sich angebliche Rechtsparteien mit linken – der Jansenismus mit der josephinischen Aufklärung in der gleichen antirömischen Front vereinigen können, wurde schon erwähnt.

Die Bejahung des Papsttums unter gleichzeitiger Verneinung des Papstes ist wohl nirgends klassischer ausgeprägt als in der aus den jansenistischen Wirren hervorgegangenen *Kirche von Utrecht*“[11]. Der holländische Klerus, in Paris und Löwen ausgebildet, war vornehmlich augustinisch geformt; viele Jansenisten waren aus der Gewissensnot, die Verurteilung des Jansenius unterschreiben zu müssen, nach Holland geflüchtet. Der Erzbischof von Utrecht, Codde, in Rom des Jansenismus angeklagt, weigerte sich, von Quesnel darin bestärkt, das antijansenistische Formular Alexanders VII. zu unterzeichnen und wurde suspendiert, worauf das Utrechter Kapitel zur Selbsthilfe schritt und einen Bischof wählte, der vom jansenistisch gesinnten Missionsbischof Dominikus Varlet geweiht, aber natürlich von Rom nicht anerkannt wurde. Dennoch wollte man mit Rom nicht brechen; 1763 wurde ein Provinzialkonzil abgehalten; in dessen Beschlüssen heißt es, „daß der Herr den heiligen Petrus mit dem Primat über die andern Apostel ausgestattet hat. Der Bischof von Rom, als sein würdiger Nachfolger, übt kraft göttlichen Rechts den Primat über die anderen Bischöfe aus. Dieser Primat ist nicht nur ein Ehren-, sondern auch ein Vollmachts- und Autoritätsprimat“, dem Papst ist „die Sorge für die ganze Kirche anvertraut“. Der schismatische Charakter der von Rom getrennten Ostkirchen wurde betont. Dies wollte ein Wiederanknüpfungsversuch an Rom sein; er wurde durch Intrigen vereitelt, Klemens XIII. erklärte das Utrechter Konzil für nichtig. Nach dem I. Vatikanum wurde der erste Altkatholikenbischof J. H. Reinkens 1873 in Utrecht geweiht, die dortige Kirche in den größeren Zusammenhang der altkatholischen Kirche hineingezogen, 1889 schlossen sich die romfreien Kirchen des Westens zur „Utrechter Union“ zusammen; die alte Utrechter Kirche blieb darin die konservativste.

Die Abspaltung der Utrechter Kirche erfolgte zu einem Zeitpunkt, da die Ekklesiologie längst praktisch auf die zentrale Kirchenleitung festgelegt, deren „Unfehlbarkeit“ aber noch nicht defi-

---

[11] Kurze, klare Übersicht bei V. Conzemius, Katholizismus ohne Rom (Benziger 1969) 45–55.

niert war. Die Bildung der altkatholischen Kirche jedoch erfolgte im bewußten Nein zum I. Vatikanum, so ist ihre theologische Lage eine etwas verschiedene; sie leitet hinüber zu der Auffassung, die wir im nächsten Abschnitt behandeln werden. Sie muß und will den Balanceakt vollbringen, zu einem von Christus gestifteten Primat grundsätzlich zu stehen, aber seiner neueren Entwicklung die Legitimität abzusprechen. Döllinger, der zur Gründung der altkatholischen Kirche den Anstoß gab, ihr aber nie beitrat, hat 1869 (in seiner mittleren Zeit) die Grenzen der normalen Entwicklung des Papsttums ins 9. Jahrhundert verlegt, „worauf dann... eine weitere, mehr künstliche und krankhafte als gesunde und natürliche Fortbildung des Primats zum Papat erfolgt ist, mehr eine Umwandlung als eine Entwicklung, welche dann auch die Zerreißung der bis dahin vereinigten Kirche in drei große feindlich geschiedene Kirchenkörper zur Folge gehabt hat“[12]. Damit ist das Modell der „Branch-Theorie“ oder des sogenannten ekklesiologischen „Klassizismus“ erreicht[13].

### *b) Ein Papsttum wie es früher war*

Wo das ideale Modell der Kirche in die Vergangenheit, zumeist in die Zeit der noch ungetrennten Einheit zurückverlegt wird, entschwindet die Möglichkeit, einer gegenwärtigen Autorität vollkommenen Gehorsam zu leisten, da die verbleibende bischöfliche Autorität sich hüten wird, die an Rom gerügte Form der Autorität für sich in Anspruch zu nehmen. Das ist weder in der Ostkirche noch im Anglikanismus noch im Altkatholizismus geschehen; Calvins persönliche Art, Kirche zu leiten, konnte keine Nachfolge finden. Aber das schien auch deshalb nicht notwendig, weil im „klassischen“ Zeitalter die großen ökumenischen Konzilien, vom Kaiser, nicht vom Papst einberufen, die Norm der Orthodoxie aufstellten,

---

[12] Das Papsttum, a.a.O., Vorwort XIII.

[13] Natürlich könnte hier eine lange Geschichte von konkreten Widerständen gegen päpstliche Anordnungen innerhalb eines grundsätzlich bejahten Gehorsams zurückverfolgt werden, auch vorbei an offensichtlich zweifelhaften, weil auf rein weltlichen Titeln fußenden Verordnungen der Päpste. Man würde dann etwa dem berühmten „filialiter et oboedienter non oboedio, contradico et rebello“ des Robert Grosseteste begegnen, der ein eifriger Vertreter der päpstlichen Autorität war, aber in diesem bestimmten Fall die Grundlage aller päpstlichen Mandate, ihre Konformität mit „der Doktrin der Apostel und unseres Herrn Jesus Christus“ nicht gewährleistet sah (Brief 128, hrsg. von H. R. Luard, Roll Series, 1861, 436–437), um schließlich zu dem Schmähbrief Bischof Firmilians von Cäsarea gegen Papst Stephan zurückzugelangen, worin dieser als „frech“, „überheblich“, „bübisch“ und „kindisch“ tituliert wird, seine Ansicht über die Ketzertaufe als absurd und der Papst offenkundig als verrückt gilt (Text bei Bardy, a.a.O. 205–206).

und die Bestätigung durch Rom nur als abschließendes Zeichen und Siegel der Einheit und nicht als die unentbehrliche Bedingung der Gültigkeit der Beschlüsse gewertet werden konnte. Man kann – freilich in stark verzeichnender Vereinfachung – für dieses Zeitalter gegenüber den späteren mit Friedrich Heiler den Gegensatz von „Altkirchlicher Autonomie und päpstlichem Zentralismus“ [14] aufstellen. Dennoch hält Heiler an der evangelischen Begründung eines „Primats der autoritativen Leitung“ fest [15], der aber ein solcher der Ehre, der Lehrautorität, der Aufsicht und Führung, nicht „ein eigentlicher universaler Jurisdiktionsprimat“ war. Ein solcher entwickelte sich erst durch die Wirren der Völkerwanderung; das ganze spätere zentralistische Rechtssystem kann sich lediglich jure humano legitimieren. Vieles daran ist Entfaltung der klassischen Zeit und vieles Entartung. Mit Joachim von Fiore hofft Heiler auf einen immer noch möglichen „völligen Wandel der papalen Institution“: auf einen Papa angelicus. Und man braucht Heiler nicht einmal unrecht zu geben, wenn er dessen Art der Vollmachtausübung am Paradox Jesu Christi messen will: Autorität in der Demut, wenn man bloß sieht, daß Demut nicht dasselbe ist wie Verzicht auf Autorität (wie Cölestin V. vor der Last der Verantwortung auswich).

Auf die verschiedenen Formen des ekklesiologischen Klassizismus braucht hier nicht näher eingegangen zu werden. Genug, daß für ihn nicht eine Person, sondern ein allgemeiner Konsens – dargestellt durch die ersten fünf Konzilien, in denen angeblich alles Wesentliche im voraus festgelegt wurde – den Kanon der Orthodoxie und der jeweils zu fällenden Entscheidungen bildet. Die *Ostkirche*, die den Jurisdiktionsprimat Roms nie ausdrücklich anerkannt hatte, vollzog mit Photius einen, lebensmäßig gesehen, längst fälligen Trennungsstrich, als dieser zwar nicht den römischen Primat als solchen, aber den Anspruch Roms ablehnte, mehr zu sein als eine fallweise angerufene Appellationsinstanz oder als ein aufgeforderter Schiedsrichter, nämlich oberste kirchliche Autorität, die in die disziplinären und rechtlichen Angelegenheiten anderer Patriarchate eingreifen kann [16]. Blickt man auf diese im Grunde schmale Differenz zurück, über alle vor- und nachher angehäuften emotio-

---

[14] Titel des Buches, das den 1. Teil des 2. Bandes („Die katholische Kirche des Ostens und Westens“) bildet (Reinhardt, München 1941).

[15] Ebd. 374.

[16] Endre v. Ivánka, Rhomäerreich und Gottesvolk (Alber 1968) 80. Genaueres bei François Dvornik, Le Schisme de Photius, Histoire et Légende (Cerf 1968). Über die heutige Lage; Afanassieff, Koulomzine, Meyendorff, Scheuermann, Der Primat des Petrus in der orthodoxen Kirche (EVZ-Verlag, Zürich 1961).

nellen Feindseligkeiten hinweg, so läßt sich ein ökumenisches Gespräch wohl denken; aber der für uns ausschlaggebende Punkt ist nicht dieser, sondern der Ausfall der obersten, den christologischen Gehorsam ernstlich konkretisierenden Instanz.

Sie fehlt auch im *Anglikanismus*, und Newmans ganzes Ringen betrifft diesen Mangel. Die Theologen der karolinischen Zeit, John Pearson vor allem, hatten für die anglikanische Kirche als einzige Autorität den Väterkonsens der ersten Konzilien als der gültigen Auslegung der in der Schrift niedergelegten Offenbarung gelten lassen, eben weil die Kirche damals noch einig war, Einheit des Glaubens und Einheit der Liebe zusammenfielen. Bischof George Bull rundete diese Lehre ab; von ihm geht der junge Newman aus. Die Unmöglichkeit, aus der weit zurückliegenden Epoche die Kriterien für die Entscheidungen der Gegenwart zu gewinnen, lassen diese Ekklesiologie als romantisch erscheinen und fördern die low-church- und kongregationalistischen, schließlich „latitudinarischen" (liberalen) Bewegungen.

Nicht minder romantisch erscheint, bei Licht besehen, die Theologie der *Slawophilen*, Chomjakows an der Spitze, die eine Glaubens- und Gesinnungseinheit (Sobornost) als Kriterium dort aufstellen, wo faktisch Zwietracht nationaler Kirchen und Autoritätslosigkeit der Patriarchate herrscht: Solowjews Kritik wird hier ansetzen.

Nicht weiter helfen die *protestantischen* Versuche, eine geschichtliche Demarkationslinie zwischen legitimer und entarteter Kirchenführung zu ziehen: Sohms Unterscheidung einer charismatisch-sakramentalen und einer jurisdiktionellen Führung (die im zweiten Jahrtausend die Überhand gewonnen hätte) erwies sich als undurchführbar, der erbitterte Kampf um den bei Irenäus bezeugten, bei Ignatius von Antiochien angedeuteten Primat Roms, um das beim letztern und bei Papst Klemens so klar bezeugte bischöfliche Amt forderte die Zurückverlegung des „Frühkatholismus" bis ins erste Jahrhundert: die Pastoralbriefe sind davon schon infiziert, schließlich große Teile der Paulinen, und man sieht sich gezwungen, einen „Kanon im Kanon" von solcher Willkürlichkeit aufzustellen, daß jeder noch so reduzierte Klassizismus sich selber aufhebt und man bei dem für eine konkrete heutige Kirche unvollziehbaren Dualismus Bultmanns endet: der Gehorsam des Glaubens kann an Gott gehen (wie etwa im Islam), im Ereignis Jesu ist er nicht zuinnerst begründet, somit noch weniger in einem kirchlichen Amt. Wenn der Bezugspunkt in der Orthodoxie und im Anglikanismus sich in die Vergangenheit verlegte und dort nur als sozialer Konsens faßbar war, so ist er in der radikalen Entwicklung des Protestantismus nicht mehr anderswo als in Gott zu finden: in dem die Kirche beseelenden, aber in keiner Institution inkarnierten Heiligen Geist.

Es wäre einseitig und ungerecht, diesen „destruktiven" Durchgang durch die Kirchengeschichte abzuschließen ohne einen Seitenblick auf die Sehnsucht vieler Katholiken nach der – wenn nicht verlorenen, doch so stark verdrängten – Form urkirchlicher Einheit im zentralistischen System des vergangenen Jahrhunderts. Im 18. Jahrhundert kam das Schlagwort „*Ultramontanismus*" auf, als ein Schimpfwort zuerst, dann vom Kreise Lamennais' als anti-nationalistische Parole übernommen, aber bald wieder, zumal im deutschen Kulturkampf, seine ursprüngliche negative Bedeutung wiedergewinnend; in der bis zur Hysterie erhitzten Atmosphäre der Jahre vor und nach dem I. Vatikanum ist eine nüchterne Stellungnahme in der Frage des Verpflichtetseins eines Katholiken dem Papst gegenüber selten noch möglich[17]. Einzelne deutsche Katholiken fühlten die Gefahr, eine Theologie, gar eine Lebenshaltung einseitig auf dem letzten Konzil aufzubauen, ohne deshalb im geringsten als Modernisten gelten zu können, und es konnten so verschiedene Männer sein wie der „liberale Katholik" Albert Ehrhard und der antipolitische „religiöse Katholik" Franz Xaver Kraus. War der letztere auch von einem ähnlichen „antirömischen Komplex" oder Verfolgungswahn geprägt wie – mit mehr Recht – einzelne „Modernisten", sind seine Urteile auch einseitig oder (was z. B. Leo XIII. angeht) einfach falsch, so lohnt es sich doch, einen Augenblick auf seine Definitionsversuche des Ultramontanismus hinzuhören: „1. Ultramontan ist, wer den Begriff der Kirche über den der Religion setzt. 2. Ultramontan ist, wer den Papst mit der Kirche verwechselt. 3. Ultramontan ist, wer da glaubt, das Reich Gottes sei von dieser Welt, und es sei, wie das der mittelalterliche Kurialismus behauptet, in der Schlüsselgewalt Petri auch die weltliche Jurisdiktion über Fürsten und Völker eingeschlossen. 4. Ultramontan ist, wer da meint, religiöse Überzeugung könne durch materielle Gewalt erzwungen oder dürfe durch solche gebrochen werden. 5. Ultramontan ist, wer immer sich bereit findet, ein klares Gebot des eigenen Gewissens dem Ausspruch einer fremden Autorität zu opfern."[18] Wer wollte nicht jedem dieser Punkte von Herzen zustimmen, zu-

---

[17] Vgl. K. Buchheim, Ultramontanismus und Demokratie. Der Weg der deutschen Katholiken im 19. Jahrhundert (München 1963).

[18] F. X. Kraus, Tagebücher, hrsg. von H. Schiel (Köln 1957) XVIII. Vgl. H. Raab, zur Geschichte und Bedeutung des Schlagwortes „ultramontan" im 18. und 19. Jahrhundert, in: Hist. Jahrb. 81 (1962) 159–173.

mal wenn wir dem Wort *fremde* (Autorität) seinen ganzen Sinn belassen? Newman hat nicht anders gedacht und geredet, und Guardini, der gern auf Kraus zurückwies, ebensowenig. Heute ist „Ultramontanismus" im definierten Sinn höchstens noch in kleinen Splittergruppen vorhanden; das II. Vatikanum hat grundsätzlich die Wünsche und Sehnsüchte nach Integration des Zentrums in den Umkreis, nach Verbindung von Spitze und Basis erfüllt. Grundsätzlich, denn bis diese Integration lebensmäßig eingeübt, vollzogen, zur zweiten Natur geworden ist, kann der Weg noch weit sein.

### c) Petrus, aber kein Papst

Die dritte Stufe der Weigerung geht auf eine Deutung des Neuen Testaments zurück, der gemäß die Vollmacht des Apostolats historisch einmalig – das Charisma der Gründer – blieb, während die von den Aposteln eingesetzten Presbyter und Episkopen im Rang und in der Autorität weit unter ihnen zurückstehen. Der Orientierungspunkt ist dann nicht mehr die in den Nachfolgern der Apostel, den Bischöfen und in ihrer Mitte dem Nachfolger Petri liegende Autorität, sondern nochmals, und jetzt wesentlich verschärft, die Autorität der von Christus bevollmächtigten Apostel. Es ist die durchschnittliche These des Protestantismus, die in sehr verschiedenen Nuancen vorgetragen werden kann: man kann sogar die Bevollmächtigung der Zwölfergruppe durch Jesus bezweifeln oder – in den radikal eschatologischen Richtungen – die Bildung einer solchen Gruppe durch Jesus nur im Blick auf das von ihm erwartete, apokalyptisch einbrechende Reich und deshalb ohne jede Absicht auf Nachfolge erfolgt sein lassen[19], erst die lukanische Umwertung der „Endzeit" zur „Mitte der Zeit" hätte dann eine Fortsetzung der Kirchenstruktur und ihr theologisches Problem aktuell gemacht[20]. Man kann mit O. Cullmann der Meinung sein: „Wer unvoreingenommen von der Exegese ausgeht ... kann im Ernst nicht auf den Gedanken kommen, Jesus habe hier (in der Szene der matthäischen Schlüsselübergabe) Nachfolger des Petrus im Auge gehabt", ist doch „im ganzen Neuen Testament immer die einmalige, christologisch nur am Anfang des Baus mögliche Apostelfunktion bezeichnet"[21]. Die katholische Schlußfolgerung auf Nachfolge scheint für Cullmann die Grundeinstellung alles neutestamentlichen Denkens zu verkennen: „Für das

[19] Overbeck, Loisy, A. Schweitzer und seine Schule.
[20] H. Conzelmann, Die Mitte der Zeit ($^{5}$1964): „Eschatologie als aktuelle Naherwartung läßt sich wesensgemäß nicht tradieren": 89.
[21] Petrus, Jünger – Apostel – Martyrer ($^{2}$1952) 238f, 240.

Denken Jesu wie für das ganze biblische Denken ist im Gegensatz zum Hellenismus die Verwurzelung des Bleibenden im Einmaligen charakteristisch."[22] Das ist freilich wahr, doch nicht so einseitig, daß das Bleibende (wie Hegel sagt) durch die Rückschau auf eine immer fernere historische Vergangenheit seine Aktualität immer mehr verlöre, und erst recht nicht so, daß an die Stelle der lebendig entscheidenden Person die von den Gründern hinterlassenen Schriften als vollgültiger Ersatz treten könnten. Solche Ersetzung lebendiger Autorität durch die Scriptura Sola verdankt sich der heftigen Opposition gegen die konkrete Handhabung der päpstlichen Autorität im Mittelalter: man trifft sie schon bei den Armutsbewegungen, in gemäßigter Form auch bei katholischen Reformbewegungen, die die „vita apostolica" dem herabgekommenen klerikalen Lebenswandel der Zeit vorhielt. Es ist eine sekundär aufgekommene, der Polemik entstammende These. Das Lukaswort an Petrus, „Du aber, dereinst nach deiner Umkehr, stärke deine Brüder" (22,32), auf die Situation der Apostel in den Stunden nach der Auferstehung einzuschränken, erscheint reichlich gezwungen[23]. Thomas von Aquin sieht sich bereits veranlaßt, diesen Gedanken einer rein persönlichen Machtübertragung mit dem Hinweis zu entkräften, daß Jesus eine Kirche, die bis ans Ende der Zeit zu dauern hatte, mit einer Struktur (nicht nur einer Basis) versehen wollte[24]. Er begegnet damit auch Joachim von Fiore und vorweg den extremen Spiritualen, die für die erwartete Geistkirche jede Struktur – außer der mönchischen – als überholt ansahen. Jean-Jacques von Allmen, über Lukas 22 meditierend, entdeckt, daß Jesus das Wort an Petrus „im Rahmen der Eucharistie" sagt, das heißt, „im Rahmen dessen, was Jesus bis zu seiner Wiederkehr dauern lassen wollte". Er erkennt die Konsequenzen dieser Einsicht: die Einheit der Einzelkirchen unter sich mußte sich nach dem Modell der Einheit der Apostel verstehen, und so erscheint der Gedanke des römischen Primats „wohlbegründet". Vielleicht, führt von Allmen fort, „stammt die Art Schreck, die uns reformierte Theologen alle erfaßt, wenn wir merken, daß wir um das Problem der apostolischen Sukzession nicht herumkommen,

---

22 Ebd. 243.

23 „Die Worte sind offenbar bloß auf Petrus persönlich ... zu beziehen": Döllinger, Das Papsttum, a.a.O. 14. Als erster habe Papst Agatho – was durchaus möglich ist – sie für den Primat in Anspruch genommen. Auch Mt 16,18 wird bekanntlich erst im 3. Jahrhundert von Päpsten auf den Primat hin ausgelegt. Man möchte sagen: um so besser, wenn er ohne theologische Schriftbeweise faktisch bestehen und organisch wachsen konnte.

24 Contra Gentes 4,76.

daher, daß wir bewußt oder unbewußt fühlen: wenn es eine apostolische Sukzession gibt, dann gibt es zweifellos auch, innerhalb dieser Sukzession, eine spezifisch petrinische Sukzession"[25]. Deshalb bleibt für alle, die an einer echten (sakramentalen) Sukzession festhalten – Orthodoxe, Anglikaner, Altkatholiken –, der Primat Petri ein Stachel, gegen den man immer neu löcken muß. Die Ausrede, es handle sich nur um einen „Ehrenprimat", ist innerhalb des Kontexts einer Kirche, die keine andere Ehre kennt als die des „letzten Platzes", des mit Undank vergoltenen Dienstes, wesensfremd und stammt aus byzantinischem Reichsdenken. (Daß Photius selbst sich unter dem römischen „Vorrang" eine rechtliche Instanz vorstellte, die nur als angeforderte, nicht spontan aber reagieren sollte, haben wir oben gesehen.) Wenn es überhaupt einen Primat gibt, dann einen dem Modell des Primats Petri im Kollegium der Apostel nachgebildeten; selbst wenn man für deren Nachfolge zwölf Patriarchalsitze nachweisen könnte, würde sich daran nichts ändern; die einzige echte Frage ist die nach der *Weise*, wie der (jurisdiktionelle) Primat christlich-existentiell ausgeübt wird. Hier kann die Ostkirche kritisieren; aber sie darf nicht vergessen, daß die wahrhaft von kirchlicher Agape geleitete Ermahnung Papst Klemens' bei seinem Eingreifen in Korinth etwas anderes meinte, als den sanften Hinweis auf ein Gebot Christi: Ordnungsfunktion fordert auch in der kirchlichen Liebe Autorität, und diese schließt Gehorsam ein.

Es gibt hier keine Zwischenposition. Dies hat der radikale Protestantismus wohl verstanden, sowohl dort, wo er die päpstliche Anmaßung als „antichristlich" zurückwies, wie dort, wo er zur „*Los-von-Rom*-"Agitation überging. Im engeren Sinn war diese eine auf den Kulturkampf antwortende Bewegung, die, vor allem vom Evangelischen Bund und vom Gustav-Adolf-Verein getragen, in Österreich und Süddeutschland mit dem Einsatz beträchtlicher Werbemittel und Gelder die Katholiken zum Abfall von Rom aufrief[26], dabei nur mäßige Erfolge erzielte und später von der nazisti-

---

[25] In: Irénikon (1970) 532, 529, zit. nach H. de Lubac, Les Eglises particulières (Aubier 1971) 106–107. Hinzuzufügen ist ein wichtiger Gesichtspunkt: der Augenblick der Parusie ist für Jesus in einem für ihn einmaligen Sinn *nahe*, und dieser Sinn hat sich im Bewußtsein der Jünger in einem nicht identischen, aber analogen Bewußtsein von der Unverfügbarkeit der Zukunft ausgedrückt. Vgl. dazu meinen Essay: Zuerst Gottes Reich, Zwei Skizzen zur biblischen Naherwartung (Benziger 1966). Wird dies ernst genommen, dann müßte es als widersprüchlich erscheinen, wenn Jesus zugleich die Naherwartung (in dem erwähnten analogischen Sinn) verkündet und über eine Nachfolge der Apostel verfügt hätte.

[26] Literatur in: LThK² VI (Algermissen), vgl. „Evangelischer Bund", in: RGG³ II 789ff.

schen antirömischen Propaganda (von Chamberlain bis Rosenberg und Ludendorff) abgelöst wurde.

Für unsere Zwecke ist wichtig, daß die radikale, theologisch begründete Negation des römischen Führungsanspruchs, wie er im Protestantismus auftreten muß, sich schließlich nicht viel anders gebärdet als die Polemik jener Kirchen, die, in den meisten theologischen Daten mit der römischen einiggehend, sich um so verbissener gegen den Differenzpunkt wendet, ja nicht viel anders als die Angriffe katholischer Kreise, die eine gewisse Vorrangstellung Roms anerkennen, sich aber um so heftiger gegen die *Art* sträuben, wie die Vollmacht des Petrusnachfolgers ausgeübt wird. Das Petrusamt bildet für alle gleichmäßig eine Art negatives Faszinosum.

## 2. *Die Einheit der Negation*

In der Tat, was bleibt den von Rom getrennten, nach verschiedensten Seiten auseinanderstrebenden Kirchen gemeinsam als die Ablehnung des zu Recht oder Unrecht angemaßten Zentrums, dessen Anspruch auf gottgegebene Vollmacht das Nein der Abgeschwenkten wachhält und verbittert? *Pascal* hatte gesagt: „Der Papst ist Erster. Welcher andere wird von allen gekannt? Welcher andere wird von allen anerkannt, da er Vollmacht hat, sich durch den ganzen Leib hindurch auszuwirken, weil er die Hauptader innehat, die sich überall einflicht? Wie leicht war es, dies alles in Tyrannei ausarten zu lassen! Darum hat ihnen Jesus Christus diese Vorschrift gegeben: Vos autem non sic."[27] Lamennais, von dieser Penetranz Roms aufs äußerste gereizt, ruft aus: „Ich unterzeichne alles, nicht bloß das Verlangte, auch alles, was man sonst noch will, auch die Erklärung, der Papst sei Gott, der große Gott des Himmels und der Erde, den man allein anbeten soll!"[28] Die verlassene Mitte ist nie das Gleichgültige, das man hinter sich gelassen hat, sondern, falls man Christ bleiben will, das Ärgernis, das einen am Christsein gehindert hat, das Anti-Christliche. Luther ist nicht der erste, eher der letzte, der dem Papst dieses Attribut gibt. Die Griechen hatten es lange vor ihm getan, auch die Albigenser im Mittelalter, von Friedrich II. zu schweigen, und von jenen entfernten Schülern Joachims, die sich zu Unrecht auf diesen beriefen, schließlich von jenem 1351 verbreiteten Brief Luzifers an den Papst in Avignon, seinen Statthalter auf

[27] Pensées (Chevalier) Nr. 810.
[28] An Montalembert 1. 1. 1834.

Erden, worin der Fürst der Finsternis ihm, seinen Kardinälen und Prälaten für alles dankt, was er im Kampf gegen Christus unternommen hat. Am weitesten hatte es schon der sogenannte Anonymus von York (um 1100) getrieben, der von der reinen Kirche Christi die römische, die des Teufels ist, unterscheidet, der ersten zu gehorchen, der zweiten zu widerstehen auffordert.

Nicht auf die Unzahl antirömischer Invektiven kommt es uns hier an[29], sondern auf das Konzentrische, die Negationen Verbindende. Das Moment ist oft von katholischen Apologeten und Theologen hervorgehoben worden, am stärksten von *de Maistre* und von Solowjew. „Es ist eine grundlegende Tatsache, schreibt der erste, daß jede nicht-katholische Kirche protestantisch ist. Umsonst wird man zwischen schismatischen und häretischen Kirchen unterscheiden; ich weiß wohl, was man damit meint, aber im letzten liegt der Unterschied nur in Worten, und jeder Christ, der die Communio mit dem Heiligen Vater verwirft, ist Protestant oder wird es bald sein. Er ist einer, der protestiert, mehr oder weniger, aber immer."[30] Was alle verbindet, ist der gemeinsame Haß auf das einheitsbildende Prinzip; „dieser Haß ist das einzige, aber umfassende Band, das alle getrennten Kirchen einigt"[31]. Untereinander sind sie tolerant: „Hat man je erlebt, daß Protestanten sich damit abgeben, Bücher gegen die griechische, nestorianische, syrische usf. Kirche zu schreiben, obschon sie den Protestanten verhaßte Dogmen bekennen? Davor hüten sie sich wohl. Sie beschützen im Gegenteil diese Kirchen, schmeicheln ihnen, sind zu Einigungen mit ihnen bereit, indem sie ständig jeden Gegner des Heiligen Stuhls für ihren Verbündeten halten."[32] „Die russische Kirche bekennt wie die unsere die Realgegenwart, die Notwendigkeit der Beichte und der priesterlichen Absolution, die gleiche Anzahl von Sakramenten, den Opfercharakter der Eucharistie, die Anrufung der Heiligen, die Verehrung der Bilder

[29] Josef Benziger, Invectiva in Romam, Romkritik im Mittelalter vom 9. bis zum 12. Jahrhundert (Diss. München, in: Historische Studien, Heft 404, 1968). H. Preuß, Die Vorstellungen vom Antichrist im späteren Mittelalter und in der konfessionellen Polemik. Leipzig 1906. G. Blochwitz, Die antirömischen deutschen Flugschriften der frühen Reformationszeit, in: Archiv für Reformationsgeschichte 27 (1936).

[30] Du Pape 445. Unnötig, zu versichern, daß wenn wir das in seiner Art großartige, monolithische, aber auch von Pius VII. wenig geschätzte Buch anführen, unser Entwurf mit seiner Grundthese (absolute weltliche und geistliche Monarchie) nichts gemein hat.

[31] Ebd. 448. Jos. Bernhart sagt über „die dogmatischen Kämpfe des vierten und fünften Jahrhunderts": „In der Tiefe ging es, wie sehr auch alle Parteien die Sache des Christus wollten, um Leben oder Sterben der neuen Religion. Was den zerklüfteten Lagern gemeinsam war, das ist die Stellung gegen Rom..." Der Vatikan als Weltmacht (List, München, Ausg. 1949) 51.

[32] Ebd. Préliminaire XXXVI.

usf., der Protestantismus dagegen verwirft diese Dogmen und Gebräuche, verabscheut sie sogar; begegnet er ihnen aber in einer von Rom getrennten Kirche, so nimmt er kein Ärgernis mehr daran. Der Bilderkult vor allem, der so feierlich als Götzendienst verdammt worden war, verliert sein ganzes Gift... Rußland ist vom Heiligen Stuhl getrennt: das genügt, um in ihm einen Bruder, einen weiteren Protestanten zu sehen."[33] Zwar hat keine dieser Kirchen, die sich allerlei Namen zugelegt haben, es gewagt, das Wort „catholica" aus dem Credo zu streichen, das der Eigenname der römischen Kirche ist[34], aber schließlich ist das sie „katholisch" Einende doch das Nein gegen Rom: „Alle Feinde Roms sind Freunde."[35] De Maistre bemerkt auch, daß die atheistische Aufklärung die ganze Wucht ihrer Angriffe ausschließlich auf die römische Kirche konzentriert habe. – *Solowjew,* des Fanatismus weit weniger verdächtig als der streitbare Graf, sagt praktisch dasselbe. Er stellt fest, daß die drei wichtigen lehrhaften Unterscheidungen der Ostkirche von der lateinischen „kein positives Moment enthalten": der Geist geht *nicht* aus dem Sohn hervor, Maria war *nicht* vom ersten Augenblick ihrer Empfängnis unbefleckt, dem Papst steht der Jurisdiktionsprimat *nicht* zu. „Die Pseudo-Orthodoxie unserer theologischen Schule" besteht aus „polemischen Negationen". „Eure ganze ‚Rechtgläubigkeit' und eure ganze ‚russische Idee' sind im Grunde nichts als ein nationaler Protest gegen die universale Vollmacht des Papstes."[36]

Und da jede Kirche durch ihre Trennung von Rom eine „Reform" in Richtung auf den christlichen Ursprung und die christliche Authentizität durchführen will, bleibt Rom anscheinend als das von diesem Ursprung Abgefallene und die Einheit im Ursprung Verhindernde zurück (die „römischen Neuerungen" waren es, die Newman am längsten Schwierigkeiten bereiteten); in die ausgewanderten Kirchen wird der Gedanke der Liebeseinheit, der „rechtlosen" Übereinstimmung der Herzen (Sobornost) hinausgetragen, so daß in Rom scheinbar nur das ausgelaugte, geisterhafte, von allem lebendigen Fleisch abgezogene, *ab-strakte* Skelett der „Institution" zurückbleibt. Die affektierte Gleichgültigkeit gegen dieses mit Recht

[33] Ebd. 448.
[34] Ebd. 472–473; vgl. 467f.
[35] A. a. O. 531–532. De Maistre führt interessante protestantische Zeugnisse an, so eines von Pufendorf: „Die Aufhebung der päpstlichen Autorität hat in die Welt Keime unendlichen Zwiespalts geworfen, denn da es keine höchste Autorität mehr gibt, um die Streitigkeiten zu beenden, die sich von allen Seiten erhoben, sah man die Protestanten sich untereinander zerstreiten und sich mit eigenen Händen die Eingeweide zerfleischen." De monarch. Pont. Rom., zit. S. 64.
[36] Rußland und die Universale Kirche, Sämtl. Werke II (1954) 201–202.

Zurückgelassene ist in Wirklichkeit ein dauerndes Betroffensein davon; alles zeigt mit Fingern auf die leere Stelle, und in diesem Sinne (nur in diesem) kann man schließlich sagen: „Die Oberhoheit des Papstes ist das kapitale Dogma, ohne welches das Christentum nicht bestehen kann; alle Kirchen, die dieses Dogma, dessen Tragweite sie vor sich selbst zu verbergen suchen, ablehnen, sind auch im Unbewußten einig.“ [37]

### 3. *Die Einheit als Abstraktion*

Die Negation schuf eine rein formale Einheit, aber die durch die Negation geschaffene Einheit – der nichtkatholischen Kirchen sowohl in sich selbst wie untereinander – bleibt, weil das konkreteste Element der Einheit ausgeschaltet ist, inhaltlich *abstrakt.* Thomas von Aquin hatte die Notwendigkeit dieser konkreten Einheit vielfältig bewiesen: aus der Einheit des christlichen Volkes, des christlichen Glaubens, der Notwendigkeit, daß in Streitfragen um den Glauben ein Vorsteher letztlich entscheide, aus der Angemessenheit, daß der einzige Bräutigam der Kirche durch die Zeiten hindurch leibhaft repräsentiert werde, aus den zahlreichen Schriftstellen, die vom Petrusamt, das als Vorsteherdienst übertragbar sein muß, handeln [38]. Worin kann die Einheit der Kirche oder der verschiedenen Kirchen noch liegen, wenn dieser Bezugspunkt ausfällt? Es ist, zitiert der frühe Döllinger einen protestantischen Theologen, „unwahr und sinnverwirrend, von Einheit zu sprechen, wo dieselbe immer nur etwas Gesuchtes, in Gedanken Vorhandenes ist und wo man nichts aufzeigen kann, worin sich die angegebene Einheit als eine numerische darstellt“ [39]. Möhler sagt in seiner „Einheit in der Kirche“: Die „Darstellung der innern Einheit nach außen aber den ‚empirischen Begriff‘ der Kirche nennen, an dessen Stelle der ‚ideale‘ gesetzt werden müsse, heißt, an die Stelle des *Lebens* eine *Abstraktion*, einen hohlen Begriff, den Tod setzen.“ [40] Worin, so ist wieder zu fragen, sollte eine solche Idealität bestehen, die nicht zugleich die sich konkret darstellende Realität der Einheit wäre? Deshalb klagt auch der anglikanische Newman, die gegenwärtige Einheit der englischen Kirche sei *abstrakt*, in Wirklichkeit müßte man von Kir-

[37] De Maistre, a.a.O. 476.
[38] Contra Gentes 4, 76.
[39] Die Kirche und die Kirchen (München 1861). Der angeführte Autor ist Lechler, Lehre vom heiligen Amte (1857) 139.
[40] Die Einheit in der Kirche, hrsg. von J. R. Geiselmann (Hegner 1956) 213f.

chen reden[41]. Und abermals Solowjew: „Wenn die russische und die griechische Kirche ihre Solidarität durch keine lebendige Handlung zum Ausdruck bringen“ (und das können sie nach Solowjew nicht, weil sie Nationalkirchen sind und ein universales Konzil für sie unmöglich ist), so ist ihre ‚Einheit im Glauben‘ nur eine *abstrakte* Formel, die nichts schafft und zu nichts verpflichtet.“[42]

Wir haben bereits gesehen, wie der Rückgang bis zum verpflichtenden, einheitbildenden Kanon, schließlich zum Kanon im Kanon, auch das letztmögliche Einheitsprinzip, das Neue Testament und die Evangelien aufteilt, wie „unter dem heißen Wind der Wissenschaft“, der Exegese, alle kirchlichen Einheiten außer der einen dahinschmelzen[43]. Die Schrift allein, ohne Tradition und Kirchenlehre, hinter der eine von der Schrift selbst gestützte Autorität steht, ist nicht fähig, sich – wie protestantischerseits oft versichert wird – gegen das praktisch zum Prinzip erhobene Monopol der „historisch-kritischen“ Exegese „durchzusetzen“. *Möhler* hat in der „Symbolik“ über die bis zum Wahnsinn, zur Schizophrenie sich auswirkende Trennung von protestantischer Kirchenfrömmigkeit und Exegese ein paar kraftvolle Seiten geschrieben, die aktueller sind als je. „Ohne Zweifel, wenn die Kirche ein historisch-antiquarischer Verein wäre, wenn sie keinen Begriff von sich selbst, von ihrer Stiftung und von ihrem Wesen und ihrer Aufgabe“ gehabt hätte, dann müßte sie mit den Exegeten in den Schriften nach ihrem eigenen Wesen forschen gehen: „Sie gliche dem, der durch Forschung in den von ihm geschriebenen Papieren erst entdecken wollte, ob er wirklich existiere!“[44] Und da im Lauf der Jahrhunderte jeder Ausleger (neben den Wissenschaftlern auch der gewöhnliche Fromme) aus dem Buchstaben einen neuen Sinn herauslesen wird, muß das Prinzip der Sola Scriptura dahin führen, daß einerseits jeder bereit sein

---

[41] Via Media I (1891) 201, Anm. 9. „There is no one *visible* Church. Church is an abstract word, signifying *one body*. Anglicans, like Independents should talk of ‚the Churches‘“. Vgl. De Maistre, a.a.O. 450f: „Wo das Band der Einheit einmal zerrissen ist, gibt es kein gemeinsames Tribunal mehr, somit auch keine unveränderliche Glaubensregel mehr. Alles reduziert sich auf das Urteil des Einzelnen und auf die zivile Obrigkeit.“ Ähnlich de Bonald: „Im eigentlichen Sinn genommen, gibt es unter den Protestanten keine Kirche mehr, wenn man unter dem Wort ‚Kirche‘ eine Gemeinschaft von Christen versteht, die durch einen selben Glauben, durch gleiche religiöse Grundsätze und die gleichen Heilsmittel vereint sind; sie sind nur noch eine Menschenmenge, deren kultiviertere und gebildetere großenteils aufgehört haben, irgendeine Verbindung mit Luther, Calvin usf. zu haben.“ Démonstration philosophique (Werke 1840) 229, Anm. 1.

[42] A.a.O. 228.

[43] De Maistre, a.a.O. 452, 455.

[44] Symbolik, hrsg. von J. R. Geiselmann (Hegner 1958) I, 422, 438.

muß, seinen persönlichen Glauben nach den neuesten Erkenntnissen zu ändern – aber: „Wer da sagt: ‚Eben dies ist mein Glaube', hat keinen Glauben. Glauben, Einheit des Glaubens, Universalität des Glaubens, sind ein und dasselbe"[45]. Anderseits muß er zugeben, daß das kanonische Schriftwort widersprüchliche Auslegungen vertrage, daß also „die Heilige Schrift, indem sie allen Sinn aufnehme, eben deshalb gar keinen habe" und die katholische Kirche „töricht gewesen (sei), einen Sinn, und eben darum nur einen und einen bestimmten in ihr vorauszusetzen"[46]. So ist „die Heilige Schrift in ihrer *Abstraktion* von der Tradition und der Kirche"[47], die je schon vor der Schrift da war, die deren Kanon bestimmt hat und ein Urwissen um ihren Gesamtsinn besitzt, unfähig, aus sich selbst nachträglich Kirche hervorzubringen. „Über das Verhältnis der kirchlichen Auslegung der Heiligen Schrift zur gelehrt-wissenschaftlichen"[48] hat Möhler Bestes gesagt: Nicht durch Exegese gewinnt die Kirche jenes Gesamtverständnis der Offenbarung, die sie „aus dem Munde Christi und der Apostel vernahm" und die „ihrem Bewußtsein oder, wie Irenäus sich ausdrückt, ihrem Herzen durch die Kraft des göttlichen Geistes unauslöschlich eingeprägt ist. Müßte die Kirche erst durch eine gelehrte Untersuchung ihr Dogma gewinnen, so setzte sie sich mit sich selbst in den ungereimtesten Widerspruch und vernichtete sich; denn indem die Kirche es wäre, die da untersuchen soll, würde sie als seiend vorausgesetzt, zugleich aber auch als nicht seiend, indem sie ihr eigenes Sein... durch die göttliche Wahrheit erst gewinnen sollte". Das Apriori des kirchlichen Verständnisses aber ist für den katholischen Forscher auch dasjenige seines Forschens, er kann nicht zugleich als Christ gläubig und als Forscher neutral sein, „das Individuum vermag keineswegs in derselben Zeit einen bestimmten Lehrsatz zu glauben und nicht zu glauben"[49], und wer dieses Apriori des gesamtkirchlichen Glaubens als eine verfälschende Brille von sich weist, wird zusehen müssen, wie er ohne Brille, in der angeblichen *abstrakten Objektivität* der „rein historischen Wissenschaftlichkeit" die Schrift zu lesen vermag. „Einer Brille wirst du dich übrigens immerhin bedienen müssen; aber nimm dich in acht, daß du sie dir nicht von dem nächsten besten Glasschleifer zurechtrichten und auf die Nase setzen lassest."[50] (Der Einwand gegen Möhler, er vereinfache den Gegensatz, indem er sich nicht mit den protestantischen Bekenntnisschriften auseinandersetze, ist

---

[45] A.a.O. 423. [46] A.a.O. 432. [47] A.a.O. 424.
[48] Überschrift von § 42, a.a.O. 436.
[49] A.a.O. 437–439. [50] A.a.O. 427.

zwar möglich, aber nicht durchschlagend: denn welche Autorität haben diese Schriften, woher besitzen sie sie, und wer setzt sie durch?[51])

Zu Beginn unseres Jahrhunderts werden ein paar Briefe zwischen *Blondel* und *Loisy* gewechselt, in denen der erste versucht, den Vertreter der abstrakten historischen Objektivität davon zu überzeugen, daß er von dieser aus den Sprung in das Mysterium des Selbstbewußtseins Christi, aus dem der Glaube der Kirche stamme, nie wagen könne. Es sind tragische Briefe, weil die Stunde zu spät und Loisys Entscheidung gegen den Glauben im geheimen schon gefallen war; ihre Verschleierung war nur noch Taktik. Blondel aber weist ihm die gleiche Schizophrenie zwischen dem historischen Jesus und dem Christus des Glaubens nach, die wir von Bultmann her kennen, den gleichen historischen Relativismus in der Theologie[52], falls er das vermittelnde, je vorausliegende Wissen der Kirche aus der Forschung ausklammert. – Zwanzig Jahre später der Briefwechsel *Erik Petersons* mit *A. von Harnack* (gegen den Loisys erstes Werk, das Blondel kritisiert, gerichtet war): da beide einig sind, daß eine Rückkehr mit Karl Barth zum Schriftprinzip unmöglich ist, was kann dann noch Kirche sein? Peterson: „Die Kirche hört auf, eine ‚öffentliche' Größe zu sein, wenn sie auf eine dogmatische Stellungnahme verzichtet." Harnack: „Der Protestantismus muß rund bekennen, daß er eine Kirche wie die katholische nicht sein will und nicht sein kann, daß er alle formalen Autoritäten ablehnt." Peterson: Dann bleiben nur Konventikel, und die theologischen Fakultäten müßten abgeschafft werden. Dogmengeschichte allenfalls ... Harnack gibt dies zu: „Denn ein Dogma ohne Unfehlbarkeit bedeutet nichts." „Was aus den Evangelischen Kirchen werden wird, weiß ich nicht, aber, wie Sie richtig voraussetzen, *begrüßen* kann ich nur eine Entwicklung, die immer mehr zum Independentismus und der reinen Gesinnungsgemeinschaft im Sinne – ich scheue mich nicht – des Quäkertums und des Kongregationalismus führt. Wie wir dabei zwischen Katholizismus, Amerikanismus, Russentum usw. uns behaupten und ausnehmen werden, macht mir keine Sorge. Wir wer-

---

51 Vgl. die Ausführungen Geiselmanns im Ergänzungsband: II (1960) 626ff.

52 René Marlé, Au cœur de la crise moderniste. Le Dossier inédit d'une controverse (Aubier, Paris 1960) 87: „notre foi, de forme encore médiévale, perdra son vêtement actuel ... le pieux roman de la théologie classique n'est qu'un échafaudage, destiné à disparaître pour laisser place à d'autres constructions (car il faudra toujours des enveloppes matérielles) où s'abritera l'esprit de l'Evangile éternel": so faßt Blondel den tieferen Gedanken Loisys zusammen. Er selbst fordert „des prolégomènes à tout exégèse future" (90). Der ganze Briefwechsel: 70–113.

den schon einen Weg und Formen finden ohne *kirchlichen* Absolutismus."[53]

Die Sorglosigkeit Harnacks ist inzwischen zur tiefen Sorge des Ökumenischen Rates der evangelischen Kirchen geworden, über den später ein Wort zu sagen sein wird. Nach *Heinrich Schlier,* der den einsamen Weg Newmans und Petersons beschritt, zeigt aber „gerade diese Bewegung nicht nur in ihren theoretischen Begründungen, sondern auch in ihrem faktischen Verlauf, daß sie sich dem Wesen der einigenden Einheit nicht unbefangen öffnet und vor ihrem Gesamtanspruch ausweicht – in die Quadratur des Zirkels hinein"[54]. Schliers ruhig-entschlossene „Kurze Rechenschaft" hat die hoffnungslose Abstraktheit des protestantischen Prinzips durchschaut: dieses hat mit der Fleischwerdung des Logos in „die geschichtliche Substanz der Welt" hinein nie ernst gemacht, nie mit der realen endgültigen Entscheidung Gottes für die Welt, so sehr, „daß das Vorläufige (der Welt) in seiner ganzen konkreten Vorläufigkeit Endgültiges in sich birgt". Deshalb gibt es Kirche und Tradition schon mitten im Neuen Testament, deshalb fixiert sich „Glaube in konkreten Sätzen", deshalb gibt es Amt und Bevollmächtigung, deshalb Zölibat und Mönchtum... „Die Situation des voraussetzungslosen und vereinzelten Exegeten vor dem wie zum erstenmal aufgeschlagenen Bibelbuch ist eine Konstruktion und *Abstraktion.*" Er hat nur Sinn innerhalb der einen Kirche[55], deren Amt gerade Schlier wohl besser als sonst ein deutscher Theologe aus den Ursprüngen zu verdeutlichen vermocht hat[56], die kein „Zweig" einer historisch nicht mehr existierenden Einheit sein kann, sondern die durch die ganze Geschichte währende „irdisch-himmlische *Konkretion* des alle Welt umfassenden Liebeswillens Gottes" ist.

Nun aber sind Konversionen, zumal markante, heute selten geworden; im Zuge der ökumenischen Bewegung und eines angeblich

---

[53] In: Theologische Traktate (Kösel 1951) 292–322.

[54] Kurze Rechenschaft, in: Bekenntnis zur katholischen Kirche, hrsg. von Karl Hard (Echter, Würzburg 1955) 169–192, zit. 192.

[55] Dazu den programmatischen, in die Aufsatzsammlung nicht aufgenommenen Artikel „Die Einheit der Kirche", in: Hochland 44 (1952) 289–300. Aber ein anderer, ebenso programmatischer und an die Gedanken der „Rechenschaft" anknüpfender Essay ist „Das bleibend Katholische. Ein Versuch über das Prinzip des Katholischen", aufgenommen in: Das Ende der Zeit (Herder 1971) 297, 320.

[56] Vgl. den Beitrag Schliers zum „Schreiben der deutschen Bischöfe über das priesterliche Amt" (1969), und die Studien dazu: Grundelemente des priesterlichen Dienstes im Neuen Testament, in: Theologie und Philosophie 44 (1969) 161–180; Der priesterliche Dienst I. Ursprung und Frühgeschichte. Quaestiones disputatae 46 (1970) 81–114. Jetzt überarbeitet als: Neutestamentliche Grundelemente des Priesteramtes, in: Catholica 27 (1973) 209–233.

„neuen Kirchenverständnisses“ wird selbst von katholischen Geistlichen davon abgeraten: der Konvertierende desertiere aus seiner eigenen Kirche und reihe sich unter die „beati possidentes“ ein, wesentlicher als das private Gefundenhaben sei das gemeinsame Streben, das „Konvergieren“ nach einer, wie man meint, schon in Sichtweite rückenden Einheit. Gewisse Öffnungen Roms dem Ökumenischen Rat der Kirchen gegenüber, gewisse gemeinsam geführte Gespräche, deren Erfolge hoch angeschlagen werden, erwekken den Anschein, die römische Kirche zeige sich endlich bereit, aus ihrer „splendid isolation“ und ihrem Anspruch auf Alleingültigkeit sich in eine umfassende christliche Einheit aller sich (so oder anders) dem Evangelium Christi verpflichtet wissenden Bekenntnisse einzuordnen, in eine ihr übergeordnete Einheit also, nach deren Charakter nunmehr gefragt werden muß.

# Formen abstrakter Einheit

Wenn im folgenden drei Formen solcher abstrakten Einheit nebeneinander gestellt werden, so handelt es sich doch nur um Spielarten desselben: einer *soziologisch* beschreibbaren Einheit, wie sie als Restprodukt einer nicht mehr verstandenen oder abgelehnten theologischen und konkreten Einheit der Catholica als Leib Christi (aus seiner Eucharistie) und als Volk Gottes (kraft der Erwählung und Bevollmächtigung der Zwölf) notwendig übrigbleibt.

Dabei kann diese soziologische Einheit zunächst unmittelbar aus der Überbetonung der Strukturiertheit der katholischen Kirche als solcher hervorgehen, wie dies Robert Spaemann in seinem Werk „Der Ursprung der Soziologie aus dem Geist der Restauration; Studien über L. G. A. de Bonald“ (München 1959) und Alexander Dru in „Erneuerung und Reaktion; die Restauration in Frankreich 1800–1830“ (München 1967) schlagend bewiesen haben. Wo ein Kirchengebilde künstlich errichtet wird, das Napoleon als einen Teil seines Reichs neben Gesetzgebung, Unterrichtswesen und Straßenbau braucht, und das Consalvi, Staatssekretär Pius' VII., zu liefern nicht unbereit ist, wofür de Bonald und de Maistre die aus den Prinzipien der sozialen Tradition und des Ancien Régime stammende Ideologie beisteuern und hohe Herren sich für hohe Summen zu Bischöfen kaufen lassen, wo dieses Gebilde nur sehr partiell mit den echt spirituellen Kräften des Glaubens zur Deckung gelangt, da entsteht eine religiöse „Form“ oder „Struktur“, die sich positiv allenfalls als Volkstradition rechtfertigen lassen kann – Saint-Simon, aber auch Comte und viel später Maurras, der Bonald durch jene beiden kennen lernte, konnten hier anknüpfen –, sich aber auch negativ durch antirestaurative und antichristliche Bewegungen als eine bloße Fassade, als „Ideologie“ ohne lebendige Wurzel (sei es im Volk, sei es in einer überzeugenden Philosophie, auf die de Bonald verzichten zu können meinte) entlarven ließ. Nach diesem Schema hat seit anderthalb Jahrhunderten nunmehr der Marxismus nicht nur den restaurativen, sondern jeden Katholizismus soziologisch zu verstehen und damit in seinem Einmaligkeitsanspruch zu erledigen versucht.

Die Reaktion gegen diesen Formalismus kann ins Gegenextrem umfallen und die Einheit jenseits, über oder unter der von Jesus Christus gewollten Form der Kirche suchen; die Arten, sie zu relativieren, sind beinah zahllos, sie vermischen sich auch untereinander zu immer neuen Kombinationen. Wenn der Formalismus sich gern als Klerikalismus gibt – Napoleon wollte „gute Priester", aber gleichzeitig gallikanische, die Distanz von Rom halten – und als solcher ebensowohl von Rom übernommen wie gegen Rom ausgespielt, insbesondere Rom vorgeworfen werden kann, so ist das Gegenextrem innerlich antirömisch, weil es die Einheit, den Bezugspunkt von der Hierarchie ablöst: als Pneumatizismus (vom frühen Montanismus über den Messalianismus zu den mittelalterlichen Spiritualen und Fraticellen, zu den Rosenkreuzern und allen Arten Vertretern eines dritten ewigen Evangeliums bis hin zu den Pfingstbewegungen der Gegenwart quer durch die Konfessionen hindurch) oder als christlicher mehr oder weniger enthusiastischer Humanismus, der von einer christlichen Gesamtreligion träumt, vom himmlischen Konzil des Cusanus über die Aufklärung und die christlichen Logen, die gerade auf dem Wiener Kongreß zahlreich vertreten waren (weshalb die christlichen Fürsten dem Papst ob seines gegen die Freimaurer erlassenen Beitrittsverbots grollten)[1], bis zum Katholizismus Lamennais', der für ihn die Religion der universalen Menschheitswahrheit ist, zuerst mit dem Papst an der Spitze, dann ohne Papst, bis zum vielgesichtigen „Modernismus", der auf jeden Fall das Bleibende in der Evolution aus dem Bereich der „Struktur" herauszieht, um es (etwa bei Tyrrell, von Hügel, Sabatier) in der Sphäre des religiösen Bedürfnisses, der mystischen Erfahrung, der neuplatonischen Berührung mit dem formlosen, überformalen Göttlichen anzusiedeln, was zu den ebenso zahlreichen Ausläufern dieser Tendenz in der Gegenwart führt, die entweder mehr pneumatologisch oder rational oder mystisch die Einheit der wahren Kirche (sofern das Wort noch verwendet wird) sehr fern vom Papsttum, vom Amt überhaupt ansetzen. Es verwundert nicht, daß alle diese Tendenzen die marxistische oder auch strukturalistische Ideologiekritik auf die petrinische Kirchenleitung und alles, was von ihr abhängt, anwenden und gerade heute jenes Gemisch von Pneumatik und Kritizismus in forcierter Widerspruchseinheit offenbaren.

Ein auf solcher geistigen Tradition basierender Katholizismus wird schließlich geneigt, aber innerlich wenig ausgerüstet sein, als

---

[1] J. Schmidlin, Papstgeschichte der neueren Zeit I (1933) 140.

ein sich selbst verstehender Partner in das Gespräch des Ökumenismus einzutreten, da er die hier mögliche Einheit der Konfessionen, die sich in mehr oder weniger lockeren „Unionen“ und Verständigungen artikulieren kann, bereits als eine ihm vertraute, eigene Form mitbringt. So wird arglos und wie selbstverständlich die Tendenz bestehen, in der Ökumene zunächst das Gemeinsame der Konfessionen zu betonen und zu vermehren und jene störenden und irreduziblen Überschüsse im Katholizismus, wozu vor allem das Papsttum gehört, als eine cura posterior an den Rand zu stellen, sie zu verschieben und auszuklammern: Man wird, wenn man mit allem übrigen fertig geworden sein wird, schließlich wohl oder übel auch noch diesen querliegenden Balken geradestellen können. Ökumene somit als Bildung einer abstrakten (obwohl sich sehr konkret dünkenden) Einheit, weil jene Konkretion, die in der Einstiftung des Petrusdienstes vorgesehen ist, entweder ganz ausgeschaltet oder an die letzte Stelle der Traktandenliste gesetzt wird. Dieses Vorgehen erscheint um so legitimer, ja dringlicher, als die „Christenheit“ – aber das Wort hat jetzt einen ganz andern Sinn als im Mittelalter[2] – der Welt um jeden Preis nach all den Religionskriegen und gegenseitigen Verketzerungen einen Beweis der Versöhnheit, der einheitlichen Front gegen den Unglauben, ja der innern Einheit schuldet: Einheit der Gesinnung, somit Einheit durch Anlehnung an die zweite unserer Kategorien abstrakter Einheit, aber da es schließlich auch um Unionen, Konkordate, Absprechungen aller Art geht, Einheit auch durch Anlehnung an unsere erste Kategorie abstrakter Einheit. So wird die ökumenische Gesinnung in der Catholica zu einem mächtigen Antrieb, die beiden ersten Versuche abstrakter Einheit – den ersten, ausdrücklich soziologischen und den zweiten zunächst psychologischen, aber damit schließlich doch auch soziologischen – voranzutreiben und ihnen ein Übergewicht über das konkrete Prinzip zu geben, das für den Augenblick oder endgültig als unzeitgemäß zurücktreten muß.

Diese Dinge sind so aktuell, daß wir sie – obschon kursorisch und nur durch einige Beispiele erläuternd – etwas näher betrachten müssen.

---

[2] Bernard Landry, L'idée de chrétienté chez les scolastiques du XIII^e siècle (Presses Univ. de France, 1929).

Kirche als „Institution" konnte im Zeitalter der Restauration eine treffende Kennzeichnung sein, wenn man dabei nur das menschliche Bestreben sah, die Kirche Christi unter Hintansetzung ihres Aspekts als Communio als einen Teil des Staates oder nach dem Vorbild eines Staates oder in unlöslich enger Verbindung mit einem Staat (Byzanz, Moskau, Anglikanismus) durchzuorganisieren. Daß es im Zeitalter der Restauration eine ebenso mächtige romantische Gegenbewegung gab, wird dabei übersehen. In unserem Jahrhundert, dem der Geist der Restauration (außer in Kreisen integralistischer Gruppen) ferngerückt ist, können zwei Männer genannt werden, die, unter sich gänzlich verschieden, etwas von jenem Zeitalter verkörpern: Maurras und *Reinhold Schneider*. Der erste, Atheist, sah in der Kirche nur die um jeden Preis zu erhaltende Hülle oder Form der mediterranen Kultur; dieses Spiel mit einer Leiche braucht uns hier nicht zu beschäftigen. Schneider – der Schneider vor allem des Escorial (und Potsdams), aber doch auch des „Winters in Wien" – ist wesenhaft ernster zu nehmen: Hier ist „Form", katholische Form, das Ergebnis der Überforderung und Vergewaltigung, die das Gebot des absoluten Dienstes an das adelige Herz der Könige stellt. Für Schneider hat diese tragische Überforderung, aus der die große Form entsteht, nichts mit Legitimismus zu tun: „Nicht im Blut liegt das Geheimnis der Erscheinung: es liegt vielmehr in der Forderung"; diese ist der eigentliche Adel der Könige. Wo am meisten gefordert wird, dort wird auch am meisten entstehen, und es besteht nur eine Voraussetzung: „daß diese Forderung ganz und gar begriffen und, als ein neues Leben, ergriffen werde."[3] Gerade als Amboß wird das Leben der Könige zum Hammer, als gerädertes zum Rad, als gepreßtes zur Form[4]. Kein Zweifel: die Weltanschauung Schneiders ist, wie die letzte Phase zeigt, tragizistisch: „So erscheint das Dasein in einem furchtbaren Widerspruch mit sich selbst: Gesetze sind dem Leben auferlegt, die dem Leben selbst widersprechen, und dennoch werden die Erfüller dieser Gesetze von einem Lichte umstrahlt, das dem Leben erst seinen Wert schenkt. Alles ist Opfer, auch das Leben."[5] Schneider steht damit in einem Zwielicht zwischen einem echten christlichen Mysterium, das ganz gewiß auch hinter der Formseite der Kirche steht (und er hat ja tief in das Herz der Päpste

---

[3] Die Hohenzollern. Tragik und Königtum (Hegner 1933) 10–11.
[4] Vgl. mein Buch: Reinhold Schneider, Sein Weg und sein Werk (Hegner 1953) 46.
[5] Corneilles Ethos (Insel 1939) 26f.

geblickt, um es dort zu erspähen) – und einer Metaphysik des Lebens, die sich von Schopenhauer, Nietzsche, Simmel herleitet und das Kreuzesgeheimnis der ewigen Liebe zu einem unpersönlichen Daseinsgesetz verhärtet. Hier wird er angreifbar, und hier kreist sein Denken wie festgebannt um das Problem der Legitimität der herrscherlichen Gewalt. Alle Gestalt ist Schale wehrlosen Lebens, alle Form ist geronnenes Blut, Petrus „herrscht" immer nur von seiner Kreuzigung her.

Aber Schneider bleibt im neueren katholischen Raum die Ausnahme, die deshalb auch, sofern er das Katholische ausdrückt, unverstanden bleibt und nur in seiner unkatholischen, lebenstragischen Seite („Winter in Wien") verzerrend propagiert und (als Mystiker der Nacht) heiliggesprochen wird.

Im Durchschnitt vollzieht sich etwas ganz anderes: die marxistische – im Verein mit der Freudschen und Nietzscheschen – Kritik der katholischen Form: jener Form, die nicht künstliche politische Restauration ist, sondern unmittelbarer Ausdruck des Lebens. Diese Kritik hat ein Vokabular geschaffen, das, durch Presse und Massenmedien verbreitet, als ein selbstverständlich gültiges unbesehen auch von den Katholiken rezipiert worden ist. Sie reden in fremden Zungen, sie blicken sich selbst mit fremden Augen an und halten sich, da man es ihnen dauernd vorsagt, für *„entfremdet"*. Dabei haben sie das, was sie von außen lernen zu sollen meinen, längst im Innern besessen, es aber bloß vergessen, weil sie glauben, was man ihnen einsagt: daß die Einheit der Kirche nicht die konkrete des Leibes Christi ist (in der jedes Glied die Salbung hat und „ein für allemal schon alles weiß", Jud 5), sondern eine abstrakte soziologische Einheit. So lernen sie von Marx den Primat der *Orthopraxie* über die Orthodoxie, als bestünde der Glaube des Christen nicht in der Bejahung und Annahme der Tat Gottes für die Welt, freilich um diese Tat in sich selbst sogleich zur entscheidenden Tat der Selbsthingabe an Gott und die Menschen werden zu lassen. Fällt der Primat der Tat Gottes, so fällt auch der Glaube, und es bleibt nur die marxistische Selbsterschaffung des Menschen übrig[6]. Im gleichen Trend wird die gegebene Wahrheit sich in *Wahrhaftigkeit* (in Frankreich vor allem: *authenticité)* verwandeln, als die neu zu entdeckende Grundtugend des Christen. Alles Vorgegebene wird unter *„Ideologieverdacht"* gestellt (das Wort ist wohl zum erstenmal von Rudolf Hernegger kräftig in den Bereich des katholischen Glaubens und

---

[6] Diese Haltung hat Leo XIII. unter anderem Namen („Amerikanismus") bereits wörtlich verurteilt: DSch 3344.

der Theologie eingeführt worden[7]), der Verdacht drückt sich durch die angehängte Endsilbe „-ismus" aus, die, einmal verstanden, dann auch äußerlich wieder wegfallen kann, weil sie dem Wort fortan unsichtbar anhängt: Autorität ist, als Ideologie, *Autoritarismus,* Paternität ist *Paternalismus,* Tradition ist *Traditionalismus*, wer reagiert, wird ein *Reaktionär.* Dies ist um so schwerwiegender, wo es sich um Grundworte der biblischen Offenbarung handelt, deren kritische Unterwanderung ihre Substanz aufzuheben droht. Der Gott Jesu Christi ist wesentlich „Vater", „mein Vater und euer Vater" in einem (Joh 20,17), der, „von dem jede Vaterschaft im Himmel und auf Erden ihren Namen hat" (Eph 3,15), zum Beispiel auch die Vaterschaft Pauli gegenüber der Gemeinde (1 Kor 4,15): würde die soziologische Feststellung, daß wir heute in einer „vaterlosen Gesellschaft" leben (Mitscherlich), ja die verstiegene Hypothese, daß Kultur mit dem „Vatermord" begonnen hat (Freud), den Gehalt des christlichen und kirchlichen Vaterbegriffs derart in Frage stellen, daß er unverständlich geworden wäre, daß seine Beibehaltung ein antisozialer, ideologischer „Paternalismus" bedeuten würde, so wäre die Idee des Christlichen durch alle ihre Schichten hindurch sabotiert: von der Trinität zur Christologie und Ekklesiologie bis in das praktische Verhältnis des Gläubigen zu einem Priester, gar geistigen Führer („Père" ist heute die übliche Anrede des Priesters in Frankreich, wie „Father" in England).

Autorität wird durch pejorative, der Soziologie entlehnte Worte als gesellschaftsschädliche Ideologie entlarvt, sie ist *Repression,* das heißt unerlaubte und angemaßte Freiheitsbeschränkung, die im vergewaltigten Subjekt nur *Frustration* hervorrufen kann, es somit zu einem Patienten für den Psychotherapeuten macht. Dem liegt ein bestimmter und sehr oberflächlicher soziologischer Freiheitsbegriff zugrunde, der nichts mehr gemein hat mit dem christlichen, worin Freiheit notwendig durch Selbstüberwindung erreicht und durch kirchliche Zucht eingeübt wird (Gal 5,1–26). Daß kirchliche Autorität im Sinn christlicher Vater- und sogar Mutterschaft ausgeübt werden muß, darüber wird noch zu handeln sein, die Unterstellung aber, jede Autorität sei nach dem Modell der staatlichen Koertion gebaut, ist schon menschlich, sicher aber christlich falsch. Daß das Mysterium der „Gemeinschaft der Heiligen" beide Seiten zur Entfaltung bringt: den Wert der einzelnen Persönlichkeit in ihrer Unmittelbarkeit zu Gott und die Gegenseitigkeit aller, deren keiner

---

[7] Ideologie und Glaube, eine christliche Ideologiekritik. Bd. I: Volkskirche oder Kirche der Gläubigen (Nürnberg 1959); Macht ohne Auftrag (Olten 1963).

für die „Vollzahl der Glieder" und das „Vollalter Christi" entbehrlich ist, ist mit rein soziologischen Kategorien nicht wiederzugeben: jene Unmittelbarkeit des Einzelnen zu Gott, die ihm christlich erst seinen Wert für die Gemeinschaft gibt, erscheint als *Privatisierung* (während es im mystischen Leib Christi nichts Privates gibt), und die Gegenseitigkeit aller erscheint als kirchliche *Demokratie,* was die Anwendung einer ganz unzureichenden Kategorie auf die Kirche ist. Denn dies würde heißen, daß die Macht (kratos) des Souveräns beim Kirchenvolk (dēmos) liegt, während sie doch allein von Christus im Namen des dreieinigen Gottes verwaltet wird und von ihm als geistliche Vollmacht den Zwölf und ihren Nachfolgern delegiert (Mk 3,14) wird, doch so, daß dabei alle einen Anteil daran erhalten (zum Beispiel, einander Sünden zu vergeben: Mt 6,12 usf.). Wollte man um jeden Preis die „Verfassung" der Kirche soziologisch ausdrücken, so müßte man mit Lord Acton negativ sagen, daß nichts dem politischen Begriff der Monarchie unähnlicher ist als die Autorität des Papstes, daß man noch weniger von einem aristokratischen Element in ihr sprechen kann, dessen Wesen doch im Besitz erblicher persönlicher Privilegien liegt, daß man am allerwenigsten von Demokratie reden kann, da hier jede Autorität in die Masse der Individuen verlegt wird[8]. Erst dann dürfte man positiv sagen, daß die Kirche analogisch an allen drei Formen teilnimmt, was ja schon im Altertum als die bestmögliche Verfassung angesehen wurde[9].

Doch nun gerät die im Schlepptau einer außerchristlichen Terminologie befindliche Kirchenkritik notwendig in die Enge, ja in den Widerspruch. Indem sie den lebendigen, von der Gnade Christi her zu verstehenden Organismus der Kirche als eine verhärtete *Organisation,* eine *Institution,* ein *Establishment* gebrandmarkt hat, steht sie vor der Entscheidungsfrage: Was soll nunmehr bei der Sanierung der Kirche mit dieser *Institution* geschehen? Geht es um *„Veränderung der Strukturen"*, wie das eine Schlagwort fordert, zum Beispiel indem man eine angeblich monarchische durch eine angeblich demokratische oder parlamentarische Kirchenstruktur ersetzt? Aber dann hätte man ja wieder Strukturen, eine neue Form von *Establishment* (ein Wort, das heute in aller Mund ist, aber deren Urbedeu-

---

[8] Rambler IV, zit. nach U. Noack, Katholizität und Geistesfreiheit (Frankfurt a. M. 1962) 325–326.

[9] Platon, Gesetze 691–692 (auf Sparta angewendet), Polybius, Cicero. Zum Problem der Demokratie in der Kirche vgl. Joseph Ratzinger und Hans Maier, Demokratie in der Kirche, Möglichkeiten, Grenzen, Gefahren (Limburg 1970) sowie Hans Maiers grundlegendes Werk: Revolution und Kirche, Zur Frühgeschichte der christlichen Demokratie (München [3]1973).

tung: das Abkommen zwischen dem englischen König und der anglikanischen Kirche, die wenigsten kennen)[10], das, um zu funktionieren, wahrscheinlich einen viel umfänglicheren bürokratischen Apparat bräuchte als den der römischen Kurie (vg. die Papierberge der heutigen nationalen und diözesanen Synoden). Oder sollte, da nach einem andern Schlagwort jede Institution auch *Manipulation* der von ihr erfaßten Masse bedeutet, auf den Abbau jeder Struktur, auf eine formlose „Brüderlichkeit" hintendiert werden, von deren Sektencharakter die Kirchengeschichte hinreichend erzählt, die aber, nach J. Ratzingers richtiger Bemerkung, zumindest den Begriff der Vaterschaft Gottes einschließt?[11] Man würde dann vielleicht jener so gefürchteten *Gettoisierung* der Kirche entgehen – was immer man darunter verstehen mag: das Ärgernis, daß Kirche überhaupt eine in der Welt sich abhebende Struktur, ein Für-Sich hat oder daß sie die nur von einer solchen besondern Struktur aus mögliche „Öffnung zur Welt" nicht hinreichend praktiziert. Die Einigkeit im Gebrauch von fremden Schlagworten, die auf jeden Fall einen abwertenden Sinn haben, bei gleichzeitiger völliger Uneinigkeit, was mit der von diesen Schlagworten gedeckten Realität zu erfolgen habe, zeugt von der abgründigen Gedankenlosigkeit dieses angeblich kritischen Katholizismus.

Aber vielleicht sollten wir in der Ideologiekritik doch ein zentrales positives Anliegen sehen lernen: das der Universalität der Kirche und ihres Menschheitsauftrags? Und da die Menschheit eine faßbare soziologische Größe ist, müßte doch wohl auch die ihr zugeordnete Aufgabe der Kirche, ihr potentiell-progressiver Einheitscharakter, irgendwie soziologisch faßbar sein. Wir haben vorhin erst von einer verfremdenden Sprache geredet: sollte sie nicht doch ein inhaltlich genuines Anliegen anzielen?

## 2. *Im Bann einer humanitären Mystik*

Fragt man nach dem Ursprung dieses Anliegens, so wird man es, verborgen zwar, aber wirklich vorhanden, bei dem von sieben sich folgenden Päpsten belobigten und ermutigten Abt *Joachim von Fiore*[12] finden. Der Grundgedanke seiner trinitarischen Geschichts-

---

[10] De Maistre, a. a. O. 516, sagt von der anglikanischen Kirchenverfassung: „C'est un établissement civil et local, diamétralement opposé à l'universalité, signe exclusif de la vérité."

[11] A. a. O. (Anm. 9) 24.

[12] Wir folgen für diesen kurzen Hinweis auf Joachim der sorgfältigen (im Gegensatz

periodik ist unabweisbar klar: Alter Bund (Vater) und Neuer Bund (Sohn) stehen zueinander in einer typischen Entsprechung: aus beiden geht das dritte Zeitalter des Geistes hervor, das zwar keimhaft schon in der Zeit der Kleruskirche des Sohnes angelegt ist, aber erst (demnächst!) als Zeitalter der Geistmenschen, der Mönche, der Kontemplativen offen hervortreten wird. (Das Zeitalter des Vaters, der Alte Bund, war das der Laien und Eheleute.) Der Übergang vom zweiten zum dritten Zeitalter (tertius status) ist der von Petrus zu Johannes[13]. Dabei wird das Evangelium Aeternum offenbar, das „geistig ist und nicht so umgrenzbar, daß man es in einem großen Buch einschließen könnte“[14]. Die erst einführende Lehre Christi wird überschritten (relicto praeceptorum Christi inchoationis sermone[15]) in die Vollkommenheit und – das ist für uns wichtig – in die *Freiheit* hinein[16]. Es geht dabei für Joachim nicht um Reform der Kirche im Sinn einer Rückkehr zu den Ursprüngen, sondern um ein Überschreiten nach vorn, auf die Zukunft hin. Wenn deshalb nach ihm die petrinische Kirchenordnung überholt werden wird, so nicht, weil sie am Anfang der Kirchengeschichte noch nicht geherrscht hätte – ein moderner, für Joachim völlig unvollziehbarer Gedanke –, sondern weil das mit seinem Regiment verbundene Moment der Furcht in die freie Liebe hinein überholt werden wird[17]. „Nun wird Petrus gegürtet und geführt, wohin er nicht will, um rasch seinen Lauf zu vollenden.“[18] Aber Joachim war weit entfernt von irgendeinem antirömischen Affekt (den man ihm öfters zugelegt hat), er wollte, wie man sieht, auch nicht von der Kirche zur Menschheit fortschreiten, wohl aber von der Bindung zur Freiheit[19] und von Christus zum Geist[20]. Das war immerhin genug, um die

---

zu Ernst Benz: Ecclesia spiritualis, 1934) mit allen Textunterlagen versehenen Studie Henri de Lubacs in: Exégèse Médiévale III (Aubier 1961) 437–538.

[13] Liber introd. 19 (Fol. 17–19), Expos. in Apoc. P 4, c. 14 (fol. 170, 1), Tract. super 4 Evang. (ed. Buonaiuti 1920) 121.

[14] Super 4 Evang. 275.

[15] Expos. in Apoc. prol. (fol. 1,4).

[16] Ebd. fol. 175,3–4; Vita S. Benedicti, c 15.

[17] De Lubac, a.a.O. 462ff.

[18] Liber figurarum (ed. E. Tondelli 1940); das Buch kann von einem Schüler stammen, und gerade diese Stelle scheint für de Lubac darauf hinzuweisen.

[19] Dem Alten Bund entspricht die Furcht und die Knechtschaft, dem Neuen Bund der sohnliche Dienst, dem dritten Zeitalter die Freiheit. Dem ersten das Alter, dem zweiten die Lebensmitte, dem dritten die Kindheit: Concordia, lib 5 c 84 (fol. 112,2).

[20] Das Zeitalter des Kindes wird „dem alternden römischen Papst“ auf die Arme gelegt wie das Jesuskind auf die Arme Simeons. „Cum talis puer manifestatus fuerit in Ecclesia Dei, qui sit utique contemplativus, justus, sapiens, spiritalis et qui ita possit succedere episcoporum ordini... quomodo Regi David successit Salomon, quomodo Petri prin-

untersuchende Kommission von Anagni zu dem Urteil zu bewegen: „Diese Lehre führt schlußendlich dazu, den Klerus, das heißt die römische Kirche und den Gehorsam ihr gegenüber aufzuheben.“[21] Das ist objektiv richtig, es ist die Folge einer Ersetzung des traditionellen kirchlichen Begriffs von Katholizität und Autorität durch einen neuen, der implizit schon der soziologische Begriff ist, wie er im Schema der idealistischen Metaphysik des fortschreitenden Geistes als ausgelegter Trinität (Schelling, Hegel) endgültig zutage treten wird. Das Subjekt (S) gewinnt über das Absolute (Trinitarische) einen Überblick, der die christologische und kirchliche Autorität (A) an eine bestimmte Stelle fixiert und damit relativiert.

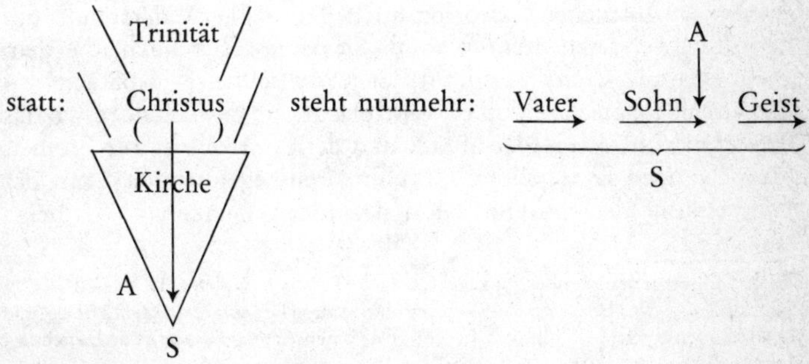


Wenn einmal die Deckung von „Christenheit“ und „Menschheit“ aufgehoben war, mußte die joachimitische Überschreitung der petrinischen Kirche ganz von selbst zu einer neuen Deckung von „katholischer Universalität“ und „Menschheit“ führen. Man könnte den Weg dieses Gedankens vom frühen Protestantismus (Sebastian Franck) zur englischen, französischen, deutschen Aufklärung und deren Katechismen verfolgen; wichtiger für uns ist, daß er sich von der Aufklärung ungebrochen in den „progressiven“ katholischen Universalismus der Romantik fortsetzt, die – man denke an Novalis' „Die Christenheit oder Europa“, an Fr. Schlegel, aber auch an Dreys geschichtstheologische Entwürfe – die in der Kirche gleichsam keimhaft liegende Totalität auf die universelle Menschheit sich öffnen lassen will. Genau an diesem Punkt steht nun auch *Félicité de Lamennais,* dessen schließliches Nein zum Papsttum (zwi-

---

cipi apostolorum Johannes evangelista, quin potius quomodo ipse Christus Johanni baptistae.“ Tract. super 4 Evang., 87.

[21] H. Denifle, Archiv f. Lit. u. Kirchengeschichte des M. A. I (1885) 102, 120.

schen 1832 und 1834) das wohl tragischste Ereignis der Kirchengeschichte des 19. Jahrhunderts bleibt[22]. Der Umschlag von einem Papsttriumphalismus[23] (1818 „Essai sur l'indifférence" bis zur Zeitschrift „L'Avenir" 1830) zu einer völligen Abkehr von Rom ist ganz einfach und logisch verstehbar, wenn man Lamennais' Ausgangspunkt kennt: „Le christianisme depuis Jésus-Christ, développement naturel de l'intelligence, est la raison générale manifestée par le témoignage de l'Eglise."[24] Denn es gibt nur *eine* gesamte (katholische) Wahrheit, und die ist von Gott (nach der traditionalistischen These Bonalds) am Anfang dem Menschengeschlecht geschenkt worden: sie ist es, die göttliche Autorität hat[25] und, da die Menschheit den Drang hat, sich zu partikularisieren, von der Kirche Christi mit *dieser* totalen göttlichen Autorität auch gegen die Widerstände des Egoismus vertreten werden muß. Sie ist es aber auch, die dem „Gemeinsinn" (sens commun) der Menschheit – später wird Lamennais sagen: des Volkes – entspricht und deshalb dort, wo das Papsttum von seiner Idee abfällt und dem Fortschritt zur Freiheit (dem „ewigen Evangelium" Joachims) entgegenhandelt – mit der Verurteilung des „Avenir" und der Ideen Lamennais' –, dieses

---

[22] Werke, wenn nicht anders angegeben, nach Œuvres complètes, 12 Bde (1836–37). Wichtigstes Werk über seine Entwicklung mit zahlreichen ungedruckten Briefen und Dokumenten: Louis Le Guillou, L'Evolution de la pensée religieuse de F. de Lamennais (Thèse, Paris 1966).

[23] Bd. 2, LXVIII. Louis Bouyer, La décomposition du catholicisme (Aubier 1968) hat diese Logik des Umschlags sehr klar dargestellt (S. 80ff) und daran seine These demonstriert, daß Integralismus und Progressismus nur zwei Seiten der gleichen Sache sind.

[24] Wie de Maistre, dem er viel verdankt (vgl. die Rezension des Buches, Bd. 8, 101ff, und den Aufsatz „Le Pape" im „Avenir" 1830; Bd. 10, 206ff). In „De la Religion" zerlegt er im 6. Kapitel den Grundsatz de Maistres („Plus de Pape, plus de souveraineté, plus de souveraineté, plus d'unité, plus d'unité, plus d'autorité, plus d'autorité, plus de foi", Brief vom 8. Februar 1810) in die Überschriften der einzelnen Paragraphen: I. Point de Pape, point d'Eglise, 2. Point d'Eglise, point de christianisme, 3. Point de christianisme, point de religion (au moins pour tout peuple qui fut chrétien) et par conséquent point de société: Bd. 8, 107–147. In einem unveröffentlichten Brief an de Bonald versichert Lamennais diesen seiner vollen Übereinstimmung, zumal was die Uroffenbarung angehe, in der „Glaube" der Grund der Vernunft sei, der die Offenbarung der absoluten Vernunft entgegennimmt und ihr zustimmt. Er spricht von „l'infaillibilité de la raison humaine" (Le Guillou, 39). So wird die Stimme der Geschichte zum Widerhall des persönlichen Glaubens. De Maistre hatte nicht anders gedacht: „Es gibt in der katholischen Kirche kein Dogma ... das nicht seine Wurzeln in den letzten Tiefen der Menschennatur hätte und deshalb auch in einer allgemeinen Annahme, die mehr oder weniger getrübt sein kann, aber grundsätzlich allen Völkern und Zeiten gemeinsam ist." Du Pape, 132.

[25] „Qu'est-ce en effet, que l'autorité à laquelle tous les espris doivent obéir? Est-ce la force? Ce serait absurde. Est-ce l'autorité d'un ou de quelques hommes? Non, mais la raison générale manifestée par le témoignage ou par la parole." Bd. 2, LXVII.

einfach übergehen kann. Man konnte mit dem gleichen Recht sagen, „der Gehorsam sei das innerste Wesen des Christentums“[26], ja konnte dem Papst als dem Anführer der Menschheit ewige Treue schwören[27] – und das Christentum als den Aufstieg der Menschheit aus der Knechtschaft zur Freiheit feiern, da man heute weit genug ist, „im christlichen Dogma die universellen Gesetze der Schöpfung zu entdecken und sie gleichsam aus ihm herauszulösen“[28]. Lamennais, ein schlechter Theologe, aber in diesem Punkt wohl nicht schlechter als die meisten Theologen der Aufklärung und der Romantik, hat nie zwischen Natur und Gnade zu unterscheiden gewußt; er hatte darin Vorgänger, auf die er baut, Huet, der alle Weisheiten und Religionen der Völker von der biblischen Offenbarung abzuleiten versuchte[29], noch mehr Bergier, der nur eine progressive Offenbarung durch die Menschheitsgeschichte hindurch kennt und die Meinung vertreten kann, „der Ungläubige, der die Dogmen der universalen Religion glaubt und ehrlich die Wahrheit sucht, glaube damit dasselbe wie die Christen. Nicht der Glaube fehlt ihm, sondern nur die genauere Unterweisung; er wird im Christentum und durch dieses gerettet werden, und in diesem universalsten Sinne ist wirklich außerhalb der Kirche kein Heil.“[30] Gehorsam gegenüber dem Papst – Gehorsam gegenüber der eigenen Vernunft, beides kann für Lamennais, der diese Lehren übernimmt, dasselbe unter doppeltem Aspekt sein.

Alles Persönliche in der Begegnung zwischen Lamennais und dem Papsttum bleibt sehr schmerzlich; man hat die drei Rompilger Montalembert, Lacordaire und Lamennais dort rücksichtslos und wahrhaft sinnlos gedemütigt. Der letztere konnte sein hochgezüchtetes Papstideal dort nicht wiederfinden: „Rom, Rom, wo bist du denn? Was ist aus deiner Stimme geworden, die aufhalf, die Schlafenden weckte? Heute weiß man nichts anderes zu sagen als ‚Gebt nach‘. Betet, betet für die Kirche! Gewiß, sie wird nicht untergehen. Aber warum muß man sich das so oft, so bitterlich wiederholen?“[31] Und nach dem Bruch mit Rom wird Lamennais der endgültig Gebrochene sein, „alt, arm, von Müdigkeit und Kummer verbraucht, ohne Par-

---

[26] Entretiens sur la vie spirituelle, zit. Le Guillou 100, Anm. 13.

[27] Lamennais unterschreibt die päpstliche Forderung bedingungslos im Dezember 1833.

[28] Bd. 10, 342.

[29] Le Guillou, 26.

[30] A. a. O. 31.

[31] An die Gräfin von Senfft, 2. Okt. 1828.

tei, ohne irgendwelche Stütze außer Gott und seinem Gewissen"[32]. Aber das sachliche Ergebnis der Tragödie ist klar: bei Lamennais siegt jener Begriff der Katholizität, der ihm einleuchtet, den er (wie Joachim) überblickt; der stellt für ihn die konkrete Kirche dar, während die klerikale, kuriale Kirche als eine Art entstelltes Restprodukt liegenbleibt, untergangsreif[33]. Damit waren bis über das Ende des Jahrhunderts, praktisch bis zu Péguy[34] die Weichen gestellt: Progressismus gegen klerikalen Integralismus, wobei immer zu bedenken ist, daß beide dem gleichen romantischen Monismus entsprungen sind. Die Folgen waren unabsehbar, der letzte Artikel des enttäuschten Saint-Beuve über Lamennais kann sie blitzartig beleuchten: „Lassen Sie sich von mir sagen, daß es nichts Schlimmeres gibt, als in anderen Seelen Glauben zu erwecken und sich dann unversehens davonzumachen und jene gestrandet zurückzulassen... Wie viele Seelen kenne ich, die Sie in ihrem Pilgergepäck mitgeführt haben, und wenn dieses Gepäck abgestellt wird, bleiben jene am Wege liegen. Die öffentliche Meinung, die Stimmen der Schmeichler, neue Menschen, die sich immer von einer großen Begabung angezogen fühlen, werden Sie ohne Zweifel trösten, Ihnen helfen zu vergessen. Aber wenn mein Schrei auch wie eine Klage klingt, ich werde Ihre Vergeßlichkeit anprangern."[35]

Ein kurzer Blick muß auf eine zweite Tragödie geworfen werden, die aus der an menschlichen Tragödien so reichen Zeit des Modernismus[36] dadurch hervorragt, daß hier die tiefe gläubige Liebe eines Konvertiten zur Catholica schließlich einer romlosen Kirche der Zukunft zugeleitet wird. *George Tyrrell*[37], der temperamentvolle,

[32] An Benoit d'Azy, 12. Mai 1834.

[33] „Affaires de Rome".

[34] Und selbst hier ist die Versöhnung noch zweifelhaft, wenn man Péguys letzte Wendung in der „Note Conjointe" und die dortige Opposition einer „morale souple" und (kasuistisch-römischen) „morale raide" in Erwägung zieht. Die wirkliche Versöhnung geschieht in Bernanos' Priestergestalten, die in scharfem Gegensatz zu Henri Bremonds falscher „souplesse" und zur ganzen Gestalt dieses mit Tyrrell befreundeten Exjesuiten entworfen sind.

[35] Zit. nach A. Dru, a.a.O. 134.

[36] An wirklichen Tragödien müßten neben der Tyrrells noch die von Laberthonnière und Blondel genannt werden, während bei Loisy die schon früh erfolgte Wendung zum Unglauben, bei Bremond die zweifelhafte Stellung zum Glauben (Tyrrell war es, der ihn dazu bewog, Priester zu bleiben) das Problem ganz ins Persönliche verschieben.

[37] Bibliographie: Mich. Loome, in: The Heythrop Journal, Juli 1969, 280–314. Tyrrell hat in „Zwischen Scylla und Charybdis oder die alte und die neue Theologie" (dt. Diederichs Jena 1909) seine repräsentativsten Artikel für die deutsche Übersetzung zusammengestellt (= SCh). Von den zahlreichen Schriften führen wir noch die letzte, postum erschienene Sammlung „Christianity at the Cross-Roads (1909) (= CR) an (auch deutsch: Das Christentum am Scheideweg, München – Basel 1959). Vgl. auch den sorg-

innerlich unstete und zu Haßausbrüchen neigende Dubliner, als Jesuit beinah fanatischer Thomist, durch den fatalen Baron von Hügel mit Loisy und der deutschen Philosophie bekannt gemacht, besitzt aufgrund seiner Erfolge eine hohe Meinung von sich: zuletzt bilden auch in einer „Volkskirche", sofern sie nicht „Massenkirche" sein, sondern wirklich den „consensus fidelium" darstellen soll, immer nur die Wenigen das Ferment[38], und wenn der Katholizismus überhaupt überleben soll, so ist nur auf ein Trüppchen wahrhaft geistiger Menschen zu hoffen, die jetzt „eine schwache und unterdrückte Minderheit" sind[39], vielleicht teils aus Exkommunizierten bestehend – aber wurde nicht auch Jesus von den Juden exkommuniziert?[40] –, sie könnten die „rasch dahinsterbende Kirche"[41] überleben und sie zur wahren offenen Katholizität führen. Deshalb denkt der exkommunizierte und suspendierte Tyrrell trotz anglikanischer und anderer Angebote so wenig wie Döllinger daran, die katholische Kirche zu verlassen, „why should the Modernist leave his church?"[42] Es wäre falsch, „ein wohnliches Haus zu verlassen, weil die Öfen rauchen", denn bald sehnten wir uns in der Kälte, „der rauchenden Öfen vergessend, nach ihm zurück"[43]. Und Tyrrell erzählt die indische Legende von dem Mann, der mit einem unverträglichen Weib weder zusammenleben noch ohne es auskommen kann.

Sachlich liegt das Problem Tyrrell anders als das Problem Lamennais. Während dieser die konkrete hierarchische Kirche zu einer Kirche der Menschheit, in der die Vernunft der Uroffenbarung die Autorität bildet, zu einer „abstrakten" Einheit übersteigt, hält Tyrrell als Christozentriker an der von Christus gestifteten Kirche als an seiner katholischen Fülle und seinem mystischen Leib fest. Aber wie so oft ist auch hier der geistesgeschichtliche, philosophische Hintergrund entscheidend: der romantische Monismus hatte sich am Ende des Jahrhunderts in die Lebensphilosophie verwandelt[44], die in Bergsons Kategorien von erfahrungshafter Intuition

---

fältig edierten Briefwechsel Tyrrell – Bremond, mit einer ausgewogenen kurzen Einführung von Maurice Nédoncelle, Etudes Bremondiennes 3 (Aubier 1971).

[38] DR 318.

[39] SCh 21, vgl. 73: „Diese Minderheit ..., in der der Geist der Gesamtheit zu reinerem Ausdruck kommt": SCh 73.

[40] CR 227.

[41] CR 280.

[42] CR 281.

[43] SCh 96 f.

[44] Wir sagen „verwandelt", weil der lebensphilosophische Dualismus ja schon im deutschen Idealismus latent und an manchen Stellen offen vorhanden war: so beim späten Fichte und bei Schopenhauer, woher ihn Nietzsche bezieht. Wir haben diese Abfolge

(eigentlicher Erfassung des Lebendigen) und mechanischer, begrifflicher Reflexion (dem notwendigen, aber defizienten Modus des ersten) zur klarsten Ausprägung gelangt. Sertillanges hat versucht, dieses System mit dem thomistischen zu harmonisieren, aber eine ganze Generation hat sie unmittelbar als Ausdruck ihrer (christlichen) Religiosität verwendet; auf die Kirche angewandt, ergibt sich als Modus der Eigentlichkeit: das intuitive, quasi-mystische unmittelbare Erfassen der Offenbarungswirklichkeit, und als Modus der Uneigentlichkeit: das reflexive, rationalisierende, aber immer defiziente Zerlegen des Mysteriums in Begriffe und Sätze: als („unfehlbare“) Theologie, als Organisierung des mystischen Leibes Christi, als „Institution“, als hierarchische Autorität. Zu beachten ist, daß bei Tyrrell diese lebensphilosophische Abwertung und dauernde Kritik des Rationalen und Institutionellen unbeeinflußt ist von der marxistischen Kritik und erst bei andern mit dieser zusammenfließt. Der Gegensatz religiöser Intuition („Lex orandi“) und rationaler Reflexion darüber („Lex credendi“) beherrscht so sehr Tyrrells gesamtes Denken, daß ein zweites Kategoriensystem, das der psychologisch-soziologischen Religionsphilosophie, das er öfters heranzieht[45] und das ihn in die Richtung auf eine Univozität der religiösen Erfahrung in allen Weltreligionen, ja auf einen „Universalgeist“[46] (im Sinne Lamennais') abzudrängen droht, sich nicht endgültig durchsetzt. In dieser Sicht erschiene Christus nur als der „Reformer“ der „göttlich-natürlichen“[47] „Menschheitsreligion“[48], des universalen Überlieferungsstroms[49], und Autorität käme dem „Gesamtverstand, dem Gesamtwillen und dem Gesamtgefühl der Gemeinschaft“ zu, unter das der Verstand des Einzelnen sich zu beugen hat[50]. Aber dieses religionsphilosophische und religionsgeschichtliche Schema bleibt bei Tyrrell am Rand, es wird nur apologetisch verwendet, in dem großartigen letzten Essay „Christianity and Religion“, wo die großen Menschheitsreligionen alle Anspruch

---

in unserem Werk „Apokalypse der deutschen Seele“ (1937–1939) zu beschreiben versucht als Übergang vom Prometheusprinzip zum Dionysosprinzip.

[45] Vgl. SCh 218, 331ff.

[46] A.a.O. 282.

[47] A.a.O. 90.

[48] A.a.O. 34, 44, 52.

[49] A.a.O. 255, vgl. CR 252: „Never can be a new religion, any more than a new language. Each is a bifurcation of some branch that is itself a bifurcation; and all can trace their origin to a common stem that has grown out of a root-idea – the idea of religion.“ Das ist im Sinn christlicher (Herder, Hamann) und katholischer (Drey, F. Schlegel) Romantik, schließlich im Sinn der Logoslehre der Kirchenväter verstanden.

[50] A.a.O. 68; vgl. 48.

auf Katholizität (d.h. Totalität der Daseinserklärung und religiöse Bedürfnisbefriedigung) erheben; hier wird die aufklärerische und rousseauische Idee einer rational konstruierbaren Gesamtreligion oder Naturreligion als „steril“ abgelehnt[51], die Synthese kann nicht durch Nivellierung der Differenzen und Abschleifen der Kanten gewonnen werden. Die Wissenschaft mag solche Begriffssynthesen versuchen, die Religion kann es nicht[52]. Mutig entscheidet sich Tyrrell dafür, den Katholizismus der römischen Kirche im Wettbewerb der Weltreligionen siegen zu lassen.

So fällt schließlich alles auf die Deutung der lebensphilosophischen Polarität zurück. Denn um eine solche geht es wirklich: gerade das Katholische am Katholizismus fordert die Berücksichtigung aller leib-seelischen Fähigkeiten des Menschen[53]. Keiner der Pole ist entbehrlich. In allen Ansätzen, diese Polarität darzustellen, ist aber das Niveaugefälle unveränderlich: religiös-ursprünglich ist nur die Intuition, der innere Punkt der erfahrenden Berührung mit dem Göttlichen, christlich gesprochen, die „passive“ Entgegennahme der Offenbarung; unveränderlich ist auch, obschon sie in verschiedener Weise bestimmt wird, die Kluft zwischen den Sphären der Offenbarung und der reflektierenden Theologie. Vor allem bindet Tyrrell Reflexion mit *Sprache* so zusammen, daß beide miteinander in Gegensatz zur sprachlosen, unaussagbaren Offenbarung zu stehen kommen, im Gegensatz zu der von H. Schlier hartnäckig vertretenen Ansicht, daß das Wort Gottes, fleischwerdend, sich im Akt der Offenbarung selbst in menschliche Sprache hineinverfügt. Der scharfen Unterscheidung legt sich quer die von Tyrrell oft beigezogene Unterscheidung einer relativ unreflexen und wenig veränderlichen Volksreligion (zu der das „Dogma“ gehörte) und einer hochreflektierten Theologie, die, in ihren Einzelausprägungen den geistigen Zeitströmungen folgend, mit ihnen auch wieder vergeht und dauernd einer doppelten kritischen Selbstreflexion bedarf. Ist sie einerseits Korrektiv[54], so bleibt sie anderseits bloßes „Skelett“[55],

---

[51] CR 231–244.

[52] CR 250.

[53] Vgl. den von Tyrrell als programmatisch erklärten, mehrfach abgedruckten Month-Aufsatz über „Das Verhältnis der Theologie zur Frömmigkeit“, in: SCh als „Lex Orandi, Lex Credendi“, 100–124, aber auch die zahlreichen späteren, das Problem immer neu abschattenden Versuche, deren mehrere sich in SCh ablösen. Über das Katholische, das alle Aspekte des Menschlichen, auch des Leiblich-Sinnlichen, des Gewohnheitsmäßigen u.dgl. berücksichtigen muß, vgl. SCh 24–98.

[54] SCh 112; vgl. 12.

[55] A.a.O. 252.

äußere Form[56], ihre Begriffe haben nur symbolischen und deshalb veränderlichen Wert[57], als Rationalisierung des Religiösen tötet sie den prophetischen Geist in der Kirche[58], ihren „Sätzen" kann keine Unfehlbarkeit zukommen, da Theologie als solche keine göttliche Autorität beanspruchen kann[59]. Die kraftvollen biblischen Anthropomorphismen über Gott sind ihren Abstraktionen meist vorzuziehen. Vor allem gilt es, die beiden Sphären zu entflechten[60]; „development" (im Sinne Newmans) kann nur die sekundäre Sphäre beanspruchen[61]. An dieser Stelle kann der immer heftiger werdende antirömische Komplex Tyrrells ansetzen, der „im Papsttum die große Lüge" und das „Hauptquartier des Teufels"[62] entdeckt. Vorausgegangen war eine immer tiefere Entfremdung gegenüber der Gesellschaft Jesu, ihrem Gründer[63] und ihren Obern; er findet sie „erstarrt" und „repressiv"[64]; die einigermaßen erfolgreichen Mitglieder sind jene, „die sich nicht haben erdrücken lassen". „Im übrigen emfinde ich keine besondere Sympathie für S.P.N. (den hl. Ignatius)."[65] Nach dem Austritt aus der Gesellschaft und der Exkommunikation kann der Ton pamphletär werden.

Aber das ist nur die eine Seite der Polarität; die, in der die Kluft, die Uneigentlichkeit des zweiten Pols, seine Entfernung vom Zentrum, sein dauerndes Kritisiert-werden-Müssen hervorgehoben wird. Die andere Seite wird ebenso stark betont: die Pole sind untrennbar: keine Panik!, es geht nicht darum, die Theologie und die Institution über Bord zu werfen[66]. „Eine Offenbarung, die des Gegengewichts der Theologie entbehrt, die in einer toten Sprache spricht... und eine Theologie, die des Gegengewichts der Offenbarung entbehrt, die die stetig fortschreitende Selbstentäußerung Gottes in dem religiösen Leben der Menschheit verkennt...: beide sind gleichermaßen unfruchtbar." Keines darf aber die freie Entwicklung des andern hemmend beeinflussen: „dies tritt dann ein, wenn die Offenbarung sich für eine göttlich bekräftigte Theologie ausgibt und ihre prophetischen Rätsel als wissenschaftliche Wahrheit darbietet, oder wenn die Theologie ihrerseits die Offenbarung zwingen möchte, sich in der Richtung, nach der Methode und im Schritt theologischer Entwicklung zu bewegen, und gleichzeitig der

[56] A.a.O. 13, 89. [57] A.a.O. 268, 283ff. [58] A.a.O. 260–261.
[59] A.a.O. 257. [60] A.a.O. 15, 278. [61] A.a.O. 247.
[62] Brief Nr. 86 an Bremond (Briefwechsel S. 237f.).
[63] Tyrrell, der die Exerzitien mit Wärme kommentiert hat, sieht in Ignatius vor allem den „Mystiker" (Brief 3) und „die Kunst der Anpassung", die „Geschmeidigkeit" (Brief 4), die „Flexibilität" (Brief 6).
[64] Brief 6 (S. 54). [65] Brief 8 (S. 60). [66] SCh 325.

religiösen Erfahrung, die ihr eigener Gegenstand ist, Fesseln anlegt und sich selbst die Nahrungszufuhr abschneidet."[67] Diese gegenseitige Angewiesenheit (aber aufgrund der Sprachlosigkeit der Offenbarung!) wertet die Theologie und mit ihr auch die Institution auf: die Offenbarung bedarf der Deutung nicht nur als freie charismatische Prophetie, sondern auch als Dogma, als Sakrament, das ein Priestertum voraussetzt, als Autorität, die auf ihre Unverfügbarkeit hinweist, kurz als Institution.

Sucht man den beiden Seiten gerecht zu werden, in denen sich die Tyrrellsche Polarität darbietet, so wird man das Schema, nach welchem hier gedacht wird, am ehesten bei Plotin finden: es gibt über allem das unaussprechliche und sprachlose „Eine", das in seinem Außersichsein zum „Alles" (zur Katholizität) wird, und es gibt, *unter* ihm, den Nous, den „reflektierenden" Geist, der sich vom Einen her in der ekstatischen Intuition empfängt, aber in sich selbst die ewige Unruhe des Nach-Denkens bleibt, das seinen Gegenstand niemals einholen kann. Diese Wendung zu Plotin ist bei Tyrrell wichtiger als die immer auch mögliche, aber latent bleibende Wendung zur soziologischen (abstrakten) Katholizität. Beides aber wird Zukunft haben, und beides wird auch in Kombination auftreten können.

Schließlich: da das „Eine", auf das alles ankommt, sprachlos bleibt, kann die Wahrheit sich eigentlich nur in der existentiellen Attitüde der „Wahrhaftigkeit" darstellen, die Tyrrell, lange vor Hans Küng, mit andern Modernisten als eine der katholischen Haupttugenden verherrlicht und gegenüber den römischen Ränken, Verschlagenheiten und Geheimtuereien fordert[68]. Zu bedauern bleibt, daß er durch eigene Finten und ordens- wie kirchenpolitische Unaufrichtigkeiten seinem Ideal oft so wenig nachgelebt hat.

Statt uns mit jener rein soziologischen Wandlung der Kirche zu befassen, die heute im Schwange ist, aber theologisch irrelevant bleibt, greifen wir ein drittes Beispiel heraus, worin die abstrakte (und insofern soziologische) Einheit der Kirche innerhalb eines ernsthaften theologischen Rahmens behandelt wird: den Entwurf *Marcel Légauts*, der zudem konsequent den Bogen von der Zwischenkriegszeit zur heutigen nachkonziliaren Epoche zu schlagen

---

[67] SCh 291.

[68] Einige Texte: SCh X, XIV, XVI, 94, 274–275, 276–377; CR 248, 243. Vgl. auch über den Mißbrauch des Prinzips der Unfehlbarkeit: External Religion: Its Use and Abuse ([4]1960) 128ff.

versucht[69]. In seinen Anfängen war er, der Mathematikprofessor in Rennes, als eine Art charismatischer Führer spiritueller Gruppen hervorgetreten, die eine französische Parallele zu den Gruppen der deutschen Jugendbewegung (Guardini, Burg Rothenfels) darstellten, während des Krieges und nachher wurde er schweigsamer Bergbauer und erstaunte die Welt 1970/71 mit einem doktrinär geschlossenen Programm für ein heutiges Verständnis der Kirche und deren tiefgehende Reform. Harte Leitsätze werden hingesetzt, zum Beispiel: „Der Zerfall des Glaubens (foi) in bloßes Fürwahrhalten (croyances) beschleunigte sich mit der Ausbreitung des Christentums“ [70]; oder: „Die Autoritätsreligionen sind zum Verschwinden verurteilt.“ [71] Solche Sätze finden aber jeweils ein Gegengewicht in nachfolgenden, etwa: „Die Koexistenz einer Autoritätsreligion und einer Anrufsreligion ist für das Christentum kennzeichnend. Der Widerspruch (contradiction), den diese Koexistenz in sich schließt, liegt im Kern des Lebens Jesu.“ [72] Man ahnt damit schon, daß die Einheit der Kirche für Légaut zugleich abstrakt (soziologisch) und konkret (christologisch) wird verstanden werden können. Wie geht das zu?

Der Ausgangspunkt ist ein doppelter. Einmal der Habitus des exakten Wissenschaftlers, klar zu unterscheiden zwischen dem in Begriffe gebrachten Gewußten und dem Mysterium, dem ein immerfort suchender Glaube entgegenstrebt, und den die „Theologen und Doktoren“ fälschlich mit rationalistischen Formeln etikettieren[73]. Nicht umsonst verbinden hier den jungen Légaut gewisse Fäden mit dem Modernismus (Tyrrells Denksystem findet seine Fortsetzung); eine Anlehnung an Teilhard, vor allem ein Geprägtsein durch das Kategorialsystem Bergsons ist bestimmend: die gleiche Wirklichkeit des „Lebens“ (bei Légaut: der „Existenz“) befindet sich in der Anspannung einer aufsteigenden (zum einmaligen, konkreten Selbstsein hinstrebenden) und in der Entspannung einer zurücksinkenden (ins Allgemeine, Abstrakte sich aufgebenden) Bewe-

[69] Hauptwerke: Prières d'un Croyant (Grasset 1935); La Communauté humaine (Aubier 1938); Travail de la foi (= T) (Seuil 1962); L'homme à la recherche de son humanité (= R): erster Teil des Hauptwerks (Aubier 1971; Introduction à l'intelligence du passé et de l'avenir du christianisme (= A): zweiter Teil des Hauptwerkes (Aubier 1970) (beide dt. bei Herder 1972/73); M. Légaut/Fr. Varillon: Débat sur la foi (= LV) (Centre Cath. des Intellectuels Français, Desclée de Brouwer, 1972); Pour entrevoir l'Eglise de Demain (= E), in: Lumen Vitae (E. française) mars 1972, 9–40. – Ich erachte „Travail de la Foi“ für das zentralste und zugänglichste Werk Légauts; alle Anliegen und Thesen der späteren umfangreichen Bände finden sich darin in einer noch unverhärteten Gestalt, während sie zuletzt zu einer quasi-Unfehlbarkeit erstarrt sind.

[70] A 73. [71] A 220. [72] A 240, 242. [73] LV 17.

gung, beide Bewegungen in ihrer „paradoxen Gleichzeitigkeit" sind der „allgemeine, endlose Kampf" des menschlichen Daseins[74]. Um diesen transponierten Gebrauch der Bergsonschen Schematik zu verstehen, muß das zweite schon erwähnte Moment hinzugenommen werden: das Verhältnis zwischen charismatischer Führerpersönlichkeit und Jüngerschaft (von Légaut immer mit den Kategorien von geistlicher Vaterschaft und Sohnschaft beschrieben): Initiation des Jüngers in die „Eigentlichkeit" des Selbstseins, in dessen absolute Einsamkeit er dann vom initiierenden „Vater" entlassen werden muß, und beim Versagen dieser aufsteigenden Bewegung zum geisthaften Selbstsein das Zurücksinken in die „Entfremdung" des „materiell" Kollektiven, in das Man, in das Soziologische, das Herdenhafte, das Gewohnheitsmäßige, das Legalistische, das äußerlich Autoritäre, das Traditionelle: die Ersetzung der „foi" durch eine Fülle von geglaubten „Sätzen" (croyances), die Ersetzung des aktiven „Erinnerns" (souvenir) durch den „Automatismus des Gedächtnisses"[75] (nochmals nach Bergson). Die Verwandtschaft dieser Systemelemente mit den beiden von Karl Rahner verwendeten Begriffen des „Transzendentalen" und „Kategorialen" herauszustellen wäre für beide Seiten erhellend, obwohl die Begriffe Rahners dem Idealismus, diejenigen Légauts der Lebensphilosophie entstammen. Aber von Fichte zu Bergson ist der Weg nicht weit. Beide Male wird das Moment des Formhaften, endgültig Geprägten, Dogmatischen, unpersönlich Autoritären der Sphäre des Kategorialen oder des Uneigentlichen zugeordnet, beide Male auch betont, daß Leben immer beider Sphären bedarf – das war ja auch der letzte Schluß Tyrrells –, eine reine Relativierung und Abwertung von Kirche als Organisation, Institution, Lehramt, Hüterin einer Tradition usf. somit abgewehrt.

Aber bei Légaut stehen sich nicht zwei geistige Sphären gegenüber, sondern das gleiche Leben liegt mit sich selbst im Kampf zwischen seiner Tendenz zum „Empor" und zum „Sich-fallen-lassen"; die „Größe des Menschen" braucht diesen „immanenten Widerspruch" in sich selbst als „Kampf zwischen dem Notwendigen und dem Unmöglichen", diesen „fundamentalen Widerspruch" zweier Elemente, die „notwendig komplementär und faktisch unvereinbar" sind[76], um lebendige Bewegung bleiben zu können. Schon rein an-

---

[74] A 240; vgl. R 114: Ces deux mouvements s'étreignent sans fin, luttant l'un contre l'autre, sans que jamais ... l'un réussisse à terrasser définitivement l'autre.

[75] A 27 Anm.

[76] A 240. Vgl. T 145: Die Ursprungsvision des Geistes, der über den Wassern schwebt:

thropologisch braucht der Mensch die Gesellschaft, die ihn ausgezeugt hat, die ihn aber dann für sich einfordert und zum „Grab der Person" wird[77]. Sie ist jedenfalls dauernde „Erprobung" durch ihre „Pression" auf die Person, ja durch ihre „fast legitime Grausamkeit"[78], damit die Person in der immerwährenden Suche (recherche: ein Grundwort!) nach dem Selbstsein frisch bleibe. Keine flauen Synthesen – zwischen „Lebendigkeit" und „Form", zwischen Communio und Institution in der Kirche –, wie sie Y. Congar lebenslang vorgeschlagen hat![79] „Diese Koexistenz ist selten friedlich. Sie ist für die Autorität, die der Institution vorsteht, immer beunruhigend, immer schmerzlich für jene, die den Anruf der Communio hören und befolgen ... Mir geht es um das Aug in Auge (affrontement)" zwischen beiden[80].

Die Doppelbewegung des Daseins ist anthropologisch, ehe sie christlich wird; die existentielle Anthropologie als Aufstiegsbewegung[81] zum Selbstsein, als stete Unruhe der von unten unbeantwortbaren Frage „Wer bin ich?"[82], ihre Artikulation in der Frage der Liebe, der Vaterschaft und des Todes ersetzen bei Légaut (auf unentbehrliche Weise) die Fundamentaltheologie. Wer nicht von der „Suche" und dem „Ringen"[83] naeh dem Selbstsein, der Selbstgegenwart[84], und dies in vollkommener „Wahrhaftigkeit" (sincérité, authenticité, intégrité, lucidité, fidélité, honnêteté, droiture, rectitude usf.), zur offenen Frage vordringt, findet keinen Zugang zu Jesus Christus, zu seiner Innerlichkeit, sondern bleibt im Vorhof der autoritären und doktrinären Kirche stehen, wo er in der Haltung des konventionellen „Praktizierens" verharrt, in der kirchlichen „aliénation"[85]. Denn der Mensch ist, wenn er zur Reife gelangt, unausweichlich vor eine Wahl gestellt, falls er dem Dasein einen Sinn abgewinnen will: entweder sich selbst als einen Teil der umfassenden kosmischen Einheit zu verstehen (dann verzichtet er auf seine Einzigkeit) oder im „Glauben an sich selbst"[86] seine Einmaligkeit zu bejahen und von daher den Wert der Dinge zu erkennen[87]. Die Härte dieses Entweder–Oder ist der Grund dafür, daß alles, was nicht vom „Ich-Selbst" her und von der Suche nach ihm zu rechtfertigen ist, unbarmherzig als „Ideologie" abgewertet wird[88], also auch alles, was in der christlichen Offenbarung als dem Subjekt und seiner

---

Deux éléments, l'un lourd, massif, en proie des déterminismes, soumis aux inerties; l'autre insaisissable, léger, aérien, vivant et libre.

[77] T 96. [78] T 146, 150. [79] T 23; LV 34, 35. [80] LV 35–36. [81] T 37.
[82] T 49–50. [83] T 20, 47, A 15, 29, 71 und oft. [84] T 66.
[85] R 114. [86] R 11–31. [87] R 117–123. [88] R 125–144.

„Wahrhaftigkeit“ unassimilierbar erscheint. Hier wird Légaut sehr aktuell: da es um den Aspekt der „Eigentlichkeit“ des Glaubens gegen dessen kirchliche Verfallenheitsformen geht, empfiehlt er zwar eine totale Identifikation mit dem wirklichen Glauben der ersten Jünger und jener Christen, die im Vollsinn so zu nennen sind, dagegen eine partielle Identifikation mit dem, was in der Kirche nur croyance und infolgedessen Ideologie ist. Wie bei Tyrrell und im Modernismus ist alles nicht durch die méthode d'immanence vom Subjekt einholbare Objektive an der Kirche „objektivistisch“, gehört zur zwar unvermeidlichen, aber stets zu bekämpfenden Sphäre der „Gewohnheit“ und soll durch eine kontestierende Haltung in Frage gestellt werden.

Légaut wagt sich, obschon weder Theologe noch Exeget, an dieser Stelle in die biblischen Ursprünge zurück; hier wirft er seinen Anker. Die Situation des Christen in der Kirche ist Nachfolge der Situation Jesu inmitten Israels, seines Volkes. Er versucht gar nicht erst mit den Führern, die Gesetz und Tradition vertreten, zu verhandeln[89], sondern wendet sich von vornherein an die Armen und Kleinen, bei denen vom Alten Bund her eine anthropologische Offenheit für sein Programm der „Seligkeiten“ besteht. Seine Jünger, befangen in der messianischen Ideologie, die sie nie völlig loswerden und zu der sie nachher notgedrungen zurückkehren, müssen in ihren höchsten Momenten durchstoßen zum wirklichen Glauben an seine unfaßbare, über alle Erwartung hinaus erfüllende Persönlichkeit, aber schon in der Abfassung der Evangelien, schon in der apostolischen Katechese, etwa in den Osterberichten, mischen sich „Glaube“ und „Fürwahrhalten“, echte Verkündigung und ideologische Einkleidung, so sehr, daß wir – gerade wir Heutigen aufgrund der modernen exegetischen Scheidemittel – ständig durch die „Zweideutigkeit“ (ambiguïté[90]) des Buchstabens und auch des soziologisch bedingten und beschränkten Horizonts der Dokumente und ihrer ebenso beschränkten jahrtausendealten traditionellen Auslegung durchstoßen müssen zur Begegnung unseres suchenden Selbst mit dem einzig erfüllenden Selbst Jesu. Seine eigene „subversive“, „unabhängige“ Haltung dem offiziellen Judentum gegenüber, sein „so schneidendes, so verurteilendes, sogar so provozierendes“ Verhalten[91] erlaubt es auch dem Christen, dem „ewigen Judaismus“[92] dem „Judaismus aller Zeiten“[93] in der Kirche entgegenzutreten. Es kann auch für uns zu dem denkwürdigen Aug in Auge zwischen

---

[89] T 135. [90] A 25, das Wort und seine Äquivalenzen kehren oft wieder.
[91] T 133, 135. [92] T 137. [93] T 139.

Jesus und Kaiphas kommen, zum „affrontement crucial des deux autorités“: der des Kaiphas „gesetzlich, jahrhundertealt, aufsitzend auf einer wundersamen Tradition, die sich durchdrungen weiß von der freundschaftlichen und rächenden Gegenwart eines getreuen, eifersüchtigen Gottes“[94], und der Christi.

Man hat Légaut Marcionismus, ja Manichäismus[95] vorgeworfen, aber dieser Anschein entsteht nur (freilich notwendig) aufgrund der allem Geschichtlichen uniform zugrunde gelegten Ontologie. Légaut kann im Neuen Bund das positive Element des Anrufs Gottes in Christus (religion d'appel) stärker betonen als im Alten (der vorwiegend und gewiß übertrieben[96] als reine religion d'autorité verstanden wird); aber erstens behält die Kirche notwendig ihre soziologisch-autoritäre Basis, und zweitens bleibt der Einzelne ebenso frei wie im Alten Bund und außerhalb des Bereiches der Bibel[97], dem Anruf Gottes in Wahrhaftigkeit zu folgen oder ihn in Richtung auf bloßes „Praktizieren“ hin zu mißdeuten. Schon die Existenz Jesu, die als messianisch im jüdischen Sinn (seine Wunder!) mißdeutet werden konnte, noch mehr der Lehrcharakter der kirchlichen Verkündigung[98], das Ideologische ihres Credo[99], das Beispiel so vieler gewohnheitsmäßiger Mitchristen, ihr sozialer Konformismus, der Establishmentcharakter der Kirche[100], ihre billige Anpassung an das umgebende Heidentum, ohne tiefgehendes Ändern[101], die dauernde Einladung zu einem „sakralen Gehorsam“[102] als Zerfallsform der personalen Treue zu Christus[103], die „paternalistischen“ Ermahnungen eines Klerus[104], der die Geheimnisse der wahren personalen Vaterschaft[105] nicht mehr kennt: all das ist für den Christen Verführung zu einem Christentum, das heute mehr als je seine Daseinsberechtigung verloren hat. Musterbeispiel ist für Légaut die Legalisierung der personalen Treue und Hingabe des Christen an Jesus in den „evangelischen Räten“, deren Institutionalisierung in einem juristisch umschriebenen „Ordensstand“ mit seinem „fakultativen Superglauben“[106].

---

[94] T 134. [95] LV 33, 61.
[96] Er selbst gibt es zu: LV 63.
[97] A 45, T 149. Hier liegt ein wichtiges Moment für eine mögliche Theologie der Mission: die Ersetzung der fehlenden Vorbereitung des Alten Testaments bei andern Völkern durch eine religiöse Anthropologie, die irgendwie durch ähnliche Erfahrungen der „carence d'être“ (R 26) zu einer Erwartung des erfüllenden Heils geführt wird.
[98] A 35, 60. [99] A 62, 77, 158. [100] A 29.
[101] A 72, 275. [102] A 36. [103] R 113.
[104] T 27. [105] T 147.
[106] A 238, ausführlich A 339ff; auch T 147f.

Im Jahr 1933 hatte Légaut seine „Prières d'un Croyant" „Matri Ecclesiae" dediziert und sie durch eine Zwiesprache mit der Kirche eingeleitet: „Mutter, du hast mich nicht getäuscht, Gepriesen sei Der, der Dich unter die Menschen gesandt hat, um sich fortzusetzen. Dank Dir habe ich geglaubt und habe gesehen." 1970 wäre eine solche Rede schwerlich mehr möglich. Hier gilt nur noch Begegnung des absolut einsamen Menschen[107] in seinem Scheitern (échec)[108] mit dem absolut einmaligen Christus – in der ausschließlichen Entgegensetzung von général und universel[109] –, während alles an der Kirche in der Zweideutigkeit bleibt: heilsam als „Anruf", verführerisch als legalistische „Autorität". Dabei ist immer festzuhalten, daß für Légaut diese Zweideutigkeit unüberwindbar ist, denn sie ist die Struktur alles Weltlichen und die Bedingung für seine kämpfende Bewährung. Aber wenn in der Kirche der *Widerspruch* zwischen dem Christologischen und dem Soziologischen konstitutiv ist[110], so heißt das noch nicht, daß die heutigen Formen der Verteilung der hierarchischen Vollmachten beibehalten werden müßten, und vor allem, daß der objektivistische Paternalismus in der Weise der Autoritätsausübung legitim sei.

In seinem Entwurf für eine künftige Kirche sieht Légaut – man möchte sagen mit rousseauischer Naivität – eine qualitative Änderung der Autorität vor: nach Möglichkeit soll nur noch personale Autorität gelten (d.h. pneumatische Kompetenz)[111], in Nachfolge Jesu, der wahre Autorität nur aufgrund der Kraft seiner ausstrahlenden Persönlichkeit hatte. Die heutige Zeit würde auch gar keine andere Autorität als die eines Anrufs vertragen und verstehen[112], die Reaktion gegen legalistische Autorität ist ein Zeichen des Lebens[113]. Heute ist es an den Gliedern der Kirche, personale Autorität auszustrahlen[114]. Es müßte eine „äußerste Dezentralisation"[115] erfolgen, so, daß der einzelne Bischof wirklich wieder zu jenem geistlichen Vater und Führer werden könnte, der die Seinen persönlich führen und in christlicher Verantwortung erziehen kann. Die Vollmacht des Papstes wurde im Lauf der Zeit ungebührlich ausgedehnt, seine Interventionen überflüssig vermehrt; fortan dürfte der Papst nur noch subsidiär in Erscheinung treten. Aber auch die Diözesen, die zu vervielfachen wären, müßten von der Vielzahl ihrer Kommissionen entrümpelt werden, deren Geschäftigkeit geistlicher Leerlauf

[107] A 43 Anm.: „L'homme, dans sa réalité fondamentale, est un solitaire, même s'il ne connaît pas l'isolement." Die Nähe zu Ionesco ist frappant.

[108] Ein Schlüsselwort (T 82–102) wie bei Jaspers.

[109] T 22, 155ff; A 34. [110] A 240. [111] A 235.

[112] A 209ff. [113] A 223. [114] E 16. [115] E 21.

ist[116]. Würde auf das Pneumatische mehr Wert gelegt, so gäbe es neue Berufungen, und diesmal auch die *rechten* Priesterkandidaten. Der geistliche Orden, der der heutigen Kirchenstunde entspricht, ist noch nicht hervorgetreten. Die Identität der Kirche hängt an dem je neuen Glauben jeder neuen Epoche, einem Glauben, der sich immer in dem der ersten Jünger – in der Schwierigkeit der ersten Stunde, im Durchbruch durch alles Überkommene – an dem zum erstenmal entdeckten Herrn bewährt.

An dieser radikalen Kritik alles Rein-Soziologischen an der Kirche darf nicht übersehen werden, daß Légaut wesentliche Anknüpfungspunkte für sie in seiner Fundamental-Anthropologie gelegt hat: die Liebe und vor allem die von ihm mit großer Wärme und Tiefe beschriebene Vaterschaft, ganz im Gegensatz zum Gerede über die vaterlose Gesellschaft und den Vatermord als dem Ursprung der Gemeinschaft von Brüdern. Hier beläßt der jugendbewegte und der bäurische Légaut dem christlichen Glauben seine Wurzeln. Aber genügen sie, um ihn gedeihen zu lassen? Man darf es bezweifeln. Denn das grundsätzliche, schon vortheologische Mißtrauen aller Lebensphilosophie gegen Form und Gestalt (die nur erstarrtes Leben zu sein scheint, während doch alles Leben organische Gestalt hat) und auch das grundsätzliche Mißtrauen der Jugendbewegung gegen jede andere als pneumatische Autorität (was doch konsequent beim Donatismus landen muß) führen, sachlich genommen – Légauts persönliche Integrität steht hier außer Frage –, in die Denksphäre des Modernismus zurück, ohne ihn von innen her wirklich zu überwinden. Die beinah völlige Abservierung des Papsttums ist nur die bezeichnende Folge: die *konkrete* Einheit der Kirche liegt für Légaut einzig in der unaussagbaren und sogar unsichtbaren „authenticité" eines einsamen Glaubens in seinem Verhältnis zu Christus; viele solcher Einsam-Gläubigen ergeben zwar eine „authentische" Zelle von Kirche, aber deren Sichtbarkeit ist nur zufällig, akzidentell. Alles, was konstitutiv sichtbar ist: das hierarchisch verwaltete Sakrament, die offizielle Verkündigung, die Hierarchie, gehört primär in die Sphäre des Soziologischen und unterliegt dem Ideologieverdacht.

So steigt auch hinter Légauts Kirchenidee der Geist Plotins herauf. Er ist heute lebendiger als je, denn er ist der Geist jener Religiosität, die das Eigentliche und Letzte unsagbar und überbegrifflich sein läßt, somit die Negation des göttlichen Wortes, das Fleisch geworden ist. Man begegnet diesem Plotinismus allenthalben im katholi-

---

[116] E 39. Die kleine Zelle als die heute einzig wahre Kirche: A 28, 378ff.

schen Denken von heute, bei erlesenen Geistern, wie Stanislas Breton („Foi et raison logique"; Seuil 1971) oder beim Victorinusforscher Pierre Hadot („Plotin on la simplicité du regard, $^{2}$1973"). Bei Légaut mag er das Erbe einer Generation sein, die mit dem frühen Augustin und mit dem frühen Newman, mit Kierkegaard „Gott und ich selbst" als den Brennpunkt der Religion ansetzen wollte, dabei aber vergaß, wie sehr für Augustinus und Newman die Kirche zum objektiven, in ihrem Wesen nicht zweideutigen vermittelnden Medium geworden ist, bei aller Kritik, die beide an deren empirischer Gestalt zu üben nicht aufhörten. Ein plotinisch-buddhistischer Solipsismus zu Gott degradiert die Kirche – trotz aller Proteste Légauts – zu eben jener *abstrakten*, weil uneigentlichen Einheit, die sie von der konkreten Einzigkeit Jesu Christi trennt.

### *3. Im Sog der Ökumene*

Aus dem Gesagten ergibt sich für das so notwendige, theologisch unausweichliche Anliegen der ökumenischen Bemühung um die Einigung der christlichen Konfession eine ebenso notwendige und beinah unvermeidliche Vorbelastung: die negative Einheit der nichtkatholischen Konfessionen ist nirgends deutlicher, der Konsens nirgends geschlossener als in der Ablehnung des römischen Anspruchs. Daraus ergibt sich wie von selbst das Programm, diesen peinlichen Punkt an den Schluß zu verlegen und sich einstweilen mit den Themen zu befassen, in denen Einheit – wirklich oder scheinbar, voll oder teilweise – schon besteht, Themen, die damit ganz von selbst nicht nur eine zeitliche Priorität, sondern auch eine solche des Gewichtes erhalten: ist es doch unendlich viel wichtiger, sich über die Natur der in Christus erfolgten liebenden Selbstoffenbarung Gottes, über die Erlösung der Welt, die Gottessohnschaft Christi, über Glaube, Liebe und Hoffnung, ja über die Kirche als Gottesvolk und eventuell auch noch über das kirchliche Dienstamt einig zu werden als über diesen speziellsten, zugespitzten Fall des Petrusdienstes und die ihm von der katholischen Kirche zugebilligten Privilegien.

Wer wollte sich nicht freuen über neue Darstellungen der katholischen Glaubenslehre wie den „Holländischen Katechismus", die Nichtkatholiken den Glauben der Kirche zugänglicher erscheinen lassen[117], gar über ein fast unerhörtes Ereignis: das „Neue Glau-

---

[117] Glaubensverkündigung für Erwachsene. Deutsche Ausgabe des Holländischen Katechismus (Nijmegen – Utrecht, mit Imprimatur von Kardinal Alfrink, 1968).

bensbuch"[118], das den „gemeinsamen kirchlichen Glauben" kündet, worin vier von fünf Teilen die Gemeinsamkeit des Glaubens behandeln können und nur ein fünfter Teil von noch „offenen Fragen zwischen den Kirchen" reden muß, die übrigens so friedvoll dargestellt werden, daß sich überall Wege der Verständigung auftun. Im erstgenannten Werk, das ziemlich ausführlich vom „Priestertum des Volkes Gottes" und anschließend in dreizehn Kapiteln vom Bischofsamt handelt, muß freilich ein einziges angehängtes Kapitel über „Einheit durch den Nachfolger Petri" genügen, die folgenden beiden lenken abschließend wieder zur Einheit des Priestertums des Gesamtvolkes zurück. Das Petrusthema ist zur quantité négligeable geworden. Im zweiten Werk ist man nicht verwundert, das (übrigens von Karl Lehmann bestens behandelte) Thema auf den allerletzten Moment hinausgeschoben zu sehen[119]. Dies suggeriert für die vorausgehenden großen Glaubensthemen eine schon erreichte oder wenigstens leicht erreichbare Univozität des Sinnes. Sie wird durch die noch offenen Probleme, unter denen neben dem Papsttum und der Mariologie nur noch die von Schrift und Tradition, Gnade und Werk und die Zahl der Sakramente übrigbleiben, kaum in Frage gestellt. Zur Überwindung der letztern werden gangbare Wege aufgewiesen. Man kann deshalb den störenden Artikel über den Papst unter die Randprobleme verweisen, und zwar um so eher, als seit dem II. Vatikanum Kommuniongemeinschaft zwischen der römisch-katholischen und der orthodoxen Kirche bestehen kann, obschon die letztere den Jurisdiktionsprimat Roms nicht anerkennt. So schließt eine schweizerische Synodenvorlage scheinbar ganz richtig: „Primat und Unfehlbarkeit des Papstes gehören *also* zu jenen Glaubenslehren, deren formelle Nichtbejahung eine wechselseitige Sakramentsgemeinschaft nicht ausschließt... Was aber erforderlich ist, ist eine Übereinstimmung in den *zentralen* Inhalten des Glaubens[120]. Das Memorandum der Arbeitsgemeinschaft ökumenischer Universitätsinstitute (Deutschlands): Reform und Anerkennung der kirchlichen Ämter[121] kann (in Nr. 5) die uns beschäftigende Frage in eine Parenthese zusammendrängen: „Eine gegenseitige Anerkennung der kirchlichen Ämter (kann) jetzt schon erfolgen... Verbleibende Besonderheiten der Ämterstrukturen hätten dann kei-

---

[118] Neues Glaubensbuch. Der Gemeinsame Glaube, hrsg. von J. Feiner und L. Vischer (Herder u. Theol. Verlag, Zürich [6]1973).

[119] Ebd. 631–643.

[120] Vorlage der Interdiözes. Sachkommission 5, II Nr. 4.5.4, in: Schweiz. Kirchenzeitung 31/2 (1973).

[121] Kaiser – Grünewald (1973).

nen kirchentrennenden Charakter mehr. Damit öffnet sich – abgesehen von der noch ungeklärten Frage nach dem universalen Leitungsamt des Papsttums – die für beide Konfessionen gewichtige Chance, die künftige Gestalt und Struktur des kirchlichen Amtes gemeinsam zu entwickeln ..."[122] Hier wie in zahlreichen andern ökumenischen Papieren – so in den wichtigen Erlassen des „Groupe des Dombes"[123] – ist ganz unbeschwert immer von „*der* Kirche" die Rede, als wäre die Größe, von der Katholiken und Protestanten gemeinsam sprechen, univok dieselbe, als wäre deshalb auch die Eucharistie, über die sie gemeinsam verantwortbare Aussagen ausarbeiten, eine für beide eindeutige Sache. Die Frage, wer denn nun über den Inhalt dieses Begriffs letztinstanzlich befindet, wird entweder ausgeklammert oder stillschweigend in dem Sinne als gelöst vorausgesetzt, daß es die gemeinsam beratende Theologengruppe selbst ist, die – wie oft in ökumenischen Gesprächen gesagt wird – das Gemeinsame ihrer Ansichten die verbleibenden Divergenzen überwiegen fühlt und sich aufgrund dessen die Kompetenz herausnimmt, die *angezielte* Gemeinsamkeit in das besprochene Objekt als erreichte *Eindeutigkeit* zu projizieren. Die in Taizé gedruckten Papiere des „Groupe de Dombes", vorsichtiger sprechend als das vorerwähnte Memorandum, können, bei offenbleibender Problematik des Sinnes der Successio apostolica, wenigstens zum Vorschlag einer Interkommunion zwischen Katholiken und Protestanten gelangen, aufgrund eines „gemeinsamen eucharistischen Glaubens"[124], dessen Gemeinsamkeit unter Ausklammerung (oder Ersetzung?) des über diese Gemeinsamkeit letztlich Befindenden festgestellt wird. Es geht hier in keiner Weise darum, die schwierige Frage der Interkommunion zu verfolgen; sie ist uns nur Anlaß, um auf die beinah unvermeidliche Struktur ökumenischer Gespräche hinzuweisen, die jene höchste Konzentration des Amtes im Papsttum auf den Schluß verschieben, das doch erst allen übrigen Akkorden die Abstraktheit nehmen und die eigentlich ekklesiologische Konkretheit verleihen könnte.

Nochmals soll betont werden, daß die ökumenischen Gespräche

---

[122] Ebd. 6. Der Platz der Parenthese im grammatikalischen Gefüge des Satzes ist nicht eindeutig. Ist der Sinn: Die Konfessionen *haben* die Chance, die Gestalt des Amtes gemeinsam zu bestimmen, wenn sie von der ungeklärten Frage *absehen*? Oder: *hätten* sie die Chance, falls die ungeklärte Frage gelöst wäre?

[123] Vers une même foi eucharistique? Accord entre catholiques et protestants (Les Presses de Taizé 1972). – Pour une réconciliation des ministères. Eléments d'accord entre catholiques et protestants (Les Presses de Taizé 1973).

[124] Vers une même foi etc., 27–28.

dadurch nichts von ihrer Dringlichkeit verlieren und daß auch eine solche Reihenfolge der theologischen Traktanden keineswegs a-priori zu verwerfen ist. Sie ist psychologisch vermutlich notwendig, theologisch vertretbar, wenn das vorläufig Ausgeklammerte nicht zu einer Bagatelle heruntergespielt wird. Dies ist in den Gesprächen mit der Orthodoxie auch gar nicht möglich, in denen die übrigen dogmatischen Schwierigkeiten weitgehend nur Vorwände sind, um die Diskussion über den neuralgischen Punkt hinauszuzögern. Dieser hat nun aber einmal den Charakter einer „differentia specifica", die das ganze besprochene „genus" affiziert, gerade auch dann, wenn man jenes „Hinunterspielen" versucht und den Papst auf den „letzten Platz" stellt, auf dem er – wie Paulus und die Apostel überhaupt – gerade zu einem Blickfang für „Welt, Engel und Menschen" wird (1 Kor 4,9).

Nach dem Gesagten erübrigt sich ein weiteres Wort über innerkatholische Ansätze (z.B. im Bensberger Kreis), Kirche aufgrund irgendeines Minimalkonsenses von Basisgruppen her aufbauen zu wollen, die grundsätzlich von Rom, sehr wahrscheinlich überhaupt von allem Institutionellen nichts mehr erwarten. Solche „offenen Gemeinden", die angeregt werden, in „Arbeitsgemeinschaften" sich zu einer „offenen Kirche" zu vereinigen, können natürlich nur in einem vollkommenen Chaos enden; als die einzigen Konstanten könnten sich darin – eine Zeitlang! – ein soziologischer Kritizismus (und dazu braucht es immer einen Gegenstand) und ein pneumatizistischer Enthusiasmus durchhalten, was beides mit christlichem, gar mit katholischen Glaubensleben nichts mehr gemein hat.

Der Katholik kann sich drehen, wie er will, er kann nicht hinter das I. Vatikanum zurück, das im II. feierlich bestätigt worden ist (Lumen Gentium 22). Es gibt, wie nach Definitionen immer, nur den Weg der Integration in ein größeres, umgreifendes Ganzes. Und dieses Ganze steht längst bereit: es ist die Indefektibilität der gläubigen Kirche im ganzen, von der die Indefektibilität des Petrusamtes nur ein besonderer, theologisch sichernder und die Konkretheit des einigenden Heiligen Geistes einschärfender Aspekt ist. Man kann sagen, daß das I. Vatikanum hier eine Tür so kunstvoll verriegelt hat, daß niemand sie mehr aufbringt, ohne die ganze Wand, das ganze katholische Gefüge, einzureißen. Tun, als ließe diese Tür sich spielend öffnen, ist Unwahrhaftigkeit. Aber auch das biblische Wort „Vollmacht" (exousia) krampfhaft umgehen und es durch das Wort „Dienst" ersetzen, ist nutzlos, weil jede biblische Vollmacht nur für den Dienst da sein kann, ja dem Gottesvolk nur dann ein nutzbringender Dienst geleistet wird, wenn „Vollmacht“ – zu authentischer Verkündigung, Lenkung, Sakramentenspendung – effektiv vorhanden ist. Zwischen Vollmacht und Dienst eine Kluft aufzureißen, ist wiederum Unwahrhaftigkeit. Auch wird, heute mehr als je, die kirchliche Unentbehrlichkeit einer die Einheit der Offenbarungsauslegung verbürgenden Instanz um so dringlicher, als die ehemals naive Integrität des biblischen Textes durch die Exegese zerstört ist und die Interpretation nach allen Seiten auseinanderstrebt, falls nicht konkrete Autorität – hier die Autorität des gesamten Amtes: der Bischöfe mit dem Papst in ihrer Mitte – im Wirrwarr der Meinungen und Hypothesen einen nicht nur praktisch gangbaren, sondern objektiv verbürgten rechten Weg weisen kann. Weder der Bibeltext noch Konfessionsformeln des 16. Jahrhunderts oder späterer Zeiten können diese Autorität ersetzen.

Die Zurückhaltung des Papstes dort, wo es um die Subsumierung der katholischen Kirche unter die – wenn auch noch so lockere – abstrakte Einheit eines ökumenischen Rates der Kirchen geht, ist von hier aus nicht nur verständlich, sondern unumgänglich, da hier kein Anlaß zu einer Verwechslung gegeben werden darf. Aber echtes ökumenisches Gespräch ist von einer solchen Subsumierung auch nicht abhängig, um so weniger, je lockerer und zukunftsgerichteter jene Einheit sich selbst versteht. Die Catholica wird aber auch der Versuchung entgehen müssen, ihren empirischen Teil-Charakter mit einem theologischen zu verwechseln, d. h. eine mögliche „Komplementarität“ zu andern Konfessionen oder Kulturen im Bereich des Rein-Humanen als einen theologischen Mangel an Katholizität zu deuten, die erst durch Konvergenz auf eine Synthese aller christlichen Denominationen erreicht werden könnte. Nicht einmal die vielfachen und zum Teil schauerlichen Fehler, die die Kirche, aus lauter Sündern bestehend und von fehlbaren Menschen gelenkt, auf ihrem Weg durch die Geschichte begangen hat und wofür sie freilich Abbitte und fühlbare Sühne leisten muß, dürfen sie abhalten, die ihr verheißene Unfehlbarkeit – keine andere freilich! – als unverbrüchlich zugesichert zu glauben.

Wie aber soll dies möglich sein, ohne daß sie zum Gelächter der Welt wird, die ihr unablässig ihr ganzes Sündenregister vorhält? Wie kann, anders gesagt, das Petrusamt, ohne sich selbst aufzugeben, von jener Pyramidenspitze, auf der es meistens gesehen wird und auf der es sich doch wohl auch selber allzulange gesehen hat, herabsteigen und jene Integration in das Gesamtleben der Kirche vollziehen, in dessen konkreter Mitte es die Garantie konkreter Einheit sein kann? Dem Versuch, dies zu zeigen, soll das Folgende gewidmet sein.

# II

# Vom Mysterium der Kirche

# Der konkrete Christus in seiner Konstellation

Die im ersten Teil gezeigte Eskalation des antirömischen Affekts bis zu einer vollkommenen Umzingelung Roms durch eine abstrakte soziologisch-ökumenische Einheit war möglich aufgrund einer Isolierung des „römischen Prinzips" aus der umgreifenden Einheit, in die es eingebettet ist, für die es gedacht ist und in der integriert es allein funktionieren und recht verstanden werden kann. Worin liegt es eingebettet? Zwei Antworten sind als ungenügend auszuschalten: Läßt man es nur in der Gesamtkirche eingebettet sein, so liegt der Schluß nahe: „die Vollmacht wird von Gott der (ganzen) Kirche übergeben, damit sie von dieser den Hirten weitervermittelt werde, die ihre Diener zum Heil der Seelen sind"; dann ist dieser Satz „so zu verstehen, daß die Vollmacht des kirchlichen Dienstes und der kirchlichen Leitung von der Gemeinschaft der Gläubigen auf die Hirten übertragen wird"[1]. Die Gesamtkirche erscheint hier als eine letzte Instanz, deren Verbindung mit dem Heilsereignis Christi nicht mehr ersichtlich ist. Versucht man, wie Lamennais, eine noch umfassendere Einbettung, nämlich in die Gesamtoffenbarung Gottes in der Menschheitsgeschichte – wobei das Papsttum dann nichts weiter mehr ist als die Repräsentanz der im von Gott her eingesenkten Naturgesetz gegenwärtigen göttlichen Autorität –, so verschwimmen die Umrisse der biblischen Heilsgeschichte und die der Kirche Christi so sehr im Allgemeinen, daß das soziale Menschheitsgewissen (wie im Fall Lamennais deutlich wird) das Übergewicht über die päpstliche Autorität gewinnt. Diese erscheint somit, analog zum ersten Fall, wieder nur als Exponent einer umgreifenden Instanz.

Diese beiden Einbettungsversuche verfehlen den von der Geschichte der christlichen Ursprünge einzig nahegelegten: nämlich das Amt Petri aus seiner konkreten Beziehung zu Jesus Christus

[1] Dieser Satz des Konzils von Pistoia wurde von Pius VI. als „häretisch" verurteilt: DSch 2602, vgl. 2603.

entspringen zu lassen, einer Beziehung, die im Prozeß der Entstehung der Kirche deutlich abgehoben und differenziert bleibt. Aber diese Abgehobenheit ist in der Diskussion um die Amtsfrage zumeist als Isolierbarkeit verstanden und gehandhabt worden, die methodologisch praktisch scheint, sich aber theologisch verheerend auswirkt. Denn im Mysterium der Kirche, das vom Mysterium Christi her gedeutet werden muß, kann eine aus dem Ganzen vereinzelte Größe nie verständlich sein. Wenn eine solche Isolierung bezüglich des römischen Primats trotzdem bis zu einem gewissen Grad auch innerhalb der katholischen Kirche versucht wurde, so konnte dies nur zu einer – wenn auch andersartigen – Abstraktion führen, die sich in der (systematisch schwer faßbaren und doch überall merklichen) Dichotomie zwischen einem Kirchenbild der „societas perfecta" und einem solchen des mystischen Leibes, zwischen einer offiziellen klerikalen Theologie und einer mehr oder weniger privaten „Spiritualität" (zu der etwa auch die Marien- und Heiligenverehrung gehört) ausdrückt.

Wir müssen das Auseinanderfallende im Ursprung neu zu einen versuchen; nur innerhalb dieser bleibenden Integration wird auch die Primatsfunktion in ihrer lebendigen Bedeutung faßbar. Im Mysterium der Kirche ist kein einzelnes Glied aus dem lebendigen Organismus adäquat isolierbar – anatomische Sektionen können nur an toten Körpern vorgenommen werden –, alles hängt mit allem zusammen, was nicht heißt, daß die Funktion eines Gliedes – des Auges, der Zunge, der Niere – nicht *innerhalb* des Ganzen sehr präzis beschrieben und als unentbehrlich festgestellt werden kann. Dieses „Gesetz" wird schon an der zentralen Gestalt Jesu Christi ablesbar, die ebensowenig aus dem trinitarischen wie aus dem heilsgeschichtlich-kirchlichen Zusammenhang herauslösbar ist.

### *1. Christus als die Konkretion des dreieinigen Gottes*

Jesus Christus ist kein „Prinzip" oder „Programm", sondern zunächst ein Mensch aus Fleisch und Blut, in Galiläa geboren, am Kreuz von einer römischen Lanze durchbohrt und als Auferstandener mit seinen Wundmalen von seinen Jüngern erschaut. Dennoch gibt es kein Dokument des Neuen Testaments – weder die Briefe Pauli noch die synoptischen Evangelien noch erst recht die johanneischen Schriften –, das die Existenz dieses Jesus von Nazareth auf andere Art als verständlich hinstellt denn durch die Erfüllung aller Verheißungen Gottes – den er als seinen Vater bezeichnet – und durch die Voraussetzung und den Anfang der Verleihung des göttlichen Geistes an die Glaubenden, die fortan das Gebot nicht mehr über sich, sondern im Herzen tragen, somit von Knechten zu Freien und Kindern geworden sind. Jesus verkündet nicht bloß eine wahre Lehre wie sonst ein Prophet oder Weisheitslehrer, er ist in seiner Existenz die von Gott her offenbarwerdende Wahrheit: schon seine Geburt ist Wahrheit: Gottes Wort wird „Fleisch", tritt auf die Seite der Menschen hinüber; noch mehr ist es sein Tod, seine Höllenfahrt und Auferstehung: diese sind nicht nur ein sinnlich sprechendes Symbol dafür, wie Gottes Gesinnung der Welt gegenüber beschaffen ist, sondern substantiell diese Gesinnung selbst, die ja kein bloßes Gefühl, sondern Tat, Handlung, Einsatz ist. Wenn nach katholischer Lehre die Sakramente „jene Gnade enthalten und mitteilen, die sie sinnenhaft bedeuten"[2], so ist Jesus Christus in seiner Menschwerdung, seinem verborgenen und öffentlichen Leben, seinem Kreuzestod und seiner Auferstehung das Ursakrament: dessen eigentlicher Spender ist Gott (der Vater), und die durch dieses Sakrament gespendete Heilsgnade ist Gottes Heiliger Geist.

Durch den konkreten Menschen Jesus von Nazareth wird Gott selbst für die Menschheit endgültig konkret: in der Einmaligkeit dieser Existenz und ihres in der Auferstehung transzendenten Schicksals wissen wir nicht nur, wer und wie Gott ist, sondern werden in unserer eigenen Existenz seiner teilhaftig: wir erhalten seinen Geist, der allein die Tiefen der Gottheit durchforscht; er spielt nicht nur vor uns das Schauspiel seiner ewigen Liebe, sondern macht uns zu dessen Mitspielern, da nach Paulus seine Liebe durch seinen Geist ausgegossen ist in unsere Herzen, und nach Johannes keiner behaupten kann, um Gott zu wissen, der dessen Liebe nicht in sich hat und lebt. In der Konkretheit Jesu geht die Konkretheit Gottes nicht nur so weit, daß wir den – trinitarischen – „Umriß" Gottes in seiner Unverwechselbarkeit feststellen können: „So also ist er, und er allein!", sondern daß wir davon je schon mitergriffen werden und den innern Gehalt dieser Gestalt Gottes im glaubenden Mitvollzug auch „erfahren" dürfen, nach Jesu Wort: „Wenn ihr in meinem Wort bleibt ... werdet ihr die Wahrheit erkennen, und die Wahrheit wird euch frei machen" (Joh 8,31 f).

Die Wahrheit über Jesus kann also, nach der Aussage Jesu selbst, gar nicht erkannt werden außer in jenem geheimnisvollen „Bleiben" im Wort, wobei das „Bleiben" zugleich empfangender Glaube und entscheidungsvolles Tun ist, und „Wort" zugleich die Selbstaussage

---

[2] DSch 1606.

Jesu und sein Gesagtwerden durch den Vater und Ausgelegtwerden durch den Geist. *Das* ist das objektive Faktum, das zugleich historisch und mehr-als-historisch ist und im Konkreten des Menschen Jesus geheimnisvoll die Konkretheit des wirklichen Gottes durchscheinen läßt. Der wirkliche Gott, der sich hier vergegenwärtigt, ist notwendig der Immer-Größere, Alles-Umfassende: der Vater, der das menschgewordene Wort spricht, ist der Schöpfer des Kosmos, der Quell alles Seins und Planer alles Heils (Eph 1,1–10); und der Geist, der dieses Sprechen des Vaters und Gesprochensein des Sohnes weltgeschichtlich auslegt, ist der Offenbarer der endzeitlichen Fülle, in die hinein alles Streben menschheitlichen Leistens integriert: in der konkreten Gestalt Jesu geschieht der größtmögliche Ausgriff zum Alpha und zum Omega: er reicht zu beidem hin, und da die Welt in ihm geschaffen und alles Gericht ihm übertragen ist, so *ist* er selbst beides[3]. Und innerhalb dieses letzten Ausgriffs und als seine innergeschichtliche Exemplifikation ist er auch die Konkretion dessen, was Gott in seiner Geschichte mit Israel (und darin verborgenerweise mit der Menschheit im ganzen) getan und gemeint hat. Nur auf dem Hintergrund dessen, was man von Jesus aus den „Alten Bund" zu nennen pflegt und was vielleicht besser „zeitlicher Bund" hieße – mit der innern Verheißung, daß er zum „ewigen" werden soll (Hebr 13,20: vgl. Is 55,3; 61,8; Jer 32,40; 50,5; Ez 16,30; 37,26) –, wird der Bund geschlossen, der das endgültige Heil durch das Gericht der Verwerfung, der Abwendung Gottes und des Verlassenseins von ihm hindurch schenkt. Alles das, bis in die äußersten Situationen Israels in den Klagcliedern, im Job und im Gottesknecht, wird in Jesus konkret: er *ist* nicht anders denn als Summe der Geschichte Gottes mit seiner Welt.

Daß in Jesus Christus der dreieinige Gott konkret wird, erklärt die beiden Seiten der Haltung Jesu: sein gleichzeitiges Vor- und Zurücktreten: er tritt vor mit der ganzen beglaubigten Autorität des dreieinigen Gottes, den er konkretisiert, er verweist nicht nur auf Gott (wie der Täufer auf Jesus verwies), er *ist* in „Vollmacht" (Joh 5,27; 10,18; 17,2) die verkörperte Souveränität dieses Gottes. Aber *im* Vortreten läßt er nicht sich, sondern den Vater erscheinen: „Was nennst du mich gut, einer allein ist gut" (Mt 19,17); „niemand ist gut außer Gott allein" (Lk 18,19); und gerade in diesem Über-sich-Verweisen auf den „größeren Vater" (Joh 14,28), diesem Raumgeben dem Vater erweist er sich nicht nur als menschlich demütig, son-

---

[3] Vgl. dazu: „Die drei Gestalten der Hoffnung", in: Die Wahrheit ist symphonisch (Johannesverlag Einsiedeln 1972) 147ff.

dern als göttlich wahr: als der „im Namen meines Vaters" Gekommene (Joh 5,43), der als der Sohn Gottes nicht seine Ehre und seinen Willen sucht, „sondern den Willen dessen, der mich gesandt hat" (Joh 6,39). Er ist nicht als Gott „euer Meister und Herr" und als Mensch derjenige, der sich zur Fußwaschung seiner Jünger erniedrigt (Joh 13,14), sondern er ist als Gott der sich erniedrigende Herr und als Mensch der in der Niedrigkeit und Schmach der Passion von der Hoheit Gottes Umwitterte. Alles Kirchliche wird – im Abstand zwischen dem einzigen Meister: „ihr alle aber seid Brüder" (Mt 23,8) – von diesem Mysterium her abkünftig und zu deuten sein.

## 2. *Die christologische Konstellation*

Jeder Mensch steht in einer mitmenschlichen Konstellation; ein einziger Mensch wäre ein innerer Widerspruch; nicht einmal abstrakt läßt er sich denken, weil Menschsein Mitsein bedeutet. Man darf beim Gottmenschen Jesus Christus keine Ausnahme machen; als Gott *wie als Mensch* ist er nur in seiner Beziehung zum Vater in der Einheit des heiligen göttlichen Geistes.

Eben deshalb läßt sich seine Mitmenschlichkeit nicht ausschließlich auf seine Menschennatur beschränken: als untrennbar Ganzer steht er in einer mitmenschlichen Konstellation; diese Konstellation bestimmt ihn innerlich, ist für seine Gottmenschlichkeit relevant, ist seinem Wesen und Werk gegenüber nicht sekundär, sondern ursprünglich; ihn aus dieser konstitutiven Menschengruppe herauszulösen ist unmöglich, wenn auch diese Feststellung in keiner Weise seine souveräne Stellung antastet. Wird er (und die Lehre von ihm, die Christologie) aus ihr abstrahiert, so wird seine Gestalt, auch wenn ihr trinitarischer Kontext gewahrt bleibt, hoffnungslos *abstrakt*, was nicht bloß deutlich für protestantische Christologie gilt, sondern verborgener auch für katholische, sofern die ihm wesenhaft zugehörigen Gestalten auf verschiedene theologische Traktate verteilt werden, wenn überhaupt innerhalb der Dogmatik für sie ein Platz gefunden wird.

Nennen wir vorweg die wichtigsten dieser Personen, die im neutestamentlichen Horizont zu dieser Konstellation gehören, wobei die Abgrenzung nicht leicht ist, denn über den Rand der hier aufgezählten hinaus wären andere mit signifikativen theologischen Stellungen und Aufträgen zu berücksichtigen, etwa der Nährvater Joseph, die Zeugin der Auferstehung Maria von Magdala, die

„Freundinnen" Jesu Martha und Maria von Bethanien, die zu ihm stehenden Juden Simeon, Nikodemus, Joseph von Arimathäa und vor allem Judas Ischkariot, den er im Wissen erwählt hat, daß er durch dessen Verrat seinen Weg vollenden würde. Und hinter dem Täufer tauchen bei der Verklärung Jesu leibhaft die Hauptrepräsentanten des ersten Bundes auf: Moses und Elias, die auch sonst in Jesu Auseinandersetzungen mit den Juden und gewiß im Verständnis seines eigenen Auftrags eine tragende Rolle spielen. Aber in einer theologisch signifikanteren Nähe stehen doch eindeutig diese:

*Der Täufer – die Mutter – die Zwölf*, mit darin einerseits *Petrus*, anderseits *Johannes* – schließlich die „Fehlgeburt" *Paulus*. (Jakobus, der Bruder des Herrn, wird später in anderem Zusammenhang zu nennen sein.) Diese Gestalten mindestens gehören zur Konstellation Jesu und sind somit integrierende Teile der Christologie. Deshalb ist es mißverständlich, wenn katholische Dogmatik kaum etwas über die theologische Stellung des Täufers, des Liebesjüngers und des „Apostels" katexochen zu sagen weiß, wenn sie aus der Mariologie einen eigenen isolierten Traktat macht und über die Zwölf mit Petrus an der Spitze (wobei früher fast ausschließlich von Petrus allein die Rede war) nur innerhalb der Kirchenlehre zu handeln weiß. Gewiß kann nicht von allen Gegenständen gleichzeitig geredet werden, die Verteilung in Traktate ist als Notbehelf unumgänglich. Aber diese Verteilung dürfte erst erfolgen, nachdem der primäre Zusammenhang aufgezeigt wurde, eben jene Konstellation, innerhalb welcher die genannten Hauptgestalten mit ihrem Stellenwert allererst ihre Verständlichkeit erhalten, was durchaus auch von Jesus selber gilt. Seine Beziehung zu jeder Gestalt ist im heilsgeschichtlichen Grundplan des Vaters fundiert, nicht nur als rein „objektive" (eine solche gibt es in diesem Gebiet nicht), sondern als personale, deren Intimität uns freilich rein menschlich nur andeutungsweise, aber tiefer in der Meditation der in der Schrift gegebenen Hinweise zugänglich ist. Es ist hier nicht der Ort, sie versuchsweise zu entfalten, da es uns thematisch nur um die Beziehung Jesu zu Petrus (natürlich im näheren Kontext der „Zwölf") geht. Aber von vornherein wird klar, daß dieses Verhältnis zwar ein bestimmtes und ausgezeichnetes, aber keineswegs exklusiv zu behandelndes ist.

Die chronologische Folge ist theologisch durchaus nicht belanglos. Am Ursprung, mitten im Ereignis der Menschwerdung, steht *Maria*, die vollkommene Magd, die es geschehen läßt, daß sie zur Person und damit auch zum ganzen Werk ihres Sohnes in ein physisch und geistig mütterliches Verhältnis tritt, das mit dem Reifen Jesu zur selbständig verfügenden Persönlichkeit höchstens alteriert, niemals ausgelöscht werden kann. Auch die Wahl der Zwölf mit Petrus an ihrer Spitze kann von diesem vorgängigen umgreifenden Verhältnis niemals unabhängig sein, sie hat darin ihre Ortung. Aber zwischen beide Ereignisse kommt noch das geheimnisvolle, menschlich kaum faßbare, theologisch jedoch tief bedeutsame Verhältnis zwischen dem *Täufer* und Jesus zu liegen. Die Evangelien und die Apostelgeschichte nähern sich ihm nur in fragmentarischen, schwer zur vollen Harmonie zu bringenden Berichten, stimmen aber darin überein, ihm für die geschichtliche Situierung der Sendung Jesu entscheidende Bedeutung zuzumessen. Ohne Zweifel geschichtlich ist die eschatologische Bußpredigt und Bußtaufe des Johannes und das Getauftwerden Jesu durch ihn. Deutlich ist der Hinweis des Täufers auf den kommenden Letzten, auch wenn er nicht vorausweiß und später nochmals unsicher darüber wird, ob Jesus dieser Kommende ist. Sicher ist die Ablösung der Sendungen, der Übertritt von Jüngern des Täufers zu Jesus, der Hinweis Jesu auf die außergewöhnliche Gestalt des Täufers und seine den „Alten Bund" abschließende Rolle. Wahrscheinlich ist, daß Jesus eine Zeitlang in einer Art Jüngerverhältnis zum Täufer gestanden hat und daß dabei seine eigene Sendung menschlich zu ihrer letzten Reife gelangt ist. Das innerste persönliche Verhältnis beider ist uns unzugänglich, wir sehen davon nur die Objektivität der Beziehung zwischen dem im Täufer personal zusammengefaßten und über sich hinausweisenden „Alten Bund" und dem mit Jesus nahegekommenen, anhebenden „Gottesreich". Aber in aller Objektivität sendungshafter Repräsentation bestehen zwischen den Sendungsträgern menschlich-subjektive Beziehungen. Diese sind hier – im objektiven, ehrfürchtigen Aufeinander-Verweisen – von einer unzugänglichen Zartheit. Sie sind die zwei entscheidenden Ringe, die, ineinandergeschmiedet, die Kette des geschichtlichen Heilsplans Gottes unzerreißbar machen. So wagt es der Jünger Johannes, der so gut wie sicher auf des Täufers Geheiß zu Jesus überging (Joh 1,35ff), diesem das spontane Wort vom „Freund des Bräutigams" (Joh 3,29) auf die Lippen zu legen, das keiner der Zwölf für sich hätte in Anspruch nehmen dürfen, da ihnen die Anrede „Freunde" erst in der eucharistischen Stunde aus dem Munde Jesu zuteil wird (Joh 15,14f). So ist es theologisch richtig, daß mittelalterliche Gerichtsbilder dem richtenden Herrn als die beiden großen fürsprechenden Mittler nicht etwa Maria und Petrus, sondern Maria und den Täufer zur Seite stellen, sofern dieser in seiner Person die Fülle des „Alten Bundes", der begonnenen Heilsveranstaltung des Vaters verkörpert, in der Verzahnung der Sendungen wie in der personalen

Intimität der Nächste nach der Mutter Maria. Und wie Maria, der Auftakt des Neuen Bundes, beim Verwandtenbesuch (Mk 3,31 ff) mit den „Brüdern“ zusammen in den verlassenen „Alten Bund“ zurückgestellt wird, den es jetzt zu überschreiten gilt, so wird Johannes, der an sich vor der Grenze des „Neuen Bundes“ stehenbleibt (Mt 11,11), über dessen Grenze ins Neue gehoben als der „Elias, der da kommen soll“, als „mehr als ein Prophet“, als der „Größte der vom Weibe Geborenen“ (Mt 11,15.9.11), der in seinem „Dahingegebensein“ (Mk 1,14) das Zeichen für den Aufbruch Jesu in seine eigene Dahingabe gibt. Ein solcher wird im Werk, das Jesus gründen wird, nicht zurückgelassen und vergessen, er geht als der irdische Auslöser der Sendung Jesu mit darin ein. Sein Fest, unlängst noch mit Vigil, wird kurz vor Peter und Paul begangen. In der Kirchentheologie aber ist er vergessen.

Erst jetzt erfolgt die Erwählung der Zwölf, nach Markus einer der ersten Akte im öffentlichen Leben Jesu, gewiß primär nach vorn gewandt: als symbolisch-feierliche Begründung des Neuen Israels, aber gleichzeitig doch ebensosehr zu dem vom Täufer Verkörperten rückgewandt. Das längst Zerbrochene, nur noch als Fiktion Existierende[4]: die Zwölf Stämme, erhalten neue konkrete Gegenwart. In der (vor-)lukanischen Fassung der Reichsverleihung – „so bestimme ich euch das Reich, wie es mir mein Vater bestimmt hat: ihr sollt essen und trinken an meinem Tische in meinem Reiche und auf Thronen sitzen, zu richten die zwölf Stämme Israels“ (Lk 22,28–30) – ist keine bloße für das Endgericht gemeinte Verheißung. „In Lk ist das Herrschen ein von Christus in einem einmaligen Akt schon in der Gegenwart verordnetes Rechtsfaktum“, wobei „nur von einer juridischen Übergabe die Rede sein (kann), wenn diese eine Realität bleiben soll“. Gemeint ist „eine reale zukünftige Herrschaftsausübung, die schon in der Gegenwart zugesprochen wird“; und der Hinweis Jesu auf seine eigene vom Vater erhaltene Vollmacht gibt „gleichzeitig den juridischen Ursprung der ausgeübten Delegationsvollmacht an“[5]. In der Komposition des Lukas verbindet sich diese präsentisch-futurische Übergabe der Reichsvollmacht mit den Themen des eucharistischen Mahls, des Verrates, des Dienstes als Rangkriterium, des besonderen Gebetes für Petrus: der Zusammenhang wurde deshalb richtig verstanden, wo in der Folge diese Rechtsfunktion als für die Zeit der Kirche gültig und die „Throne“

[4] So in den „Testamenten der zwölf Patriarchen“, einer vielgelesenen, christlich interpolierten spätjüdischen Schrift des 1. Jahrhunderts vor Christus.
[5] Heinz Schürmann, Jesu Abschiedsrede Lk 22,21–38, III. Teil, in: Ntl. Abhandlungen 20,5 (Aschendorff 1957) 41–43.

oder „Stühle“ als die von ihnen und ihren Nachfolgern besetzten Kathedren gedeutet wurden[6]. Das königliche Bewußtsein Jesu, das er auf Erden schon besaß[7], spricht sich in dieser „Vermachung“ des ihm selbst von Gott übertragenen Reiches aus, und was sich am Ende als eine Art „testamentarischer“ Akt zeigt, hat seinen Anfang in der souveränen Berufung derer, die „er wollte“ und die er „zu den Zwölfen machte“ (Mk 3,14.16), die er bei sich hat, erzieht, zur Verkündigung aussendet und „mit Vollmacht“ ausrüstet (ebd. V. 15). Es genügt ein Blick auf den Meister, um zu verstehen, daß für ihn „Vollmacht“ die Hoheit des Auftragsbewußtseins mit der Demut des „Dienstes“, ja der Hingabe des eigenen Lebens für die Bedienten problemlos und selbstverständlich verbindet (vgl. Mk 10,42–45; Lk 22,25–30; Joh 13,13–17). Seine Erziehung der Zwölf – als des Kerns der weiteren ihn umgebenden Jüngerschar – tendiert unermüdlich dahin, daß sie ihn in seinem *Wesen* begreifen – nicht nur in Lehren, die er von sich gibt, in Taten, die man nachahmen kann –, das besagt die erste Begründung der Berufung der Zwölf: „damit sie mit ihm zusammen seien“. Teilhaben an seiner Gesinnung, seinem Auftrag, seiner Vollmacht, seinem Eifer und seiner Hingabe, schließlich im Abendmahlssaal an seinem Fleisch und Blut und in den Abschiedsreden an seiner trinitarischen Liebe: all das ist eins. Deshalb sind die Sendung zum Sagen (Mk 3,14; 6,12) und die Vollmacht zum Tun (nämlich „Dämonen auszutreiben“ Mk 3,15; 6,7.12, und „Kranke zu heilen“ 6,13; vgl. Mt 10,1; Lk 9,1–2.6) schlechterdings eins; die Vollmacht kann sich ebensogut auf das Verkünden und die Sendung

---

[6] Bei Klemens von Rom geht es um „Einsetzung“ (der Nachfolger): 44,2–3. Tertullian (De praescriptione 36,1) präzisiert: „... halte eine Rundreise durch die apostolischen Kirchen, in welchen sogar noch die Stühle (cathedrae) der Apostel stehen (praesident), wo ihre authentischen Briefe gelesen werden, die uns ihre Stimme vernehmlich machen und das Antlitz eines jeden in unsere Gegenwart versetzen (repraesentantes).“ Im 4. Jahrhundert wird die Bezeichnung „Apostolischer Stuhl“ für die verschiedenen Kirchen, zumal für den römischen, gebräuchlich (Basilius an Ambrosius, Brief 97,1: „Der Herr selbst hat dich aus den irdischen Richtern herausgenommen, um dich auf den Sitz der Apostel zu setzen“). Pacianus von Barcelona sagt, die Bischöfe könnten als „Inhaber der apostolischen Sitze“ (PL 13, 1057BC) selber als Apostel bezeichnet werden. Rom ist für Hieronymus (Brief 15,1) „der Sitz (cathedra) des Apostels Petrus“. Sogar die in der Apokalypse (20,4) zum Gericht aufgeschlagenen Thronsitze werden seit Augustinus auf die in der Kirchenzeit ihr Richteramt ausübenden Nachfolger der Apostel ausgelegt: „‚Und ich sah Sitze und darauf Sitzende und das Gericht wurde ihnen übertragen.‘ Man soll nicht meinen, es handle sich hier um das Jüngste Gericht, es sind vielmehr die Sitze der Vorsteher und die Vorsteher selbst, durch die die Kirche jetzt geleitet wird“ (De Civ. Dei 20,9). Zahlreiche Texte, die diese Ansicht wiederholen, in einer unveröffentlichten Studie von J.-M. Garrigues und M.-J. Guillou, Le statut eschatologique et le caractère ontologique de la succession apostolique.

[7] H. Schürmann, a.a.O. 44, Anm. 159.

auf das Tun beziehen, denn in Jesus, dem menschgewordenen tätigen Wort, ist beides dasselbe, er schildert seinen Auftrag nach den prophetischen Worten Is 61,1–2; 58,6 (= Lk 4,18ff) als eine Verkündigung an die Armen, Gefangenen, Blinden, Bedrückten und als deren aktive Befreiung: beides ineins ist das „evangelisasthai“, die Ankündigung der „Frohbotschaft“ und des „Gnadenjahres des Herrn“. Und wenn zu Beginn bei Markus (1,1.14), bei Paulus und in der Apostelgeschichte vom „Evangelium“ und vom Dienst an ihm (Röm 1,9) die Rede ist, so ist immer dies Ganze und Unteilbare gemeint.

Innerhalb dieser Lebens-, Sendungs- und Vollmachtsgemeinschaft der Zwölf mit Jesus heben sich *Petrus* und *Johannes* heraus. Petrus mit so unüberhörbaren Texten in allen vier Evangelien, daß jeder, der sich auf das „reine Evangelium“ beruft, den Angelhaken dieser Texte, ob er mag oder nicht, mitschlucken muß. Wir kommen auf diese zurück. Einstweilen nur zwei Hinweise: der erste, daß Petri besondere Teilnahme an der Vollmacht und Verantwortung Jesu ihm auch eine besondere Teilnahme an dessen Dienstgesinnung und Leidensbereitschaft auferlegt: Mt 16,23–25; Joh 13,6ff; 13,36; 21,18f); der zweite, daß das Evangelium des Liebesjüngers, in dem dessen besondere Sendung, die Liebe des Herrn und zum Herrn zu schildern, durchgeführt wird, den Petrusprimat an den Anfang stellt (Joh 1,42; vgl. Mk 3,16) und das Ganze in einer subtil komponierten symbolischen Kirchenlehre gipfeln läßt (20,1–10; 21,1–25), in der der Auftrag zum „Amt“ (Petrus) und der Auftrag zur „Liebe“ (Johannes) sich so ineinander verschlingen, daß dic „größere Liebe“, die Petrus abverlangt wird (21,15), von Johannes an ihn übergeht, Johannes aber trotzdem als „Rest, der nicht aufgeht“, neben dem (Amt und Liebe in sich vereinigenden) Petrus gemäß dem souveränen Willen des Herrn der Kirche stehenbleibt. Die perplexe Frage des Petrus, wie diese Rechnung zu lösen sei, wird abgewiesen mit dem wiederholten Befehl zur Nachfolge: „Wenn ich will... was geht dich das an? Du folge mir“ (21, 22). Mehr als je wird hier sichtbar, daß im Mysterium Kirche die Artikulationen deutlich gegliedert und doch voneinander untrennbar sind. Petrus braucht die johanneische Liebe, um dem Herrn die geforderte amtsgemäße Antwort zu geben, und er erhält diese Liebe auch; somit hat die johanneische Liebe fürderhin ihren Ort in Petrus; aber Sendungen Jesu gehen nicht unter, Johannes behält – im tieferen Mysterium des Wohlgefallens Jesu – die seine, abgehoben von der des Petrus: weder läßt sich sagen, daß die Liebe im Amt aufgeht (bzw. daß das Amt die Liebe für sich gepachtet hat), noch läßt sich sagen, daß sich Amt und Liebe wie zwei adäquat trennbare Strukturelemente gegenüberstehen, obschon wir mit dieser Aussage keinesfalls der donatistischen Irrlehre beipflichten wollen, eine außerhalb der Liebe (im Stand der schweren Sünde) vollzogene Amtshandlung sei ungültig. Wir werden vielmehr bloß deutlich darauf aufmerksam gemacht, daß die in der Konstellation um Jesus hervortretende Struktur sich in keiner Weise nach „strukturalistischem" Muster behandeln und aufrechnen läßt: deshalb, weil diese Konstellation nicht nur immer eine personale Seite hat[8], sondern weil die Person, um die herum diese Beziehungen kristallisieren, einmalig (da göttlich) ist, somit in kein allgemeines Gesetz eingeht. Was johanneische Liebe ist, ist rein anthropologisch nicht anzunähern, sie ist die einmalige gottmenschliche Liebe Jesu innerhalb der Kirche. Und somit: was petrinisches Amt ist, ist rein soziologisch ebensowenig zu errechnen: es ist Teilnahme an der einmaligen gottmenschlichen Befugnis Christi in der Kirche.

Die Sprengung aller übersehbaren Strukturen in der Konstellation mit Jesus wird bis zur vollkommenen Perplexität für die menschliche Vernunft, bis zum scheinbaren Widerspruch evident in der Berufung *Pauli* zu einem Apostolat, das dem der Zwölf gleichrangig ist. Er muß darum kämpfen, um so mehr, als die Schau des Auferstandenen, die ihn, einschließlich seines Auftrags, den ersten Zeugen gleichstellt, eine völlig andersgeartete ist[9]. Er bleibt überzählig, weil sein Platz durch die Wahl das Matthias schon besetzt ist. Und doch ist er legitim, auch neben den „Überaposteln", „auch wenn ich nichts bin" (2 Kor 12,11). So sehr „nichts", daß das himmlische Jerusalem auf den zwölf Grundsteinen aufgebaut bleibt und kein dreizehntes Tor vorgesehen ist (Apk 21,14). Und doch fällt seinem Apostolat und seinem theologischen Verständnis des Christusmysteriums der Löwenanteil zu, in seiner Gemeinschaft sind Lukas und Markus, seine Taten füllen den größten Teil der Apostelgeschichte. Er repräsentiert die „Christusleiden" vor den Gemeinden und für sie, so daß man auf ihn als „Typus" zu blicken hat, wie er sich selbst nach dem „Typus" Christus ausrichtet. Nicht nur eine unerhörte existentielle Vermittlung wird damit eingeführt – Auftakt der großen Heiligen-Sendungen in der Kirchengeschichte –, sondern auch eine unerhörte Verdeutlichung dessen, was in der Kirche Amt und Autorität heißen wird: wieder sind beide Seiten voneinander untrennbar. Paulinismus ist nicht nur jener Teil, den Luther sich als „Lehre" mit Römer- und Galaterbrief daraus ausgesondert hat, sondern ebensosehr jener

[8] Das hat ja das strukturalistische Geflecht in der „Pensée sauvage" von Claude Lévi-Strauss auch.

[9] E. Käsemann, Die Legitimität des Apostels, in: ZNW 41, 1942.

andere Teil, das Kirchenregiment der Korintherbriefe, das wohl autoritärer verfährt, als je ein Petrusnachfolger es zu sein gewagt hätte (wie mild klingt der Klemensbrief dagegen!) und das selbstverständlich für die spätere Kirche mehr als nur antiquarisches Interesse besitzt. *So* wird korinthisch-charismatische Kirche in Wirklichkeit und unter Assistenz des Geistes faktisch regiert! Aber die Autorität in der Kirche, deren genaueste Anatomie uns Paulus hier theologisch wie pastoral an sich selbst – für alle Kirchenzeiten – ausseziert hat, ist ebenso einmalig vom einmaligen Christusereignis geprägt wie vorher die „Struktur" Petrus – Johannes: Es ist Autorität, die im Einklang mit der Gemeinde vorgehen will, mit allen Mitteln der Liebe, einer herzlichen, aber auch amtlichen Liebe, mit Verweis auf die Immanenz des Geistes Christi in den Glaubenden (2 Kor 13,5) die Communio herzustellen trachtet und mit der „nackten" Autorität gleichsam nur wie mit einem – legitimen, aber bedauerlichen – Grenzfall droht, für den Fall, daß der Apostel in der Gemeinde nicht den geziemenden liebenden Glaubensgehorsam fände (2 Kor 12,20f).

So wie Petrus auf Johannes aufruht und Johannes in Petrus (und neben ihm) ist, so erscheint das Petrinische vielleicht nirgends reiner als in Paulus, wie auch anderseits das Paulinische in den Petrusbriefen[10] unverkennbar ist, die doch anderseits durchaus petrinische Überlieferung darbieten wollen. Wieder stehen zwei markante, durchaus nicht ineinander verschwimmende Gestalten mit bestimmter theologischer und ekklesiologischer Valenz in Perichorese – wie es im lebendigen „Leib Christi" zwischen dessen Gliedern nicht anders möglich ist.

Aber nicht jedes Glied kommuniziert in gleicher Weise mit dem andern. Innerhalb des aufgewiesenen Gefüges (das wir ausdrücklich als nicht klar abgrenzbar bezeichneten) gibt es zarte Verbindungslinien, die am klarsten von Lukas und von Johannes gezogen und auch dargestellt werden. Lukas stellt eine Familienverwandtschaft zwischen Maria und dem Täufer her, und er schlägt, als Begleiter Pauli, zwischen diesem und der Evangelientradition eine diskrete Brücke. Johannes ist mit ihm zusammen der Enthüller der verborgenen mariologischen Tiefendimension; in der nur von ihm erzählten Episode unter dem Kreuz wird er, den der Beginn der Apostelgeschichte immerfort mit Petrus zusammen nennt, zum „Sohn" und Wahrer der Mutter: er rückt damit in eine unbetonte, aber völlig

---

[10] K. H. Schelkle, Die Petrusbriefe, der Judasbrief (Herder 1961) 5ff; vgl. Stichwort „Paulusbriefe" im Register.

unentbehrliche vermittelnde Mitte (zwischen Petrus und Maria, Kirche des Amtes und der Männer und Kirche der Fraulichkeit), die beiden Dimensionen des Kirchenmysteriums erst ihren Platz und ihre Proportion zuweist. Erst wo diese Proportionen im Licht des Glaubens, in der Meditation der konkreten Offenbarung gesehen und anerkannt werden, kann ersprießlich vom Petrusamt in der Kirche geredet werden, das zudem nie aus seinem engsten Zusammenhang innerhalb des Kollegiums der Zwölf, deren jeder ausdrücklich bei seinem Namen gerufen worden ist, herausgelöst werden kann.

## 3. *Petrus im Gefüge*

### a) Nichtisolierbarkeit

Von vornherein wird von hier aus deutlich, daß die Kommunion der Catholica nicht einseitig vom Petrinischen her gekennzeichnet und so nicht gegen andere christliche Kommunionen oder Kommunitäten ausgespielt werden kann. Wir untersuchen hier nicht, inwieweit im Lauf der Kirchengeschichte das Selbstverständnis des Papsttums eine solche einseitige Kennzeichnung verursacht hat; genug, daß sie zurückgewiesen werden muß. Petrus ist ein – freilich wesentliches – Element in dem eben beschriebenen Gefüge, keineswegs konturlos, aber in seiner Gestalt nur innerhalb des Gefüges möglich und berechtigt. Erkennt man dies, so wird die Entgegensetzung einer „petrinischen“ (katholischen), „paulinischen“ (protestantischen) und „johanneischen“ Kirche (letztere entweder für die Ostkirche oder für die synthetische Kirche der Zukunft stehend) hinfällig.

Nach einer langen Vorgeschichte[11] ist es vor allem *Schelling*, der in den zwei letzten seiner Vorlesungen über die Philosophie der Offenbarung dieses Schema durchgeführt hat, mit einer unüberhörbaren antikatholischen Spitze, da er sich des Verdachtes des Katholisierens zu erwehren hatte[12]. Typisch für dieses Schema ist, daß die

---

[11] Die Geschichte dieser Idee müßte bis auf Joachim von Fiore (auf den Schelling selbst verweist, und dessen Nachfolge: Schwenckfeld, Sebastian Franck, Lessing, Herder, Quinet), ja bis zu Tertullian zurückgeführt werden; aber sie nährt sich auch von der aus keiner gleichgewichtigen Ekklesiologie ausrottbaren Spannung zwischen Primat und Kollegialität, Gehorsam und Freiheit, Sichtbarkeit und Unsichtbarkeit der Kirche usf. Von Schelling sind Schleiermacher, Marheineke, Drey und die russischen Religionsphilosophen und Theosophen beeinflußt. Zum Thema: J. R. Geiselmann, Einführung in Möhlers Symbolik (Darmstadt 1958); ders., Johann Adam Möhler. Die Einheit in der Kirche und die Wiedervereinigung der Konfessionen (Wien 1940).

[12] Sämmtliche Werke, 2. Abt. 4. Bd. (1858) 324 Anm.

von Petrus, Paulus und Johannes symbolisierten Prinzipien nicht konkret an deren (realsymbolischer) Gestalt abgelesen, sondern entsprechend ihren angeblich entgegengesetzten Momenten als Abstraktionen genommen werden. Man höre die Grundlegung: „Die offenbare Absicht Christi war, daß alle (!) Auktorität bei Petro *seyn* und von *ihm* sich herleiten sollte. Damit steht aber die außerordentliche Berufung Pauli, der sein Apostelamt unmittelbar von dem Herrn empfängt und damit als unabhängig von Petrus erklärt ist (!), im Widerspruch. Die offenbare Absichtlichkeit, mit der Paulus sich gegen jede Abhängigkeit von Petrus verwahrt, zeigt deutlich: er war sich bewußt, daß er ein von Petro freies Prinzip, eine von ihm unabhängige Auktorität (!) seyn sollte."[13] Hier wird ein völlig unhistorischer „Widerspruch" statuiert, der geflissentlich den Jerusalemer „Handschlag" (Gal 2,9) bagatellisiert, zwei „Autoritäten" gegeneinander ausspielt und Pauli reale Autorität in den Gemeinden übergeht, um ihn zu einem abstrakten Prinzip der (reformierten) „Freiheit von..." der „strengen Gesetzlichkeit", die Petrus verkörpert, zu machen, mit der „alles anfangen" mußte – was insofern nochmals unhistorisch ist, als das petrinische Prinzip *als* „strenge Gesetzlichkeit" gefaßt, sicherlich nicht den Anfang der Kirchengeschichte markiert. Aber Schelling will ja etwas anderes: gegen eine sichtbare, mit einem Amt ausgestattete Kirche erstrebt er „jene erst wahrhaft *allgemeine* Kirche (wenn Kirche hier noch das rechte Wort ist), die im Geist zu erbauen ist, und nur im vollkommenen Verständnis des Christentums, seiner wirklichen Verschmelzung mit der allgemeinen Wissenschaft und Erkenntnis bestehen kann"[14], eine Menschheitskirche also, in der Glaube in Wissen aufgeht und zu der hin „der Protestantismus ... *bloß* Übergang, Vermittlung", Antithesis sein kann. „Diese Kirche ist aber eigentlich immer noch künftig": die johanneische, die „erst wahrhaft allgemeine Kirche" sein wird[15]. Sie ist zudem utopisch: als Kirche „jenes zweiten, neuen Jerusalems", die Johannes vom Himmel herabsteigen sah, „in der Heidentum und Judentum gleich begriffen sind, die ohne einschränkenden Zwang, ohne äußere Autorität, welcher Art sie sey, durch sich selbst besteht, weil jeder freiwillig herbeikommt": die „erst wahrhaft *öffentliche* Religion ... als Religion des Menschengeschlechts, das in (ihr) zugleich die höchste Wissenschaft besitzt". Und Schelling, der von der Unumkehrbarkeit der geschehenen Reformation tief überzeugt ist, fügt bei: „Anders als so kann Christentum nicht mehr des Deutschen seyn. Nach der

[13] Ebd. 314. [14] Ebd. 321. [15] Ebd. 327.

Reformation können wir es nur so oder gar nicht mehr als unser achten." [16] Wie das petrinische Prinzip hier anders als eine *überwundene* Vergangenheit in der Synthese leben kann – Petrus wird ohnedies als der Grundleger wie Moses der Vergangenheit zugeordnet, Paulus wie Elias der Gestaltung der Gegenwart, Johannes wie der Täufer dem Vordeuten auf die Zukunft [17] –, ist nicht ersichtlich, obschon dann doch wieder gesagt wird: „auch Paulus wäre nichts ohne Petrus" [18].

Die kirchengeschichtliche Übersicht, die Schelling vermittelt, bleibt im tiefsten eine ästhetische Schau, die gerade bezüglich des von Petrus verkörperten Autoritätsprinzips zu nichts verpflichtet. Überhaupt nicht gesehen wird die im Johannesschluß aufgezeigte unlösliche Beziehung zwischen Petrus und Johannes. Auch Joachim von Fiore hatte sie völlig übersehen.

### b) Realsymbolik

Die im Neuen Testament erzählte Geschichte ist als solche spirituell und theologisch: das heißt viel mehr als moralisch-erbaulich. In konkret-inkarnierten Episoden wird die wesentliche Theologie des Verhältnisses zwischen Gott und Welt – nunmehr konkretisiert als Verhältnis Christus und Kirche – anschaulich der Glaubensbetrachtung vorgestellt; die spätere Theologie mag daraus geltende Sätze ableiten, die sich aber nie weit vom konkreten evangelischen Ursprung entfernen dürfen, falls sie nicht abstrakt und damit untheologisch werden wollen. Wie Christus selbst, sind auch Maria, Petrus, Paulus, Johannes nicht so sehr sittliche „Vorbilder" (wie könnte die Verleugnung des Petrus ein solches sein!), als Prägestempel („typos" Phil 3,17; erst von daher „synmimētai", Mitnachahmer; vgl. 1 Kor 11,1) für die Gestalt der Kirche durch die Geschichte hindurch. Und dies gilt evidentermaßen auch über den Abstand zwischen dem vorösterlichen unvollkommenen Benehmen der Jünger, die den Heiligen Geist noch nicht empfangen haben, und dem nachösterlichen der vom Geist des auferstandenen Herrn erfüllten Christen. Die Fehler, die Petrus vor Ostern begeht, und die Warnungen und Zurechtweisungen, die sie ihm eintragen, werden für die Geschichte des kirchlichen Amtes in ihrer konkreten Besonderheit immer wegweisend bleiben. „Alles", sagt Schelling mit Recht,

---

[16] Ebd. 328. [17] Ebd. 302–305.

[18] Ebd. 305. Solowjew wird das Bild von der Basis wiederaufgreifen, ihm aber einen anderen Sinn, den des sich immer Durchhaltenden, geben.

„was man der römischen Kirche vorgeworfen, ist in den Fehlern Petri vorgebildet, die die evangelische Geschichte, namentlich das Evangelium Marci, nicht verschweigt.“[19] Die Episoden, die ja gerade im Falle Petri ein amtskritisches Einhaken nahelegen, sind zu bekannt, als daß sie hier im einzelnen behandelt zu werden bräuchten; doch muß man mit Bedauern feststellen, daß die Dogmatik als „Wissenschaft“ sie zu integrieren noch immer nicht bereit ist, ihre Betrachtung vielmehr der Predigt und Betrachtung überläßt. Ihre rechte Einstufung aber bedarf eines katholischen Taktes, der das schwierige Gleichgewicht zu halten versteht zwischen dem, was aufgrund der Verheißung und Zusage Jesu dem petrinischen Amt (im Rahmen des Zwölferamtes) „unüberwindbar“ (Mt 16,18) zusteht, und dem, was den Nachfolgern Petri als sehr reale, typisch petrinische Versuchlichkeit anhängt. Es ist das nie endgültig zu bereinigende Problem, wo der Christ und die Kirche ihren Standort haben: vor oder nach dem Kreuz; auf das Kreuz zugehend (Joh 21,18f) oder von ihm herkommend (Apg 1,3 usf.); pilgernd im alten Äon und doch vorweg vom neuen umfangen?

Simon Petrus ist mit seinem Doppelnamen („Du *bist* Simon, der Sohn des Johannes; du *sollst* Kephas, das heißt der Fels, genannt werden“, Joh 1,42) von vornherein ein Doppelter, im Übergang Lebender. Das Kephas-Sein erreicht er erst nach der Auferstehung, aber auch dann kann er noch Fehler begehen, die Paulus berechtigen, ihm „ins Angesicht zu widerstehen“ (Gal 2,11–14). Das Bewußtsein des ihm übertragenen Amtes lebt jedoch schon vorher in ihm: etwa wenn er in lebendigem, aber nicht ausreichendem Glauben aus dem Schiff steigt, um bei Jesus zu sein, oder wenn er sich auszeichnen will als der, der den Meister nicht verraten wird, oder wenn er beim Abendmahl meint wissen zu müssen, wer der Verräter ist, oder wenn er den Mut hat, einer bewaffneten Rotte gegenüber das Schwert zu ziehen, um den Meister zu verteidigen, oder wenn er schließlich aus Verantwortungsgefühl in den Hof des Prätoriums eindringt, um über das Schicksal seines Herrn auf dem laufenden zu sein. Alle diese Gebärden, deren Ausgang negativ ist, gehen ohne Zweifel von seiner Prärogative aus, wann und in welcher Form auch immer sie ihm vom vorösterlichen Herrn zugesprochen worden sein mag. Sogar das Wort, mit dem er den Herrn vor der Passion warnt oder ihn vor dieser bewahren möchte, und das ihm den schärfsten Tadel eines

[19] Schelling, a.a.O. 311. Er führt als Beispiele aber nur das Wort vom „Satan“, die Steigerung der drei Verleugnungen und das Sichumwenden des Herrn an, der Petrus anblickt.

Versuchers und Widersachers einbringt, kann von seinem noch unverstandenen Verantwortungsbewußtsein diktiert sein. Sonst sind die Tadelsworte des Herrn mild und geduldig: er sieht und übersieht zugleich in Petrus die jetzt noch unvermeidliche Diskrepanz zwischen Wollen und Können; der Verrat wird miteingerechnet, er ist unvermeidlich, aber der Blick zielt weiter: „‚Simon, Simon, sieh, Satan hat verlangt, euch wie Weizen zu sieben. Ich aber habe gebetet für *dich*, damit dein Glaube nicht wanke. Du aber, stärke dereinst nach deiner Umkehr deine Brüder.' Er aber sagte zu ihm: ‚Herr, ich bin bereit, mit dir in Kerker und Tod zu gehen!' Er aber sprach: ‚Ich sage dir, Petrus: der Hahn wird heute nicht krähen, bis du dreimal geleugnet hast, mich zu kennen.'" (Lk 22,31–34.) Seltsam, wie der Herr für „Simon" betet, für ihn als bedrohte Person, wie er aber bei der Ansage der Verleugnung zu ihm „Petrus" sagt: der im Amt Versagende. Dasselbe Sehen und Darüber-Hinwegsehen in Joh 13,36: „Da fragte ihn Simon Petrus: ‚Herr, wohin gehst du?' Jesus antwortet: ‚Wohin ich gehe, dahin *kannst* du mir jetzt nicht folgen, du *wirst* mir aber später folgen.'" In der johanneischen Parallele zum Messiasbekenntnis Petri ist es das gleiche Zwielicht, bloß daß Petrus nicht nur als der persönliche Bekenner auftritt, sondern tiefer eingebunden in das Kollegium der Zwölf: „Wollt auch *ihr* weggehen?" fragt Jesus die Zwölf, so wie er bei Mk 8,27 (par) die „Jünger" fragt: „Für wen haltet *ihr* mich?" Petrus (bei Johannes schon von nachösterlichem Licht verklärt) antwortet für alle: „Herr, zu wem sollen *wir* gehen? Du hast Worte ewigen Lebens. Und *wir* haben geglaubt und erkannt, daß du der Heilige Gottes bist." Aber nun folgt nicht, wie bei den Synoptikern, der Tadel an Petrus, der das Leiden verhindern möchte, sondern der Hinweis auf Judas, die noch tiefere Schande der Kirche: „Habe ich nicht euch, die Zwölf, auserwählt? Und von euch ist einer ein Teufel" (Joh 6,67–69). Im „Wir" des Petrus, der in seiner Antwort kollegial-verantwortlich redet, liegt der Anknüpfungspunkt für den Verweis auf den, der aus dem Kollegium ausbricht und von Petri Wort nicht gedeckt werden kann. Auch das Gespräch zwischen Jesus und Petrus bei der Fußwaschung wird mit dem Hinweis auf Judas eingeleitet (Joh 13,2) und abgeschlossen (13,11). Die erschrockene Frage Petri: „Herr, du willst mir die Füße waschen?", die Jesus mit dem jetzigen Nicht-verstehen-Können, aber späteren Verstehen beantwortet und die in den Ausruf übergeht: „In Ewigkeit sollst du mir die Füße nicht waschen!", ergeht weniger aus dem Amtsbewußtsein des Jüngers als vielmehr (wie Lk 5,8: „Herr, gehe weg von mir, ich bin ein sündiger Mensch") aus der entsetzten Bestürzung, in etwas Übergroßes, ja alle Ordnung Umkehrendes einbezogen worden zu sein. (Etwas Ähnliches gilt vom Ausspruch Petri über die drei Hütten bei der Verklärung Mk 9,5 par.) Der Herr übergeht dieses Zurückweichen in der Ruhe dessen, der schon gewählt hat, um den Jünger in sein eigenes Amt („von nun an wirst du Menschen fangen" Lk 5,10) und damit in sein eigenes Wesen einzubeziehen („wenn ich dich nicht wasche, hast du keinen Teil an mir", Joh 13,8).

Drei Dinge müssen in Petrus gleichzeitig gesehen werden: zuerst ein Erwähltsein ins Amt, noch ehe ihm die Befähigung zu dessen selbständiger Führung, der Heilige Geist, verliehen ist. Aber mit diesem Erwähltsein fällt doch schon der grundsätzliche Entscheid des Jüngers: „Sie zogen die Boote ans Land, verließen alles und folgten ihm" (Lk 5,11); „da nahm Petrus das Wort und sprach zu ihm: ‚Siehe, wir haben alles verlassen und sind dir gefolgt'" (Mt 19,27)[20], und von diesem Entscheid her erklärt sich die (relative) Offenheit der Jünger für das wachsende Verstehen dessen, was Jesus in Wahrheit ist. Denn „Christus trat nicht in Judäa auf mit dem Ruf: ich bin der Sohn des lebendigen Gottes, welcher Ruf auch wohl nicht das mindeste gewirkt haben würde. Er wartete, bis durch das Leben mit ihm und die Aufnahme seines Lebens in das seiner Jünger höhere Anschauungen in diesen lebendig geworden wären, deren natürlicher Ausdruck dann bei der ersten Veranlassung von selbst war: ‚Du bist der Sohn des lebendigen Gottes.'"[21] Was so in ihnen wächst, ist nicht nur menschlich guter Wille (der ja bei Petrus meist danebengreift), ist „nicht Fleisch und Blut", die ihnen die Wahrheit offenbaren, „sondern mein Vater, der im Himmel ist" (Mt 16,17). Und selbst wenn man die nachfolgende große Zusage des Herrn an Petrus als den Fels der Kirche in die Zeit nach Ostern verlegen wollte: das Messiasbekenntnis selbst (Mk 8,29; Lk 9,20) ist zweifellos vorösterlich und trifft etwas zentral Richtiges, auch wenn es sogleich von Jesus in Richtung auf den leidenden Gottesknecht hin korrigiert und ergänzt werden muß. Petri Entscheid kennt kein Zurück („wohin sollten wir gehen?"), darin gibt er, soweit das vor der Geistführung möglich ist, inchoativ richtige Antwort. Es ist unbiblisch, zu sagen: Petrus der Sünder, der rein natürliche Mensch („Fleisch und Blut") habe alles verkehrt gemacht, nur die Amtsgnade befähige ihn zu richtigen Handlungen. Man kann auch dem vorösterlichen Petrus keine Regung der Überheblichkeit aufgrund seines Vorrangs nach-

[20] Es spielt hier keine Rolle, daß dieser Vers dem Redaktor zugeschrieben wird; er ist zweifellos Echo eines wahren Sachverhalts.

[21] J. A. Möhler, Die Einheit in der Kirche § 68 (Krit. Ausgabe J. R. Geiselmann 1957) 231–232.

weisen – zur Rechten des Menschensohnes zu sitzen begehrt nicht er, sondern das Brüderpaar der Donnersöhne (Mk 10,36) –, dagegen sichere Anzeichen einer echten Demut. Er muß sich vom Herrn vieles Harte sagen lassen und tut dies auch. Von hier bis zur Einreihung des ersten Papstes in die Gemeinschaft seiner „Mitpresbyter" (1 Petr 5,1) ist der Weg nicht weit.

Das Zweite, was aus den Situationen im Neuen Testament hervorgeht, ist die vollkommene Überforderung des Menschen Petrus durch das ihm zugemutete Amt. Wie soll ein „sündiger Mensch" die „Schlüssel des Himmelreiches" handhaben, so, daß sein irdisches Öffnen und Schließen ewige Folgen hat, wie soll er die „Schafe und Lämmer" Jesu, des einzigen Guten Hirten (der hierin Gott selbst vertritt: Ez 34, 11–16), „weiden" können, zumal ihm bei der Übergabe der Hirtengewalt seine dreifache Verleugnung in Erinnerung gerufen wird; wie müßte er, über solche Wellen hinschreitend, nicht sinken? Wie sollte er, in der Panik jener „Stunde der Finsternis", nicht zur erstbesten Waffe greifen, die zuhanden ist, die ihm als Menschen und als Kenner des Alten Testaments vertraut ist, die vielleicht Jesus selber mitzunehmen befohlen hat (Lk 22,36.38)? Wie dürfte er in der gleichen Stunde, da sein Meister nach Gottes verborgenstem Ratschluß aller Macht entblößt und bis zur Gottverlassenheit geführt wird, als der Repräsentant sowohl einer Menschheit, für deren Schuld jetzt gelitten wird, wie einer Kirche, die die Erniedrigung ihres Herrn einmal mitvollziehen sollte, als der großartige, unangefochtene Bekenner bestehen können? In dieser Stunde der unerbittlichen Wahrheit muß in reiner Objektivität ans Licht treten, was eine Kirche wäre, ja ist, wenn man von der Frucht der Leiden ihres Hauptes absieht. Die theologische Präzision der Passionsszenen, in denen die Christen – Verräter, Verleugner, Fliehende – schmachvoller dastehen als Juden und Heiden, ist so schlagend, daß im Anblick des unter Flüchen leugnenden, dann bitter weinenden Petrus jeder Christ in diesem Primas nur sein eigenes Bild erkennen kann. Und gerade in diese bittere Schmach hinein fällt das unbegreiflich heilende und tröstende Wort der Verheißung des Martyriums für den, der als Hirte die Herde des unvergleichlichen Hirten weiden soll: „... Bist du aber alt geworden, so wirst du deine Hände ausbreiten, und ein anderer wird dich gürten und dich führen, wohin du nicht willst. Mit diesen Worten deutete er an, durch welche Todesart er Gott verherrlichen sollte. Dann sagte er zu ihm: ‚Folge mir'" (Joh 21,18–19). Die Kluft der Überforderung, die zwischen dem Menschen und seinem Auftrag, zwischen dem Sünder und Verleugner und seiner Sendung, die Herde *richtig*, im Sinn des

Guten Hirten, zu weiden, aufklafft, wird durch die Gnade des Herrn überbrückt: was unmöglich schien: eine Nachfolge des Einzigen, der Priester und Opfer zugleich sein kann, wird gewährt; nach der Tradition wird Petrus mit den Füßen nach oben gekreuzigt, im Abstand, in der Umkehrung dennoch gleichgestaltet. Man muß aber auch auf dieses „wohin du nicht willst" achten: die Gleichgestaltung ist so sehr reine Gnade, daß sie innerhalb einer Abwehrbewegung erfolgt. Nur wird diese Abwehr in der Weltgeschichte nie stark genug sein, die Gnade der Gleichgestaltung zu lähmen. Jesu Gebet hat den „Wunsch des Satans" überwunden (Lk 22,31); „die Pforten der Hölle werden" das auf Petrus Gegründete „nicht überwältigen" (Mt 16,18).

Das Dritte, das aus der Apostelgeschichte noch sichtbar wird, ist die Selbstverständlichkeit, mit der Petrus zu Beginn seine Vorrangstellung wahrnimmt, bis die Einkerkerung durch Herodes ihn zwingt, sich „an einen andern Ort" (Apg 12,17) zu begeben und die Leitung der Jerusalemer Gemeinde Jakobus, dem Bruder des Herrn, zu überlassen. Sein in dem Gesicht zu Joppe ausführlich begründeter und am „Apostelkonzil" (Apg 15,7–11) offen bekundeter Sinn für katholischen Universalismus stellte ihn geistig in die Nähe der Sicht Pauli; es ist deshalb innerlich folgerichtig, daß er wie dieser das Schwergewicht von der Leitung einer Einzelgemeinde auf die Mission verlegte, obschon ihn dies – er stand als einer der Zwölf Jerusalem viel näher als Paulus – in noch härtere innere Konflikte als diesen bringen mußte bezüglich der delikaten und im Augenblick praktisch nicht sauber lösbaren Fragen zwischen Juden- und Heidenchristen. Wie nach dem Zeugnis der Apostelgeschichte Paulus seine Gefangennahme im Tempel durch die Juden und seine Auslieferung an die Heiden der Initiative des Führers der Judenchristen, Jakobus, verdankte, so bezeugt uns der Klemensbrief mit ziemlicher Deutlichkeit, daß Petrus seinen Martertod aufgrund innerer Streitigkeiten der Christen, wohl vor allem der Judenchristen, erlitt: „Petrus, der wegen unberechtigter Eifersucht nicht eine oder zwei, sondern vielerlei Plackereien erduldete und so, nachdem er (das Blut-)Zeugnis abgelegt hatte, an den ihm gebührenden Ort der Herrlichkeit gelangte"[22]. Gerade weil Petrus den universalistischen Ansichten Pauli viel näherstand als den Jakobusleuten – mit denen er als einer der Zwölf und aufgrund der Aufteilung der Missionsgebiete (Gal 2,7–10) verbunden blieb, ohne daß man deswegen von

[22] 1 Klem 5,4. Ausg. Fischer, Die Apostolischen Väter (Kösel 1956) 31.

einer Abhängigkeit, gar „Unterordnung“ zu reden hätte[23] –, darf man der Vermutung beipflichten, daß Petrus der Jerusalemer Partei gegenüber „einen viel schwereren Stand hatte als der unabhängige Paulus und daß dieser Konflikt (um die Speiseordnung in Antiochia) den Petrus ... in ein besonders schmerzliches Dilemma gebracht haben muß, das wir nur ahnen können ... Vermittler haben immer einen besonders schweren Stand“[24]. Das Schwert, das durch Pauli ganze Existenz hindurchschneidet – „den Juden bin ich ein Jude geworden ... den Gesetzlosen ward ich wie ein Gesetzloser ... den Schwachen bin ich ein Schwacher geworden ... allen bin ich alles geworden ... um des Evangeliums willen“ (1 Kor 9,20–27) – hätte somit noch schmerzlicher den von der „Eifersucht“ (zēlos: Klem 5,4) zermalmten, aber schweigenden Petrus durchdrungen, und fast möchte man fortfahren: „damit die (argen) Gedanken vieler Herzen“ an diesem Zeichen des Widerspruchs „offenbar werden“ (Lk 2,35).

Über den Vorfall in Antiochien hört man sich mit Vorteil ein paar Sätze Ignaz Döllingers an. „Das Schlimmste war also (durch den Kompromiß des ‚Apostelkonzils‘) abgewandt, die christliche Freiheit der Heidenchristen gerettet; aber die Hauptschwierigkeit blieb doch noch ungelöst, man hatte sie wohl absichtlich auf dem Concilium nicht berührt. Daß die Judenchristen und die Apostel selbst fortfahren würden, das Gesetz zu halten, wurde hier stillschweigend vorausgesetzt ... Ohne Zweifel war die Ansicht der Apostel, daß hier die Forderung des Ritualgesetzes gegen die höheren Pflichten der christlichen Bruderliebe und das bessere Recht der Gliedschaft im Leibe der Kirche zurückstehen müsse.“ Petrus trägt deshalb „kein Bedenken, ‚heidnisch zu leben‘“, mit den Heidenchristen Tischgemeinschaft zu halten, bis die Jakobusleute kommen und er sich von jener Tischgemeinschaft zurückzieht. „Es war dies keine Verletzung des auf dem Concil gefaßten Beschlusses, denn dieses ganze Verhältnis war dort unbestimmt geblieben, und allerdings war derjenige, der über diesen Teil des Gesetzes hinwegschritt, in den

[23] Wie O. Cullmann aus dem Wort „phoboumenos“ (Gal 2,12) schließen zu müssen meint: Petrus. Jünger – Apostel – Märtyrer (²1960) 57, 256f. Die „Furcht“ Petri vor den Beschnittenen braucht jedoch nicht die Angst eines Untergebenen vor seinem Vorgesetzten zu sein, wie Cullmann, hauptsächlich auf Stellen aus den Pseudo-Clementinen gestützt (257) unterstellt, sondern ist offensichtlich eine Rücksichtnahme auf die harte, intransigente Partei, von deren Methoden uns die Paulusbriefe ja genug verraten. Deshalb kann man auch nicht als „unzweideutig“ feststehend annehmen, die von Paulus dem Petrus erteilte Rüge bewiese, „daß Petrus *dem Jakobus* gegenüber, dessen Leute er fürchtet, keine führende Rolle einnimmt“ (258).

[24] Ebd. 58; ebenso 119–120.

Augen aller Juden ein Gesetzesverächter. Petrus mochte wohl meinen, daß er, genötiget, zwischen zwei Ärgernissen zu wählen, dem den Hellenen oder dem den Israeliten zu gebenden, für das kleinere Übel sich entscheiden sollte. Er fürchtete, sagt Paulus, die aus der Beschneidung. Das war sicherlich nicht Mangel an sittlichem Mute, er hatte diesen sattsam (in Jerusalem) bewährt... Als der von Christus eingesetzte Hirte der ganzen Herde gehörte er beiden (Parteien) an; aber er war bis jetzt vor allem der Apostel Israels gewesen, und er wollte seine Wirksamkeit in Jerusalem und Judäa noch nicht aufgeben... (obschon er) bei der Taufe des Cornelius die Scheidewand des Ritualgesetzes durchbrochen und sein Recht dazu dem Bedenken der andern gegenüber behauptet." Die jetzige Entscheidung des Petrus fand Paulus „als der Apostel der Heiden und Verkünder der evangelischen Freiheit unerträglich; er bedachte zugleich, wie die Partei der pharisäischen Eiferer, die den Heidenchristen das Joch des ganzen Gesetzes auferlegt wissen wollten, dieses Beispiel des Apostelfürsten mißbrauchen würde. Er rügte das Benehmen des Petrus öffentlich und mit scharfen Worten:... Er handle jetzt aus bloßer Menschenscheu wider seine bessere Überzeugung, und das sei ‚Hypokrisis', Verstellung. Es wird nicht berichtet, was Petrus hierauf erwidert habe; jedenfalls war die Mißhelligkeit keine nachhaltige, denn beide Apostel waren in der Sache selbst einig. Paulus selbst dachte nie daran, den Judenchristen überhaupt und den in Palästina wohnenden insbesondere die völlige Lossagung vom Gesetze zuzumuten... (ja er) trug keine Bedenken, auch für sich das Gesetz, wo es nicht mit den höhern Pflichten seines Apostolates und seiner Stellung zu den Heidenchristen in Collision trat, noch zu beobachten..."[25]

Dies sollte etwas eingehender beleuchtet werden, damit der dritte Aspekt des Petrinischen sich nicht bloß auf die Momente der Kirchenleitung, der Mission und des Martertodes beschränke. Man mag in dem „Schuldigsein" (Gal 2,11) des Petrus in Antiochia ein Nachspiel seiner vorösterlichen Verfehlungen sehen, von denen wir ja sagten, sie gehörten mit zum „Typos", genauso wie Petri vor- und nachösterlicher Trauer darüber (Mk 14,72 par; Joh 21,17). Dennoch hat diese „Schuld" einen ganz andern Stellenwert als etwa seine Verleugnung: sie ist jetzt unbedingt ein Produkt seiner Hirtensorge, in einer objektiv unlösbaren Situation die am wenigsten schädliche Kompromißlösung zu finden. Wie sollte eine solche „Schuld" sich aus dem prägenden Typos und Realsymbol Petri ausscheiden lassen?

[25] Christentum und Kirche in der Zeit der Grundlegung ($^2$1868!) 62–64.

### c) Aktualisierung

Aber ehe wir hier weiterdenken, hält ein Einwand uns auf. Unser Ausgangspunkt war die konkrete menschliche Konstellation um die Gestalt Jesu; vereinfachend rechneten wir hierzu den Täufer, die Mutter, die Zwölf (mit Petrus und Johannes) und Paulus. Nun aber scheint diese Konstellation ganz der Zeit der Ursprünge zugehörig – selbst wenn man ihr ihre theologische Bedeutung für die heutige Kirche deshalb nicht abstreitet –; einzig Petrus scheint für sich eine Ausnahme zu beanspruchen, sofern er durch eine besondere persönliche Sukzession bis zum amtenden Papst in der heutigen Kirche vertreten sein will. Eine solche Sukzession etwa für den Täufer oder für Maria oder Johannes oder auch Paulus anzunehmen, erscheint widersinnig. Täte Petrus nicht besser, sich wie die andern auf die Gründerperiode zu beschränken: historisch einmalig, wenn auch ein für alle Male der „Fels“ und das „Fundament“ zu sein und den späteren Kirchenleitern ihren eigenen, andersgearteten Rang zu überlassen? Indem er in seinem heutigen „Nachfolger“ eine scheinbar isolierte Konkretheit gewinnt, wird er erst zum immerwährenden Stein des Anstoßes für alle nichtrömischen Christen.

Die Antwort darauf wird zuerst darauf hinweisen, daß es der besondere Auftrag Petri innerhalb des theologischen Gefüges ist, der ihm seinen Ärgernischarakter gibt. Er hat als der Hirte, der die *ganze* Herde zu weiden hat, zugleich den Anspruch auf (Lehr- und Leitungs-)Autorität und auf Einheit zu erheben. Diese Kombination ist seine Besonderheit, die ihn aber nicht aus dem Verband der grundlegenden Aufträge isoliert, welche auf ihre Art nicht minder konkret in der Kirche fortleben und sich vergegenwärtigen.

Der Täufer bleibt in seiner Sendung doppelgesichtig: er verkörpert das Alte, das im Hinweis auf das kommende Neue zurücktritt, sich auslöscht, als bloße „Stimme in der Wüste“ verhallt: „ich bin nicht der Messias, ich bin nur vor ihm hergesandt... Er muß wachsen, ich muß abnehmen“ (Joh 3,28.30). Anderseits überschreitet er als der „Freund des Bräutigams“ und als der letzte der „Dahingelieferten“, mit denen Jesus sich solidarisiert (Lk 13,33 par), die Grenze: auch die Zwölf werden von Jesus ja vor ihm her entsandt, und Paulus ist „nichts“ (2 Kor 12,11): „Ist etwa Paulus für euch gekreuzigt worden?“ (1 Kor 1,13.) Der Apostel und Jünger Christi bleibt sein Wegbereiter, der im Verschwinden Raum schafft, damit der Kommende erscheinen kann. Wie mit Absicht verwischt das Neue Testament das Ende von Paulus, Petrus, Johannes... Darin bleibt der Täufer kirchliche Gegenwart.

Maria verschwindet in das Innere der Kirche hinein, um dort eine reale, aber immer hinter den Sohn zurücktretende Präsenz darzustellen. Davon wird später genauer zu handeln sein. Will man die Realität dieser Gegenwart erfahren, so kann man auf die Ostkirche blicken, in der das marianische Prinzip die ganze Kirchenwirklichkeit durchlebt, durchweht, durchduftet: das ist beinah mehr als eine getrennt ausformulierte Mariologie. Im katholischen Raum wird zu achten sein auf die anonyme Präsenz Marias in der Kirchentheologie der ersten Jahrhunderte, in der man sich begnügt, in Maria den „typos" und das Vorbild der „unbefleckten Braut ohne Runzel und Makel" zu erblicken; wenn später der Dualismus einer wachsenden gegenseitigen Durchdringung Platz macht und zugleich die artikuliertere marianische Devotion beginnt, so ist immer darauf zu achten, daß beides in dem Gleichgewicht bleibt, wie es das Schlußkapitel von „Lumen Gentium" wiederhergestellt hat. Die Wichtigkeit der Präsenz des Marianischen für die rechte Einstufung des Petrinischen, wovon später zu handeln sein wird, zeigt vielleicht am deutlichsten die Konkretheit dieser Präsenz.

Fraglos aktuell aber ist die Präsenz der Zwölf (mit Johannes) und des Apostels Paulus in dem, was apostolische Sukzession des gesamten Bischofskollegs genannt werden muß; und das juristisch so schwer klärbare Verhältnis von Primat und Kollegialität ist der beste Beweis dafür, daß das Petrusamt in der Catholica nicht isoliert werden darf. Daß das I. Vatikanum es trotzdem getan hat, ist, wie jedermann weiß, Folge eines zeitgeschichtlichen Zufalls, der den sehr viel größeren Konzilsplan auszuführen verunmöglichte. Die Stellung Pauli als des unmittelbar vom Herrn Erwählten und vom Kollegium der Zwölf Akkreditierten ist in ihrer Weise einmalig und keiner Sukzession fähig, es sei denn in entfernten Analogien: es kann „charismatische" Berufungen geben, deren Anerkennung durch das Amt sich mit göttlicher Evidenz zu einer Aufnahme in dieses aufdrängt: so etwa mag es bei der Priesterweihe des Origenes gewesen sein. Die johanneische Präsenz, nicht weniger deutlich, ist schwerer auszugrenzen: wenn wir auch so etwas wie eine amtliche johanneische Herkunft (Ignatius – Polykarp – bis Irenäus) feststellen können, so kann der Schwerpunkt nicht auf ihr liegen; er liegt auf dem „Bleiben", mit dem die Perikope der ersten Jünger beginnt (Joh 1,39) und das Nachtragkapitel schließt: „Wenn ich will, daß er bis zu meiner Wiederkunft bleibe, was geht dich das an?" (Joh 21,22.23). Das absichtlich verschlüsselte Wort enthält beides: ein reales Bleiben des Liebesjüngers, das von seinem Tod nicht in Frage gestellt wird, durch die gesamte Kirchenzeit – und die Versiegelung dieses Bleibens im Willen des Herrn der Kirche, entrückt von der Kontrollinstanz Petri. Die Weise, wie Johannes zuerst aus der Apostelgeschichte verschwindet (und dem Phänomen Paulus den Platz überläßt), wie er dann auch (im dritten Brief) durch einen Ehrgeizigen an den Rand seiner Gemeinde verdrängt wird (3 Joh 9 ff), ist für sein „Bleiben" kennzeichnend. Das Realprinzip Liebe, und zwar intime, heilige Liebe, eng mit dem Leben und der Haltung Marias verbunden, Liebe, die in aller Demut und Anerkennung des Vorrangs Petri doch auch um ihre Bevorzugung weiß[26], ist je gegenwärtig, um „in" Petrus (21,5) und doch „neben" Petrus (21,20–23) diesen auf die Gegenwart des Herrn aufmerksam zu machen (21,7) oder zwischen ihm und dem Herrn zu vermitteln (13,23 ff; 21,20 f). Diese Koexistenz von „Liebe" und „Amt", die thematisch das ganze vierte Evangelium durchzieht und es in eine große, subtil verschlungene Fuge über das Thema ausklingen läßt, ist wohl das von der ganzen „Konstellation" am deutlichsten Aktualisierte, und zwar auf ganz andere Weise, als dies von Joachim oder von Schelling und seinen Nachfolgern vorgesehen war. Diese Aussage kann direkt aus dem Evangelium abgelesen werden und beruht auf keiner Abstraktion oder Konstruktion. Es ist, als habe der Verfasser des letzten Evangeliums die mögliche Isolation vorausgesehen, in die das Amtsprinzip aufgrund von Texten wie Mt 16, 18–19 geraten könnte, und es entsprechend, mit aller geschuldeten Ehrfurcht vor dem „Felsen" (1,43), väterlich oder mütterlich eingehüllt; nicht umsonst wird hier das „Jonas-Sohn" (Mt 16, 17) mit „Sohn des Johannes" (Joh 1, 42 und besonders 21, 15) wiedergegeben. Das ergibt – für den, der es zu sehen vermag – eine weit innigere und realere Koexistenz durch alle Zeiten als etwa die zwischen Petrus und Paulus, die zwar in der römischen Tradition und von dorther in der Liturgie als die zusammen gemarterten Patrone, ja geradezu als die „Gründer" der Haupt-

[26] Vgl. die Ersterwählung (vor Petrus) in Joh 1,37–39; das Ruhen des Liebesjüngers an der Brust Jesu, so daß Petrus seine Frage über ihn an den Herrn richten muß (13,24), das Betreten des Hofes des Hohepriesters durch den Liebesjünger, während Petrus im Vorhof bleibt (18,15), die Anwesenheit unter dem Kreuz, wo Petrus fehlt, das Ankommen des Liebesjüngers am Grab vor Petrus („als erster": 20,4), das erste Erkennen des Herrn beim reichen Fischfang (21,7), die nochmalige Erinnerung an die Vermittlung beim Abendmahl (21,20), schließlich das offenbare Überleben (21,23). Die „Konkurrenz" im 4. Evangelium zwischen „Amt" und „Liebe" findet einen beinah naiven Ausdruck im „Zusammenlaufen" ans Grab, mit seinen tiefsinnig-symbolischen Feststellungen, wer zuerst ankam (die Liebe), wer zuerst hineinging (das Amt), wer wem in welcher Beziehung den Vortritt gewährt.

kirche (Irenäus, nach Papias[27], Tertullian[28]) genannt und gefeiert werden, aber trotz der Nähe im Juden-Heidenchristen-Konflikt genau die Distanz voneinander besitzen, die das kirchliche Amt und der geniale theologische Schriftsteller voneinander haben; die Verbeugung, die „Petrus" am Schluß „seines" zweiten Briefes vor der dem Paulus „eigenen Weisheit" macht, wird von der zurückhaltenden Wendung begleitet, daß freilich in dessen Briefen „manches schwer verständlich sei, was ungebildete und ungefestigte Leute zu ihrem Verderben verdrehen" (2 Petr 3, 15 f). In dieser Hinsicht – wo Paulus vornehmlich als „Lehrer" aufgefaßt wird – überwiegt eine abwägende, nicht unfreundliche Distanz des Amtes; in anderer Hinsicht freilich, in der Paulus das Amt in seiner konkreten Handlung demonstriert, kommt es beinah zu einer Deckung oder zu einer Immanenz Petri in Paulus.

## 4. *Das petrinische Amt als Konkretion Christi*

### a) Kollegialität und Primat

Der konkrete Christus ist auch als der auferstandene Herr, der seiner Kirche alle Tage bis ans Ende der Welt gegenwärtig bleiben will, nicht aus der Konstellation seines geschichtlichen Lebens zu lösen, die eben im Umriß aufgewiesen wurde. Mittelalterliche Ikonographie zeigt, wie sehr die damalige Kirche sich dessen bewußt war und wie wichtig es ihr schien, dies jedem Gläubigen, der ein Kirchentor durchschreitet, in Erinnerung zu rufen. Aber hier stoßen wir sogleich auf eine Doppelung: es gibt von Anfang an – gestützt auf Christi Wort: „Wo zwei oder drei ..." – den Gedanken, daß Christus sich in der Liebesgemeinschaft der Kirche vergegenwärtigt, und wenn diese Kirche in ihrer Ganzheit, ihrer „Katholizität" (wie man seit *Ignatius von Antiochien* sagt[29]) verstanden wird, so kann der Ursprung dieser Ganzheit in der Liebesgemeinschaft der Zwölf um Jesus, die sich immer neu vergegenwärtigt, gesehen werden, und es kann anderseits der historische Anfang dieser von Jesus gestifteten Liebesgemeinschaft auf seine Verheißung an Petrus allein zurückverfolgt werden: „Du bist der Fels, und auf diesem Felsen werde ich meine Kirche bauen." In dieser Sicht erhält die Kirche in Rom

---

[27] Adv. Haer. III 1–3.

[28] De praescriptione 36; Scorpiace 15; Adv. Marc. IV 5.

[29] Brief an die Smyrnäer 8, 2. Dann mehrmals im Martyrium des Schülers des Ignatius, Polykarp: in der Überschrift, in 8, 1 und 19, 2.

die besondere Auszeichnung der „Vorsitzerin (in) der Liebe“[30], derjenigen, die für das Wesen des Christlichen maßgebend, wegweisend ist, wie sie es ja schon durch den an die Korinther gerichteten Brief des *Klemens* bewiesen hat[31], sie, die selbst von den beiden Apostelfürsten maßgeblich und mit Autorität gelehrt worden ist[32]. So Ignatius an die römische Gemeinde; dann besuchen sie Papias, Polykarp, Hegesipp, Abercius; Irenäus hält sich dort auf, alle in der Erwartung, bei ihr die tiefste und lauterste Quelle der evangelischen Überlieferung zu finden, Dionysius, Bischof von Korinth, rühmt, wie schon Paulus (Röm 1,7) und wie Ignatius, die „von Anfang an“ bekannte „Gewohnheit“ der Römer, „mit allen Mitteln allen Brüdern Gutes zu erweisen“, gemäß der „Überlieferung eurer Väter“[33]; dies führt uns zum Zeugnis des *Irenäus*, der, die Methoden seiner Vorgänger übernehmend[34], gegen die Gnostiker die reine einheitliche kirchliche Lehre gleichzeitig durch die nachweisbare Traditionsreihe der Bischöfe in allen Gemeinden und durch deren von den Aposteln eingesetztes (instituti sunt) und weitergegebenes Lehramt (suum ipsorum locum magisterii tradentes) zu beweisen unternimmt[35]. Um nicht alle Bischofslisten aller Kirchen (was ihm möglich wäre) aufzuführen, begnügt sich Irenäus mit der Liste der römischen Kirche, denn „mit dieser Kirche muß aufgrund ihrer mächtigeren Gründungsautorität (propter potentiorem principalitatem) jede Kirche – das heißt die von überall her stammenden Gläubigen – sich verständigen (convenire), da in ihr immer von denen, die von überall her stammen, die von den Aposteln herkommende Tradition bewahrt worden ist“.

Wir lassen den berühmten Text unkommentiert und gehen zu einer seiner möglichen Auslegungen über, zu der von *Cyprian* vor-

---

[30] Ignatius, Brief an die Römer, Überschrift.

[31] „Andere habt ihr belehrt“, ebd. 3,1.

[32] „Nicht wie Petrus und Paulus befehle ich euch; jene sind Apostel, ich bin ein Verurteilter ...“, ebd. 4,3.

[33] Eusebius, Kirchengeschichte IV 23,10. Dionysius antwortet auf einen Brief Papst Soters, läßt seinen Brief im Gottesdienst als „eine Ermahnung“ verlesen, „wie auch den ersten, der (uns) von Klemens geschrieben worden ist“: Korinth hat also das erste Mahnschreiben Roms (aus dem Jahr 96–97) nicht nur angenommen, sondern noch etwa siebzig bis achtzig Jahre später in Ehren gehalten.

[34] Vor allem Hegesipp und Justin (dieser in seinem verlorenen Syntagma adversus omnes haereses, woraus Irenäus zweifellos methodisch und inhaltlich geschöpft hat: Adv. Haer., IV 6,2), beiden geht es um „die sichere Tradition der evangelischen Verkündigung“ (Hegesipp, bei Eusebius IV 8,2), und um deren Einheit gegenüber der Zersplitterung der Häretiker, die sich zwar Christen nennen, es aber nicht anders als die Philosophen trotz der Vielheit ihrer Schulen tun: Justin, Apologie I 26.

[35] Adv. Haer. III 3,2 (Sources Chrétiennes 34, 102, Kommentar 415ff).

wiegend vertretenen: Für diesen treten die beiden bisher aufgezeigten Momente unlöslich zusammen: die Kirche und ihre Einheit ist erstens wesenhaft Communio in Glaube und Liebe, aber diese Einheit erweist sich nicht nur (wie bei Ignatius) durch die unverbrüchliche Einheit der Gläubigen mit ihrem Bischof, sondern der Bischöfe untereinander, und der Bischof von Rom ist als der historische Ursprung des ganzen bischöflichen „ordo" der bleibende Exponent, der Ausdruck, das Symbol dieser Einheit. Der „ordo", der die Kirche von Christus her gliedert (in „plebs" und „clerus"), enthält beides untrennbar in sich: die Communio der Liebe und die (stark betonte) rechtliche Autorität, die wie zur Zeit der Apostel (etwa durch Ex-Kommunikation) die Reinheit von Glaube und Liebe aufrechterhält und dabei gerade durch die Einhelligkeit zwischen den Bischöfen das Moment der liebenden Communio aller Kirchen darstellt und verwirklicht: „connexam et ubique conjunctam catholicae ecclesiae unitatem"[36]. Die ideale Verwirklichung dieser Einheit des Episkopats – „episcopatus unus est, cujus a singulis in solidum pars tenetur"[37] – ist darin verbürgt, daß Christus dem einen Petrus zuerst und allein jenes Ganze übergeben hat (Mt 16,18f), das er nachträglich den Zwölfen kollegial anvertrauen wollte[38]. Wenn Cyprian von der „einen Cathedra" des Petrus und von seinem „Primatus" spricht, auf dem die Einheit der Kirche aufgebaut ist, so meint er stets diese zeitliche Priorität[39], die den Bischof von Rom zum Ausdruck und zur Repräsentation, nicht aber zum rechtlich befugten Haupt des Bischofskollegiums macht. Das ideale „Soll" der Gesinnungseinheit der Bischöfe und ihrer Kirchen wird nun aber im kurzen zehnjährigen Episkopat Cyprians in der harten Realität auf dauernde Zerreißproben gestellt, in denen sich seine Konzeption als unzureichend erweist – denn teils revoltiert er aus seiner bischöflichen Christusunmittelbarkeit gegen die Ansprüche oder Verfügungen Roms (in Sachen der Ketzertaufe), teils verlangt er vom Papst,

[36] Epist. 55,24.

[37] De Unitate Ecclesiae 5. „Cum sit a Christo una Ecclesia per totum mundum in multa membra divisa, item episcopatus unus episcoporum multorum concordi numerositate diffusus": Epist. 55,24. Aber diese Einheit des Episkopats bleibt Grundlage der gesamtkirchlichen Einheit, auf die sie hingeordnet ist, auf die „plebs una in solidam corporis unitatem concordiae glutino copulata": De Unitate 23.

[38] „Hoc erant utique et ceteri apostoli quod fuit Petrus, pari consortio praediti et honoris (Amt) et potestatis, sed *exordium* ab unitate proficiscitur, ut Ecclesia Christi una monstretur." De Unitate 4.

[39] Vgl. Epist. 59,14: „ecclesia principalis". Deshalb verschlägt es wenig, ob diese Worte in der einen Fassung des Buches über die Einheit der Kirche (Kap. 4) stehen, in der andern fehlen: beide Fassungen stammen, für verschiedene Anlässe hergerichtet, sehr wahrscheinlich von Cyprian selbst.

in Streitfragen zu intervenieren, die er, Cyprian, in andern Fällen selbst entschieden hatte[40]. So erweist sich jener Liebeskonsens des „Episcopatus" als eine *Abstraktion*, falls ihm nicht der effektive, rechtlich ausgewiesene Primat des Römischen Stuhles zur dauernden Konkretheit verhilft. Daß das Scheitern der cyprianischen Idee der Kollegialität als einzigen Einheitsprinzips in der kirchlichen Gegenwart sich gerade im unschlichtbaren *Streit* der Meinungen enthüllt, ist festzuhalten und wird uns später näher beschäftigen.

Aber von der bei Irenäus anklingenden Primatsidee führt noch ein anderer Weg weiter, der vorab, jedoch nicht ausschließlich, im Selbstverständnis der römischen Bischöfe von ihrem verantwortlichen Amt sichtbar wird. Wenn die Synode von Sardica (ca. 343–344) gerade in Streitfällen den römischen Bischof als die rechtliche Appellationsinstanz und „Zuflucht" ansieht[41] und „den Sitz des Apostels Petrus" als „Haupt" bezeichnet[42], so fühlt Papst Siricius diese ihm zugelastete Verantwortung, obschon er sie nicht als einzelne Persönlichkeit trägt: „Wir tragen die Last aller, die belastet sind; oder vielmehr es trägt sie in uns der selige Apostel Petrus, der uns, wie wir vertrauen, in allem, was seine Verwaltung angeht, als seine Erben schützt und hegt."[43] Der von Cyprian als zeitliche Priorität verstandene Primat erscheint jetzt so, daß im „autoritativ" „urteilenden"[44] Haupt Petrus selbst als der Ursprung gegenwärtig bleibt als der „ursprüngliche Quell, woraus die übrigen Kirchen schöpfen"[45]. Somit wird das „sorgenvolle Amt" zum „Inbegriff (summa) des Priestertums", von dessen Entscheidung auch „der Inbegriff der Dinge" (summa rerum) abhängt[46]. Die Lehre von der universalen Verantwortlichkeit, die dem „Erben" Petri von diesem selbst her zufällt und die Gesamtkirche betrifft, findet bei *Leo dem Großen* systematischen und allseitig ausgewogenen Ausdruck, wobei die Kollegialität im Sinne Cyprians zwar mitberücksichtigt wird, aber doch wesentlich von der Vollmachtsfülle (plenitudo potestatis) ausgeht und abhängt[47]. Nicht unwichtig ist, daß das Bild der

[40] Epist. 68. [41] DSch 133–135. [42] DSch 136. [43] DSch 181.

[44] Innozenz I., DSch 217.

[45] DSch 217; vgl. 218: scientes quod per omnes provincias de apostolica fonte petentibus responsa semper emanent. Wiederkehr der Vorstellung von „Haupt" als „Quell" bei Bonifaz I. (422): DSch 233. [46] DSch 234.

[47] P. Batiffol, Le Siège apostolique (Paris 1924) 359–451; weitere Lit. bei Y. Congar, L'Eglise de saint Augustin à l'Epoque moderne (1970) 28f. DSch 282 wird innerhalb der „dignitas communis" der Bischöfe (wie einst der Apostel) eine „quaedam discretio potestatis" festgestellt, wobei alles kirchliche Amt als „sollicitudo" aufgefaßt wird, die zuletzt „im einen Petrussitz als Sorge (cura) für die gesamte Kirche zusammenströmt", und nichts soll sich je von seinem Haupte trennen.

„Quelle", woraus die amtliche Vollmacht in der Kirche strömt, fast unbemerkt übergehen kann in dasjenige der „Mutterschaft", so daß die petrinische konkrete Präsenz des Ursprungs im frühen Mittelalter auch die marianische Form der Präsenz an sich zieht[48]. So ist in dieser Linie zwar die *Konkretheit* des Ursprungs als personale Einheit gewahrt, jedoch so einseitig, daß sie die gleichursprüngliche Konkretheit des Zwölferkollegs im bischöflichen sich unterzuordnen und zuweilen selbst die marianische Konkretheit der reinen und heiligen Kirche an sich zu ziehen geneigt ist[49].

Es kann hier nicht darum gehen, das Ringen dieser beiden Ansätze beim Verständnis des Primats durch alle Jahrhunderte der Kirchengeschichte hindurch zu verfolgen, bis in „Lumen Gentium" ein beruhigender, beiden gerechtwerdender Ausgleich gefunden wird. Nur ein Aspekt der Frage soll uns beschäftigen. Von Anfang (Klemensbrief!) an erscheint die über seine Diözèse hinauswirkende Aktivität des römischen Bischofs verknüpft mit der Aufgabe eines Schlichters in Streitfragen: in solchen Situationen tritt aus der Einhelligkeit der gelebten „Communio" die darin latente Dimension und Funktion des Rechtlichen hervor.

### b) Liebe, Recht, Gewalt

Die Entwicklung *Johann Adam Möhlers* von seinem Frühwerk „Die Einheit in der Kirche"[50] zu den ausgereiften Fassungen seiner „Symbolik"[51] stellt die uns beschäftigende Frage in eindringlichster Form und führt sie bis an den Punkt, wo ein Schritt über Möhler hinaus notwendig wird. Eindeutig neigt dieser sowohl mit der ihm zufließenden Tradition, der gallikanischen, febronianischen, aufklärerischen Idee (Papst als „Zentrum der Einheit") wie auch mit seinen unmittelbaren romantischen Quellen Drey und Schleiermacher[52] zur cyprianischen kollegialen Einheitsschau: „Ob der Primat

[48] „Mater (et Magistra)": DSch 774, 811. Andere Stellen bei Congar, a.a.O. 96, Anm. 5. Auch A. Mayer, Das Bild der Mater Ecclesia im Wandel der Geschichte, in: Pastor Bonus 53 (1942) 33–47. Weiteres in: Y. Congars Einleitung zur französischen Übersetzung von Karl Delahaye: Ecclesia Mater (Cerf 1964) 9, Anm. 5.

[49] Schon bei Pelagius I. (556–561) rücken die „catholicae veritas *matris*" und die „bei dem Einen weilende Ecclesia, in welchem Einen alle Apostolischen Sitze sind, denen, wie ihm, der die *Schlüssel* erhalten hatte, ebenfalls die Binde- und Lösegewalt übergeben wurde", zusammen: DSch 446.

[50] Zit. nach der kritischen Ausgabe von J. R. Geiselmann (Hegner 1956) (= E).

[51] Zit. nach der kritischen Ausgabe von J. R. Geiselmann (Hegner 1958) (= S I und II).

[52] Über Dreys Einfluß: E Einleitung (30ff). Über Schleiermachers Einfluß: E 586f.

einer Kirche zur Eigentümlichkeit der katholischen Kirche gehöre, war mir sehr lange zweifelhaft, ja ich war entschieden, es zu verneinen; denn die organische Verbindung aller Teile zu einem Ganzen, welche die Idee der katholischen Kirche schlechthin erheischt und in sich selbst ist, schien durch die Einheit des Episkopats... völlig erreicht."[53] Zustimmend werden die entsprechenden cyprianischen Texte von der cathedra Petri und der ecclesia principalis, „von woher die Einheit der Bischöfe entstanden ist", angeführt[54]. Für Möhler ist die Kirche wesenhaft und auch historisch ursprüngliche Liebesgemeinschaft, nicht kraft menschlicher Leistung, sondern durch die plastische Kraft des ihr einwohnenden Heiligen Geistes; nur wer im Innern dieses Liebesbundes mittätig lebt, versteht die Kirche[55], so wie ja auch die Selbst-Offenbarung Jesu nicht von außen her aufgezwungen, sondern durch die Jünger von innen her aufgenommen und bejaht werden mußte[56]. In einer solchen Schau ist die Idealität der Kirche (nämlich daß sie reine Communio in der Liebe sei) unmittelbar eins mit ihrer im Heiligen Geist gegenwärtigen Realität: „denn alles, was wahrhaft ideal ist, ist zugleich real. Die wahrhafte geistige Gemeinschaft wurde wie von Paulus so von ihm an immer energisch, sich darstellend und gestaltend gedacht. Die wahrhafte geistige, geistiglebendige, nicht bloß gedachte Gemeinschaft ist nur dann eine solche, wenn wir uns wirklich in der Gemeinschaft befinden, nicht bloß *denken;* wenn wir uns als Glied des ganzen Körpers erkennen und anschauen, in ihm leben und sind... Die Gemeinschaft der Gläubigen ist also nur sofern im eigentlichen Sinne ideal, als sie real ist, wie sie auch nur real werden konnte, weil sie ideal ist."[57] Dargelebte Einheit ist wie selbstverständlich eine in der Ein-

---

[53] E § 67, 227.

[54] E § 70, 236.

[55] E § 7, 21; vgl. die erste Einleitung: „... wer darum jetzt in der Kirche lebt, und wahrhaft darin lebt, der wird auch in der ersten Zeit der Kirche leben und sie verstehen, und wer nicht in der jetzigen lebt, wird auch in der ältesten nicht leben und sie nicht verstehen, weil beide ein und dasselbe sind... Wer aus der Kirche hervorgegangen ist, trägt nichts Fremdes hinein; ihn hat ja die Kirche erzeugt, ihr Sein und Wesen ihm eingebildet; sie hat also zuerst sich in ihn hineingesetzt, und dieses nur setzt er wieder heraus..." E 328.

[56] „Wir haben oben S. 128 die Stelle in Möhlers „Einheit" bereits angeführt, an der er zeigt, daß Jesus sein tieferes Wesen vor den Jüngern erst darleben mußte, ehe dieses Wesen durch ihren Glauben seine Formulierung finden konnte (E § 68,231f). Auf diesem Prinzip hat Jacques Guillet sein Werk „Jésus devant sa vie et sa mort" (Aubier 1971), dt. „Jesus vor seinem Leben und Tod" (Johannesverlag Einsiedeln 1973) aufgebaut.

[57] E § 31 (zur letzten Redaktionsschicht gehörig) 101.

heit bewältigte Vielheit und Individualisierung[58], sie ist zugleich ausdruckshafte Verkörperung des Geistigen[59] (beides Grundsätze romantischen Denkens). So kann Möhler nach dem ersten Teil, dessen Hauptthema der Geist des Einheitsprinzips ist, in einem zweiten Teil die sich als Selbstdarstellung dieser Einheit von unten her immer konkreter aufbauenden Stufen der sichtbaren Einheit entwickeln: Einheit (der Gemeinde) im Bischof, der Bischöfe im Metropoliten und in der (Partikular-)Synode, dann des gesamten Episkopats (Cyprian) und als letzte Konkretion die „Einheit im Primas" als der „Darstellung" der episkopalen Einheit „in lebendigem Bild"[60].

Aber wenn dieser Ausbau der sichtbaren Einheit sich durch die ersten Jahrhunderte hindurch historisch organisch vollzog – Drey hatte vorgeschlagen, dieses Werden als die allmählich notwendige Realwerdung einer vorerst nur „virtuell" in der Idee vorhandenen Einheit zu verstehen[61] –, so mußte dabei doch auch der realistische Gesichtspunkt hervortreten, daß die Idealität einer reinen Liebeseinheit, einer rein „paradiesischen" Kirche, „eher als man vermuten sollte, unterbrochen" wurde; „Egoismus" (den Möhler als das Prinzip der Häresie versteht), „drohte die Bande zu zerreißen": deshalb artikuliert sich innerhalb der Sphäre der Liebe diejenige des Rechts – „die ganze, sonst verteilte Kraft wird sich in Einem konzentrieren, um allem ihrem Gedeihen Widerstrebenden desto energischer entgegenwirken zu können"[62]. Aber das Egoistische liegt ja nicht nur außerhalb der Kirche, in der sich absondernden Häresie. Diese ist vielmehr schon Frucht einer Sündigkeit innerhalb der Kirche selbst. Deshalb muß der Bischof „jetzt oft handelnd *ohne* und *gegen* den Willen der Mehrzahl der Gemeinde" auftreten, was ein Zeichen ist, daß die „erste Liebe … verlassen" wurde[63]. Und wo dieses innere Zerwürfnis zwischen der (nicht mehr vorhandenen) Liebeseinheit im Ganzen der Kirche und der Ausdrucksform, die ursprünglich die Verkörperung dieser Liebe war und nun gezwungen ist, sich als Gesetz und Autorität gegen sie zu stellen, seinem Höhepunkt zutreibt, wird das „Gesetz" zu „Gewalt", wobei natürlich die große Versuchung droht, daß der Inhaber dieser „Gewalt" sie – da die Communio erkaltet und gefährdet ist – sich selbst mißverstehend,

---

[58] E § 39–40.

[59] E Einleitung (74), über den Primat des Geistigen, das sich selbst „körperlichen Ausdruck" verschafft, vgl. § 8, 23: „Der Buchstabe … nur Ausdruck des Geistes" (ebd. 25). „Der Körper des Menschen ist eine Offenbarung des Geistes, der in ihm sein Dasein bekundet und sich entwickelt": § 49, 168.

[60] E § 67, 228.

[61] Vgl. Geiselmanns Darstellung E (34 ff).

[62] E § 71, 239.

[63] E § 55, 192.

despotisch mißbraucht[64]. Gesetz ist nach Möhler erkaltete Liebe, und Despotie die Folge des verlassenen Gesetzes[65].

Aber die Abfallsbewegung, die damit die Kirchengeschichte zu beherrschen scheint und insbesondere die Entwicklung von einem nicht-monarchisch gedachten zu einem monarchisch verstandenen und sich selbst verstehenden Papsttum erklärt[66], ist für den Organologen Möhler doch immer nur die eine Seite, die der sündigen Realität auch des kirchlichen Menschen gerecht wird; er vergißt darob nicht die andere, die nach wie vor in allen kirchengeschichtlichen Entwicklungen den Heiligen Geist der Liebe walten und sich im Organismus der sichtbaren Kirche einen angemessenen Ausdruck schaffen sieht: „Wie der Bischof ursprünglich unter allen Gläubigen kaum als solcher *bemerkt* wurde, sondern nur der *war*, um welchen sie sich sammelte, so der Metropolit anfänglich unter den eine weitere Einheit gestaltenden Bischöfen, so der Primas unter der Gesamtheit aller Bischöfe. In allem aber ist ferner zu bemerken die wunderbare Erscheinung: je mehr die innere lebendige Einheit aller Christen angefochten wurde, desto kräftiger sprach sie sich aus: je mehr Egoismus, desto mehr Liebe; je störender die Anfälle, desto konzentrierter und aufgeregter die Kraft.“[67] In einer so ausgewoge-

---

[64] E § 71, 241.

[65] Geiselmann (E 620–625) zeigt auf höchst erhellende Art die Quellen und Parallelen zu dieser Lehre auf: bei Drey zuerst, bei dem die Kirche vorab Brüderschaft, erst dann „Reich“ ist, dessen Macht zwar dem Egoismus entgegentreten muß, aber „ganz auf die Liebe“ ausgerichtet ist. Sie kann daher ihre Macht nur vermittelnd und versöhnend gebrauchen; „aber die Versöhnung ist die Tochter des Schmerzes, im Schmerz muß sich der Groll auflösen, durch Schmerz in Liebe übergehen“. Dann bei Franz von Baader (hinter dem Saint-Martin steht), dessen Aussagen diejenigen Möhlers noch verdeutlichen: „Das Gesetz tritt nämlich (in der Kirche) nur dann hervor, wenn die Liebe oder Eintracht gestört und verletzt wird, und so sehen wir auch die wissenschaftliche Definition des Dogmas nur mit dessen Befehdung oder versuchten Entstellung auftreten ... Allerdings kann eine Gesellschaft (bürgerliche und religiöse) bestehen, ohne daß die Autorität als solche *effektiv* hervortritt, wenn diese schon in jener ruht. Man kann in dieser Hinsicht drei Stadien der Gesellschaft unterscheiden, deren erstes die natürliche Gesellschaft bezeichnet, in welcher nur die *Liebe* herrscht; sowie aber die Liebe verletzt wird oder mangelt und das *Gesetz* spricht, gestaltet sich die Gesellschaft zur Zivilgesellschaft. Endlich wenn auch das Gesetz übertreten wird, tritt die Autorität als *Macht* hervor.“ Ähnliches bei E. von Moy sowie bei Bautain, der ebenfalls Autorität und Recht von der Liebe herleitet, sie aber in der Urform alles Rechts, in der *Vaterschaft*, zusammenbindet. Vgl. auch Schleiermacher, Glaubenslehre § 161.

[66] Vgl. die langsame Entwicklung Möhlers in der Zeit zwischen der „Einheit“ und der „Symbolik“ (die selbst erst von der vierten Auflage an den Episkopalismus innerlich übersteigt): Symbolik II, 672–698. Zunächst wollte er dem Papst „keine monarchische“, d. h. legislative, sondern nur exekutive Gewalt in bezug auf die „allgemeinen Gesetze der Kirche“ zugestehen, auch wenn er das Papsttum durchaus als göttliche Institution bejahte.

[67] E § 71, 239.

nen Schau ist Recht und Autorität (bis hin zur „Gewalt") kein der Liebe von außen her zuwachsendes fremdes Prinzip, sondern ein der Kirche innerlich einwohnendes, das freilich erst dort „bemerkt" wird und thematisch zu werden braucht, wo der Konsens und die Communio der Liebe gestört ist, und das keine andere Rechtfertigung besitzt als die Erhaltung und möglichste Wiederherstellung der Liebeseinheit.

Deshalb hat der reife Möhler zuletzt auch nicht wählen wollen zwischen einem exklusiven Episkopalismus und einem exklusiven Papalismus; als er in § 46 der „Einheit" die wichtige Unterscheidung zwischen (befruchtendem innerkirchlichem) „*Gegensatz*" und (häretischem, die Einheit der Kirche zerstörendem) „*Widerspruch*" gefunden hatte[68], war für ihn der Weg offen, beide Ausprägungen der kirchlichen Einheit als „sehr wohltätige Gegensätze" aufzufassen, die beide auf göttliche Institution rückführbar sind[69]. Beachtet man, daß Möhler zuletzt zu einer ausdrücklichen Anerkennung der Einsetzung des Primats durch Christus gelangt, ihn also nicht mehr als *bloße* schöpferische Tat der vom Geist bewegten kirchlichen Liebe[70] versteht, so dürfen wir seinen Grundsatz stehen lassen: „Die gesamte Kirchenverfassung ist darum nichts anderes als die verkörperte Liebe"[71], für den jedoch Augustinus eine nähere Erklärung bereithalten wird.

### c) Das Amt und die heilige Kirche

Möhler selbst weist im 13. Zusatz zu seiner „Einheit" auf die Lehre der Väter, insbesondere *Augustins*, daß das Amt in der Kirche nur deshalb als Stellvertreter der Einheit fungieren, die aus der Einheit der Liebe Herausgefallenen mit der Kirche versöhnen, andere in der

---

[68] „Das also, was in der Kirche die wahre Natur des Gegensatzes hat, erscheint außer ihr immer allein, mithin nicht als Gegensatz, weswegen es nicht leben kann, weil es seine Ergänzung nicht findet ... da in Widersprüchen kein wahres Leben möglich ist ... Liebe und Egoismus sind keine Gegensätze." E § 46, 154–156.

[69] S II 697. Man übersehe nicht, daß für Möhler die Funktion der Einheitsstiftung durch das Papsttum in seiner Isolierung der gleichen Versuchung unterworfen bleibt wie das, wogegen sie kämpft, weshalb er einmal notieren kann: „Der Protestantismus ist das Extrem des Papismus, d.h. der vollendete Egoismus im *Prinzip*. Im Papismus gibt ein jeder unbedingt *Einem* sich hin, im Protestantismus setzt sich *einer* unbedingt allem entgegen" (sofern er sich selbst zum Auslegungsprinzip der Offenbarung macht). Ebd. 698.

[70] E § 49, 170; 168 Anm. 1: „Die Bildung der sichtbaren Kirche ist darum die größte Tat der Gläubigen"; § 64, 215: „Der Episkopat, die Verfassung der Kirche ist nur die äußere Darstellung jenes Wesens, nicht dieses selbst"; vgl. § 51, 178, § 55, 183.

[71] E § 64, 215.

Taufe neu in sie aufnehmen kann, weil es diese Kirche der Liebe trotz aller irdischen Fragwürdigkeit wirklich immer schon gibt. Das ist bei ihm um so bemerkenswerter, als sein Hauptkampf sich ja gegen die Donatisten und ihre Absolutsetzung einer „Kirche der Reinen" richtet und er ihnen gegenüber eine „gemischte Kirche" verteidigt, „aus Guten und Bösen zusammengesetzt" und dazu bestimmt, erst eschatologisch, beim Gericht, auseinandergewirrt und zu einer Verkörperung des Guten allein zu werden. Das hindert ihn nicht, das Ideal der ersten christlichen Geschlechter insofern weiterzutragen, als für ihn allein die Gerechten „im eigentlichen Sinn den Leib Christi bilden"[72]. Und nun ist es seine Kühnheit, daß er diese in der gemischten verborgene wahre Kirche nicht von der Tätigkeit ihres Hauptes Christus trennen will. Gewiß rechtfertigt er seine anticyprianische und jetzt antidonatistische, von den Päpsten zum ersten Mal verteidigte Lehre, daß die Ketzertaufe und wohl auch Ketzerordination deshalb gültig sind (obschon sie die Gnade des Geistes nicht verleihen), weil im amtlichen Diener, wer immer es sei, Christus sakramental handelt. Aber Christus, der Menschgewordene, ist immer „Haupt und Leib", „Bräutigam und Braut", er handelt nicht ohne jene wahrhafte Kirche, die Augustinus mit dem Hohenlied die „eine Taube", „Columba", nennt, die „Communio und Gemeinschaft der Heiligen"[73]. Und weil alles kirchliche Recht ursprünglich in der Liebe wurzelt, läßt Augustin – hierin in der Linie Cyprians fortdenkend – die Schlüssel der Sündenvergebung ursprünglich der „Taube", d. h. der Kirche, *sofern* sie Liebeseinheit ist, übergeben worden sein, so wie auch einzig ihr primär die „Unfehlbarkeit" zusteht.

„Gott, sein Heiliger Geist vergibt die Sünden; aber ‚Gott wohnt in seinem heiligen Tempel', das heißt in seinen getreuen Heiligen, in seiner Kirche: durch sie (eos) vergibt er die Sünden, weil sie lebendige Tempel sind."[74] Dieser Gedanke wird so radikal durchgeführt, daß diese liebende Einheit zum Subjekt wird, das sowohl hinter dem „Felsenwort" an Petrus wie hinter der an Ostern den Elfen verliehenen Vergebungsgewalt steht: „‚Empfangt den Heiligen Geist: denen ihr die Sünden vergebt, denen sind sie vergeben, denen ihr sie behaltet, denen sind sie behalten.' Wenn also (die Apostel) die Rolle der Kirche spielen (personam gerent Ecclesiae) und es ihnen so gesagt

[72] C. Faustum XIII 16.

[73] Dazu Y. Congar, Introduction générale à Saint Augustin. Traités antidonatistes 1 (Œuvres de S. Augustin 28, Paris 1963) 100–109. Über die heilsgeschichtliche Funktion der Gesamtkirche in der Frühpatristik bis Origenes und Methodius vgl. Karl Delahaye, Erneuerung der Seelsorgsformen aus der Sicht der Patristik, Herder 1958, 142–193.

[74] Sermo 99, 9.

wurde, als ob es der Kirche selbst gesagt worden wäre, so vergibt die Gemeinschaft (pax) der Kirche die Sünden, und das Sich-Entfremden von der Kirche behält sie, nicht nach Menschenwillkür, sondern nach Gottes Willen und dem Gebet der Heiligen, die im Geiste leben, die alles richten, aber von niemandem gerichtet werden (1 Kor 2,15). Der Fels (d.h. die auf Christus gegründeten Gläubigen) behält, der Fels vergibt; die Taube behält, die Taube vergibt; die Einheit behält, die Einheit vergibt. Der Friede dieser Einheit aber ist einzig in den Guten, den bereits Geisthaften oder in einmütigem Gehorsam dem Geisthaften Entgegenstrebenden; in den Bösen ist sie nicht, sie mögen draußen lärmen oder unter Seufzen in der Kirche geduldet werden, sie mögen taufen oder getauft werden. Wie aber jene, die in der Kirche unter Seufzen geduldet werden, obschon sie nicht zur wahren Kirchengemeinschaft gehören, zu jener glorreichen Kirche, die weder Flecken noch Fehl noch etwas dergleichen hat (Eph 5,27), wenn sie sich bessern und gestehen, daß sie mit Sünden beladen zur Kirche hinzutreten, nicht wiedergetauft werden, sondern nur anfangen zur Taube zu gehören, durch deren seufzendes Flehen die Sünden gelöst werden (per cujus gemitus peccata solvuntur), so werden auch die, die offenkundig nicht in der Kirche sind ... durch das gleiche Gesetz und Band der Liebe befreit." Der folgende Satz spitzt das Ganze dahin zu, daß vorausgesetzt wird, die Taufenden und in die Kirche Aufnehmenden seien sündige Bischöfe oder Priester: „Wenn dagegen eingewendet wird: ‚Nur Vorstehern in der Kirche und solchen, die durch das Gesetz des Evangeliums und die Anweisung des Herrn eingesetzt sind, dürften taufen', so ist zu fragen: Waren die Angeredeten solche, die durch arge Schliche Güter an sich rissen? ... Nicht Räubern und Wucherern hätte der Herr gesagt: ‚Wem ihr die Sünden vergebt ...', sondern der wird gelöst, der mit der Taube Frieden schließt, der wird gebunden, der mit ihr keine Gemeinschaft hat, er mag nun offenkundig draußen sein oder dem Schein nach drinnen sein."[75]

Aus der Stelle wird deutlich, daß zwischen den amtlichen Vertretern der heiligen Kirche (personam Ecclesiae gerens) und dieser dann keine Differenz herrscht, wenn sie ihr Amt in der rechten Liebesgesinnung verwalten; daß aber, falls sie es nicht tun, eine Differenz zwischen ihnen als Amtspersonen und der von ihnen vertretenen Liebeskirche aufklafft, die wesensgemäß zwischen der letztern und Christus, mit der sie ein gemeinsames Prinzip der Liebe und Vergebung bildet, nicht bestehen kann. Augustinus' Stellung ist hier ganz

[75] De baptismo contra Donatistas, lib 3, n 23. Vgl. Sermo 71,23 n 37.

klar umrissen, auch seinen eigenen afrikanischen Vorgängern Tertullian und Cyprian gegenüber[76]. Dem zum Montanismus übergehenden *Tertullian* öffnet sich eine Kluft zwischen der hierarchisch-rechtlichen Kirche der Bischöfe (Ecclesia numerus episcoporum) mit ihrer rein disziplinären Nachfolge der Apostel – und der Kirche der Geistmenschen, die die wahren Apostelnachfolger sind und denen es, im Gegensatz zu jenen, gegeben ist, auch schwere Sünden zu vergebeben[77]. Bei *Cyprian* besteht, wie wir gesehen haben, die umgekehrte Neigung, die Einheit der Bischöfe als die originärste Darstellung der (sowohl amtlichen wie geistigen) Einheit der Kirche mit Christus zu sehen. *Augustin* übernimmt vom erstern die Möglichkeit einer Unterscheidung, die jeweils beim Absinken des Amtes von seinem eigentlichen Wesen hervortritt, vom letztern aber die Verwurzelung auch des Amtes in der Sphäre der ursprünglichen Liebe. Seine Stellungnahme gegen die „donatistische Priesteridee, die den kirchlichen minister nicht unter, sondern neben Christus stellt, die in seinem Amt nicht nur ein ministerium, sondern ein dominium erblickte, die mit der sakramentalen Heiligkeit zugleich die persönliche für notwendig hielt“[78], ermöglichte es Augustin, das „Sakrament“ der Priesterweihe gleichzeitig – als eine besondere Teilnahme des Beamteten am Amt Christi des Guten Hirten – in der innersten Sphäre kirchlicher Heiligkeit grundzulegen und es bei seinem Absinken (im schlechten Priester) dennoch als wesentlich wirksames Amt nicht verlorengehen zu lassen. Augustins Kirchenbegriff bleibt (ohne auseinanderzufallen) flexibel genug, das innerste Wesen der Kirche in die reine Gemeinschaft der Liebe zu verlegen, ohne deswegen die Sichtbarkeit des Amtes und der Sakramente, die fraglos festgehaltene apostolische Sukzession[79] und die dem einzelnen Gläubigen überlegene Autorität der Kirche, die ihm die des Evangeliums maßgeblich bindend konkretisiert[80], wie Tertullian in das Gebiet des Scheinhaften, Unwesentlichen zu verweisen. Das hindert ihn nicht, die durch das Sakrament der Priesterweihe vermittelte Befugnis mit dem *rechtlichen* Ausdruck des „jus dandi“ zu kennzeichnen[81], das jedoch nicht (wie bei den Romantikern) in

---

[76] Vgl. dazu: Joseph Ratzinger, Volk und Haus Gottes in Augustins Lehre von der Kirche, in: Münchener Theologische Studien II 7 (1954) 44–102.
[77] De pudic. 21.
[78] Fritz Hofmann, Der Kirchenbegriff des heiligen Augustinus (Huber München 1933) 426.
[79] Texte ebd. 94ff.
[80] „Ich würde an das Evangelium nicht glauben, wenn mich die Autorität der katholischen Kirche nicht dazu bewegte“: Contra Ep. Fund. 5,6.
[81] Contra Ep. Parm., 2, 13, 28 und 30.

Gefahr steht, als eine erste Erkaltung oder Erstarrung der Liebe zu erscheinen, sondern bei ihm eine unmittelbare Einheit des Geweihten mit dem Guten Hirten schlechthin bildet, zu dessen Wesen es nun aber gehört, sein Leben für seine Schafe dahinzugeben. „Was ist Petrus? Etwa kein Hirte oder ein schlechter? Sehen wir zu, ob er kein Hirte ist. ‚Liebst du mich?' ... Er antwortet: ‚Ich liebe.' Und du erwiderst: ‚Weide meine Schafe.' Du, du Herr, hast ihn durch deine Frage, durch die Stärkung aus deinem Munde zu einem liebenden Hirten gemacht." Durch dreifache Zusage muß er in Traurigkeit seine Verleugnung wieder gutmachen. Und nun ist er „ein Hirte, und zwar ein guter Hirte, nichts freilich im Vergleich zur Gewalt (potestas) und Güte des Hirten der Hirten, aber dennoch auch selbst Hirte und guter Hirte, und auch alle übrigen, die so sind, sind gute Hirten."[82] Sie sind es, „weil sie Glieder des Hirten sind"; die Apostel „waren in Freude unter dem einen Haupt, waren übereinstimmend unter diesem Haupt, lebten in einem einzigen Geist im Gefüge des einzigen Leibes: und so gehörten sie alle zum einen Hirten."[83] Ja Augustin treibt den Gedanken noch weiter: wenn die guten Hirten in der reinen Kirche in besonderer Weise mit dem einzigen Hirten, der das Haupt der Kirche ist, verbunden sind, so sind sie es nicht in einem letzten Gegensatz zur Kirche, deren Glieder sie ja sind, vielmehr ist die Einheit „Guter Hirte – Gute Hirten" notwendig auch die Darstellung der Einheit zwischen Bräutigam und Braut: indem Jesus dem Petrus seine Herde anvertraut, „hebt er in diesem die Einheit heraus; denn es waren viele Apostel. Aber nur dem Einen wird gesagt: ‚Weide meine Lämmer.' Gewiß gibt es viele gute Hirten, aber alle sind in dem einen, sind eins ... Nicht ihre eigene Rede sprechen die Freunde des Bräutigams" – man beachte, wie hier in Petrus Johannes der Täufer aufscheint! –, „sondern sie sind voller Freude ob der Stimme des Bräutigams. Er selber also ist der Weidende, während jene weiden; er kann sagen: ‚Ich weide', weil in jenen seine Stimme ertönt, in jenen seine Liebe erscheint. Darum wollte er den Petrus, dem er seine Lämmer wie ein Mensch einem andern anvertraute, mit sich so eins machen, daß er selbst bei dieser Übergabe der Herde das Haupt bliebe, während jener zum Inbild (figura) des Leibes, d. h. der Kirche, werden sollte, und beide wie Bräutigam und Braut zwei in einem Fleische wären. Was hat er ihm deshalb bei der Übergabe der Herde vorweg gesagt, damit er sie ihm nicht wie einem Fremden übergäbe? ‚Petrus, liebst du mich?' ... Er festigt die

---

82 Sermo 138,4; vgl. 5.

83 In Jo., tr 46,7; vgl. n 5.

Liebe, um die Einheit zu stärken ... So mögen die Hirten sich rühmen, aber im Herrn."[84]

Nach dieser tiefsinnigen Theologie des Amtes, die dessen letzten Sinn in der Einheit des Amtsträgers mit dem Christus sieht, in welchem Amt und Liebeshingabe eins ist, kann Augustin, der Antidonatist, ohne Zweideutigkeit betonen, daß der schlechte Hirte, der Mietling, im christlichen Sinn kein Hirte ist. „Denn damit einer ein guter Priester sei, muß er nicht nur das Sakrament empfangen, sondern auch die Gerechtigkeit angezogen haben", und wenn die Amtshandlungen eines schlechten Priesters gültig sind, „so ist doch er selbst nicht nur kein wahrer Priester, sondern überhaupt keiner"[85]. „So muß ein guter Bischof sein; ist er nicht so, dann ist er gar keiner ... Wer ist ein Bischof und doch keiner? Einer, der sich an seiner eigenen Ehre mehr freut als am Heil der Herde Gottes, in dieser erhabenen Dienststellung (in ista celsitudine ministerii) das Seinige sucht, nicht das, was Jesu Christi ist (Phil 2,21), der wird Bischof genannt, ist aber keiner, nur den leeren Namen trägt er."[86] Er ist ein „scheinhafter" (fictus)[87], auch wenn er das „jus dandi" behält.

Das Amt ist somit auch in seiner Besonderheit (als Hirtenamt in der Einigung mit dem einzigen Hirten) innerhalb der „Columba" verankert, die als ganze, nach Augustins Lehre, in ihrer Einheit mit Christus die Sünden vergibt[88]; aber es ragt aus der idealen Kirche in die Sünderkirche hinein, nicht bloß, um fremde Sünden zu vergeben, sondern auch in der eigenen Schwäche und Sündigkeit, und es repräsentiert in dieser existentiellen Entfremdung und Verfallenheit (Petri Verleugnung!) auf amtliche Art die Einheit. Augustin hat dies als erster sichergestellt und damit auch seine Vorträge über das Johannesevangelium mit der berühmten Parallele zwischen Petrus und Johannes abgeschlossen: „Niemand trenne diese hervorragenden Apostel. Sowohl in dem, was Petrus sinnbildete (das Leben in Fährnis und zeitlichen Übeln), waren beide, wie in dem, was Johannes sinnbildet (die Vorwegnahme der Seligkeit der reinen Kirche in der Beschauung), sollten auch beide einstens sein."[89]

Aber vielleicht hat Augustin zwei Dinge nicht mehr exakt herausgearbeitet. Das erste ist, daß diese Gestalt des kirchlichen Amtes, das in der „johanneischen" Liebe wurzelt, aber auch außerhalb ihrer

---

[84] Sermo 46, 13,30.

[85] Contra Lit. Pet., 2, 30, 69.

[86] Morin, S. Augustini Sermones post Maurinos reperti (Rom 1930) 566, vgl. 568.

[87] Contra Ep. Parm., 2, 11, 24.

[88] In Jo., tr 124, 7. [89] Ebd.

noch die Einheit – die ja nur die der Liebe sein kann – wirksam repräsentieren muß und kann, in der Kirche dieser Weltzeit die Form des Kreuzes einprägt und sie dauern läßt. Die Differenz innerhalb des Hirtenamtes zwischen den „Mietlingen" (die in der Überzahl sind[90]) und den echten Hirten, die „Söhne" sind, bringt eine Art konstitutiven Riß in die Verfaßtheit der Kirche, der vom „gemitus Columbae", aber tiefer vom gekreuzigten Herrn der Kirche ausgelitten werden muß. So ist es nicht nur eine trostvolle Verheißung für Petrus, daß er am Ende seiner Bahn mit dem Herrn ans Kreuz darf, sondern mehr: der sichtbare Ausdruck dafür, daß Amt als Möglichkeit überhaupt auf Kreuz beruht. Und welcher „Petrus" ist schon „Johannes", durch welchen geht der Riß, der die kirchliche Amtlichkeit im ganzen kennzeichnet, nicht persönlich hindurch? Welcher kann sich auch nur als der „Freund des Bräutigams" bezeichnen außer in der Eigenschaft des Verschwindens und Sich-Auslöschens mitten im Wirken? Und wenn im Zeichen des Amtes das Zeichen des Kreuzes in der Kirche aufgerichtet ist: muß dann nicht die *ganze* Kirche dieses Kreuz erkennen, anerkennen, durchleiden: nicht nur die reine Kirche der Liebe, nicht nur der Träger des kirchlichen Amtes, sondern auch und gerade die sündige Kirche, deren Spezialität es ist, immerfort gegen das der Kirche eingestiftete Amt und seine Autorität zu revoltieren?

Noch ein Zweites dürfte bei Augustin nicht zur letzten Klärung gelangt sein. Ist die klare Scheidung zwischen einer reinen Kirche der Liebenden und einer unreinen Kirche der Sünder nicht im Grunde zu seiner Zeit schon überholt? Das Ideal der Urkirche, die in der Kirche das wiedergekehrte Paradies sah, war doch längst zusammengebrochen, und Augustins ganzes Werk durchzieht immer stärker der entgegengesetzte Gedanke, daß der durch die Vergänglichkeit pilgernde Teil der Civitas Dei erst eschatologisch zur reinen, unbefleckten Braut-Kirche werden wird[91]. Wo aber ist dann diese „Columba immaculata" (Hl 5, 2), die für Augustin gewiß nicht nur das himmlische Jerusalem bedeutet, sondern einen realen Teil der irdischen Kirche? Müßte hier nicht seine Mariologie sich wirksamer in seiner Kirchenlehre auswirken? Und wenn einmal erkannt worden ist, daß das einzige Glied der realen pilgernden Kirche[92], das dem kirchlichen Attribut ‚immaculata" (Eph 5, 27) voll ent-

---

[90] In Jo., tr 46, 5.

[91] Retract. 2, 18; vgl. ebd. 1, 7, 5; De Civ. Dei 18, 48; De contin. 25; Sermo 181, 7.

[92] Denn gewiß sind wir alle für die eschatologische Kirche zu „immaculati" prädestiniert: Eph 1, 4; Kol 1, 22; Jud 24 (die Wendungen im Jakobusbrief 1, 27 dürften stark vom alttestamentlichen Reinheitsbegriff mitgeprägt sein).

spricht, Maria, die Mutter und Braut des Herrn ist, und wenn außerdem das Begründetsein des Petrusamtes auf der liebenden Kirche (Augustin) feststeht: muß dann nicht in der Gegenwärtigkeit Petri im heutigen Amtsträger, in der Gegenwärtigkeit der Zwölf und Pauli[93] in allen Amtsträgern eine ebenso konkrete Präsentwerdung Marias in der sichtbaren Kirche jeder Zeit mitgesetzt werden? Der ganze von der Erwählung der Zwölf abstammende Teil der christologischen „Konstellation“ – die Kirche der Bischöfe und der Einzelgemeinden – kann ohne Maria kein genügendes Gegengewicht gegen die angeblich exklusiven „Ansprüche“ Roms bilden: auch ihr „Anspruch“ steht unter dem gleichen eschatologischen Vorbehalt wie der petrinische.

Ehe wir zur Frage der marianischen Kirche übergehen, soll abschließend das aus Augustinus Erhobene mit der Formel der *Exzentrizität des Amtes* umrissen werden: Das Amt ist durchaus in der „heiligen“ Mitte der Kirche fundiert (daher das dem ersten Papst abgeforderte Liebesbekenntnis), aber von dieser Mitte aus *bezieht* es sich nicht nur auf die Exzentrizität der Sünder und ist wesentlich *für* sie da, sondern nimmt an dieser selbst so *teil* (deshalb ist es der Verleugner Petrus, der das Amt erhält), daß in der persönlichen Schuldhaftigkeit die amtliche Indefektibilität nicht zentral tangiert wird. Petrus ist „simul“ – wenn auch nicht in der gleichen Hinsicht – justus et peccator, fallibilis et infallibilis. Darin, daß ein Sünder den Anspruch auf ein Moment der Fehlerlosigkeit erhebt, liegt das zentrale Ärgernis des Katholischen, das die „übrigen großen nicht-katholischen Christengemeinschaften weitgehend vor den

---

[93] Es wäre der Vollständigkeit halber notwendig gewesen, die Präsentwerdung Pauli in der je-heutigen Kirchenstruktur thematisch zu behandeln. Wir können hier nur darauf verweisen, daß die ganze patristische Literatur (vom Klemensbrief und den Ignatiusbriefen an) die zentrale römische Kirche immer auf beide Apostelfürsten zurückführt (die historische Frage, ob Petrus in Rom anwesend war, und die Tatsache, daß Paulus nicht im eigentlichen Sinn als Gründer der römischen Gemeinde gelten kann, ist hier ganz gleichgültig) und daß beide bis heute den gleichen Feiertag haben und von den Vätern (Augustins Predigten 295–299) mit der gleichen Würde bedacht werden. Daß sie ihr Blut gemeinsam vergossen haben (socium sanguinem ambo fuderunt: PL 38, 1361) ist nicht nebensächlich: im Martyrium sind die beiden Hauptbegründer des Amtes in die Wahrheit des Kreuzes einbezogen, auf dem kirchliches Amt gegründet ist. Zum gemeinsamen Fest: H. Lietzmann, Petrus und Paulus in Rom (Berlin 1927); A. Baumstark, Begleitfeste, in: RAC 2 (1954) 90f, wo gezeigt wird, daß in Rom am 29. Juni beide Apostelfürsten, am folgenden Tag alle Apostel gemeinsam gefeiert wurden, ehe (spätestens) Gregor der Große den 30. dem Apostel Paulus zugewiesen hat, später aber der 29. trotzdem wieder als das gemeinsame Fest beider gefeiert wurde. Vgl. noch A. Chavasse, Les fêtes de S. Pierre et de S. Paul (30. 6.) au VII$^{e}$–VIII$^{e}$ siècle, in: Ephem. Lov. 74 (1960) 166–167.

Anschuldigungen schützt, die man auf die katholische Kirche häuft". Aber die Kirche ist ja gerade im augustinischen Denken eine Stätte und Gestalt der Erlösung; deshalb ist ihre exzentrische Position, soteriologisch gesehen, ihre *normale,* und das petrinische Paradox, das katholischerseits nicht auf „Ansprüche" Petri, sondern auf das Geheiß und die Verheißung Jesu, somit auf den Gehorsam Petri zurückgeführt wird, ist als solches die normale Mitte der realen, sichtbaren, das Werk Christi in der Geschichte bewahrenden Kirche. Dies Ärgernis darf sie nicht beheben wollen, sie kann höchstens versuchen, es so rein als möglich auf das Ärgernis Christi durchsichtig zu machen: „Selig, wenn man euch um meinetwillen schmäht und verfolgt..." (Mt 5, 11). „Die Protestanten rühmen sich, daß man in den vorwiegend reformierten Ländern den Antiklerikalismus nicht kennt, der in den katholischen blüht, weil, wie sie sagen, dort der Klerikalismus zuerst geherrscht hat. Darin liegt etwas Wahres. Eine Kirche, die ihre Vollmachten – manche würden sagen: ihre Anmaßungen – so sehr hervorhebt, unterliegt einer strengeren Kritik. Hier liegt der tiefste Grund für den berühmten ‚antirömischen Komplex...'"[94]

---

[94] Y. Congar, Vraie et fausse réforme dans l'Eglise (Cerf 1950) 69–70.

# Die umgreifende Mütterlichkeit der Kirche

Nehmen wir Augustin beim Wort: lassen wir das kirchliche Amt in der alles umgreifenden Sphäre der wahrhaft heiligen, wahrhaft unbefleckten, wahrhaft liebenden Kirche eingestiftet sein: es hätte dort seinen angestammten Platz, ohne daß diese Sphäre (die man ganz fehldeuten würde, wenn man sie bloß als „gemeinsames Priestertum der Gläubigen" verstünde) es für sich beanspruchte, denn sie ist die Sphäre einer so reinen Selbstlosigkeit, Hingabe, Fügsamkeit, daß der Gedanke eines Anspruchs sie gar nicht streift und die ausgesprochen männliche Tätigkeit des Amtierens ihr auch nicht zusteht. Dennoch wird – immer nach Augustin – das Amt nicht in einer zweitletzten (und damit rein „strukturellen") Sphäre angesiedelt, sondern von Christus durch einen eigenen Akt in diese letzte Sphäre eingegründet, die es für die Gläubigen wirksam vertreten und verwalten darf. Die Frage ist unumgänglich, was oder wer diese umgreifende Sphäre ist. Daß sie biblisch (im Alten wie im Neuen Testament), aber auch innerhalb des antiken Bilddenkens und in der Folge für die Zeit der Kirchenväter und bis ins Mittelalter (mit Ausläufern bis in den Barock) als die Sphäre des Weiblichen in all seinen Grundausprägungen – Jungfrau, Gattin, Mutter – erschien, dergegenüber sich die amtliche Welt als eine spezifisch männliche abhob, ist geschichtlich bekannt. Die Frage ist, ob dies heute noch lebendig vollziehbar ist, ob die umgreifende Sphäre, die einst mit Selbstverständlichkeit durch das Doppelwort „Maria – Ekklesia" verkörpert und in einer Gesamtanschauung angeeignet wurde, sich unter dem unerbittlichen Zugriff des theologischen Fragens derart zersetzt, daß nur noch Fragmente davon im lebendigen Bewußtsein moderner Christen überstehen können. Man kann das selber an den drei genannten Erscheinungsformen des Weiblichen erproben: gelingt es uns noch, die Kirche als den Inbegriff des Weibes zu erleben: als die dem neuen Adam zugestaltete, ja aus seiner „Seite(nwunde)" entsprungene zweite Eva, und weiterhin als die paradiesische Jungfrau, die auch in der Einigung mit Christus und in der Fruchtbarkeit aus ihm nicht aufhört, Jungfrau zu bleiben, ja alle ihr Zugehörigen geistig „verjungfräulicht", wie es nach der Apokalypse (14, 4) Origenes sagt; schließlich diese Jungfrau als das Urbild der tragenden, gebärenden und erziehenden Mutter zu sehen, welche Momente von den Kirchenvätern alle einzeln und ausführlich bedacht und in reichster Symbolik ineinanderschlungen wurden? Die Frage ist für uns deshalb so ernst, weil eine dieser umgreifenden Sphäre entkleidete Kirche, wenn sie nicht automatisch dem Soziologismus verfällt, doch für seine Angriffe sehr viel anfälliger ist als die der alten „mysterialen" Schau. Solange diese lebendig trug, war das Klerikale und in dessen Zentrum das Römische, immer durch die weibliche und weiterausgreifende Sphäre relativiert, wo das Amtliche sich – wie von Gregor VII. an endgültig – energisch betonte. Zugegeben: „Petrus" durch „Maria – Ekklesia" ins Gleichgewicht zu bringen ist (wenn wir von der Orthodoxie absehen) ein sehr innerkatholisches Unternehmen, das den kirchlichen Gemeinschaften aus der Reformation als Versuch erscheinen muß, den Teufel mit Beelzebub auszutreiben. Von protestantischer Seite ist ja maliziös bemerkt worden, daß nicht zufällig die gleichen Päpste (Pius IX., Pius XII.) für das betont Petrinische und das betont Marianische eingetreten sind. Dies braucht uns nicht anzufechten: geht es doch zunächst um ein möglichst reines und umfassendes Verständnis der Catholica, wie sie, sachlich und sogar historisch von allen Abzweigungen absehend, sich *rechtmäßig* verstanden hat und auch heute verstehen muß.

Dabei ist, wenn wir das Bild der Weiblichkeit als Kennzeichen der umgreifenden Kirchensphäre einmal voraussetzen, eines offenbar: sofern biblisch (und auch allgemein anthropologisch) das Weibliche auf Empfängnis durch den Mann angelegt ist, um tragen und am Empfangenen wirksam werden zu können, weist sowohl das kirchlich-umgreifend Weibliche wie das darin verankerte Amtlich-Männliche ganz selbstverständlich über sich selbst hinaus auf die gnadenhaft schenkende Instanz: Jesus Christus, durch den der Kirche und ihren Kindern das trinitarische Leben vermittelt wird. Wenn Kirche umgreifend durch das Weibliche gekennzeichnet ist und das Amtlich-Männliche primär in *dieser* Sphäre verankert wird, dann sind beide Gefahren miteinander behoben[1]: erstens daß Kirche zu einer sich selbst genügenden Wirklichkeit wird, die sich als „Zwi-

[1] Vgl. dazu: H. de Lubac, Les Eglises particulières dans l'Eglise universelle (Aubier 1971) 155–209; L. Bouyer, L'Eglise de Dieu (Cerf 1970) 317–318; ders., Le Trône de la Sagesse, Essai sur la signification du culte marial (Cerf 1957) passim.

schenstufe“ zwischen den Gläubigen und Christus einschiebt – sie ist ja dann primär offener Schoß und lehrt den Menschen in ihr, es mit ihr zu sein –, und zweitens, daß Klerus in seiner Väterlichkeit sich neben die göttliche väterliche Autorität stellt, statt in der Autoritätsausübung reiner Dienst[2] und reine Durchgabe der einzigen Autorität Gottes zu sein. Und wenn es wahr ist, daß der Schoß der Kirche keinen „vergänglichen, sondern einen unvergänglichen Samen . . . der ewig und lebendig ist“ (1 Petr 1,23), empfängt, und dies aus der unverfügbaren Freiheit Gottes (Jk 1,18), so ist damit jeder Anspruch sowohl der umgreifenden mütterlichen Kirche wie des in ihr verwurzelten väterlichen Amtes ausgeschlossen, diesen Samen Gottes, der sein „Wort“ und das „Evangelium“ ist (1 Petr 1,25), als etwas ein für allemal Empfangenes zu verwalten, statt dies im immerwährenden offenen Empfang zu tun.

Schließlich ist es für das Verwurzeltsein des väterlichen Amtes in der kirchlichen Mütterlichkeit kennzeichnend[3], daß Paulus zwar durchaus mit väterlichen Eigenschaften der Gemeinde gegenüber aufzutreten weiß (1 Kor 4,15f), die er „durch das Evangelium gezeugt“ hat, die er als „seine Kinder anredet“ (2 Kor 6,13) und „ermahnt, aufmuntert und beschwört“ (1 Thess 2,10–12), daß jedoch die weiblichen Bilder bei diesem als Frauenfeind verschrienen Apostel deutlich vorwalten: er beruft sich auf den Titel der Mutter, die für die Kinder „Geburtsschmerzen leidet“ (Gal 4,19) und die zur Welt Gebrachten „als ihre Kindlein hegt... mit dem eigenen Leben“ (1 Thess 2,7–8). Die Gegenüberstellung der Vaterrolle und der eines bloßen „Pädagogen“ zeigt, daß es um viel mehr geht als um ein bloßes Bild. Geistliches Zeugen und Gebären sind im Bereich des Evangeliums Realitäten, die in der Tiefe des Mysteriums der Gottgeburt wurzeln (Joh 1,13; 3,3–5; Jk 1,18; 1 Petr 1,3.23–25; 1 Joh 3,9), wie es von den ersten Kirchenvätern her bis ins Mittelalter nachhallt[4] und womit nun das Bild der empfangenden, tragenden, gebärenden und hegenden „Mutter Kirche“ engstens zusammenhängt: „Täglich gebiert die Kirche Christum durch den Glauben in den Herzen der sie Hörenden“, sagt Albert der Große nach unzähligen andern[5].

---

[2] Lumen Gentium, Kap. 3, Nr. 24, mit den ntl. Stellen für amtliche „Diakonia“.

[3] Wir möchten damit aber nicht der Vorstellung Scheebens beipflichten, der (Die Mysterien des Christentums, 1865, § 79, 524ff) die Mutterschaft der Kirche mit dem amtlichen Priestertum gleichsetzt.

[4] Hugo Rahner, Die Gottesgeburt. Die Lehre der Kirchenväter von der Geburt Christi im Herzen der Gläubigen, in: Zeitschrift f. kath. Theologie 59 (1935) 333–418.

[5] In Apoc. 12,5 (Borgnet 38, 656).

Aber nun muß doch zuerst die Frage erhoben werden: ist das Bild von der „Mutter Kirche“, das uns heute fremd geworden ist und das wir etwa durch die vertrautere Rede vom „Volk Gottes“ ersetzen möchten, überhaupt mehr als ein Vergleich, der aus einsichtigen kulturellen Zusammenhängen damals entsprach und aus ebenso zwingenden Gründen veränderter Denk- und Empfindungslage heute nicht mehr entspricht? Und auch wenn man diesem Bild manche biblischen Grundlagen nicht absprechen kann: sind diese kraftvoll genug, um die den Verstand und zumal das Gemüt der früheren Christen so bewegende umgreifende „Mütterlichkeit“ der Kirche derart zu tragen, daß sie, trotz unseres Widerstrebens und unserer Uneinsichtigkeit, auch für uns noch verpflichtend sein müßten? Würde es nicht genügen, ein paar wesentliche Momente aus dieser „Ideologie“ kirchlicher Mütterlichkeit, deren Bildzusammenhang unterdessen zerfallen ist, herauszuheben und in unsere veränderte Empfindungswelt hinüberzuretten?

*Karl Delahaye* hat dies in einer bekannten Arbeit – die nüancierter ist, als hier in Kürze dargestellt werden kann – zu tun unternommen: er meint aus den im Bild der „Mutter Kirche“ vereinigten und uns mit dem Verlust des Bildes auch verlorengegangenen Momenten durch deren Transposition eine „Erneuerung der Seelsorgsformen aus der Sicht der frühen Patristik“[6] anregen zu können. Da die Kirche „sich selbst keine völlig bekannte Größe ist, weil dieses ihr Wesen ihr nur in Bildern bekannt ist“, und auch „weil sie den Schatz ihres Seins erst im Fortgang der Geschichte sich auslegt“[7], ist es durchaus möglich, daß ein einmal zentrales Bild später an die Peripherie rücken kann, zumal wenn die antike Kultur, die die Wahrheit in Bildern anzuschauen und sich einzuprägen liebte, einer in Begriffen denkenden, abstrahierenden, erschließenden Epoche Platz gemacht hat. Für die Griechen, aber auch für den altorientalischen und den biblischen Menschen ist ein Bild nicht eine von der Wirklichkeit abgelöste Darstellung oder Entsprechung der Sache, sondern diese selbst „in ihrer Anschaubarkeit“[8]. So wird für Paulus der unsichtbare Gott durch die Schöpfung nicht erschlossen, sondern in ihr

---

[6] Herder 1958; schon 1952 als Dissertation bei F. X. Arnold verfaßt, dessen Anliegen die Arbeit vertreten möchte und dessen Kategorien sie verwendet, etwa die Unterscheidung zwischen (bloßem) „Heilsprozeß“ (von Gott her, auch durch weltliche Werkzeuglichkeit) und „Heilsvermittlung“ (durch den personal verstandenen Menschen).

[7] J. Bernhart, Kosmos, Hierarchie, Kirche (Wien 1936) 81–82.

[8] Delahaye, a.a.O. 10.

„begreifend angeschaut" (Röm 1,20). Wie sehr uns ein solches anschauendes Denken abhanden gekommen ist, zeigt heute etwa das Scheitern der phänomenologischen Bewegung[9]. Nun spricht auch die Bibel vielfach in Bildern (man denke an die Gleichnisreden des Herrn), in Bildern, die sogar den gefährlichen Sprung von der alt- zur neutestamentlichen Bedeutung überstehen: die theologische Lehre von Typos und Antitypos überbrückt sie. Christus ist „eikôn Theou" (2 Kor 4,4; Kol 1,15), was nicht nach dem modernen Verständnis als Abbild, Nachbild, sondern als „Sichtbar- und Offenbarwerden des Wesens mit substantieller Teilhabe (metochē) am Gegenstande" zu deuten ist[10]. In der Patristik werden nun aus biblischen Grundlagen „wesensdeutende Kernbilder" der Kirche geschaffen, vor allem „Leib" und „Weib"[11]; „Weib" (als „Jungfrau" Sion, als „Gattin" Jahwes, als unfruchtbare, dann wunderbar fruchtbare „Mutter" Jerusalem, als Sulamith des Hohenliedes) kann im Neuen Testament durch den Rückgriff auf das „zwei-eine Fleisch" der Genesis (2,24) von Paulus kunstvoll mit „Leib" synthetisiert werden, und zwar im Geheimnis des nicht nur fleischgewordenen, sondern auch des leidenden Gottessohnes, so daß in Eph 5,25–33 schon beinah die patristische „Ecclesia ex latere Christi" (wie die erste Eva aus der Rippe des ersten Adam) vorgebildet ist. Die Bilder der Brautschaft im Evangelium gehen über in die paulinischen (2 Kor 11,2; Röm 7,2–4), unter denen das von „unserer Mutter, dem oberen Jerusalem" (Gal 4,25–28) besondere Bedeutung erhält, da das irdische Jerusalem „seine Kinder" zu versammeln nicht erlaubt (Mt 23,37; vgl. Lk 19, 44), während das himmlische im abschließenden Bild des Neuen Testaments vom Himmel herabsteigt, bräutlich geschmückt für die Hochzeit des Lammes (Apg 21,1f), nicht ohne daß das Bild des zwischen Himmel und Erde in Schmerzen gebärenden Weibes vorausgegangen wäre: es gebiert den Messias und die übrigen, die „am Zeugnis Jesu festhalten" (Apk 12,17).

Beim Übergang aus diesem reichen Material in die noch reichere patristische Mutter-Kirche-Theologie ist aber nochmals die antike, zumal hellenistische Umwelt zu berücksichtigen: dort ist schon das Bild der Erde, die „Magna Mater", zugleich reine Jungfrau wie fruchtbare Mutter, vorgeprägt, bei Platon ist die Materie „Mutter und Amme des Alls", eine Menge anderer, besonders

[9] Deren Versuch von Delahaye noch positiv gewertet wird: 12f.
[10] H. Kleinknecht, Art. εἰκών in: ThWNT II (1935) 386.
[11] Delahaye, mit Verweis auf J. Bernhart und E. Commer.

weiblicher[12] Personifikationen, sind in der ausgehenden Antike geläufig, der Gnostizismus greift sie auf, vermehrt und intensiviert sie zu Hypostasen mit dramatischen Schicksalen. In diesem Ambiente entstehen die vielverschlungenen Gedankenmäander der Kirchenväter über die „Mutter Kirche", die (nach Delahaye) doch auch nur eine Personifikation ist, begünstigt durch den antiken Gedanken, daß Erlösung zunächst immer als Wiederherstellung des heilen Ursprungs verstanden wird: so kann die Braut und Mutter Kirche zugleich, wie die paradiesische Eva, Jungfrau sein[13]. Auf diese Weise entsteht jene stolze Reihe grandioser literarischer Standbilder – Preisgesänge auf die „mystische Mutter und Jungfrau", in Kreuz und Auferstehung ihrem Bräutigam vermählt, als Himmel auf Erden herrschend –, die uns Hugo Rahner, die „triumphierende Sprache" (Zeno von Verona) bevorzugend, vorgeführt hat[14].

Delahaye fragt nüchtern, was an diesem Bild für uns noch belangvoll sein kann. Da für ihn das patristische Bild nicht mehr besagt als einen Denkversuch unter andern, das unausschöpfbare Mysterium des Heils zu vergegenwärtigen[15], reduziert sich ihm der erhebliche Gehalt des Bildes auf das seelsorgliche Handeln der Kirche, das zunächst immer auf einem primären *Empfang* des von Gott angebotenen Heils (in Wort und Sakrament) beruht, sodann dieses Heil teils objektiv-werkzeuglich durchgebend (dies entsprechend dem antiken Begriff der Frau), teils aktiv-personal teilnehmend (nach dem modernen Verständnis) den Gläubigen *vermittelt*, wobei schließlich immer das *ganze* heilige Volk bei dieser Vermittlung auch an den Einzelnen mitbeteiligt ist, was dem bildlichen Prius der „Mutter" vor den Kindern im alten Bild entspricht. Mit dem letztern Gedanken möchte Delahaye zwar nicht das priesterliche Dienstamt auf das gemeinsame Priestertum aller Gläubigen zurückführen, ihm bloß darin (als dem Umgreifenden) seinen angemessenen Platz zuweisen: „Auch der Träger des Amtes gibt nicht seine mütterliche Funktion der Heilsvermittlung als Gläubiger auf, wenn er sein Amt antritt, obwohl sie natürlich hinter seiner nun väterlichen Aufgabe zurücktreten muß."[16]

---

[12] Literatur bei Alois Müller, Ecclesia – Maria. Die Einheit Marias und der Kirche, in: Paradosis V (Fribourg 1951) 10–11.

[13] Delahaye, a.a.O. 34.

[14] Mater Ecclesia, Lobpreis der Kirche aus dem ersten Jahrtausend christlicher Literatur (Benziger 1944).

[15] „Unsere Denkkategorien sind eben nicht in der Lage, das von der Frühpatristik Ausgelegte in adäquater Weise zu fassen": 89.

[16] A.a.O. 154. Eine ähnliche Reduktion vollzieht Y. Congar, „Mutter Kirche", in: Kirche heute, Brennpunkte 2 (Kaffke, Frankfurt a.M. $^{2}$1969) 30–37.

Uns will scheinen, daß diese Kapitulation vor der Unbrauchbarkeit des alten Bildes doch etwas zu rasch erfolgt; aus dem patristischen Material selbst könnte es auch für uns eindrücklicher begründet werden. Denn man kann sich kaum verhehlen, daß in diesem Bild der „Mutter Kirche“ nicht nur gewisse grundlegende Spannungen Ausdruck gewinnen, die zum „mysterialen“ Charakter der im Bild selber zutage tretenden Realität liegen – wie vor allem, daß die Kirche gleichzeitig jungfräulich-unberührt (vgl. 2 Kor 11,2) ihrem Gemahl verbunden (Eph 5,25–33), ja mütterlich fruchtbar (vgl. Gal. 4,26; Apk 12) sein soll –, sondern daß anscheinend Widersprüchliches gerade in diesem Bild vereint werden muß. So etwa stellen die Väter fest, daß die ihre Kinder (im Taufbrunnen) gebärende Mutter Kirche sie nicht aus ihrem Schoß heraus entläßt, sondern sie umgekehrt darin aufnimmt[17], daß ferner – und dies ist schwerwiegender – die Kirche zugleich Ursache und Wirkung der Heiligung der Gläubigen ist; bei Hippolyt tritt das besonders stark hervor, wo die Kirche einerseits als Mutter der Gläubigen, anderseits als „die heilige Versammlung der in Gerechtigkeit Lebenden“[18] beschrieben wird, und wenn das Wort des Vaters, menschwerdend, „ständig am Gebären der Heiligen ist, wird es auch selbst wieder von den Heiligen geboren“[19]. Wenn hier die Kirche eingeschaltet und gesagt wird, daß „die Kirche nie aufhört, aus ihrem Herzen den Logos zu gebären“[20], so erhebt sich die Frage, ob die – vorausbestehende – Kirche den Logos in die Herzen der Gläubigen hineingebiert oder ob, was bei Hippolyt durchaus möglich ist, die „Heiligen“ diesen Logos aus sich gebären und so Kirche erzeugen. Eine Formel Bedas würde hier abschließen: „ecclesia quotidie gignit ecclesiam“[21]. Aber schon Augustinus läßt die Mutter aus den versammelten Kindern bestehen[22]. Das kann theologisch wahr sein, hebt aber jede Anschaulichkeit des Mutterbildes auf. Dasselbe gilt insofern durchgehend für die Patristik, als sie die Kirche als Mutter einerseits den Kindern *vor*ordnet (etwa als Kirche der Sakramente und des Wortes, auch als Kirche der Autorität und Erziehung), sie anderseits schlechthin *in* den Kindern und nirgends sonst existieren läßt: „In der fleischlichen Ehe sind Mutter und Kind unterschieden; in der Kirche dagegen sind Mutter und Kind eins.“[23] Und damit ist der schwerwie-

---

[17] Zum Beispiel Irenäus, Adv. Haer. V 20,2; Cyprian, De unitate Eccl. 23.
[18] In Daniel 1, 17,6–7. [19] In Daniel 1, 9,8. [20] De Antichristo 61.
[21] Explan. Apoc., lib 2 (PL 93, 166D).
[22] „... cum ex ipsis filiis congregatis constet ea quae dicitur mater“: De div. quaest. 83: q 59, 4.
[23] Augustinus, Enarr. in Ps 127, 12.

gendste Widerspruch noch nicht genannt. Die Mutter-Kirche der ersten Väter wird mit Selbstverständlichkeit als die „Braut ohne Runzel und Makel oder irgend etwas dergleichen, heilig und unbefleckt" (Eph 5,27) geschildert, und wir sind dieser völlig liebenden, völlig heiligen Kirche auch bei Augustinus begegnet, der indes immer stärker dazu neigte, die Realität dieser unbefleckten Kirche erst eschatologisch anzusetzen. Damit wird aber eine bis dahin – aus den Daten der Schrift und aus dem Gegensatz zwischen der wohl nie völlig makellosen Synagoge und der durch Christi Blut ganz gereinigten Kirche gewonnene – unbezweifelte, wenn auch unreflektierte Gewißheit kritisch angeleuchtet: wer ist oder wer sind denn nun diese reine Kirche oder Kirche der Reinen, der es zufällt, die *eigentliche, wahre* Kirche zu sein, die die uneigentliche und scheinhafte der Sünder trägt, rechtfertigt, emporzieht, mit sich versöhnt?

– Gewiß werden die Glieder der Kirche im Neuen Testament „die Heiligen" genannt, aber in dem vom Alten Testament her kommenden Sinn der Erwählung und Gottgeweihtheit, der nunmehr durch Christi Versöhnungswerk vertieft ist[24] – und in besonderer Weise gilt dies vom Urkern der Kirche, den „Heiligen von Jerusalem" (2 Kor 8,4; 9,1; 9,12f; Röm 15,31), der von jeher schlechthin heiligen Stadt[25]. Doch weiß man genugsam, daß diese kollektive Gottgeweihtheit der Gemeinde die Einzelnen darin keineswegs zu den „Unbefleckten" machte, die sie ihrer Erwählung nach sein sollten, und schon für den „Hirten des Hermas" sind „alle diese Heiligen" „Sünder", die Buße tun sollten und für die man beten muß[26]. Der der christlichen Gemeinde als solcher verbleibende Heiligkeitstitel[27] verbürgt keineswegs, daß sie in ihrer Konkretheit die „reine Jungfrau" (2 Kor 11,2), die „herrliche" Gattin „ohne Fehl" (Eph 5,26) darstellt.

– Und gewiß wird im Gegensatz zur Synagoge (dem „gegenwärtigen Jerusalem", Gal 4,25), aber auch zur ganzen irdischen Wirklichkeit „das Jerusalem droben", das „neue Jerusalem" (Apk 21,2), das eschatologisch vom Himmel herabsteigt, aber nach Paulus jetzt schon „unsere Mutter" ist (Gal 4,26), und zu dem wir jetzt schon als „zur Stadt des lebendigen Gottes, zum himmlischen Jerusalem hinzugetreten" sind (Hebr 12,22), makellos sein. Und die ganze

---

[24] Hippolyte Delehaye, Sanctus. Essai sur le culte des saints dans l'antiquité (Bruxelles 1927).

[25] Lucien Cerfaux, „Les Saints" de Jérusalem, in: Ephem. theol. Lov. 2 (1925) 510–529; jetzt in: Recueil L. Cerfaux II (1954) 389–413.

[26] Vis I 1,9; Vis II 2,4.

[27] Beispiele bei Hippolyte Delehaye, a.a.O. 29.

Patristik – vom 2. Klemensbrief über Origenes bis zu Augustinus' Civitas Dei – durchzieht das sehnsüchtige Bild dieser himmlischen reinen, archetypischen, oft als präexistent dargestellten Ur-Kirche, von der die irdische nur ein unvollkommenes Abbild wäre, das in demütigem Wandern durch die Gottferne der Welt mit ihr verbunden ist. Dort, wo diese präexistente Kirche real gesetzt wird, nähert sie sich (bei Origenes und Methodius) einem gnostischen Äon, der in die Zeitlichkeit abgefallen ist und dem ihr Gemahl Christus nachgeht, um sie heimzuholen[28]. Aber nicht diese Kirche meint Paulus, wenn er von der Reinigung der Gattin im Wasserbad oder von der Verführbarkeit der „reinen Jungfrau" durch die Schlange spricht: die Realität, die er im Auge hat, ist irdisch-real.

– Im 2. Jahrhundert wurde gerne der (reine, unversehrte kirchliche) Glaube als „unsere Mutter" bezeichnet, so von Polykarp in seinem Brief an die Philipper: der uns geschenkte (!) Glaube „ist ja unser aller Mutter"[29]; so auch in einem frühen Martyrerbericht, in dem auf die Frage des Prokonsuls, wer die Eltern des Martyrers seien, dieser entgegnet: „Unser Vater ist in Wahrheit Christus, und die Mutter der Glaube an ihn."[30] Die ganze Häresiologie der Väter wird den Abfall vom wahren Glauben der Kirche und damit die Trennung von ihr selber mit der alttestamentlichen „Hurerei" gleichsetzen, so daß rückblickend das Verharren im wahren Glauben die katholische Kirche als die treue Gattin Christi kennzeichnet[31]. Aber dieser Glaube ist doch nur ein wesentlicher Teilaspekt ihrer Unversehrtheit, die ihm entsprechende innerkirchliche Liebe wird mehr vorausgesetzt denn als real existierend erklärt.

– Sollen die Martyrer als der Kern der heiligen Kirche betrachtet werden? Aber, wenn sie heilig sind, so sind sie doch gestorben und gehören der irdischen Gemeinde nicht mehr an; man kann sie verehren und sich bei ihren Gedenkstätten begraben lassen. Oder die Konfessoren, die zwar für den Glauben gelitten, aber mit dem Leben davongekommen sind und aufgrund dessen „vor Gott die priesterliche Würde verdient haben"?[32] – aber Cyprian muß sich bitter über ihre Überheblichkeit und Anmaßungen beklagen, indem sie selbst-

---

[28] Origenes, Komm. in Mt. 14,17; Methodius, Gastmahl III 8,70.

[29] 3,3.

[30] Mart. S. Justini et Soc., in: R. Knopf, Ausgewählte Märtyrerakten (Tübingen 1929) 17.

[31] Als Beispiel genüge: Cyprian, De unitate Eccl. 6. Texte zur Häresie als Hurerei vgl. unsere Studie „Casta Meretrix" in: Sponsa Verbi (Einsiedeln 1960) 251–257.

[32] Hippolyt, Kirchenordnung, Can 6.

herrlich unter Umgehung des kirchlichen Bußwegs Abgefallene mit der Kirche wiederversöhnen.

– Soll man vielleicht die von Christus gestiftete „Kirchenstruktur“ als das „unfehlbare“ Moment an ihr ansehen, im Gegensatz zum gelebten Leben, das zwar innerhalb dieser Strukturen sich abspielt, aber ihnen bestenfalls approximativ entspricht? Das hieße eine ganz moderne Unterscheidung in das altkirchliche Denken hineintragen. Y. Congar besonders schätzt diese Unterscheidung der Kirche als Institution – wozu „der Glaube, die Sakramente und die Ausübung der von Christus erhaltenen apostolischen Autorität“ gehören[33] – und als (durch dieses vorausgehende Element ermöglichte) congregatio fidelium. Aber wir sahen, daß selbst ein Hierarchist wie Cyprian die „Institution“ (Ordo) der Bischöfe nie von ihrer „Communio“, ihrer gesinnungsmäßigen Einheit in Glaube und Liebe trennen will: beides steht und fällt für ihn miteinander; und dort, wo sein Prinzip – wie später im Donatismus – sich als unzureichend erweist, werden beide Aspekte gemeinsam in Frage gestellt.

– Soll man deshalb (das scheint die letzte Lösung) die Vollkommenheit der Kirche einerseits ganz in derjenigen Christi ein- und untergehen lassen, sie aber, sofern sie sich in ihren Gliedern von Christus unterscheidet, bei einem gewissen „Streben“ nach der Vollkommenheit des Hauptes, einer Approximation an das auf Erden unerreichbare Ideal der Makellosigkeit belassen?[34] Dahin scheint es kommen zu müssen, wenn man die platonische Hyposta-

---

[33] Vraie et fausse Réforme dans l'Eglise (Cerf 1950) 95. Ebenso in: Jalons pour une théologie du laïcat (Cerf 1953) 46ff, wobei wieder der Aspekt „Heilsanstalt“ dem Aspekt „Heilsgemeinschaft“ als Ermöglichung vorausläge. René Laurentin spricht ähnlich und ordnet den ersten Aspekt Petrus, den zweiten Maria zu: „Der erste Aspekt ist offizielle Repräsentation Christi; er faßt sich in Petrus und seinen Nachfolgern zusammen. Der zweite ist mystische Gemeinschaft mit Christus: er faßt sich in Maria zusammen.“ Court traîté de théologie mariale (Lethielleux 1953) 109. – Auf einer andern Grundlage ruht die tiefsinnige Kirchentheologie Charles Journets, für den die reale unbefleckte und unfehlbare Kirche – all ihren sündigen Gliedern einwohnend – die „gratia creata“ oder die durch die Gegenwart des Heiligen Geistes in der Kirche ihr gegebene „anima creata“ ist, bestehend „aus dem sakramentalen Charakter, der sakramentalen Gnade und der der Jusisdiktionsgewalt mitgegebenen Orientierung“: L'Eglise du Verbe Incarné II, 1951, 522. Dieser Gnade nähern sich die unvollkommenen Glieder der Kirche „asymptotisch“ (ebd. 393), aber sie gehören eben der Kirche nur soweit an, als sie nicht Sünder sind, sondern an ihrer Heiligkeit teilhaben (ebd. 488). Wir haben diese erst nach der Hochscholastik möglich gewordene Systematik anderswo kritisiert.

[34] Im Anschluß an Eph 4,13 kann Hippolyt so formulieren, daß Jesus „als der vollendete Mensch“ (C. Noet. 17; PG 10, 828A) erschien und „alle Heiligen zu dem einen vollendeten Menschen beruft“, und dies durch die Taufe, die „Wiedergeburt durch den Heiligen Geist“; aufgrund dessen „*streben* wir danach, es alle zusammen zu dem einen, vollendeten und himmlischen Menschen zu bringen“ (De Antichr. 3).

sierung einer „makellosen Kirche“ (als der „eigentlichen“[35]) höchstens noch als himmlische oder eschatologische aufrechterhält und die empirisch-reale Kirche als eine zur Bekehrung hinstrebende „Sünderin“ ansieht[36]. So wird jene vollkommene Heiligkeit der Kirche, an der die Väter festgehalten hatten, im frühen Mittelalter zuweilen zugunsten einer bloßen „Freiheit von schwerer Schuld“ fallengelassen[37]. Das ist eine Kirche, die, was ihre Makellosigkeit angeht, resigniert hat und schon unterwegs ist zur „soziologischen“ Kirche der heutigen Zeit. Einen Rückweg zur patristischen „Hypostase“ der reinen Kirche gab es nicht, außer sofern diese Hypostase in der neuen Bild- und Symbolfreudigkeit des romanischen und gotischen Zeitalters ein geschichtsmächtiges Nachleben gekannt hat[38].

Aber die Verlegenheit, die wir hier – ausgehend vom Werk Karl Delahayes – entwickelt haben, ist eine künstliche. Delahayes Stellenmaterial selbst versucht auf sachlich nicht gerechtfertigte Weise das Motiv „Jungfrau-Mutter Kirche“ aus dem Motiv „Jungfrau-Mutter Maria“ herauszulösen. Beide Motive aber sind schon biblisch und dann patristisch, spätestens seit Justin und Irenäus, so ineinanderverschlungen, daß sie nicht gesondert behandelt werden können. Im ganzen muß gelten, daß gerade in der Epoche, da die angebliche „Hypostase“ (reine) Kirche ihre unreflektierte Glaubwürdigkeit verliert, die geschichtliche Person Marias als Realsymbol dieser Kirche profilierter herauszutreten beginnt (etwa, grob gesprochen, von der karolingischen Zeit an [39]). Und in dem Maße als die Makellosigkeit Marias selbst im Lauf des Mittelalters theologisch sichergestellt wird, kann sie den ursprünglichen Kern jener Kirche bilden, die ihrem Herrn gegenüber auch in der Brautschaft und Fruchtbarkeit die Magd bleibt und der Sphäre des väterlichen Kirchenamtes wie dem Gesamtvolk gegenüber die Rolle des umgreifend Mütterlichen bildet.

---

[35] „kyriōs ecclesia“: Origenes, Über das Gebet 20,1.

[36] Gregor der Große: „Dicat ergo ecclesia: inde sum fusca, inde peccatrix, quia sol me decoloravit, quia creator meus, dum me deseruit, ego in errore lapsa sum.“ Cant. c 1,5; ed. Heine 183.

[37] Helmut Riedlinger, Die Makellosigkeit der Kirche in den lateinischen Hoheliedkommentaren des Mittelalters (Aschendorff 1958) 99; vgl. 107, 110f, 117, 122, 123 usf.

[38] Vgl. vor allem Y. Congar, L'Ecclésiologie du haut Moyen-âge (Cerf 1968), Bibliographie 41–52. W. von den Steinen, Homo coelestis (Francke 1965).

[39] L. Scheffczyk, Das Mariengeheimnis in Frömmigkeit und Lehre der Karolingerzeit, in: Erfurter theolog. Studien 5 (Leipzig 1959). Wie lebendig das Empfinden für die Mutterschaft der Kirche bis in die Neuzeit bleiben kann, zeigt Newman in seiner Abschiedspredigt vor seinem Übertritt, in der er die anglikanische Kirche so anspricht:

Unsere Absicht kann es nicht sein, hier die so oft beschriebene Entwicklung der kirchlichen Lehre von Maria als dem Urbild der Kirche nochmals vorzuführen; der Überblick ist leicht und sicher zu gewinnen[40].

Wer immer unvoreingenommen das menschliche Gesamtverhältnis von Mutter und Kind, zumal mit nachchristlichen, nicht mehr von antikisch-antifemininen Vorurteilen gehaltenen Augen, betrachtet, dem wird es von vornherein selbstverständlich sein, daß die Mutter Maria, zumal wenn sie uns von den Evangelien in eindeutiger Aussage als Jungfräuliche vorgestellt wird, in den innersten Kreis der mitmenschlichen, theologisch relevanten „Konstellation" Jesu gehört, während ihre Einstufung als bloß physische Gebärerin ohne geistige Beziehung zum Kind schon deswegen untheologisch ist, weil sie unmenschlich ist. Es ist klar, daß die Kindheitsgeschichte, zumal die des Lukas, überfüllt ist von theologischer, vom Alten zum Neuen Bund hinüberführender Symbolik, die in der schlicht erzählten Geschichte ihren Realgrund hat; daß wie zu erwarten, die marianischen Episoden des vierten Evangeliums zentral sind für dessen Verständnis[41]. Der Epheserbrief stellt in gewaltigem Bild das Verhältnis Christus–Kirche als Mann–Frau heraus, und da Paulus Christus als den zweiten und endgültigen Adam zeigt, erhält die Kirche von selbst die Stellung der zweiten Eva, ohne Hinweis auf deren Verbindung mit Maria. Das Bild vom gebärenden Weib in der Apokalypse bleibt unausgedeutet: Wer ist diese, die sowohl den Messias (12,5) wie alle ihre übrigen Nachkommen, die Christen, gebiert (12,17)?

Die Reflexion folgt zunächst dem von Paulus gewiesenen Weg: bei „Hermas" und im 2. Klemensbrief erscheint die Kirche als Jung-

---

„O Mutter der Heiligen! ... O Erzieherin der Helden ... O Jungfrau Israels! ... O meine Mutter" (Sermons bearing on the Subjects of the Day, London 1873, 406f).

[40] Nur Wichtigstes: M. J. Scheeben, Dogmatik III (1882) § 274–282. H. M. Koester, Die Magd des Herrn (Limburg ²1954); O. Semmelroth, Urbild der Kirche (Würzburg 1950); Hugo Rahner, Maria und die Kirche (Innsbruck 1950); A. Müller, Ecclesia – Maria (Fribourg 1951, ²1955); Georg Schückler, Maria im Geheimnis der Kirche. Zur Mariologie der Kirchenväter (Köln 1955); L. Bouyer, Le Trône de la Sagesse (Paris 1957). Neueres bei Gérard Philips, Marie et l'Eglise, in „Maria" (hrsg. von H. du Manoir) Bd. VII (Beauchesne 1964), bes. 375.

[41] A. Feuillet, La Vierge Marie dans le Nouveau Testament, in: „Maria" VI (1961) 15–69. Für Lukas: R. Laurentin, Structure et théologie de Luc I–II (Paris 1957); H. Schürmann, Das Lukasevangelium I (Herder 1969). Für Johannes: F. M. Braun OP, La Mère des fidèles. Essai de théologie johannique (Casterman, Tournai – Paris ²1954).

frau und Mutter und unbefleckte Braut; das Thema läuft von hier aus weiter. Aber bei Justin (um 150) taucht erstmals die Parallele des Ungehorsams der Jungfrau Eva und des Gehorsams der Jungfrau Maria auf – wohl vom Protoevangelium (Gen 3,15) her –, und bei Irenäus wird das Thema vertieft und in die Fundamente der Erlösungstheologie eingemauert. Zwei Parallelen laufen nebeneinander her: Adam aus jungfräulicher Erde gebildet – Christus aus der Jungfrau Maria, damit er seinen Leib aus dem Stoff Adams empfange[42]; sodann der Jungfrau Maria Gehorsam, der den Ungehorsam der Jungfrau Eva „aufwiegt"[43], und durch diesen Gehorsam „dem ganzen Menschengeschlecht zur Ursache des Heils" wird[44]. Daneben wird das Bild der Mutterschaft der Kirche weitergeführt[45]. Wird zwischen der jungfräulichen Fruchtbarkeit der Kirche (am Taufbrunnen) und der jungfräulichen Fruchtbarkeit Marias ein Zusammenhang hergestellt? Der Streit über den Text Adv. Haer. IV 33,4 und IV 33,11 wogt hin und her: ist Maria, ist die Kirche gemeint? Selbst wenn der Mutterschoß der Kirche gemeint wäre, aus dem die „Neugeburt" „durch den Glauben" erfolgt, so verweist Irenäus zu deren Beglaubigung auf das unverhofft von Gott geschenkte Heilszeichen dafür: die Geburt aus dem Schoß der Jungfrau (Maria). Die eben erschienene kritische Ausgabe in „Sources Chrétiennes" entscheidet sich eindeutig für diese Auslegung[46]. Damit ist aber auch der (in Nr. 11) folgende Passus auf Maria zu beziehen: „Sie (die Propheten) haben den von der Jungfrau geborenen Emmanuel gepredigt (Is 7,14), damit weisen sie auf die Einigung des Wortes Gottes mit dem von ihm geformten Werk hin, daß nämlich das Wort Fleisch würde und der Gottessohn Menschensohn – daß er, der Reine auf reine Art den reinen Mutterschoß öffnen würde, den er selbst rein gemacht hat und der die Menschen zu Gott hin wiedergebiert, und daß er, der ‚starke Gott', der eine unaussprechliche Geburt hat (vgl. Is 53,8), dasselbe würde, was wir sind". Hier blitzt, wie Alois Müller richtig gesehen hat, fast unbegreiflicherweise die Einsicht in eine „*Identität* Marias mit der Kirche" auf[47]; „Maria ist *analog* genauso das universale concretum der ‚Kirche' wie Christus das der Gottessohnschaft"[48]. Mag sein, daß die

[42] Adv. Haer. III 21,10 (= Epideixis 32–2) V 21,1.
[43] Adv. Haer. V 19,1; Epideixis 33.
[44] Adv. Haer. III 22,4; zit. in Lumen Gentium Nr. 56.
[45] Vgl. die sieben bei A. Müller, a.a.O. 54 angeführten Stellen.
[46] „Sans aucun doute possible, la „gennēsis kainē", dont parle ici Irénée, est la naissance virginale par laquelle le Fils de Dieu est né du sein de Marie" (die Begründungen folgen), in: Sources Chrétiennes 100/1, 269.
[47] A.a.O. 71. [48] A.a.O. 73.

Wendung vom wiedergebärenden Schoß Marias einstweilen nicht mehr besagen will als die „Ursache unseres Heils“ (im ersten Text), und man die Intuition Irenäus' nicht über-interpretieren darf[49]: grundsätzlich ist für die ganze Folgezeit – die immer etwas zögernd von Maria als „typos“ der Kirche reden wird – das Prinzip gewonnen, daß Maria mehr ist als nur eine zeichenhafte leibliche Vordeutung auf das in der Kirche sich geisthaft Vollziehende (etwa wie nach Cyprian Petrus *nur* im Zeichen die Priorität gegenüber den übrigen Aposteln hätte), denn Irenäus sieht in Maria ja ebenso primär die geistige und urbildlich heilswirksame Kraft ihres gehorsamen Jaworts.

Überspringen wir die Zwischenstufen bis ins 5. Jahrhundert, in denen das Thema Kirche vorherrscht (etwa ihr Entspringen aus der Seitenwunde des zweiten Adam), aber offenbar Apk 12 gelegentlich schon auf Maria ausgelegt wurde (Methodius wehrt diese Deutung ab), so treffen wir auf Augustinus, der unablässig das Nebeneinander von Bild (leibliche Geburt aus Maria) und Wirklichkeit (geistliche Geburt aus der Kirche) abwandelt, aber zumeist vor der irenäischen Kühnheit zurückschreckt. Nur ausnahmsweise gelingt ihm die Aussage: „Maria ist Mutter und Jungfrau, nicht nur im Geist, sondern auch im Leib. Sie ist nicht geistliche Mutter unseres Hauptes, der der Erlöser selbst ist; geistlich ist viel eher sie aus ihm geboren, denn alle Gläubigen, zu denen auch sie zählt, heißen zu Recht die Söhne des Bräutigams. Aber sie ist in Wahrheit die Mutter seiner Glieder, die wir sind, denn durch ihre Liebe hat sie bei der Geburt der Gläubigen mitgewirkt, die da Glieder des Hauptes sind.“[50] Damit wird im Westen nicht ohne Mühe die Einsicht geboren, die Cyrill von Alexandrien in seiner fulminanten Konzilspredigt zu Ephesus zum Schluß hinausschleuderte: „Lobpreisen wir also die immerjungfräuliche Maria, und das heißt ja die heilige Kirche, sowie deren Sohn und makellosen Bräutigam. Ihm sei Ruhm in alle Ewigkeit. Amen.“[51]

Damit ist grundsätzlich erkannt, was Scheeben als die Perichorese zwischen Maria und der Kirche bezeichnen wird, die so innig ist, „daß jede von beiden vollkommen nur in und mit der andern erkannt werden kann“[52]. Dieses Ineinander klärt sich in dem Wort Haymos von Auxerre, daß Maria als Gottesgebärerin „die personhafte Dar-

---

[49] So G. Philips, a.a.O. 379.

[50] De S. Virg. 6 (PL 40, 399). Ein analoger syrischer Text aus dem Ende des 5. Jahrhunderts bei Ant. Wenger, Vatican II, chronique de la 2. sess. 124–125: „Du bist die Fülle (Haupt und Leib), ich habe dich zuerst geboren und auch alle, die auf dich hoffen.“

[51] PG 77, 996C. [52] Dogmatik III (1882) nr 1819, S. 618.

stellung der Kirche"[53] sei; dies hebt von der Kirche jeden Verdacht weg, einer antiken Hypostase nachgebildet zu sein, und gibt ihr die Möglichkeit, aufgrund der Geschichtlichkeit Marias, deren jungfräuliche Mutterschaft freilich hier überall vorausgesetzt ist, in ihrer echten Weiblichkeit und umgreifenden Mütterlichkeit verstanden und geliebt zu werden, weil ja anderseits Marias „personales Darstellen" keine eingeengte Devotion zu ihr als privater Person meint. In ihr muß man die in die Gesamtheit der Kirche hinaus Enteignete sehen, von der Verkündigung in Lk 1 bis zu ihrer unerhörten „Ver-Öffentlichung" in der Geburtsszene zwischen Himmel und Erde: Apk 12[54]. So spiegeln sich Mutter und Kirche ineinander[55].

Wir brauchen die Entwicklung der marianischen Idee nicht wesentlich weiter zu verfolgen: im frühen Mittelalter beginnt zwar die Person Marias als solche für das Bewußtsein des christlichen Volkes hervorzutreten – die Feste und ihre Liturgie mehren sich rasch –, aber diese Person erscheint an dem theologischen Ort, wo bisher die unreflektiert „hypostasierte" reine Kirche gestanden hat: in den Kommentaren zu Apk 12 (Ambrosius Autpert), in denen zum Hohenlied (Paschasius Radbert); in ihr tritt immer betonter jene „Gnadenfülle" – gratia plena – hervor, in der sich die von Christus der Kirche gewährte urbildlich zusammenfaßt (Abälard, Alanus von Lille, Albert der Große)[56]. Die Rolle Marias am Kreuz, wo nach alter Lehre die Kirche aus der Seitenwunde Jesu geboren wurde, wird neu eingestuft (etwa bei Rupert von Deutz): ihre Mütterlichkeit der Kirche gegenüber wird damit ins Licht gesetzt. Mit ihrer

---

[53] Unter den Werken Haymos von Halberstadt, In Apoc. 3,12 (PL 117, 1081A). Aber die gleiche Formel wurde früher von den Vätern längst für andere Frauengestalten des Alten und Neuen Bundes gebraucht!

[54] Diese „Ver-Öffentlichung" meint natürlich nicht Untergehen der Funktion Mariens in derjenigen des Gesamtvolkes, wie das Altfrid Kassing, Das Verhältnis von Kirche und Maria im 12. Kapitel der Apokalypse (Diss. Löwen, Maschinenschrift 1957) ansetzt: „Es handelt sich nicht darum, daß Maria als Einzelperson die Kirche als Ganzes durchdränge ... vielmehr handelt es sich um die *gegenseitige* Gemeinsamkeit *aller* Glieder der Gottgemeinde *untereinander* ... Das Gebären des ‚männlichen Kindes' wird in Apc 12 als ein Akt der *Gemeinde* gesehen" (154).

[55] „Ipsa (Maria) in Ecclesia, et Ecclesia in ipsa figuratur": Serlo von Savigny OCist., In Nat. B. M. 1; bibl. PP Cist 6 (Paris 1664) 117. Dazu die bekannte Ausführung des Abtes Isaak von Stella, Sermo 31 (PL 194, 1863A).

[56] Der Grundsatz, daß alle in der Kirche verteilten Gnaden in Maria überschwenglich (eminenter) vereint seien (auch die des Priestertums z. B.), wird von dem noch unlängst Albert zugeschriebenen „Mariale" ungebührlich überbetont; das Werk hatte eine große, bis zur Reformation reichende Nachwirkung. Sein Grundsatz beruhte auf dem Hierarchiegedanken des Pseudo-Dionysius, dessen System damals lebendigen Einfluß besaß.

eignen Empfängnis und Geburt ist Kirche im Keim schon auf dem Plan: „denn die erste Person der Kirche wird geboren“[57]. Die Neuzeit wird die im Mittelalter hinzugewonnenen Einsichten ordnen und systematisieren, oft nur zu sehr, denn das zarte Mariengeheimnis entzieht sich der starren Begrifflichkeit; deshalb werden unvorsichtige Vorstöße einer unerleuchteten Devotion lehramtlich immer wieder in die Schranken gewiesen. Wesentlich an der ganzen Entwicklung ist, daß in der Geschichte der „Ecclesia immaculata“ rechtzeitig der realsymbolische Kern Maria hervortrat, um den Zerfall jener Kirchenidee in Durchschnittlichkeit und schließlich in Soziologie zu verhindern; die Periode einseitig individueller Devotion war ein lange währender Durchgang, der nur in seiner Beschränkung, nicht in seinem Wesen verkehrt war und dessen Dauer bis zur Gegenwart dem *II. Vatikanum* erlaubt hat, Mariologie und Ekklesiologie wieder ineins zu sehen, so, daß eine Schilderung der mütterlichen und magdlichen Rolle Marias im Leben ihres Sohnes vorangeht (Lumen Gentium 55–59), dann – unter dem immerfort wiederkehrenden Leitmotiv der „Mutterschaft“ und „Mütterlichkeit“, der Vergleich zwischen Maria (als dem Urbild der Kirche) und der realen, als sündigen und nach Heiligkeit strebenden Kirche durchgeführt wird (60–65), bis ein Abschnitt über die Verehrung Marias als des Zeichens der Hoffnung und des Trostes für das wandernde Gottesvolk (66–69) den Abschluß bildet. Der Gedankengang des mittleren Teiles geht von der „mütterlichen Aufgabe Marias gegenüber den Menschen“ aus, die in keiner Weise die einzige Mittlerschaft ihres Sohnes verdunkelt, vielmehr in der aktiven Freiheit ihres Glaubens und Gehorchens (56) ein Lob Gottes bildet. Erst nach der Erwähnung ihrer Teilnahme am Kreuz (wo die Kirche geboren wird) (62), wird von der Kirche gesprochen, deren „Typus“ sie ist: „Im Geheimnis der Kirche, die ja auch selbst mit Recht Mutter und Jungfrau genannt wird, ist die selige Jungfrau Maria vorangegangen, da sie in hervorragender und einzigartiger Weise das Urbild sowohl der Jungfrau wie der Mutter darstellt“: als Jungfrau gebiert sie den Christus, der „Erstgeborener unter vielen Brüdern ist“ (Röm 8,29), „bei deren Geburt und Erziehung sie in mütterlicher Liebe mitwirkt“ (63). Die Kirche, die im II. Vatikanum nichts mehr von einer pseudognostischen Hypostase an sich hat, gelangt zur eigenen jungfräulichen Heiligkeit und Mutterschaft durch „Betrachtung“ Marias

[57] Gottfried von St. Victor, In Nat. B. M., zit. nach H. Barré, Marie et l'Eglise, du vénérable Bède à St. Albert le Grand (Société Franç. Etud. Mar. 9, 1951) 59–125, zit. 93. Vgl. H. Coathalem SJ, Le parallélisme entre la S. Vierge et l'Eglise dans la tradition latine jusqu'à la fin du XII$^{e}$ siècle, in: Anal. Gregor. 74, Ser. Theol. 27 (Rom 1954).

(64): denn „während die Kirche" (deren Glied" Maria ja ist: 53[58], „in der seligsten Jungfrau schon zur Vollkommenheit gelangt ist, in der sie ohne Makel und Runzel ist (vgl. Eph 5,27), bemühen (nituntur) sich die Christgläubigen noch, die Sünde zu besiegen und in der Heiligkeit zu wachsen". Im Blick auf Maria werden sie Christus „immer mehr gleichgestaltet", auch und gerade „in ihrem apostolischen Wirken" (vgl. Konstitution über die Liturgie, 5) –, damit wird auch auf die Stellung des Dienstamtes in der Jungfrau-Mutter Kirche verwiesen, dessen „Mütterlichkeit" hier eigens betont wird (65)[59].

Ein Letztes: das Konzil erwähnt in dieser Zusammenraffung aller Hauptmotive der Tradition über Maria-Kirche die differenzierte Beziehung Marias zu den drei Personen der Trinität (Lumen Gentium 52,53: „Mutter des Sohnes, daher... Tochter des Vaters und Heiligtum des Heiligen Geistes", 65). Im betrachtenden Blick auf dieses gerade in Maria sich eröffnende Geheimnis (Lk 1,28.31.35) klärt sich nun alles, was oben als verwirrender Widerspruch im „Bild" der patristischen „Mutter Kirche" erschien. Oder besser: die scheinbaren Widersprüche werden einbezogen in die unauflösliche Gegenseitigkeit zwischen Mutter und Sohn, in der die Mutter nur deshalb einen „Vorrang" haben kann (und muß), weil ihr dieser vorweg aus der Gnade des Vaters und den Verdiensten des Sohnes für ihr mütterliches Werk geschenkt worden ist. Vor allem aber ist Marias Werk als „Gehilfin" des neuen Adam ganz über sich hinaus auf sein trinitarisches Heilswerk hingeordnet: die Menschen, als seine Brüder, zu Kindern des Vaters im geschenkten Heiligen Geist und so zu einer vom trinitarischen Leben her begründeten Gemeinschaft zu machen; desgleichen kann auch das Werk der Kirche als Verkünderin des Wortes und Spenderin der Sakramente nur über sich hinaus auf dasselbe Werk Christi hingeordnet sein, dessen Ziel – durch die Hilfe der Kirche – wiederum Errichtung von Kirche sein muß.

---

[58] Wir gehen nicht auf die Problematik ein, die aus diesem gleichzeitig Mutter- und Tochter-der-Kirche-Sein für das Verständnis der Stellung Mariens entsteht. H. de Lubac hat in „Paradoxe et Mystère de l'Eglise" darauf hingewiesen, daß Paul VI. seine Ausdrucksweise vorsichtig der des Konzils angeglichen hat, daß die Frage aber der Tradition schon bekannt ist. So sagt im 8. Jahrhundert Berengaudus in seinem Apokalypsenkommentar: „Maria ist Mutter der Kirche, weil sie deren Haupt zur Welt gebracht hat; sie ist Tochter der Kirche, weil sie deren Glied ist, das erhabenste Glied" (PL 17,960B) (Aubier 1967) 110; dt. Übertragung: Geheimnis aus dem wir leben (Johannesverlag Einsiedeln 1967) 122.

[59] Zum Ganzen vgl. den repräsentativen Kommentar zu Lumen Gentium von G. Philipps, L'Eglise et son mystère au deuxième Concile du Vatican I–II (Desclée 1967).

## 3. Maria und Petrus

Das Verhältnis der im vorigen beschriebenen umgreifenden Mütterlichkeit der Kirche in Maria zu dem in Petrus (inmitten des Apostelkollegiums) begründeten Amt ausgewogen darzustellen ist schwierig. Ehe wir es angehen, muß das durch alles hindurch als selbstverständlich Vorausgesetzte nochmals ausdrücklich erinnert werden: wir handeln hier nur von zwei – freilich von den wichtigsten – Realsymbolen innerhalb der „Konstellation" Jesu Christi. Er allein ist der Herr der Kirche, Maria ist seine Magd, Petrus als der erste im Amt wird auf den „letzten Platz" des „Geringsten" und „Dieners aller" verwiesen (Lk 22,26; vgl. 14,9f), der ja nach Paulus allen Aposteln zukommt (1 Kor 4,9). Dabei herrscht die christliche Dialektik, daß Jesus als Einziger natürlicherweise „oben" und „von oben" ist (Joh 3,31), womit alle andern von vornherein „von unten" (Joh 8,23) sind; wir haben also zu verstehen, daß der von uns „mit Recht als Herr und Meister" Benannte (Joh 13, 13) in die Haltung des Sklaven sich erniedrigt, damit wir, die wir je schon unten sind, nicht höher zu stehen suchen als unser Herr (Joh 13,16). Aber diese Erniedrigung wird trotzdem für uns zum Maß der Gesinnung und des praktischen Handelns, und dies durch die Gnade der sich erniedrigenden und unsere Schwachheiten und Sünden tragenden Liebe Gottes. Das wird von der Eucharistie des Herrn aus klar, die das Sein der Kirche begründet und trägt: als Communio mit dem sich für alle hingebenden Herrn gibt sie uns den innern Sinn dafür, was Communio als Kirche bedeutet: in Gesinnung und praktischem Handeln. Der eucharistische Herr – als konkrete Vergegenwärtigung des trinitarischen Lebens – ist grundlegend die Einheit der Kirche: wenn Maria und Petrus, in verschiedener Weise, zu dieser Einheit in besondere Beziehung gesetzt werden, so im Dienst und Auftrag des Herrn. Und wenn die Kirche nur deshalb die „Fülle" Christi, die er erfüllt, genannt werden kann (Eph 1,23), weil er sich immerfort eucharistisch in sie hinein preisgibt, so müssen selbstverständlich auch die marianische Mütterlichkeit und die petrinische Hirtensorge von dieser christologischen Urform der Selbstpreisgabe geformt sein.

### a) Im Umgreifen freigeben

Sowohl das Marianische wie das Petrinische sind der Kirche koextensiv: „Die ganze Kirche ist marianisch"[60]; im Sinn des I. und

[60] Ch. Journet, L'Eglise du Verbe Incarné II (1951) 438–446.

II. Vatikanums ist sie zweifellos auch petrinisch[61], sofern Petrus und sein Nachfolger „die Kirche persönlich repräsentiert (persona ipsam ecclesiam gestante“[62]), als „öffentliche Person das Haupt der Kirche in seiner Beziehung zur Gesamtkirche“ darstellt („persona publica, i.e. caput ecclesiae in sua relatione ad ecclesiam universalem“[63]); „er kann von der Gesamtkirche sowenig getrennt werden wie das Fundament von dem Gebäude, das zu tragen es bestimmt ist“[64]. Aber gerade dieses – auf Mt 16,18 beruhende – Bild zeigt in der Art der Koextensivität eine Beschränkung[65]. Denn nicht nur geht das marianische Jawort der Inkarnation des Hauptes der Kirche und damit ihrer Glieder zeitlich voraus, während die Ernennung der Zwölf und Petri an ihrer Spitze ein einzelner, wenn auch gewichtiger nachfolgender Akt Jesu ist; sondern auch qualitativ wird die Form des marianischen geschehenlassenden Glaubens zur innerlich dargebotenen bestimmenden Form alles Seins und Gehabens innerhalb der Catholica, während die Katholizität der Hirtensorge Petri zwar in ihrem Gegenstand umfassend, aber in ihrer spezifischen Einmaligkeit[66] nicht mitteilbar ist. Aus beiden Gründen wird die petrinische Universalität von der marianischen mitgeformt, nicht aber diese von jener. Eine Schwierigkeit liegt darin, zu verstehen, wie die umgreifende marianische Universalität, die ausdrücklich keine amtliche ist, sondern, wie alles, auch das Amtliche in der Kirche „geschehen läßt“ und somit „freigibt“, dennoch die amtliche petrinische Universalität, die ja nun gerade „zusammenhalten“ und „verwalten“ muß und insofern nicht „freigeben“ darf, mitformt[67].

---

[61] DSch 3064; Lumen Gentium Nr. 25. Hier müßte ein großes Thema ausführlich zur Sprache kommen: das Verhältnis zwischen Maria und dem priesterlichen Amt überhaupt. René Laurentin hat es in seiner umfassenden Arbeit „Marie, l'Eglise et le Sacerdoce“ (Lethellieux, Paris 1952/53) in 2 Bänden historisch und systematisch behandelt. Aber da es schwierig ist und außerdem das petrinische Amt nicht unmittelbar und thematisch betrifft, klammern wir es aus. Wir deuten bloß an, daß es mit den gewöhnlichen Kategorien von „Klerus – Laie“ nicht zu bewältigen ist, und der Sonderfall Marias mag auf die Problematik dieses Kategorienpaars ein Licht zurückwerfen.

[62] D'Avanzo am I. Vatikanum (Mansi 52, 762D).

[63] Gasser, im Kommentar zur Definition (Mansi 52, 1213A).

[64] Ebd. 1213BC.

[65] Die gleiche Beschränkung ist fühlbar, wenn Gasser das cyprianische und wieder gallikanisch-febronianische Bild vom Mittelpunkt (zu dem die Einzelkirchen hin konvergieren) aufgreift: „in centro constitutus“ (ebd. 1214B), „centrum unitatis ecclesiasticae“ (ebd. 1213B).

[66] Die natürlich analog, aber nur analog von der Hirtensorge aller Bischöfe und ihrer Priester geteilt wird – und in einer nochmaligen Analogie (aber jetzt in „größerer Unähnlichkeit“) von allen Gläubigen.

[67] Das von den Vätern so oft zitierte (auf Maria und Jesus angewendete) Wort „femina

Das marianische Fiat, als die (durch Gnade) wahrhaft *grenzenlose* Bereitschaft und Verfügbarkeit ist bräutlicher Schoß, Matrix und Mater, woraus der Sohn Gottes nicht nur selber entstehen, sondern auch eine wahrhaft universale Kirche errichten kann. Durch die Kraft des grenzenlosen dreieinigen Gottes wird dieses Fiat „vorweg" (in der „Vorerlösung" der „unbefleckten Empfängnis") entgrenzt, damit das Irdisch-Endliche – sei es Maria oder ihr Sohn oder die Kirche – grundsätzlich der Einwohnung Gottes kein Hindernis biete, infiniti capax sei. Wesentlich an dieser unendlichen Dehnbarkeit des marianischen Einverständnisses ist, daß es immer wieder über das eigene Verständnis hinausgeführt wird und Dinge bejahen muß, die überhaupt nicht im Rahmen des Menschenmöglichen, Absehbaren, Erträglichen, Angemessenen zu liegen scheinen: von der jungfräulichen Empfängnis einer schon verheirateten Frau über das „Nichtverstehen" der Antwort des Zwölfjährigen, die harten Abweisungen ihres Sohnes bis zur Kreuzesverlassenheit und zur Übergabe an den andern Sohn Johannes ... In diesem betonten Überfordertsein ihres Verstehens, worin ihre Bereitschaft immer grenzenloser (aber ohne Widerstand) ausgeweitet wird, erweist sich Maria als die seliggepriesene Glaubende schlechthin (Lk 1,45; 11,28; vgl. auch Joh 20,29) und darin als der „Sitz der Weisheit", und darin als die für die Kirche verwendbare prägende Form. Deshalb wird ihre Bereitschaft zu Gott und zu ihrem Sohn von diesem ausdrücklich zu dem Jünger Jesu hinübergelenkt und ihm als das Mütterliche anvertraut (Joh 19,26f). Von seinem Ursprung her bleibt das marianische Prinzip der reine Gegensatz zu jeder „partiellen Identifikation", die das Mitgehen vom Maß des eigenen Begreifens oder „verantwortbaren" Gutheißens abhängig macht, es ist nicht minder der reine Gegensatz zur passiven Gleichgültigkeit eines bloßen Werkzeugs, das man nach Willkür handhaben kann: ist sie doch in jedem Augenblick gespannte Wachsamkeit, auf welche Weise sie der neuen Forderung entsprechen kann (vgl. Lk 1,29.34; 2,19.51). Schon in Kana offenbart sie diese wache Sorge zugunsten der Armen, und an ihrem „Was er euch sagt, das tut" (Joh 2,5) wird sichtbar, was in dieser Sorge das „Freigeben" ist: kein bloßes „Gott-Anheimstellen", noch weniger ein Versperren des Raumes mit durchgesetzten guten Wünschen, sondern der Wille, das eigene Wesen durch Zurücktreten innerhalb der Bereitschaft zum Feld möglicher Begegnung zwischen menschlicher Bedürftigkeit und göttlicher Gnade zu

circumdabit virum" (Jer 31,22 LXX) kann hier auch auf Maria – Petrus angewendet werden.

machen. Freigeben heißt nicht Gehenlassen, aus einer Umklammerung befreien, sondern einen Raum bereitstellen, worin der andere (sei er Gott oder Mensch oder beide) sein Freisein allererst verwirklichen kann. Das unverkennbar Einmalige dieses Freigebens in der wachen Bereitschaft offenbart Marias Nähe zum Heiligen Geist, dessen erwähltes Gefäß sie ist und der als göttliche Person das wirksame, aber immer „verschwindende", diskrete Raumgeben für die gegenseitige Liebe von Vater und Sohn ist, der er sich verdankt, die er bezeugt, die er ist. Wo Maria als Geisterfüllte zum Urbild der Kirche wird, erscheint diese als der Tempel des Heiligen Geistes, der sie wehend erfüllt und, ohne sich selbst thematisch zu machen, in die Wahrheit des Vaters und des Sohnes, die er wiederum selbst ist, einführt.

Das marianische Fiat ist umgreifende – in seiner Vollkommenheit uneinholbare, aber schützende und lenkende – Form für das ganze kirchliche Leben. Es ist die innere Gestalt der Communio, sofern diese weit mehr ist als ein menschliches Miteinander-Auskommen und Fraternisieren, vielmehr ein gegenseitiges unbegrenztes Raumgewähren in sich selbst[68]. Die äußern räumlichen und zeitlichen, die allgemein mitmenschlichen Beschränkungen bleiben dieser – ideal gesehen – grenzenlosen Empfangsbereitschaft äußerlich. Auch mißbrauchtes Vertrauen schlägt nicht in Mißtrauen um. Maria leidet an der Sünde ihrer Mitmenschen; aber sie braucht, um dieser Sünde zu begegnen, ihr eigenes Zentrum nicht zu verlassen, sich nicht auf den Standpunkt der Peripherie zu versetzen; indem die Sünde auf sie – eigentlich auf ihren Sohn und durch sein Leiden auf sie – eindringt, weiß sie als Mit-leidende, Mit-leidige hinreichend darüber Bescheid und hat kein anderes Heilmittel anzubieten als nochmals ihre Bereitschaft. So ist ihre Haltung die Grundlage für die Kirche der Gläubigen, die Kirche als reine Communio, die Kirche des „gemeinsamen Priestertums" im Mitleiden mit Jesus Christus zusammen.

Welche Beziehung kann aber diese marianische Haltung zu der des männlichen Dienstamtes haben, das Petrus inmitten des Zwölferkollegiums vom „Erzhirten" Jesus empfängt, um dessen Herde zu weiden, so wie Jesus sie als die Sichtbarwerdung des göttlichen Hirten (Ez 34,11 ff) geweidet hat, bei dem das Heil der Herde nicht ohne scheidendes Gericht sich vollzieht (Ez 34, 17: „Ich richte zwi-

---

[68] Daher: „Ein jeder schätze den andern an Ehre höher ein als sich selbst", Röm 12,10; „jeder achte in Demut den andern höher als sich selbst", Phil 2,3, was die Voraussetzung ist für die Durchführung der zahlreichen Eintrachtsforderungen Pauli und für die Möglichkeit, daß „einer des andern Last trage", Gal 6,2.

schen Schaf und Schaf, zwischen den Widdern und Böcken") und am Weltende erreicht werden wird (Mt 25,32–34)? Die Schlüssel, die Petrus zu verwalten hat, können öffnen oder schließen, sie fordern Urteil, Unterscheidung, Eingehen auf den Fall, Rechtsprechung. Petrus muß sich auf die Situation des Sünders, der außerhalb des marianischen Zentrums der Liebe steht, einlassen und dabei gleichzeitig vom eigenen wie vom fremden Standort her zum kirchlichen Recht finden. Wie ist dieses Recht, das mehr oder weniger abstrakt aus der Konkretheit der Communio heraustritt, im Sinn des Heils Christi zu handhaben? In diesem Heraustreten des Rechts aus der Einheit der Liebe, erzwungen durch die Sünde in der Welt, liegt die Exzentrizität des kirchlichen Amtes, das, wie betont, ausdrücklich einem (gewesenen) Sünder anvertraut wird.

Man kann (nach dem anläßlich Möhlers Gesagten) nicht behaupten, diese Exzentrizität sei nichts als ein defizienter Modus der marianischen Communio in der Kirche. Denn sie hat eine eigene Wurzel in der göttlichen Souveränität und in dem vom Vater erhaltenen Richteramt Christi, des Weltversöhners, das sich an vielen Stellen der Evangelien, der Apostelbriefe und der Apokalypse (in deren Visionen der Liebesaspekt dieses Richtens sogar völlig ausgeblendet werden kann) klar ausspricht. Auch dieser richterliche Aspekt des Erlösungswerkes ist „exzentrisch", aber konstitutiv, da es in diesem ja wesentlich um die „kritische", scheidende Auseinandersetzung („Überführung" im Sinn eines Rechtsprozesses: Joh 16,8–11) mit der ungöttlichen „Welt" geht. Daß auch Jesu Souveränität und richtende Autorität (die immer diejenige des göttlichen Vaters stellvertritt: Joh 5,22f) „exzentrisch" genannt werden kann, geht daraus hervor, daß im Verhältnis des wahrhaft Erlösten, der den „Geist der Kindschaft" erhält und Gott in Parrhesie „Abba, Vater" nennen kann, das abstrakte Recht wieder in die Vertraulichkeit der Liebe hinein-verschwindet und nichts übrig läßt als die liebende Ehrfurcht (den „timor castus" 1 Petr 3,2; Sir 1,11–20, der nach den Vätern eine innere Form der Gottesliebe ist), das Aufblicken zum Vater, der „größer ist als ich" (Joh 14,28).

Wie Maria die Unbedingtheit ihres Jawortes von Gott hat (der in Christus „lauter Ja" ist: 2 Kor 1,19), so hat Petrus seine Schlüssel von demselben Herrn, der unwiderruflich öffnet und schließt (Apk 3,7) – aber um so „eine Tür zu öffnen, die niemand schließen kann" (Apk 3,8). Wenn im Alten Bund Vollmacht gegeben wird, „um auszurotten und zu zerstören, um zu bauen und zu pflanzen" (Jer 1,10), so fällt im Neuen Bund die erste Möglichkeit ausdrücklich fort: „damit ich nicht Strenge walten lassen muß aufgrund der Vollmacht, die der Herr mir gegeben hat, um aufzubauen und nicht um zu zerstören" (2 Kor 18,8; 13,10). So tritt im Neuen Bund durch das ganze Gericht Gottes, Christi und des Heiligen Geistes, woran das kirchliche Amt einen Anteil erhält, zuletzt das väterliche Antlitz Gottes hervor, und zwar keineswegs das eines antik-paternalistischen Gottes, sondern des Vaters Jesu Christi, zu dem er „im Heiligen Geist aufjubelt" (Lk 10,21), von dem er sagt: „Der Vater liebt euch" (Joh 14,21.23; 16,27), und zu dem wir angstlos hinzutreten dürfen. Es ist deshalb nicht abwegig, wenn der Vatername abgeleiteterweise auf Petrus und seine Nachfolger überstrahlt, auch wenn er ihn nicht in der gleichen Fülle tragen kann wie Maria den Mutternamen. Aber dieser Vatername ist in den ersten Jahrhunderten geläufigerweise auch dem göttlichen Sohn zugesprochen worden, sofern er den Vater vertritt und versichtbart und dessen Schöpferkraft in der Gründung der Kirche durch Wort und Sakrament offenbart. Wenn dieser Name gleichsam im Kreis der marianischen Communio untersagt ist (Mt 23,9), so ist er dort nicht unangebracht, wo in der Kirche Autorität hervortritt, denn diese darf für einen, der Versöhnung sucht, keine andere als eine väterliche sein.

Petrus bleibt bei alldem ein Glied der marianischen Kirche (die, wie vorhin gezeigt, genauso durch das Ja des sich die Welt versöhnenden Gottes geprägt ist). Die Weise, wie aller Leitungsdienst in der Kirche – und je höher er steht, desto mehr, im Gegensatz zu den „Herrschern der Völker, die sie unterjochen" – „Diakonie", ja „Sklaventum", sein soll (Mt 20,25–27 par), ja wie das „Hingeben der Seele als Lösegeld für die Vielen" (ebd. 28 par) als die Vollendung dieses Dienstes in Jesus selbst gezeigt wird, beweist, daß auch Petrus den marianischen Weg des „Freigebens", der Hilfe zum Loskommen aus jedweden geistigen Fesseln gehen muß. Seine Nachfolge ans Kreuz wird die Vollendung solchen freigebenden Dienstes sein. Dabei wird die physische Kreuzigung nur das Ende einer vorausgehenden geistigen sein: weil er in der Exzentrizität seines zentralen Dienstes Recht setzen und es durchsetzen muß, Recht, das zwar aus der Mitte der Liebe stammt, von ihr „gedeckt" wird, aber in bezug auf jene, die erst zur Liebe unterwegs sind (und wer ist das nicht, außer Maria), als abstraktes Recht und als „Vollmacht" in Gefahr kommt, mit jener „Gewalt" verwechselt zu werden, die die „Großen" an den Völkern „verüben". Petrus *muß* als Einzelner vortreten, ins Gegenüber zu den andern (seien diese das Volk, mit dem er in Communio steht, seien sie die Bischöfe, mit denen er ein Kollegium bildet), aber nicht als „Herr des Erbes" (1 Petr 5,3), sondern als der Diener, der sich aus Communio und Kollegium nicht loslöst, sondern diese „stärkt" (Lk 22,32), sie freigebend zu sich selbst befreit.

Um das zu können, bedarf er wirklich jener Freiheit, die ihm so viele Jahrhunderte – in Konziliarismus, Protestantismus, Gallikanismus, Jansenismus, Josephinismus, Febronianismus usf. – strittig gemacht haben. Sie alle schlugen sein Amt in Fesseln, um sich durch die Bedingungen der „Zustimmung", der „Rezeption" die Autorität zur Freigabe selbst vorzubehalten, oder besser: sich selber autoritativ die Freiheit zu geben. Während das Ernstnehmen des Primats dem Träger desselben eine aus Communio und Kollegium gelöste Autorität zuzuspielen *schien* oder *drohte*, war der von den aufgezählten Richtungen geforderte Vorbehalt ein schon *vollzogener* Bruch in der Communio und im Kollegium, sofern er das primatiale Amt in der Ausübung dieses Dienstes band und es für seine – marianische – Freigabe nicht freigab. Deshalb wurde das I. Vatikanum notwendig; mochte seine den Primat betreffende Definition noch so „inopportun" und dem Zeitgeist unverständlich erscheinen, ja mochte diese (vor der erklärenden Ausweitung des II. Vatikanums) noch so bedauerlich einseitig ausfallen: sie entsprach einer kirchlichen Notsituation.

### b) Unbefleckt – Indefektibel – Unfehlbar

Jedermann weiß oder sollte wissen, was das biblische Wort „unbefleckt" oder „makellos" in seiner Beziehung auf die ideale Kirche (im Plan Gottes: Eph 1,4; in der Hoffnung für alle Erlösten: Jud 24) und auf ihr reales Urbild Maria bedeutet: die vollkommen bräutliche Entsprechung der Kirche in ihrer objektiven Hinweihung und subjektiven Hingabe an den Bräutigam (ut sit sancta et immaculata: Eph 5,27). Pius IX. hat, als er die Immaculata Conceptio definierte, vorgängig die gesamte Kirche nach ihrem Glaubenssinn befragt; ihm kam als Antwort die Überzeugung des aus fehlerhaften und sündigen Einzelnen bestehenden Volkes zu, eine solche „unbefleckte" reale und personale Mitte in der Mutter des Herrn zu besitzen[69]. Als es darum ging, dieser realen und personalen Mitte ihre integrale ewig-präsentische Realität zu sichern (im Dogma von der leiblichen Aufnahme in den Himmel), ließ Pius XII. eine noch umfassendere Umfrage über den Glaubenssinn der Gesamtkirche in jeder Teilkir-

[69] Newman, On consulting the Faithful in matters of Doctrine, in: Rambler (Juli 1859). Deutsch in: Polemische Schriften, Abhandlungen zu Fragen der Zeit und der Glaubenslehre. IV. Bd. der ausgewählten Werke (Gründewald 1959) 255–292: Über das Zeugnis der Laien in Fragen der Glaubenslehre. Zit. 268.

che anstellen und auswerten. Wo in der Gesamtkirche das Bewußtsein von der – nicht nur vorweltlichen und endzeitlichen, sondern geschichtlichen – Existenz einer vollkommenen Entsprechung seitens der „Braut“ Kirche gegenüber dem Wirken und Willen Christi vorhanden ist, besagt deren ausdrückliche Formulierung (in den beiden angeblich „neuen“ Mariendogmen) nicht mehr als die ausdrückliche lehramtliche Feststellung von etwas Vorhandenem.

Nun kann man dem Bewußtsein des christlichen Volkes keinesfalls unterschieben, es halte sich selbst „demokratisch“ für den Träger der unfehlbaren Orthodoxie; vielmehr weiß sich dieses Bewußtsein, in verschiedenen Graden der Reflexion, von zwei Seiten her in seinem Glauben unterstützt: von dem, was die Väter die „heilige Kirche“ oder „Kirche der Heiligen“ nannten (aus der Maria immer klarer als ihr innerster personaler Kern hervortrat) – die in ausgezeichneter Weise als Gefäß und Werkzeug des Heiligen Geistes galt –, und von dem, was von Anfang an, in apostolischer Sukzession, als Hirten- und Lehramt der unbestrittene, selbstverständliche Referenzpunkt der Rechtgläubigkeit war. Anders gesagt: der „*sensus* fidelium“, dem wir mit Newman – der sich hier besonders auf Perrone (und seine Gewährsleute) und auf Möhler stützt – Indefektibilität im Glauben zuschreiben können, ist in seiner Erscheinungsweise von vornherein ein „*consensus*“, im Sinn des *Mit*-Empfindens und Ein-Verstandenseins. Beide Referenzpunkte – personal gesprochen: Maria und Petrus (im Kreis der Zwölf) – sind im ungestörten katholischen Bewußtsein beieinander; aber die Gegenwart der Sünde, der *Recht*haberei – ubi peccata, ibi schismata [70] – läßt das Moment des Rechts innerhalb der Communio einseitig hervortreten und fordert damit das Petrusamt heraus, nicht nur urteilend und Entscheidungen treffend aufzutreten, sondern seine diesbezüglichen Kompetenzen abzugrenzen.

Dieser Vorgang, der im *I. Vatikanum* zu einem vorläufigen Abschluß gelangte, muß in seinen Voraussetzungen klar gesehen werden: es geht hier um die besondere *Exzentrizität* des petrinischen Amtes (die in ihrer Weise vom kirchlichen Amt überhaupt ausgesagt werden kann), und es geht um sie außerdem in einer *exzentrischen Situation*, die wir am Schluß des letzten Abschnitts als eine Notlage bezeichnet haben. Um mit dem zweiten zu beginnen: diese Notlage war durch das anfänglich nicht erforderte, aber durch die innerkirchlichen Problematisierungen notwendig gewordene Reflektieren über die im Selbstbewußtsein der Kirche (in ihrer Gliederung) vor-

---

[70] Origenes, In Ez., hom 9,1.

handende Geistesgabe der Indefektibilität ausgelöst worden; sie gehört einem nicht mehr naiven zweiten Bewußtseinsstadium an, das zu erreichen unumgänglich war[71] und von dem man außerdem zu zeigen versucht hat, daß es mit der Gesamtentwicklung des modernen Denkens in seiner philosophischen „Versicherungstendenz“[72] zusammenhängt. Dies nun erklärt das erste: daß hier das Petrusamt gerade in seiner (konstitutiven!) Exzentrizität abgegrenzt (definiert) worden ist, sagen wir deutlicher: in jener besonderen Situation, in der es sich nicht in der – christlich gedacht: normalen – Communio mit der Gesamtkirche und ihrer Indefektibilität befindet, sondern in der durch den Widerspruch herausgeforderten Schiedsrichterstellung, bei der es um das reine Recht der Entscheidung geht.

Die von den Konzilsvätern empfundene Notlage[73] hat sie aus den fünfzehn Kapiteln über die Kirche in der ersten Vorlage das elfte herausgreifen und an die erste Stelle rücken lassen; es blieb des ausgebrochenen Krieges wegen das einzig behandelte; das empfindlich Fehlende wird im Prolog stichwortartig angedeutet: „Kirche als Haus des lebendigen Gottes, worin alle Glaubenden durch das Band des einen Glaubens und der einen Liebe verbunden sein sollten“, „Einheit und Ungeteiltheit des Episkopats“ durch den die „Vielheit der Gläubigen in der Einheit des Glaubens und der Communio bewahrt werden sollte“, und von hier aus „das bleibende Prinzip beider Einheiten und deren sichtbares Fundament“, das Petrusamt, auf dem errichtet die Kirche in den Himmel hineinwachsen kann...

Lassen wir hier die Schuldfrage dahingestellt – ob es mehr die übertriebenen Ansprüche Roms waren, die den Widerspruch hervorbrechen ließen, oder vielmehr dieser Widerspruch, der den Rechtsanspruch Roms explizit werden ließ; ob nicht vielleicht eine Überbürdung nichtgetragener eigener Verantwortung an der Peripherie zu einer solchen Belastung und Überbelastung der „Zentrale“

---

[71] „La notion d'infaillibilité appartient à une problématique déjà réflexe, à un deuxième stade psychologique, où la connaissance de la réalité objective se double d'une réflexion sur les conditions de cette connaissance. Mais pour qui est arrivé à ce stade – et l'homme moderne, de toute évidence, y est arrivé – il devient clair que ›le motif immédiat qui pousse l'esprit du catholique‹ à accepter certaines doctrines... (est) le fait ›que la révélation les lui a livrées au moyen de ce Magistère ecclésiastique suprême qui est leur interprête legitime‹ (cf. Newman, Certain Difficulties, vol II, 1885, 313)“: Jean Stern, L'infaillibilité de l'Église dans la pensée de Newman, in: RSR 61 (1973) 177.

[72] Karl Lehmann, Von der Beweislast für ‚unfehlbare Sätze‘, in: Zum Problem der Unfehlbarkeit. Antwort auf die Anfrage von Hans Küng, hrsg. von K. Rahner, Quaest. disp. 54 (Herder 1971) 368.

[73] Deutlich ausgesprochen im letzten Abschnitt des Prologs: DSch 3050.

beigesteuert hat[74] –: Tatsache ist, daß das Konzil in all seinen wesentlichen Voraussetzungen die „beiden Einheiten" immer mit im Auge hat – die des glaubenden Gottesvolkes im ganzen und die des Gesamtepiskopats –, und daß es ebenso deren Indefektibilität (oder Unfehlbarkeit) ohne weiteres anerkennt, vorausgesetzt, daß sie beide in der Verbindung mit dem römischen „Haupt" gesehen werden und das letztere nicht *nur* als ein integrierendes Moment gedeutet wird, das mit dem Kollegium und der Communio zusammen die kirchliche Einheit bildet, sondern *innerhalb* des Kollegiums und der Communio als das von Christus eingestiftete, die Einheit repräsentierende und – mehr – bestimmende Moment[75]. Als das letztere muß es sich, was seine rechtlichen Befugnisse angeht, durch den ganzen Bereich der Einheit hindurch auswirken können[76], ohne durch die Rechte der Mitbischöfe eingeschränkt zu werden: der Kanon DSch 3064 schließt alle Einschränkungen der „suprema potestas jurisdictionis" und ihrer „tota plenitudo" aus; damit sind alle konziliaren und gallikanischen Thesen ein für allemal kirchliche Vergangenheit geworden. Solche Thesen einer nur kollegialen Infallibilität waren am Konzil anfänglich wirkungsvoll vertreten worden, nicht nur von Franzosen (Maret), sondern von so ernsthaften Theologen wie Hefele, Ketteler, Strossmayer, die aus der Kirchengeschichte (die Communio der Teilkirchen war immer die Grundlage des rechten Weges im Glauben), aus der im Prinzip der Communio liegenden Mitbestimmung, aus ökumenischen Erwägungen argumentierten. Aber diese aus der Idealität der Kirche stammenden Gründe mußten vor dem Realismus der „streitenden" – auch in ih-

[74] Das war der Gesichtspunkt, den ich mit einer gewissen Einseitigkeit in dem kurzen Aufsatz „Papst heute" in: Klarstellungen (Herder 1971) 94ff hervorhob und der hier mannigfache Ergänzungen erhält. Für die Überbelastung des Klerus vgl. auch Karl Delahaye, a.a.O. 192.

[75] Zum Ganzen vgl. die zum Konzilsjubiläum veranstaltete Sammlung der besten und (nach dem II. Vatikanum) aktuellsten Aufsätze über das Konzil: De Doctrina Concilii Vaticani Primi studia selecta annis 1948–1964 scripta etc. (ausgewählt von R. Aubert, U. Betti und anderen) (Libreria Editrice Vaticana 1969), zit. als DCV. Darin vor allem die Arbeiten von Walter Kasper, Primat und Episkopat (aus: TQ 1962, 47ff), J. P. Torrell, L'infaillibilité pontificale est-elle un privilège personnel? (aus: RSPhTh 1961, 229f), G. Dejaifve, „Ex Sese, non autem ex consensu Ecclesiae" (aus: Salesianum 1962, 283ff), G. Thils, L'infaillibilité de l'Eglise ‚in credendo' et ‚in docendo' (aus: Salesianum 1962, 298ff), A. Chavasse, La véritable conception de l'infaillibilité papale d'après le Concile du Vatican (aus: Église et Unité, 1948, 57ff).

[76] In dem am 6. März 1870 den Vätern vorgelegten Zusatz zum Kp. 11 (über die päpstliche Unfehlbarkeit) heißt es: der Papst könne aufgrund göttlichen Beistandes (unter bestimmten Bedingungen) nicht irren, „et hanc Romani Pontificis inerrantiae seu infallibilitatis praerogativam ad idem objectum porrigi, ad quod infallibilitas Ecclesiae extenditur" (Mansi 51, 702A).

rem eigenen Innern streitenden – Kirche zurücktreten, wo unerbittlich die Frage nach der letzten rechtlichen Instanz, von der aus nicht weiter appelliert werden kann, zu lösen war. Wer, fragt sie Gasser, fällt die definitiven Urteile („dando definitivam sententiam"), oder schlicht: wer de-finiert („definit, seu... definitiva ac terminativa sententia proponit")?[77] In diesem Aspekt läßt sich „irreformabel" dem Sinn nach mit „inappellabel" wiedergeben. Das Heraustreten des reinen Rechtsstandpunktes wird (in der Antwort an den die Parteien versöhnen wollenden Bischof Freppel von Angers) durch die Unterscheidung von „Pflichten" und „Rechten" des Papstes fast überdeutlich: die Befragung der Bischöfe und des Volkes vor einer Definition, die Anrufung des Heiligen Geistes u. dgl. gehöre zu den „moralischen Pflichten" des Papstes, während hier nur nach den Rechten gefragt werde[78]. Diese Unterscheidung innerhalb des „consensus" der Gesamtkirche zwischen dem Angemessenen und dem strikt Notwendigen wäre im consensus-Begriff der frühen Kirche nicht möglich gewesen; sie wird aber durch das einseitig auf das Rechtliche pochende gallikanische Verständnis aufgenötigt[79], so daß schon früh (am 18. Juni 1869) der Zusatz gefordert wurde: „antequam ecclesiae consensus vel independenter a consensu ipso"[80] – die Formel, die zuletzt, beinahe unbemerkt bei der Bereinigung der letzten Modi, in den definierten Text eingefügt wurde: „definitiones ex sese, non autem ex consensu Ecclesiae, irreformabiles esse"[81].

Um diese Ausblendung des Rechtlichen zu erreichen, somit den Vollzug des päpstlichen Leitungsaktes in seiner reinen Extrapolation zu fassen, war zweierlei notwendig.

Einmal eine ganz *präzise Einstellung* des Mikroskops auf diesen einzigen Akt durch Ausschließen alles nicht Zugehörigen. Natürlich ist der Nachfolger Petri nicht impekkabel, sündelos; und damit – zumal bei Übersetzungen in fremde Sprachen, etwa ins Deutsche – hier keine Verwechslung eintrete[82], sollte nicht von der „Unfehlbarkeit des Papstes", sondern „von derjenigen des von ihm ausgeübten Lehramtes" die Rede sein. Schwieriger war die Entscheidung, ob er in der Ausübung dieses Amtes als „persönlich" unfehlbar bezeichnet werden durfte. Das schien einerseits notwendig, um den gallikanischen Ausflüchten, die zwischen dem (abstrakten) „Stuhl" (sedes apostolica) und dem darauf Sitzenden (sedens) unterschieden, den Riegel zu stoßen – einer „ungeschickten, ja absurden Distink-

---

[77] Mansi 52, 1227B.
[78] Ebd. 52, 1041AC.
[79] G. Dejaifve, DCV 518.
[80] Mansi 49, 712A.
[81] DSch 3074.
[82] Mansi 52, 1218D – 1219A.

tion“[83] –: natürlich geht es um die konkrete Person. Anderseits doch nicht um die Person als solche, denn als Privatmann ist der Papst keineswegs unfehlbar – seit dem Mittelalter wird ja immer mit der Möglichkeit gerechnet, daß ein Papst einmal Häretiker werden könnte[84] –, es wäre aber zu wenig (und wieder abstrakt), wenn man die Unfehlbarkeit nicht der Person, sondern der „Funktion“ zuschreiben würde[85]: es geht vielmehr um die öffentliche, ausdrücklich die Gesamtkirche repräsentierende Person[86]. Aber auch ihr (die immerfort der „oberste Richter in Sachen des Glaubens und der Sitten ist“) kommt die Unfehlbarkeit nicht als bleibende Eigenschaft zu, sie ist strikt auf den *Akt* eingeschränkt, in dem sie ausdrücklich das Richteramt in Sachen der Gesamtkirche unter dem Beistand des göttlichen Geistes ausübt[87]. Von einer der Person anhaftenden bleibenden Qualität ist somit nicht die Rede, was die Unfehlbarkeit des Papstes in deutlichen Gegensatz stellt zu der der Kirche im ganzen verheißenen Indefektibilität durch den gleichen Beistand des Geistes. Endlich war noch eigens zu unterstreichen, daß diese personal-aktuale Unfehlbarkeit auch noch relational ist, nämlich sofern die „öffentliche Person“ des Papstes (das gleiche gilt analog von den Bischöfen) „in relatione ad Ecclesiam universalem“ den Entscheidungsakt setzt.

Wenn diese Eingrenzungen mit minutiöser Akribie vorgenommen wurden, so kann dasselbe von den für die Erfassung des reinen Rechtsstandpunkts nötigen *Verschweigungen* der von der Communio her geforderten Bedingungen nicht gesagt werden. Denn immer wieder fallen Versicherungen, man wolle diese Bedingungen durchaus nicht ausschließen, sie auch nicht vergessen, müsse sie aber im Augenblick der Präzision wegen zurückstellen. Gegen die überspannten Papalisten wie Manning (der von einer päpstlichen Unfehlbarkeit „apart from the bishops“ gesprochen hatte), wird betont: „Wir trennten nicht (non separamus) den Papst von der höchst angemessenen Verbindung mit der Kirche. Nur dann ist der Papst unfehlbar, wenn er das Amt des Lehrers aller Christen versieht, somit die Gesamtkirche repräsentiert und so beurteilt und definiert,

[83] A. Chavasse, DCV 561.

[84] Y. Congar, Ministères et Communion ecclésiale (Cerf 1971) 79f, Texte S. 80, Anm. 84.

[85] Vgl. J. P. Torrell, DCV 501–502.

[86] „Si igitur *personalis* accipitur in sensu privatae personae, unde odiosa illa vox *personalitas*, et tunc est rejicienda; sed si accipitur pro persona ipsam ecclesiam gestante, tunc est personalis“. D'Avanzo (Mansi 52, 762D).

[87] Gasser, ebd. 52, 1213A.

was von allen geglaubt oder verworfen werden soll. Von der Gesamtkirche kann er so wenig getrennt werden wie das Fundament vom Bau, den es zu tragen berufen ist. Ferner trennen wir auch nicht (non separamus) den unfehlbar definierenden Papst von der Mitwirkung und Mithilfe der Kirche, wenigstens in dem Sinn, daß wir (diese)... nicht ausschließen."[88] „Wir schließen (non excludimus) die Mitwirkung deshalb nicht aus, weil die Unfehlbarkeit dem Papst nicht in der Art einer Inspiration oder Offenbarung zufällt, sondern ihm als ein göttlicher Beistand gewährt wird. Deshalb muß (tenetur) der Papst aufgrund seines Amtes und der Wichtigkeit der Sache die angemessenen Mittel anwenden, um die Wahrheit richtig auszukundschaften und sie auf passende Weise auszudrücken."[89] Das Verwiesensein an die kollegiale und communicale Befragung der Gesamtkirche läßt aber deren Indefektibilität als die immer vorausgesetzte ins Licht treten; ihr war das ganze 9. Kapitel des ersten Schemas über die Kirche gewidmet, worin zu lesen stand: „Wenn wir sagen, die Kirche könne nicht irren, so verstehen wir dies sowohl von der Gesamtheit der Gläubigen wie von der Gesamtheit der Bischöfe. Der Sinn des Satzes ‚die Kirche kann nicht irren' ist somit der: was alle Gläubigen als zum Glauben gehörig ansehen, ist notwendig wahr und de fide; und entsprechend: was alle Bischöfe als zum Glauben gehörig verkünden, ist notwendig wahr und de fide."[90] Auf diese Einheit des Glaubens der Gesamtkirche und des Gesamtepiskopats ist das „Zentrum der Einheit", das Papsttum, wesenhaft verwiesen, womit es in all seinen Vor-rechten doch wieder nichts anderes sein kann als der Garant der Einheit in Glaube und Liebe[91]. Das von den deutschen Bischöfen 1875 erlassene und von Pius IX. gutgeheißene Zirkularschreiben[92] betont diesen Aspekt genugsam und hebt zum Schluß nachdrücklich die (auch vom Konzil selbst betonte[93]) Bindung des Papstes an Schrift und Tradition hervor, deren Sinn er auslegt, nachdem er die angemessenen Mittel – entweder ökumenisches Konzil oder Befragung der Gesamtkirche oder Partikularsynoden usf. – angewendet hat.

Aber wenn so das Gleichgewicht wiederhergestellt, die Integration erfolgt zu sein scheint, so bleibt es doch wahr, daß das I. Vatikanum das Einheitsamt vorwiegend in seiner Exzentrizität zeigt, was am abstrakten Hervortreten des Rechts aus der Communio deutlich wird; in seiner dynamischen Funktion also, die das in der Kirche Uneinige durch die befugte Repräsentation der Einheit (die

---

[88] Ebd. 1213BC. [89] Ebd. 1213D. [90] Ebd. 51, 579C.
[91] DSch 3050–3051. [92] DSch 3112–3116. [93] DSch 3069.

weniger im Amt selbst als in der Kirche der Heiligen, der Braut ohne Runzel und Makel liegt) zu dieser wahren Einheit hin weidet. Und doch ist diese den Gläubigen schon als „Angeld“ gegeben: innerlich und äußerlich durch die Einheit der Gnade, des Glaubens, der Hoffnung, der Liebe, der Sakramente, des Amtes, des Weges zum einen Gott hin, „der da ist über allen und durch alle und in allen“ (Eph 4,4–5).

Das II. Vatikanum hat, in Einbeziehung aller Errungenschaften des Ersten, die einmalige Korrelation der kirchlichen Einheit in Communio, Kollegialität und Primat deutlicher und umfassender herauszustellen sich bemüht, nicht ohne in dem Nachspiel der (nur von der theologischen Kommission verantworteten) „Nota Praevia“ zum Bischofskapitel von Lumen Gentium nochmals in die Gefahr einer Störung des Gleichgewichts von „Wahrheit und Liebe, von Logos und Ethos“[94] zu geraten. Die notwendige Rechtfertigung der Exzentrizität des Amtes kann nur dadurch ihre Gefährlichkeit verlieren, daß sie in der Praxis der zentralen Communio und Kollegialität ihre die Einheit wirksam verkörpernde Funktion kundtut: im umgreifenden Freigeben. Dieses wird jetzt um so besser gelingen können, als seit den beiden letzten Konzilien auch die gesamtkirchliche Communio und gesamtbischöfliche Kollegialität angewiesen ist, dem petrinischen Amt seine Funktion freizugeben: wenn beides im Geist gegenseitiger eucharistischer Communio geschieht, dann kann die pilgernde Kirche vorweg ein Abbild der vollendeten werden, ohne freilich schwärmerisch, d.h. eschatologisch-pneumatisch ihren Pilger- (und damit auch Buß-)stand zu überspielen. Denn nochmals: die der pilgernden Kirche von Christus eingestiftete Form eines autoritativen Amtes ist für sie kein Hindernis, sondern die unentbehrliche Voraussetzung, hienieden überhaupt Communio im Geiste Christi sein zu können. Was in den beiden Vatikanischen

[94] J. Ratzinger, Die bischöfliche Kollegialität nach der Lehre des zweiten vatikanischen Konzils, in: Das neue Volk Gottes (Patmos 1969) 198: „Ein gewisses Klima des Mißtrauens und der Ängstlichkeit … spiegelt sich deutlich in den mühsamen und umständlichen Klarstellungen des Textes“ im dritten und vierten Punkt. Die Aussage, der Papst könne „als oberster Hirte der Kirche seine Vollmacht jederzeit nach Gutdünken (ad placitum) ausüben“, er gehe „nach eigenem Urteil“ vor (secundum propriam discretionem), „ist bisher in dieser Form noch von keinem kirchlichen Dokument gesagt worden“ (Ratzinger 196). Ferner wird distinguiert, das Bischofskollegium handle nur zu bestimmten Zeiten in „streng (stricte) kollegialem Akt, und dann nicht ohne Zustimmung des Hauptes“: über diese Unterscheidung innerhalb der gesamtkirchlichen Kollegialität eines streng kollegialen Aktes von einem, der es nicht ist, sagt Ratzinger (ebd.), sie führe „in eine Sackgasse“. „Denn was eine Kollegialität positiv noch bedeuten soll, der nur deshalb plena potestas nachgesagt werden darf, weil ihr Bestreiten auf ein Unrecht gegenüber der päpstlichen plena potestas hinausliefe, ist schwer einzusehen.“

Konzilien zusammengenommen sich ereignet hat, ist nichts weniger als die Befreiung der Catholica zu ihrer eigensten Möglichkeit: unter dem Haupte Christus aus seinem Geiste zu leben.

Ist die wahre Absicht der Komzilien einmal gesichtet und abstrichlos bejaht, so scheint mir die Frage, ob das Gemeinte mit dem Ausdruck „unfehlbar" am adäquatesten ausgedrückt sei, zur Diskussion freigegeben. Die verwirrenden Nebengeräusche des Wortes wurden nicht zu Unrecht betont[95], zumal für das Ohr moderner und in den feineren Unterscheidungen der Theologie nicht bewanderter Menschen, seien sie Christen oder Nichtchristen. So wie die Terminologie des Konzils von Ephesus durch dasjenige von Chalkedon einschneidend abgeändert wurde, um die *gleiche* Sache *unmißverständlicher* zu sagen, so läßt sich widerspruchslos denken, daß die Sache, die die beiden letzten Konzilien mit ihrer bestimmten Terminologie ausgedrückt haben, auch mit andern, besser verständlichen Worten formuliert werden kann. Heinrich Fries' Vorschlag, von „Verbindlichkeit", die „im Fall eines höchsten Engagements zur *Letztverbindlichkeit* werden kann", zu sprechen, erscheint mir durchaus erwägenswert.

## c) Verschwindend verbinden

Ehe wir uns den praktischen Fragen zuwenden, die für Petrus in der Aufgabe liegen, als einer der Sünder die Kirche der Heiligen durch das Amt der Einheit zu verkörpern, soll wenigstens kurz jenes andern unter den Zwölf gedacht werden, der ausdrücklich die Verbindung zwischen den beiden Realsymbolen der einen Kirche Christi herzustellen hat. Für die kirchliche Tradition steht seit Ende des 2. Jahrhunderts fest, daß der im vierten Evangelium als der „Jünger, den Jesus liebte" Bezeichnete auch dessen Verfasser und mit dem „Donnersohn" Johannes der Synoptiker identisch ist[96]. Der mit seinem Bruder zusammen Vorstürmende, um Feuer vom Himmel auf Samaria herabzurufen und sich die Plätze zur Rechten und Linken Jesu im Reich Gottes zu sichern, ist hier in die volle Anonymität

[95] Hans Küng, Unfehlbar? Eine Anfrage (Benziger 1970) 148; H. Fries, Das mißverständliche Wort, in: Quaest. disp. 54 (1971) 216–232. Analoges gilt für das „Ex sese", das sich (wie der Artikel von Dejaifve zeigt) durchaus verteidigen läßt, aber zu Mißverständnissen Anlaß gibt: H. Fries, „Ex sese, non ex consensu Ecclesiae", in: Volk Gottes. Zum Kirchenverständnis der katholischen, evangelischen und anglikanischen Theologie, hrsg. von R. Bäumer und H. Dolch (Freiburg i. Br. 1967) 480–500.

[96] Einzelnes zur Verfasserfrage in der umsichtigen Einleitung von R. Schnackenburg, Das Johannesevangelium I. Teil (Herder 1965) 60–88 (Besprechung der gesamten Literatur).

zurückgetreten. Das Donnerhafte hat sich auf die Mächtigkeit der Stimme des Meisters übertragen, auf das Einschlagende und Langhinrollende seiner Streitreden, aber auch auf die völlig unsentimentale Hoheit seiner Liebesworte; und die ihm zusprechende Stimme des Vaters erscheint der verständnislosen Menge als Donner. Hat er seinen vom Herrn erhaltenen Namen diesem zurückgegeben, so seinen angestammten (wie wir oben sahen) dem Simon Petrus, mit dem er noch in der Apostelgeschichte eng verbunden auftritt und den er „Sohn des Johannes" nennt. An ihn tritt er zugleich mit dem Namen auch die Prärogative der „größeren Liebe" ab und läßt damit sein Persönliches im Kirchlichen aufgehen, weshalb man nicht fragen soll, warum Jesus zwar den Johannes mehr liebt, aber von Petrus mehr geliebt sein will[97]. Daß er zuletzt als der seiner Prärogative zugunsten des Petrus Beraubte dennoch stehen „bleibt" und als dieser „Bleibende" für Petrus zum stachelnden Rätsel wird, liegt nicht an ihm, sondern einzig am souveränen Gutdünken des Herrn. Als der „Bleibende" wird er zwar anonym, auch von einem ehrgeizigen Kirchenvorsteher in die Ecke gedrängt, aber deswegen nicht untätig: er wird „Diotrephes, der immer der Erste sein will" und die Brüder „aus der Kirchengemeinschaft ausstößt", „sein Treiben vorhalten" (3 Joh 9ff).

Nun verbindet eine das Evangelium doch wohl schon vom ersten Kapitel an durchziehende und vom zwanzigsten bruchlos in das Nachtragkapitel sich hinüberziehende Symbolik den Liebesjünger mit Petrus, dem Mann des Amtes, dem gegenüber man aus seiner Darstellung nicht nur Zuneigung und Verehrung, sondern hintergründig etwas wie eine mütterliche Sorge zu spüren meint, die nicht nur ihn als Person (Petrus ist ja längst gestorben), sondern gleichsam ihn als Prinzip umhegt: sein Amt zwar umreißt und abhebt, aber es gleichzeitig menschlich begleitet, es mit Liebe begabt und in seine Begrenztheit („Was geht dich das an?" Joh 21, 21.23) – nicht ironisiert, sondern bejaht und aufwertet („Du folge mir" 21, 19.22). Johannes ist in seinem Liebesevangelium ein Paradigma des „Fühlens mit der (petrinischen) Kirche"; aus den einzelnen Sätzen, da Petrus allein (1,41f; 6,67–71; 13,6ff; 13,36ff; 18,10–27) oder beide Jünger zusammen auftreten (1,37ff?; 13,22–30; 20,1–10; 21,1–23) wäre unschwer eine ganze Reihe von „Regeln über kirchliche Gesinnung" herauszugestalten.

Anderseits ist es der Liebesjünger, dem Jesus am Kreuz seine Mutter anvertraut und der fortan mit ihr im Verhältnis eines Sohnes

---

97 Augustinus, In Joh., tr 124, 6.

zu seiner Mutter lebt. Er hat die Stellung Marias im Heilswerk in der Kreuzesszene und rückblickend auch in Kana ahnend verstanden, und ihm wird das, was Maria für Jesus bedeutet, in Obhut gegeben. Er selber ist nicht Privatperson, sondern der bevorzugte Zeuge des entscheidenden Ereignisses der Liebe Gottes, das sonst keiner der Zwölf gesehen hat: „Und der dies gesehen hat, bezeugt es, und sein Zeugnis ist wahr, er weiß, daß er die Wahrheit sagt, damit auch ihr glaubt“ (19,35). So kann Heinz Schürmann deuten: „Die Mutter Jesu steht hier“ – übrigens nicht allein, sondern in einer Gruppe anderer Frauen, als eine Gemeinschaft – „in einer besonderen Weise repräsentativ für die Gemeinde derer, die bestimmt sind, das Christusheil zu empfangen. Die Einheit der Kirche aber wird garantiert durch das Wort Jesu, das im Johannesevangelium in kanonischer Gestalt vorliegt. Vom Kreuz her stiftete der Erhöhte die Einheit der Kirche, indem er alle Heilsuchenden an das Wort verweist.“ [98] Wir möchten dem lediglich beifügen, daß es das Wort von der Liebe des Vaters und von seinem Sohn für die Welt ist, authentisch bezeugt von dem, der der Liebesjünger sein durfte.

In keinem Evangelium berührt sich die marianische Sphäre unmittelbar mit der petrinischen (obschon Maria und Petrus zumindest in Kana beisammen sind und wieder in der den Geist erwartenden Gemeinde). Johannes aber ist mit beiden innig verbunden, und er versteht diese Verbundenheit als Auftrag des Verbindens. Es ist wichtig, zu wissen, daß weder Maria noch Petrus die einzigen Repräsentanten und Realsymbole der kirchlichen Einheit sind; Johannes hat geradezu die vermittelnde Rolle, die verhindert, daß die Kirche in zwei getrennte Teile auseinanderbirst (wie sie schon Tertullian vor seinen Augen zerfallen sah). Nur versteht er sich in seinem „Dienst der Mitte“ einzig im Zurücktreten. Er „bleibt“, aber im Hintergrund, mit keinem Privileg der Unsterblichkeit ausgezeichnet (21,33). Der Ausgriff seiner Einheitsstiftung jedoch ist durchaus, sogar in einer ausgezeichneten Weise „katholisch“, weil er die beiden Enden zusammenbringt, von denen – und oft genug in seinem Namen! – meistens eines fallengelassen wird. Er ist, ohne jeden antipetrinischen Affekt (hier gibt es keinerlei „Widerstehen ins Angesicht“ im Namen der kirchlichen Einheit, wie im Galaterbrief), derjenige, der dem Petrusamt seinen genauen Platz *innerhalb* der Gesamtstiftung Jesu anweisen kann. Und da er – als der Verschwindende – auf Jesu Weisung hin ausdrücklich zu „bleiben“ hat,

---

[98] Jesu letzte Weisung, in: Sapienter Ordinare, Festgabe für Erich Kleineidam, Erfurter Theologische Studien 24 (Leipzig 1969) 120.

kann sein realsymbolischer Platz keinesfalls leer und ohne Nachfolge bleiben: er wird besetzt vornehmlich von den Heiligen, die eine gleichsam nichtamtliche kirchliche Sendung haben und in ihrer Echtheit daran erkannt werden, daß sie die Verbindung zwischen der marianischen und petrinischen Kirche herstellen, auch dann beide bejahend, wenn sie dadurch an einen scheinbar ortlosen Ort gelangen. Die *wahrhaft* johanneische Kirche ist nicht die „dritte", „geistige" Kirche nach der petrinischen und paulinischen, sondern jene, die anstelle Petri unter dem Kreuz steht, um dort für ihn die marianische Kirche in Empfang zu nehmen[99].

---

[99] Man darf hier an die Vision erinnern, die Gregor Thaumaturgus in einer Nacht erlebt hat und die in Gregor von Nyssas Lebensbeschreibung erzählt wird (PG 46, 909C–913A): Ein Greis erscheint ihm, der ihn mit ausgestreckter Hand auf eine andere Gestalt aufmerksam macht: eine überirdisch herrliche Frau; aus ihrer gegenseitigen Anrede erfährt Gregor, daß es sich um Johannes den Evangelisten und die Mutter des Herrn handelt. Die letztere bittet den Jünger, „das Mysterium der Frömmigkeit" (1 Tim 4,16) zu erklären; Johannes will gern dem Wunsch der Mutter entsprechen und führt Gregor mit klaren Worten in das Geheimnis der Trinität ein, in Worten, die Gregor aufzeichnet und nach denen er später predigt. Johannes tritt hier als Theologos katexochen auf, aber bezeichnenderweise auf Geheiß Marias.

# Der konkrete Petrus in seinem Nachfolger

Um nunmehr zur praktischen Darlegung des Petrusamtes in der Kirche übergehen zu können, muß das Gesagte unter einem bestimmten Gesichtspunkt zusammengerafft werden. Wir sprachen von „Christus in seiner Konstellation" erst, nachdem wir ihn als den einzigen Offenbarer des dreieinigen Gottes geschildert hatten. Es kann somit bei dieser „Konstellation" nur darum gehen, daß Christus sein eigenes Offenbarungs- und Versöhnungsamt mit Menschen, die ihm vom Vater beigegeben sind oder die er selber beruft, zusammen vollbringen will, im Abstand, den diese Menschen wesensgemäß von ihm haben, aber auch in ihrer Prägung durch ihn und durch den Sinn seiner Sendung. Und wenn diese Menschen – wie in der Gliederung des Hohenpriesterlichen Gebetes sichtbar wird – 1. Christus, 2. die von ihm Berufenen, 3. die durch diese Erreichten und Angegliederten – Werkzeuge sind, durch die Christus eine Kirche sammelt und sich angestaltet, so nimmt diese ganze Kirche als Communio am Wesensgesetz seines Auftrags teil: Vermittlung zum dreieinigen Gott zu sein. Weder kann kirchliche Communio ein in sich gerundetes und befriedetes Ganzes sein, das im Selbstgenuß der Liebe die „Gegenwart des Göttlichen in der Welt" erführe, noch kann sie das kirchliche Amt in sich einbeziehen als bloßes Gliederungsprinzip eines selbstgenügsamen „Organismus" (wie romantische Theologie ihn zu denken versuchte). Wie Christus, der „Herr und Meister", wesentlich in der Gestalt des „Gottesknechtes" erscheint, so müssen alle von uns betrachteten Gestalten seiner Konstellation (die alle zu innern Strukturprinzipien seiner Kirche werden) im Abstand des berufenen Menschen an seinem „von-sich-weg-auf-Gott-hin" weisenden Dienst teilnehmen: der Täufer ist „nicht, nicht, nicht der Messias" (Joh 1,20.21), *nur* verweisende Stimme, die „abnehmen muß" vor dem erscheinenden Wort (Joh 3,30). Maria ist *nur* „Magd des Herrn", die in ihrem ganzen Dasein „seinem Wort gemäß geschehen läßt". Johannes ist *nur* der anonyme Jünger, den Jesus liebt, der zurücktretend die beiden großen Realsymbole der kirchlichen Einheit miteinander verbindet. Paulus ist „*nichts*“ (2 Kor 12,11), er „verkündet nicht sich selbst“ (2 Kor 4,5), ist *nur* angestellt als „Botschafter“ im „Dienst der Versöhnung“ (2 Kor 5,18.20). Und auch Petrus, der immerfort Gedemütigte, Zurechtgewiesene, ist *nur* ein gewarnter Verwalter, der nicht die eigene Herde, sondern die Christi im Sinne Christi zu weiden hat. An diesen Vermittlergestalten wird die „Form Christi“ (Gal 4,19) dem ganzen Gottesvolk eingeprägt.

Aber dieses Zeigen durch Verschwinden ist Auftrag, nicht Beurlaubung; im Auftrag liegt die Last der Autorität, durch welche die göttliche Souveränität unmittelbar vergegenwärtigt werden will. Wenn Jesus den eben berufenen Zwölfen, die „mit ihm zusammen sein sollen“, zuerst die Bestimmung gibt, zur Verkündigung von ihm ausgesendet zu werden (und somit sich um die Reinerhaltung der Lehre zu kümmern), ihnen dann aber unverzüglich „Vollmacht, *Dämonen auszutreiben*“ verleiht (Mk 3,14f), so sind diese Dämonen immer solche Geister, die der Gesinnung Jesu entgegengesetzt sind: sie „wissen“ (Mk 1,24 usf.) statt zu glauben, sie „zerstreuen“ statt mit Jesus zu sammeln (Mt 12,30), sie hegen Menschen- statt Gottesgedanken (Mt 16,23), sie brechen in die Herde Christi ein, um „mit verkehrten Reden die Jünger auf ihre Seite zu ziehen“ (Apg 20,30). Gegen diese Dämonen verleiht Jesus seinen Jüngern „Vollmacht“, exousia, deren genauen Zweck Paulus kraftvoll definiert: sie ist gegeben „zur Schleifung von Bollwerken; wir zerstören damit Vernünfteleien und alles, was sich hoch aufreckt gegenüber der (wahren) Erkenntnis Gottes, und nehmen alles Denken gefangen in den Gehorsam Christi hinein“ (2 Kor 10,4f). Gerade von dieser antidämonischen Vollmacht, die die Verschanzungen der autonomen, aufwieglerischen und unbotmäßigen Vernunft im Dienste Christi aufheben soll, sagt Paulus, sie sei ihm vom Herrn „nur zur Auferbauung, nicht zum Niederreißen verliehen“ worden (2 Kor 10,8; 13,10). Und als wahrhaft christliche Vollmacht kämpft sie nicht mit den gleichen weltlichen Waffen wie die Dämonen: „Zwar wandeln wir im Fleische, aber den Kampf führen wir nicht nach dem Fleische, sind doch die Waffen unseres Kampfes nicht von fleischlicher Art, sondern für Gott (d.h. im Sinne des Heilsplanes Gottes) mächtig“ (2 Kor 10,3f). Diese starken Worte spricht Paulus gegen die „pneumatischen“ Korinther, denen er ja auch gesagt hat, die Gnosis blähe auf, „während die Liebe“, und zwar die christusförmige (1 Kor 13) Liebe, allein „aufbaue“ (1 Kor 8,1). Die „Rationalismen“ und „Pneumatizismen“ aller Art, die sich selber genug zu sein dünken, den Geist der endzeitlichen Auferstehung vorweg gepachtet zu haben meinen – aber „was hast du, was du nicht empfangen hättest? Hast du es aber empfangen, was rühmst du dich, als hättest du es nicht empfangen? Ihr seid bereits satt!" (1 Kor 4,7f) – diese gegen die Armut und Schmach Christi aufgerichteten „Bollwerke" zu schleifen, ist die apostolische Vollmacht zentral verliehen.

Was Paulus hier analysiert, ist das Amt, das den Zwölfen und ihren Nachfolgern kollegial, und Petrus in ihrer Mitte außerdem (im beschriebenen Sinn) „personal" zukommt. Es ist nicht die Einheit – denn diese liegt in Christus und durch ihn im dreieinigen Gott –, aber unentbehrlicher, vermittelnder und sichtbarer Dienst an der Einheit. Die amtliche Vollmacht, die hier verliehen wird, ist – gerade auch durch ihre Eingrenzung auf den reinen Dienst-Akt der Urteilsfällung – deutlich abgehoben von den Geistesbollwerken, die sich auf das eigene Licht rationaler „Evidenz" oder pneumatischer „Erfahrung" berufen. Bewußt oder nicht, vermögen sie den eigenen natürlichen Standort nicht loszulassen, um sich, „gefangengenommen für den Gehorsam Christi", dem übernatürlichen Standpunkt Christi zu überantworten, in der Einsicht, daß Erfahrung und Gehorsam immer untrennbar sind. Gegen das „breite" Licht von rationaler Evidenz und pneumatischer Erfahrung ist die „schmale" petrinische Vollmacht wie der in die Partialitäten und Endlichkeiten des menschlichen Geistes einschlagende Blitz der göttlichen, souveränen Totalität, der alles sich verhärtende Partielle einschmilzt in die transzendierende Ganzheit[1].

## *1. Das Petrusamt in der Spannung*

### a) Einer für alle

Damit ist das Amt Petri und die Funktion seines Nachfolgers abermals im Gesamtzusammenhang situiert. Man vergesse nie: hier kann nichts deduziert werden: alles ruht auf den Paradoxen des geschichtlichen Evangeliums: daß ein Mensch als der „Fels" angeredet wird, daß ihm die „Schlüssel des Himmelreichs" eingehändigt, die Herde Christi zum Weiden anvertraut, die Brüder zu stärken aufgegeben wird. Ihm wird im Verein mit den andern Aposteln gesagt: „Wer euch hört, hört mich" (Lk 10,16). Auch das Verständnis solcher

[1] Es ist selbstverständlich, daß wir mit dieser Kennzeichnung nicht das ganze Leitungscharisma des Papstes umschreiben wollen, das sich durch die Zeiten hindurch als ein positiver, dauernder Beistand Gottes offenbart, sondern nur jene scharfe Spitze desselben, die als formale Autorität vom I. Vatikanum herausisoliert worden ist.

Worte und ihrer Konsequenzen ist historisch; es faltet seinen Gehalt nur allmählich und in dem Maße aus, als dies notwendig wird. Es setzt seine Gestalt langsam in ein Gleichgewicht mit allen Gegebenheiten der Kirche, das sich immer erst dort herstellt, wo sie sich selber als ein Mysterium versteht, das sein Zentrum in Christus und im dreieinigen Gott hat.

Deshalb hat das Gleichgewicht in den Aspekten des Petrusamtes selber einen mysterialen Charakter und kann außerhalb des gelebten Glaubens weder erreicht noch von andern verstanden werden. Was zunächst die *Person* des Nachfolgers Petri angeht: das Gleichgewicht seines persönlichen Amtes und der Ämter seiner Mit-Kollegen (und in den Bischöfen auch der Priester und aller, die irgendwie am differenzierten Kirchenamt teilhaben) ist jeweils nur im Glauben und in der Liebe zu finden. Sofern der Nachfolger Petri amtlich die Einheit repräsentiert, ist er für die übrigen raumgebend, damit sie auf ihre Art an der Einheit teilnehmen; er hat hierin im höchsten Maße das, was man heute ein „apostolat de présence" nennt: keineswegs ist er gehalten, dauernd – als Papst, nicht als Bischof von Rom – sich durch Rundschreiben u. dgl. in Erinnerung zu rufen: sein bloßes Dasein setzt einen Punkt der Ortung für alle, erinnert alle daran, daß sie Glieder eines höheren Ganzen sind (zu dem der Papst ebenfalls gehört), erlöst vom Bewußtsein der Vereinzelung und von den Ausweglosigkeiten des „Pluralismus". Der eigene Standpunkt wird nicht dadurch relativiert, daß man resigniert weiß: es gibt in der Menschheit und Christenheit andere, entgegengesetzte, sondern daß man sich freudig bewußt ist: mit dem eigenen, sofern er eine partielle Wahrheit enthält, kann man beitragen, den Organismus der lebendigen Einheit zu ergänzen. Im ersten Fall ist „Widerspruch" möglich, im zweiten nur (fruchtbarer) „Gegensatz", wie Möhler gelehrt hat[2]. Das Einheit ermöglichende Raumgewähren setzt nun aber gerade das Moment der Autorität voraus, als das einzige Moment, das nicht bloß einen partikulären Standpunkt den übrigen entgegensetzt[3]; es wird sich gleich zeigen, welche wichtigen

---

[2] Die Einheit in der Kirche, § 46.

[3] Das hat ungemein kraftvoll, wenngleich noch einseitig auf Vatikanum I gestützt, Erich Przywara herausgehoben in „Reichweite der Analogie" (erstmals 1940), in: Analogia Entis (Schriften III, Einsiedeln [2]1962), vor allem 274–284; vgl. auch seine von Bernhard Gertz gesammelten Aufsätze „Katholische Krise" (Patmos 1967); hier wird schon 1925 von einer „verhängnisvollen Richtung auf Selbstzerstörung und Selbstzerfleischung" in der Kirche gesprochen, „und das Ende scheint Chaos" (20). 1929 wird gegen „die Begründung der Kirche von unten" als das rettende Prinzip angegeben ein „objektives, gegen Seele wie Gemeinschaft unabhängiges (und darum rechtshaftes) Fortleben Christi" (56) und „die Betonung des unbedingten Primates der Kirche" (68), ja geradezu

Folgerungen sich daraus für die Beziehungen zwischen Lehramt und Theologie ergeben. Ein solches Raumgeben wird konkret fühlbar etwa bei einer Bischofssynode, an der der Heilige Vater teilnimmt, aber ohne mit einer partikulären Ansicht in die Diskussion einzugreifen: dieses schweigsame Beiwohnen und Zur-Kenntnis-Nehmen ist keineswegs Überheblichkeit, sondern Freigabe innerhalb der sichtbar verkörperten Einheit. Wie ein einzelner Papst dieses Amt der die Einheit ermöglichenden Freigabe ausübt, kann menschlich sehr verschieden ausfallen; ob das geistige Antlitz der Person mehr die Züge der Amtlichkeit oder das christlicher Gutmütigkeit oder das persönlicher Demut zur Schau trägt, ist weniger wichtig, es gibt auch hier eine fruchtbare Pluralität in der Art, dem gleichen Auftrag gerecht zu werden.

### b) Mysterium und Definition

Was diesen Auftrag selbst angeht, so steht er auch *inhaltlich* in der Spannung, die durch die Stellung des Papstes in der Kirche gegeben ist. Er ist der letzte Beziehungspunkt dort, wo es um die für die Einheit der Kirche notwendige Einheit des Glaubensinhalts geht („*ein* Herr, *ein* Glaube“ Eph 4,5). Seine Einheit kann nur in einer übergänglichen Mitte gefaßt werden: dort, wo er von der Helle der geschichtlichen Offenbarung, bezeugt im Wort der Heiligen Schrift, ins verständliche Wort verfügt ist und wo er nicht einerseits in die Tiefen des Mysteriums, worin er gründet und das er ausdrückt, verdämmert, und auch nicht anderseits in die Vielfalt der persönlichen Auffassungen der einzelnen Glaubenden auseinandergeht. Daß es diese Mitte gibt, daß also die biblische Offenbarung nicht selbst in reinen Pluralismus zerfällt, sondern Gottes sich ereignendes Wort, wie Heinrich Schlier sagt[4], in ein verständliches und in aller Vielfalt der Aspekte einheitliches Sprach-Wort verfügt ist, dürfen wir hier voraussetzen, obschon diese Aussage auch nicht völlig unabhängig von der Einheit des kirchlichen Lehramtes gewagt werden kann: Die Festlegung des Kanons und die substantielle Einheit aller frühchristlichen Symbola zeugt von der Objektivität des christlichen Glau-

---

„grundlegend als successio apostolica“: „Der sogenannte ‚juridische Formalismus‘ der Kirche ist ... nichts weiter als ihre Geistseite und darum ihre innere Form, wie im Menschen der Geist die Form des Leibes ist. Sosehr also die Kirche Organismus des mystischen Leibes Christi ist, so sehr ist die Kraft dieses Organismus (wie im Organismus des Einzelmenschen) an die Kraft der Organisation gebunden, an das bewußte und freiwillentliche Ineinandergreifen von Obrigkeit und Untertanenschaft zum Heil des einen Leibes“ (78).

[4] H. Schlier, Besinnung auf das Neue Testament (Herder 1964) 15, 42ff.

bensverständnisses der frühen Kirche und vom Verständigtsein der Einzelkirchen untereinander über dessen Einheit. Aber ebenso alt wie das Bewußtsein von der Verständlichkeit der im Credo aufgrund der Schrift und ihrer einheitlichen, von der Successio apostolica verbürgten unverfälschten Überlieferung und Auslegung ist das Wissen, wie sehr jeder „Glaubensartikel" im göttlichen Mysterium gründet, das auch in seiner Offenbarung nicht aufhört, geheimnisvoll zu sein. Alles Glaubensverstehen ruht auf einem schlichten Glauben, der mehr Wahrheit umfaßt, als er verstehen kann: er glaubt ja Gott.

Marias Glaube, so zeigte sich, konnte die Sphäre des Unverstandenen auf sich beruhen lassen, nicht deshalb, weil sie sich nicht um Verstehen mühte (Lk 1,29.34; 2,19.51), sondern weil die Dunkelheit ihres Glaubens für dessen Gestalt wichtiger war als die Helle. Der Auftrag Petri – wie jedes Verkündigers (vgl. Paulus: 2 Kor 12,1 ff; Eph 3,4) – lautet anders: er muß und will soviel als möglich verstehen; was Petrus jetzt nicht versteht, wird ihm später klar werden (Joh 13, 7, vgl. 13, 13.37); nach der Auferstehung wird er mit den zehn andern von Jesus in den Sinn der gesamten Offenbarung – Gesetz, Propheten, Psalmen (Lk 24,44) – eingeführt: dem Gedächtnis der Kirche wird das grundlegende Verständnis der Zusammenhänge des göttlichen Heilsplans ein für allemal eingesenkt. Man möchte dieses der Kirche, insbesondere der lehrenden, eingegossene Wissen seiner Form nach vergleichen mit der Vision des hl. Benedikt, da ihm „die ganze Welt wie in einem einzigen Sonnenstrahl vereinigt vor Augen geführt" ward [5], oder mit jener Erleuchtung des hl. Ignatius am Fluß Cardoner, von der er sagt, er könne das Erfaßte nicht im einzelnen angeben, „nur das läßt sich sagen, daß sein Geist von solcher Klarheit erfüllt wurde, daß ihn dünkte, wenn er alle Gnadenhilfe" seines Lebens „und all sein Wissen zusammennähme, er hätte doch nicht so viel empfangen als damals dieses einzige Mal" [6].

Das der lehrenden Kirche eingesenkte Verständnis ist nun aber kein im technischen Sinn theologisches, auch wenn gute Theologen zu Bischöfen und Päpsten ernannt worden sind und diese selbstverständlich eines theologischen Wissens bedürfen, um reflex zu verstehen, wie ein bestimmter Artikel des Glaubens auszulegen, zu ver-

---

[5] Gregor der Große, Dialoge II 33. Gregor fügt bei: „Wenn man aber sagt, daß die Welt vor ihm ineins zusammengefaßt war, so waren Himmel und Erde nicht verkleinert, sondern die Seele des Schauenden erweitert, der, in Gott entrückt, ohne Schwierigkeit alles übersehen konnte, was niedriger war als Gott."

[6] Lebenserinnerungen Nr. 30 (hrsg. von Feder, Herder 1922) 48.

teidigen, zu verkünden ist. Die „Verfügung ins Wort" hat mit dem Abschluß der Heiligen Schriften nicht ihr Ende erreicht, sie bleibt auch durch die Zeiten hindurch eine Aufgabe und ein Charisma der Kirche.

Dennoch besteht eine Differenz zwischen der Systematisierung der Glaubenslehre, wie ein Theologe sie anstreben muß, und der Ausfaltung der Lehre in einem bestimmten Punkt, die in gewissen Situationen dem kirchlichen Lehramt obliegt, sei es zur Verteidigung der Orthodoxie, sei es zur Verdeutlichung eines wesentlichen Glaubensaspekts, der für das gesamte Kirchenvolk aktuell sein kann. Für den einzelnen Theologen hat eine bestimmte Aussage einen angebbaren Stellenwert innerhalb des Gesamthorizonts seines ihm eignenden Glaubensverständnisses (der auch der Horizont mehrerer oder des Durchschnitts der Theologen einer Epoche sein kann), und dieser Horizont wird auch beim klügsten persönlich und begrenzt sein. Ihm, kann man sagen, kommt es auf die durch den Zusammenhang seiner Sicht definierte „Satzwahrheit" an. Das Lehramt dagegen hat kein System, sondern ein irgendwie habituelles Wissen um die Gesamtproportionen der geoffenbarten göttlichen Wahrheit. Auf diese bezieht es die in Frage stehende Aussage, wobei es ihm genug ist, wenn ihr sprachlicher Ausdruck der dem (bleibenden) Geheimnis in der geschichtlichen Situation „angemessenste" ist[7]. Nicht auf die „Satzwahrheit" kommt es ihm an – falls es eine solche in Absehung von der Intention des Sprechenden überhaupt geben kann –, sondern auf die Transparenz des Ausdrucks auf den dem Lehramt im Augenblick einer definitiven Entscheidung erschlossenen Verstehenshorizont der Offenbarung, auf das von den Worten innerhalb dieses Horizonts Gemeinte. Dieses liegt qualitativ oberhalb jedes möglichen Systemhorizonts einer Theologie, der je von einer Perspektive, einem Formalobjekt, einem Denkstil gefärbt ist und in seiner innern Kohärenz und Evidenz vom Denkenden zum Kriterium der Richtigkeit seiner Einzelsätze genommen werden muß. Eben diese Perspektiven und Stile unterliegen insofern dem Urteil des kirchlichen Lehramts, als in Frage steht, ob und inwieweit sie zum Gesamthorizont der Offenbarung offenzustehen (objektiv) fähig und (subjektiv) bereit sind; dieses Urteil kann und muß sich natürlich auf Einzelaussagen innerhalb dieser Systeme ausdehnen, soweit ihre Angemessenheit mit dem „Gesamthorizont" der Kirche (der nie ein systemhafter ist) in Frage gestellt wird. Nun ist klar,

[7] „... quam quidem conversionem catholica Ecclesia aptissime transsubstantiationem appellat": DSch 1652; vgl. 1642: „convenienter et proprie".

daß die Öffnung eines persönlichen oder scholastischen Systemhorizonts über sich hinaus zum kirchlichen für gewöhnlich nicht als Akt blinden Gehorsams gefordert werden kann, sondern daß eine gegenseitige Erklärung stattfinden muß, worin der Theologe seine Sicht erklärt und die Vertreter des Amtes, die über kein aktuell eingegossenes theologisches Gesamtwissen verfügen, genaue Kenntnis von dieser Erklärung nehmen müssen. Sehr oft bereichert die Sicht eines Theologen die empirische Schau, die das Lehramt, die in der Kirche Lehrenden überhaupt, von einem bestimmten Aspekt der Offenbarung besitzen. Zwischen dem Lehramt und der Theologie soll in der Kirche ein lebendiger Austausch stattfinden, doch nicht wie zwischen zwei einander gegenüber aufgerichteten cathedrae, mit je verschiedenem göttlichen Auftrag, von denen aus gegeneinander disputiert wird; vielmehr dürfte Newman recht haben, wenn er die „Theologie als das fundamentale und regulative Prinzip des ganzen kirchlichen Systems“ ansieht, „der Offenbarung koextensiv“ [8], und befugt, zu bestimmen, was in kirchlichen Definitionen als wahrhaft unfehlbar zu gelten hat [9], aber trotzdem die Kompetenz der Theologen nicht auf seiten der „Ecclesia docens“ sucht, sondern bei dem (in seiner Gesamtheit unfehlbaren) Glaubenssinn der Gläubigen [10].

---

[8] Via Media, Preface to the 3rd Edition, Vol. I (London 1891) XLVII.

[9] A Letter addressed to ... the Duke of Norfolk, in: Certain Difficulties ... I (London 1891) 321.

[10] Brief an Miss Froude vom 28. Juli 1875, in: Briefe und Aufzeichnungen aus der katholischen Zeit (Grünewald [2]1967) 634ff. Newman, der hier etwas mißverständlich den sensus fidelium als „passiv“ unfehlbar bezeichnet, fügt bei: „ein in diesem oder jenem Land geltender Sinn einer Lehre ist kein ‚sensus universitatis‘, und anderseits ist die Schola Theologorum ein Hauptbestandteil dieser Universitas – sie handelt mit großer Kraft; durch Richtigstellung volksmäßiger Mißdeutungen und engherziger Betrachtungen der Lehre von der *aktiven Unfehlbarkeit* (des Lehramts) und durch intellektuelle Untersuchungen und Erörterungen, die ihr wahres Leben ausmachen, hält sie eine deutliche Unterscheidung fest zwischen theologischer Wahrheit und theologischer Meinung und ist der Widerpart des Dogmatismus. Die Streitigkeiten der Schule gewährleisten die Freiheit des Denkens, und die Einstimmigkeit ihrer Glieder ist zugleich die Schutzwache der unfehlbaren Entscheidungen der Kirche und der Kämpe des Glaubens“ (englisch in Wilfrid Ward, The Life of J. H. Card. Newman II, [2]1921, 564). Wir mögen die Zweiteilung der Kirche in eine „lehrende“ und eine „hörende“ für überholt halten und ihr eine viel nuanciertere Skala von „Diensten“ (ministeria) in der Kirche entgegensetzen, dabei insbesondere daran denken, den Dienst der Theologen in ihr von der alten Trias „erstens Apostel, zweitens Propheten, drittens Lehrer“ (1 Kor 12,28; oder später, vermutlich nach dem Tod der „Apostel und Propheten“, von der Trias „Evangelisten, Hirten und Lehrer“ Eph 4,11) herzuleiten. Aber abgesehen davon, daß ein solcher direkter Übergang der biblischen Ämter in die der nachbiblischen Zeit problematisch bleibt, dürfte er sich – trotz der Hochschätzung des Dienstes der Theologen durch alle Jahrhunderte hindurch – auch auf keine wirklich theologische Tradition stützen können. Wichtiger ist, Newmans Begriff der (damals so genannten)

Da die beiden Partner auf verschiedenen kirchlichen Ebenen sprechen, sind *endgültige* Entscheide des Lehramts zwar inappellabel und unüberholbar; aber da alle menschlichen Worte, auch die klarsten, einer Interpretation bedürfen und jede wahre Aussage in neue größere Zusammenhänge und damit in ein neues Licht gerückt werden kann, ist die Arbeit der Theologen durch eine Definition keineswegs beendet. Wenn auch keine feierliche Definition aufgehoben wird – wie in Analogie dazu kein Wort aus der Bibel gestrichen wird –, so ist doch eine neue Befragung ihrer Tragweite dort wie hier immer möglich. Dabei wird der Theologie beidem begegnen: einem geschichtlich bedingten Horizont der Definition und mitten darin einer diese Bedingtheit übersteigenden endgültigen Weisung, die zumindest als eine endgültige Wegweisung gemeint ist. Die Wegweisung ihrerseits ist freilich auch nicht identisch mit der Abschreitung des gesamten Weges: sie ist als Orientierung für die pilgernde Kirche vollkommen richtig – „hier geht der Weg, während ein Abweichen nach links oder rechts in die Irre führt" –, aber sie ist Orientierung innerhalb der glaubenden Existenz, die nur „per speculum in aenigmate" schaut und deren Erkenntnis „Stückwerk" bleibt (1 Kor 13, 12), was zu beherzigen der Theologie wie dem definierenden Lehramt gleich wohl ansteht. Nicht nur wurde kurz vor dem I. Vatikanum gegen Frohschammer festgestellt, „nie sei die Vernunft aufgrund ihrer natürlichen Prinzipien fähig, derartige (d. h. übernatürliche) Wahrheiten (dogmata) auf wissenschaftliche Weise zu behandeln", weil die uns „in Christus geoffenbarten Mysterien, die nicht nur die menschliche Philosophie, sondern selbst die natürliche Vernunft der Engel übersteigen, auch dann, wenn sie im Glauben entgegengenommen werden, dennoch einstweilen durch den Glauben selbst wie durch einen heiligen Schleier und eine dichte Finsternis überdeckt bleiben, solange wir in diesem sterblichen Leben fern vom Herrn wallen"[11]. Sondern gerade auch das des theologischen Rationalismus gern verdächtigte I. Vatikanum hat die „Unerfaßlichkeit" Gottes schon in seiner ersten Aussage (DSch 3001) bekannt, dann bei der Unterscheidung der Ordnungen von Glaube und Vernunft betont, dem Glauben würden „in Gott verborgene Mysterien zu glauben vorgestellt", deren Sinn nach Jesu

---

„hörenden" Kirche tiefer zu verstehen. Sie ist für ihn alles andere als passiv, vielmehr die auch das Lehramt umfassende Sphäre des gemeinsamen Glaubens. Daß die Theologen aus ihr hervorgehen, gibt ihnen nach Newman die Möglichkeit, die eventuellen Deviationen des Lehramtes zu korrigieren. Vgl. L. Bouyer, L'Église de Dieu, 150.

[11] DSch 2856–2857, vgl. auch die folgenden Nummern sowie die entsprechenden Teile des „Syllabus".

Wort „den Weisen und Klugen verborgen, den Einfältigen aber geoffenbart" werde (DSch 3015). Und wenn die „vom Glauben erleuchtete Vernunft, falls sie fromm und nüchtern sucht, durch Gottes Geschenk ein gewisses Verständnis der Mysterien erlangen kann ... so wird sie doch niemals instand gesetzt, sie wie Wahrheiten, die ihren eigenen Gegenstand bilden, zu durchschauen. Denn die göttlichen Mysterien übersteigen ihrem Wesen gemäß den geschaffenen Verstand so sehr, daß sie trotz Offenbarung und glaubendem Empfang doch vom Glauben wie von einer Decke und einer Dunkelheit verhüllt bleiben, solange wir in diesem sterblichen Leben fern vom Herrn pilgern; denn wir wandeln im Glauben und nicht im Schauen" (DSch 3016). Hier ist die Undefinierbarkeit des Dogmas im Sinn eines wissenschaftlichen Satzes wirklich inappellabel definiert, und auch in diesem Sinn schließt das I. Vatikanum eine Tür endgültig und schafft neue Bedingungen, gleichsam eine neue Atmosphäre für jedes Gespräch zwischen Lehramt und Theologie. Aber freilich: auch der so zeitgemäße Verweis auf den Glauben der Einfältigen enthebt das kirchliche Lehramt nicht der Verpflichtung, immer neu die Spannung zwischen dem Lehren-Müssen und dem Nicht-adäquat-festlegen-Können zu bestehen.

### c) Zustimmung und Wagnis

Von da wird eine letzte Spannung sichtbar, die in der Problematik des „*consensus*", der Zustimmung nicht nur der Theologie, sondern der gesamten glaubenden Kirche zu dem vom Lehramt verbindlich Verkündeten liegt[12]. Das vom I. Vatikanum ausgeschlossene gallikanische Verständnis dieser Zustimmung, das sie zu einer conditio sine qua non für die Verbindlichkeit des zu Glaubenden gemacht hatte, liegt hinter uns. Damit steht der Zugang zu einer nicht mehr auf bloß juristischen Erwägungen, sondern auf der konkreten kirchlichen Communio (die Rechtsmomente in sich integriert enthält), beruhenden Zustimmung wieder offen. Es scheint deshalb von vornherein wenig fruchtbar, von den rechtshistorischen Erhebungen über den Begriff „Rezeption" auszugehen, weil von „echter Rezeption" juristisch nur dort geredet werden kann, „wo zwei Partner echt voneinander verschieden oder geschieden sind und so in das

---

[12] Vgl. die oben angeführten Arbeiten von H. Fries sowie Alois Grillmeier, Konzil und Rezeption, in: Philosophie und Theologie 45 (1970) 321–352, Y. Congar, Ministères et Communion ecclésiale (Cerf 1971) passim, ders., Die Rezeption als ekklesiologisches Problem, in: Concilium 8 (1972), 500–514.

Verhältnis von Geben und Empfangen treten können"[13]. Das ist in der Kirche, in der alle den gleichen Glauben teilen, alle den einen Leib Christi zusammen bilden, gar nicht denkbar. Gehen wir aber von der realistischen Vorstellung der Kirche als einer Gemeinschaft von Sündern aus, die nach dem Rechten zu streben sich bemühen, betrachten wir somit das Lehramt in seiner Exzentrizität, so tritt die Spannung und Problematik in dessen praktischer Amtsführung heraus. Einerseits ist es eine Funktion, die der Communio eingestiftet ist und zu ihr gehört, und insofern ist es nicht nur an Schrift und Tradition zurückgebunden, sondern auch an die Befragung der Kirchengemeinschaft betreffs ihres Glaubens verwiesen, wie es das I. Vatikanum betont (DSch 3069) und Bischof Gasser es noch ausdrücklicher unterstrichen hat[14]. Anderseits hat das Lehramt die Pflicht, aus verschiedenen Gründen gewisse Aspekte der Lehre klarer zur Geltung zu bringen, als sie im allgemeinen Bewußtsein vorhanden sind. Zwar billigt Johannes seiner Gemeinde aufgrund der „Salbung" (dem in Taufe und Firmung empfangenen Heiligen Geist) eine hinreichende Kenntnis des Glaubens zu: „Ihr habt alle die Salbung von dem Heiligen und habt alle das Wissen (oder: wißt alles). Ich habe euch nicht geschrieben, weil ihr die Wahrheit nicht wißt, sondern weil ihr sie kennt... Ihr habt es nicht nötig, daß euch jemand belehre" (1 Joh 2,20–21). Dennoch schreibt er. Er bestätigt, was sie wissen, und hebt es ans Licht, und er weiß auch, daß dies nicht überflüssig ist. Denn vielleicht merken sie erst aufgrund seiner Worte, daß sie es wissen, oder sie werden erst dessen sicher, was ihnen vorher nicht voll gesichert schien. Habituelles (und damit fast oder ganz Unbewußtes) wird aktuell, Ungewisses wird gewiß. So kann zwischen der Übereinstimmung vorher (im „sensus fidelium") und der Übereinstimmung nachher (als „consensus fidelium") trotz grundlegender Identität eine akzidentelle Differenz bestehen. Man kann zur Erläuterung an das vollkommene Beispiel des Glaubensgehorsams Marias anknüpfen: wenn sie vor dem Erscheinen des Engels schon habituell mit allem einverstanden war, was Gott will (denn „der Herr ist mit dir"), so kann sie über der Anrede doch erschrekken, muß nachdenken, „was dieser Gruß wohl bedeute", muß die Frage stellen, wie „das geschehen" könne, um ihre abschließende

[13] Grillmeier, a.a.O. 331. Grillmeiers Zugang zur Theologie der Rezeption vom Juristischen her hat den Vorteil, mit sehr differenzierten Begriffen arbeiten zu können, die auf verschiedene kirchengeschichtliche Situationen auch differenziert anwendbar sind, wobei sich aber schließlich doch herausstellt, daß innerhalb der kirchlichen Communio höchstens von Rezeption im uneigentlichen Sinn die Rede sein kann.

[14] Siehe oben S. 181ff.

Zustimmung zu leisten. Man kann auch ein Beispiel aus der Kirche der Sünder nehmen: ein Mensch, der das Gelübde vollen Gehorsams gegenüber seinem Seelenführer abgelegt hat, kann von diesem durch eine unerwartete und vielleicht sehr harte Forderung so überrascht werden, daß er gleichfalls erschrickt und nicht sieht, wie er dem entsprechen kann. Dabei sei vorausgesetzt, daß die Forderung des Führers angesichts Gottes vollkommen richtig ist, wenn sie auch nur den Zweck hat, den Geführten über die Schranken hinauszuführen, die jeder betreffs des ihm „Zumutbaren" unbewußt setzt. Mit diesem Beispiel soll nicht insinuiert werden, es sei der Zweck des kirchlichen Lehramtes, das christliche Volk in blinden Gehorsam einzuüben, sondern nur, daß in gewissen Bestimmungen dieses Amtes für den normalen Glaubenden auch einmal ein Moment oder Aspekt liegen kann, der ihm als „Zumutung" erscheint. Er wird darauf vielleicht vorschnell mit dem Einwand reagieren, diese oder jene Präzision des Glaubens sei „inopportun" oder entspreche nicht voll dem „Glaubenssinn" der Gläubigen, müsse deshalb von vornherein kontestiert oder – bestenfalls – zu einer höheren Synthese hin orientiert werden. Es wird später über die Berechtigung kirchlicher Kontestation zu reden sein; hier handelt es sich um die empirisch aufklaffende Differenz zwischen dem Habituellen und Aktuellen im Glauben, und wir meinen, daß es zum Hirtenamt in der Nachfolge der Zwölf und Petri insbesondere gehört, die Gläubigen zur Höhe ihres eigenen Glaubens emporzuführen, wobei sowohl im vorhandenen Glauben wie in der Führung zum tieferen Glauben ein Moment des *Wagnisses* liegt. Jeder Gläubige wagt den Glauben auf das Wort Christi hin („hilf meinem Unglauben" Mk 9,24), aber gewöhnt sich unmerklich und fast unweigerlich daran, seinen Glauben nach Kriterien der eigenen Evidenz zu bemessen, die beim Sünder natürlich immer minimalistisch ausfallen. Und da das Maß des persönlichen Wagnisses beim Glauben der Christen ein sehr verschiedenes ist, wird auch die wagende Zumutung des Hirtenamts an das christliche Volk im ganzen, die Anstrengung eines Glaubenswagnisses auf sich zu nehmen, entsprechend groß sein. Ist es „opportun" – nun einmal nicht ökumenisch, sondern rein innerkatholisch gesprochen –, dem glaubenden Volk im ganzen die Zustimmung zur leiblichen Aufnahme Mariens in den Himmel zuzumuten, wenn es in seiner geistigen Trägheit den tieferen Zusammenhang zwischen Maria und der Kirche, die Notwendigkeit einer im Zentrum schon vollendeten „Hochzeit des Lammes" um ihrer für alle erhofften eschatologischen Vollendung willen schwerlich einsieht und sich bei lateralen, das Wesentliche nur verzerrt widerspiegelnden Aspekten aufhält?

Es geht bei der Beantwortung dieser Frage keinesfalls primär um die Kritik und Einschränkung einer „römischen Dogmatisierungssucht" und das unfehlbare Hinstellen von „tendenziös-explizierenden Sätzen", sondern um ein echt pastorales Abwägen, wann für den Durchschnitt der „Herde" und bei der steigenden Zahl der sich „partiell Identifizierenden" das Bessere der Feind des Guten zu werden beginnt. Es geht vielleicht auch darum – der Gesichtspunkt ist wesentlich derselbe –, ob in diesem Pilgerstand das Glaubensmysterium durch einen weiteren Versuch seiner Explikation nicht in Gefahr gerät, tiefer profaniert statt tiefer angebetet zu werden.

Natürlich gab es auch – aber viel mehr in Theologen- und Laienkreisen als in solchen des Hirtenamts – eine naive, vom Zeitgeist der Evolution getragene Meinung, durch vermehrte Definitionen sei ein Fortschritt des „Glaubenswissens" und damit ein solcher der pilgernden Kirche im ganzen verbürgt. Das war eine der zahlreichen Formen chiliastischer Versuchung, die heute nur deshalb überwunden ist, weil sie durch andere, noch virulentere Formen derselben Versuchung ersetzt ist. Man weiß, wie sehr in den innersten Sphären des Mysteriums jeder Aspekt mit den übrigen unlösbar zusammenhängt, so daß schon der Versuch, den einen isoliert herauszuformulieren (und anders als in Vereinzelung läßt sich ein Satz ja nicht formulieren), den Blick auf den Zusammenhang unweigerlich gefährden muß. Die gewonnene Klarheit im Detail verunklärt das Wichtigere: dessen Einbettung in den Gesamtorganismus. Das dürfte beim Versuch einer De-finition von Begriffen wie „communio sanctorum", „réversibilité des mérites", „Miterlösung" (überhaupt) und „Miterlöserin" (von Maria im besonderen ausgesagt) evident sein. Hierbei geht es nicht vor allem um die allgemeine Problematik isolierter Sätze, sondern viel zentraler um das Anleuchten bestimmter Aspekte des Gesamtmysteriums eines in seiner (bleibenden!) Unbegreiflichkeit auf uns zukommenden, in uns eindringenden Gottes, einer uns immer tiefer miteinfordernden Stellvertretung (*per* ipsum →*cum* ipso →*in* ipso), deren primäre Verfügung ins Wort (der Heiligen Schrift) zwar nicht vag, aber doch von vielen Seiten approximierend bleibt, und deren sekundäre Ausweitung in dogmatischen Sätzen (ob „defensiv" oder „explikativ" oder beides) den arkanen Charakter aller christlichen Wahrheit – auch und gerade, wo sie in der Weltöffentlichkeit steht – vergessen zu lassen droht. Diese sachliche Spannung hat das kirchliche Lehramt zu beachten.

## 2. *Das Charisma der Leitung*

### a) Die Anfänge

Gerade die Spannung zwischen Amt und Theologie führt nunmehr zu einem zentralen Thema: Welches ist, innerhalb der „christologischen Konstellation", in der die katholische Kirche steht, die spezifische, unzweideutig bestimmbare Stellung und Funktion des petrinischen Amtes? Ein Blick auf die ganze – oft sehr schmerzliche – Kirchen- und Papstgeschichte dürfte zweierlei erweisen: obschon es viele persönlich vorbildliche heilige Päpste gibt, liegt ihr unterscheidendes Charisma nicht in der marianisch-johanneischen Linie subjektiver Heiligkeit. Als müßte dies eingehämmert werden, werden uns eine große Anzahl christlich fragwürdiger Päpste vorgeführt, unter deren Regime die Funktion wirklich auf jenes garantierte Minimum eingeschrumpft ist, das vom I. Vatikanum ausdrücklich umrissen wurde. Und ebenso evident ist das zweite: obschon es eine Anzahl hervorragender Theologen auf dem Stuhl Petri gegeben hat, liegt das petrinische Charisma ebensowenig im Feld der vertieften, gar technisch ausgebauten Theologie in der Linie der paulinischen Nachfolge, auch und gerade dann nicht, wenn von Rom entscheidende Weisungen für die von der Theologie einzuschlagenden Wege ausgehen, wie dies in den ersten Jahrhunderten öfters vorkommt, etwa im erstaunlichen Brief Papst Dionysius' (um 260) an die alexandrinische Kirche (DSch 112 ff), im Schreiben Leos des Großen an Flavian, das den Verlauf des wichtigsten dogmatischen Konzils, des Chalcedonense, entscheidend bestimmt hat (DSch 290 ff), oder im Brief Agathos (im Jahr 680) an Konstantin IV. gegen die Monotheleten (DSch 542 ff) – die Zusammennennung der drei Schreiben stammt von Harnack[15] –, eine Reihe, die sich beliebig vermehren und verlängern ließe (etwa um das Glaubensbekenntnis Damasus' I.: DSch 144 ff oder dasjenige Leos IX. im 11. Jahrhundert: DSch 680 ff), und in die als einstweilen letztes, typisches und würdiges Glied das Credo Pauls VI. gehört. Harnack sagt vom Schreiben Papst Dionysius', der den grundgescheiten Schüler des Origenes, den Bischof von Alexandrien, zurechtzuweisen hat, es habe sich „um die Spekulation der Alexandriner gar nicht gekümmert, ihre komplizierten Thesen beiseite gelassen und sich lediglich an die Ergebnisse" und die Konsequenzen gehalten. Das gilt genauso von den Schreiben Leos und Agathos: „Sie widerlegen von den Fol-

[15] Dogmengeschichte I ($^{4}$1909) 772.

gerungen aus die Lehren rechts und links und ponieren einfach eine mittlere Linie... diese begründen sie formell durch ihr altes Symbol." [16]

Die beiden Abgrenzungen – von Maria–Johannes und von Paulus – hilft uns auf die Spur, die gleiche, auf die uns auch die *Frühgeschichte des Papsttums* eindeutig führt. Alles beginnt mit dem (ehe Reflexion nötig wird) „instinktiv" gelebten Charisma der Führung aus der konkreten Mitte. Es ist sehr schön, daß die Anrede des Martyrerbischofs Ignatius an die römische Gemeinde diese als „Vorsitzende der Agape" bezeichnet, was nicht auf den Rechtsvorsitz eines „Liebesbundes" der Einzelkirchen hinweist, sondern wirklich auf die zentrale Wirklichkeit der Liebe, die Kirche konstituiert; wobei immerhin „Vorrang" mehr sagt als „ein moralisches Übertreffen an caritativer Gesinnung und Leistung" (zumal gleich nachher diese Kirche „christonomos": das Gesetz Christi be[ob]achtend" genannt wird) [17]. Die außerordentliche caritative Fürsorge der römischen Gemeinde nicht nur für die zahlreichen Armen der Hauptstadt, sondern bis in weitentfernte asiatische Gemeinden wird aber noch im 3. Jahrhundert vielfach erwähnt und gerühmt [18]. Horcht man auf den Klang des Mahnbriefes Papst Klemens' von Rom an die Korinther – wohl noch zu Lebzeiten des Apostels Johannes (96) abgefaßt –, so läßt sich dieses für die Anfänge des römischen „Anspruchs" wichtigste Schreiben durchaus im Sinn des Ignatius aus der Sorge für die Ungetrübtheit der Liebe – als Wesen der Kirche – auffassen, die – äußerlich in die altrömische Kategorie der kosmischen „Ordnung" eingefaßt – innerlich deutlich nur die paulinische Bereitschaft zur liebenden (marianischen!) Fügsamkeit in die von Christus her durch die Apostel gesetzte *Form* der Kirche aussagen will. Die Mahnung selbst, die von Rom ausgeht, wird im Geist der apostolischen Kirche als eine Funktion der Agape aufgefaßt [19]; sie wird mitsamt dem Verweis auf die Amtstradition offenbar auch anstandslos von dieser angeblich „rein charismatischen" Gemeinde angenommen und noch hundert Jahre später ehrfurchtsvoll im Got-

---

[16] Ebd. 771–772. Die eingefügten polemischen Wendungen Harnacks sind ausgelassen.

[17] Jos. Fischer, Die apostolischen Väter (Kösel 1956) 129f. Elf Wörter vor „prokathēmenē" ist vom „Vorsitz, Vorrang" Christi (prokathētai) im Raum des Gebietes der Römer die Rede.

[18] Texte bei G. Bardy, La théologie de l'Église de S. Irénée au Concile de Nicée, in: Unam Sanctam 14 (Cerf 1947) 225–226.

[19] H. Schlier, Die Eigenart der christlichen Mahnung nach dem Apostel Paulus, in: Besinnung auf das Neue Testament (Herder 1964) 340–357.

tesdienst verlesen[20], wie sie auch in andern Gegenden zumal des Orients noch lange verbreitet sein wird[21].

In der Folge tritt die petrinische Funktion nur dann, aber dann wirklich hervor, wenn ein wesentlicher Anlaß dazu besteht: wenn die „Einheit der Liebe" gefährdet wird oder man beginnt, sich um Rat oder Schlichtung an das anerkannte Zentrum der Einheit, den konkreten Bezugspunkt Rom zu wenden. Der Stuhl Petri wird jetzt zur Zuflucht der Rechtsuchenden, was ja immer noch die rechtliche Sphäre als den Ausdruck der Liebessphäre erweist. Für Irenäus ist die Existenz dieses Bezugspunkts fraglose Tatsache, ebensowohl in der allgemeinen Anerkennung wie in der nachweisbaren Herkunft von den Aposteln begründet und davon bezeugt. Die spezifisch petrinische Sukzession, so sagt Henri de Lubac zu Recht, „behauptet sich anfänglich in aller Ruhe, durch einfache Ausübung, nicht durch theoretische Ausführungen, durch Anforderungen oder durch ein Arsenal von Beweisen; und das gerade war es, was man erwarten durfte. Das Gegenteil wäre verdächtig: als wäre es darum gegangen, Widerstrebende zur Annahme einer Neuerung zu zwingen. Diese Nüchternheit des Anfangs entspricht ja auch nur den Gesetzen des Lebendigen. Die Reflexion kommt immer erst nachträglich, sie gewinnt für gewöhnlich nur unter der Wirkung des Widerspruchs an Breite. Die theoretischen Rechtfertigungen, auf die man dann verfällt, verwandeln nicht notwendig ein (bis dahin unrechtmäßiges) Faktum in ein Recht, sondern decken nur das im Faktum liegende Recht auf."[22] Es wird wohl providentiell sein, daß das Rom des zweiten und dritten Jahrhunderts – mit Ausnahme von Hippolyt, der selbst ein Schisma hervorruft – keinen einzigen bedeutenden Theologen besitzt, während die große Theologie sich in Alexandrien, Gallien, Karthago, Palästina, Kleinasien entfaltet, so daß man annehmen müßte, Rom mit seiner simplen Wahrung der apostolischen Tradition kennzeichne bei seinen Interventionen jeweils einen rückständigen Standpunkt, um so peinlicher, mit je mehr autoritativer Wucht er vorgetragen wurde. Das Erstaunliche ist, daß diese – anfänglich gewiß nicht häufigen – Interventionen gerade das Umgekehrte erweisen: die Stellungnahmen Roms zeigen regelmäßig, obschon sie an die überlieferte Glaubenshinterlage verweisen, über den kirchlichen Horizont der „engagierten" und „spekulativen" Theologen hinaus.

---

[20] Eusebius, Kirchengeschichte IV 23,11.

[21] L. Duchesne, Églises séparées ([2]1905) 131f.

[22] Les Églises particulières dans l'Église universelle (Aubier 1971) 194 (deutsch: Quellen kirchlicher Einheit, Johannesverlag 1974). Duchesne, a.a.O. 107.

Dies mag in der Unternehmung des temperamentvollen Papstes Victor (189–198) noch nicht eindeutig sein, da es bei der autoritären Regelung des Ostertermins – über den sich schon Polykarp und Papst Anicet nicht hatten einigen können – scheinbar um keine dogmatische, sondern um eine rein disziplinäre Angelegenheit ging[23]; aber sachlich war Victor im Recht – das Konzil von Nicäa hat später die Exkommunikation, die damals verhindert wurde – im Sinne Victors ausgesprochen: die alte Überlieferung der Quartodecimaner, die auf der Osterfeier am jüdischen Osterfest (14. Nisan) bestanden, statt am folgenden (Auferstehungs-)Sonntag, mußte als ein judaisierender Überrest ausgeschaltet werden. Zu Victors Entlastung ist zu sagen, daß er vor seinem geplanten Erlaß in allen Teilen der Kirche Synoden abhalten ließ, die ihm, abgesehen von der kleinasiatischen, „einstimmig"[24] recht gaben. Wichtiger ist der bittere Streit zwischen Cyprian, dem unbestrittenen Führer des zahlreichen afrikanischen Episkopats, und dem römischen Bischof Stephan I. (254–257) um die Gültigkeit der von Ketzern gespendeten Taufe. Während Cyprian sich in dem früheren Streit um die Wiederversöhnung der „lapsi" pastoral klug, aber im ganzen weitherzig zeigte[25], beruft er sich jetzt auf die von ihm mit theologischer Perfektion abgerundete Vorstellung einer „heiligen Kirche", außer deren sichtbarem, vom Band der Bischöfe umrissenem Bereich „kein Heil" sein kann; auf jene traditionelle Idealvorstellung des zweiten Jahrhunderts. Mit dieser Idee kommt sich Cyprian fortschrittlich vor, im Gegensatz zu einem in Rom vertretenen unerleuchteten Traditionalismus[26]. Der Entscheid Papst Stephans durchbricht aber die geschlossene Kirchenidee Cyprians zugunsten einer ihr widersprechenden Exzentrizität: auch außerhalb der kirchlichen Einheit kann gültig getauft werden – sogar bei Marcioniten und Montanisten[27] –, der Bereich der kirchlichen Autorität und Liebe fällt nicht einfach zu-

[23] So legte es ihm Irenäus „würdig und eindringlich" nahe, um ihn vor einer Exkommunikation der Asiaten, die ernste Folgen gehabt hätte, abzuhalten: „es hatten Frieden mit der ganzen Kirche sowohl die, welche es so hielten, als jene, welche es nicht so hielten": Eusebius, Kirchengeschichte V 24.

[24] A.a.O. V 23.

[25] In dem ersten Streit unter Papst Cornelius um die Wiederversöhnung der vielen in der decischen Verfolgung Abgefallenen war der Gegner nicht Papst Cornelius, mit dem er sachlich einig ist, sondern der Gegenpapst Novatian, gegen dessen Rigorismus Cyprian ankämpft.

[26] „Brauchtum ohne Wahrheit ist nur ein veralteter Irrtum": Brief 74,9. „Man darf sich nicht hinter das Brauchtum verschanzen, sondern muß durch Vernunft siegen ...": Brief 73,13.

[27] Texte bei Bardy, a.a.O. 43, 55.

sammen mit dem des Wirkens Gottes: ein theologisch noch ungeschützter[28] Entscheid, der in die Zukunft weist! Wenn die Position des großen Cyprian die donatistische Sekte aus sich entlassen wird – „man muß den Heiligen Geist haben, um ihn vermitteln zu können" –, so wird die Position Stephans, durch Augustinus theologisch gegen die Donatisten ausgebaut, zur Grundlage der Praxis und Theologie der Kirche bis heute werden: ohne sie könnte von ökumenischer Haltung und Theologie keine Rede sein. Stephan spricht, wie Victor, mit Autorität; „er diskutiert nicht, er ordnet an"[29]; das vor allem versetzt Cyprian in Glut: „Stephan, der durch Sukzession den Stuhl Petri zu haben beansprucht!"[30] Bischof Dionysius von Alexandrien, Freund des Papstes, wird schlichten müssen, durch seinen Hinweis darauf, daß der römische Brauch auch anderwärts von alters befolgt wird[31]. Aber gerade er sollte den – schon erwähnten – dritten Anlaß einer römischen Intervention bilden, und diesmal ging es um noch Zentraleres: um die Christologie, die der alexandrinische Bischof, Schüler des Meistertheologen Origenes, in dessen Sinn und Geist gegen die Sabellianer (die die Dreiheit der Personen in der göttlichen Einheit aufgehen ließen) verteidigt hatte. Aber war nicht schon Origenes im entgegengesetzten Sinn zu weit gegangen?[32] Sein Schüler wurde bei Papst Dionysius angeklagt. Dieser fühlt sich durch die an ihn gestellte Frage keineswegs überfordert, antwortet vielmehr mit zwei fein abgetönten Schreiben: ein persönliches ergeht an den Bischof, den er einladet, sich näher zu erklären, ein peremptorisches an die alexandrinische Kirche, das ohne Namennennung sowohl den Sabellianismus wie „sein sozusagen diametrales Gegenteil" verurteilt, in schlichten Worten, die um so erstaunlicher sind, als sie vorweg klar den Arianismus verurteilen, der sich aus dem Subordinationismus des Origenes ebenso logisch entwickeln wird wie der Donatismus aus Cyprians Kirchenlehre. Zu sagen, es habe eine Zeit gegeben, da der Sohn nicht war, da Gott ohne ihn war, ist „völlig absurd" (DSch 112–115). Der Papst stützt sich für diese schlichte Darlegung nicht auf den Tiefsinn einer philosophischen Schule, sondern einfach auf

---

[28] Wiewohl sich Stephan mit Recht und gebührlich auf eine andere, hinter ihm stehende Tradition beruft: Alexandria und Palästina standen auf seiner Seite, während die antiochenische Kirche und die von ihr abhängigen Kirchen mit Afrika einig sind.

[29] Bardy, a.a.O. 218.

[30] Brief 75,17.

[31] Eusebius, a.a.O. VII 7,5.

[32] Vgl. seine stenographisch aufgenommenen Aussagen in der Unterredung mit Herakleides, in: Sources Chrétiennes 67 (1960).

die Bibel und die Tradition, die dafür die Anfechtung der Theologenschulen jener späthellenistischen Zeit nicht kennt, alles (auf die eine oder die entgegengesetzte Art) auf Einheit ohne Vielheit zurückführen zu müssen. Der Papst steht mit der Offenbarung und dem Volksglauben im Einklang, früher und später als die zur Häresie versuchte Theologie[33]. Er spricht zudem (was bei Leo I. noch deutlicher wird) die Sprache der Ehrfurcht vor dem „Mysterium": ihm gilt das Kerygma vom dreieinigen Gott als „hocherhaben", verehrungswürdig (semnōtaton), sein Gegenstand wunderbar (thaumastēn), darin ist „die überschwengliche Größe und Würde" auch des Sohnes Gottes eingeschlossen (to axiōma kai to hyperballon megethos tou kyriou). Bischof Dionysius hat, ohne Aufbegehren, seine Lehre in seinem Antwortschreiben in vier Büchern entwickelt, deren Orthodoxie die erhaltenen Fragmente bezeugen.

Der Bischof von Rom ist zu dieser Zeit schon völlig gewohnt, Streitfälle zu schlichten, er verlangt, daß man sich an ihn wende, seltsamerweise verweist Cyprian selbst in einem denkwürdigen Fall an ihn als Instanz[34], das Konzil von Sardica wird feierlich an diese Gewohnheit erinnern (DSch 133–135); Siricius kann bereits sagen: „Wir tragen die Last aller Beschwerden, oder vielmehr der selige Apostel Petrus trägt sie in uns" (DSch 181). Innozenz I. fragt erstaunt: „Wißt ihr nicht, daß durch alle Provinzen hindurch vom apostolischen Quell den Bittstellern immer die Antworten zufließen?" (DSch 218, vgl. 217), und für Bonifaz I. (422) haben die Antworten Roms auch von jeher als abschließend gegolten: „Nie war es erlaubt, eine Sache, die der Apostolische Stuhl einmal geregelt hat, wieder in Frage zu stellen" (DSch 232). Cölestin I. wird die Trennung des Nestorius von der Kirche, wie sie das Ephesinum ausspricht, ratifizieren und Leo I. die Verurteilung des Eutyches durch seinen Tomus ad Flavianum vorbereiten sowie die entsprechende Lehre des Chalcedonense gutheißen. Wieder fällt bei ihm die antirationalistische, des Mysteriums, das es zu wahren gilt, tiefbewußte Sprache auf; das Wort „sacramentum" ist überall; an Kaiser Leo schreibend, beklagt er sich, in Alexandrien sei (durch das Treiben des Presbyters Timotheus Ailuros) „das Licht aller himmlischen Mysterien zum Erlöschen gebracht worden"[35].

---

[33] J. Lebreton, Du désaccord de la foi populaire et de la théologie savante dans l'Église chrétienne du III^e^ siècle, in: Rev. d'hist. ecclés. 20 (1924).

[34] P. Batiffol, L'Église naissante (Cerf ²1971) 454ff.

[35] Text bei Hugo Rahner, Kirche und Staat im frühen Christentum (Kösel 1961) 245.

## b) Der Engpaß

Wenn das Führungscharisma des römischen Bischofs in Sachen der Lehre klar ist – die wenigen Grenzfälle eines Schwankens oder würdeloser Schwäche aufgrund langer Einschüchterungen (Liberius, Vigilius) oder bloßer Naivität und Überlistung (Honorius) abgerechnet –, ist diese Art der Wegweisung in Sachen des Glaubens immer unangefochten die der Päpste geblieben. Schwieriger war es für sie, durch die lange, von Konstantin, Theodosius, Justinian, Karl dem Großen und den Ottonen bis zum Absolutismus des 17. Jahrhunderts dauernde Faszination hindurchzufinden, die das – sowohl antike wie alttestamentliche – theokratische Ideal auf Antike, Mittelalter und Neuzeit ausübte.

Drei summarische Feststellungen voraus, die nachher kurz illustriert werden sollen, denn wir können hier nicht die Kirchengeschichte eines Jahrtausends schreiben.

a) Der geistige Horizont der Zeit, die in der Einheit oder Konvergenz von Kirche und Staat das Reich Gottes in der Zeitlichkeit bildhaft darzustellen versucht hat, war für die Zeit unübersteigbar; es ist sinnlos und ungerecht, ihn von unserem Horizont her zu kritisieren und abzuwerten. Man darf auch nicht übersehen, daß die antike sakrale Polisidee (mit einem Priesterkönig) sowie die Idee der alttestamentlichen Gottesherrschaft (in einem Zueinander von Priestertum und immerhin auch gesalbtem Königtum) einer Transposition ins Neutestamentliche nicht einfachhin widerstand, und zwar gerade dort nicht, wo die Öffnung der Kirche zur erlösten Welt groß gesehen und ernst genommen wurde, wie in des Origenes „Traum" von einem vollkommen bekehrten Kaiserreich[36] oder in dem ganz und gar nicht zäsaropapistischen „Gottesstaat" Augustins, in dessen Mitte doch auch das Bild eines wahrhaft christlichen Kaisers entworfen wird[37]; und Augustins Werk wurde, gewiß nicht im rechten Verständnis für seine tiefste Absicht, zu einem Grundbuch des christlichen Mittelalters.

b) Innerhalb dieses Horizontes geht es in der westlichen Kirche – angesichts der Staatsverfallenheit der byzantinischen – von vornherein um ihre Freiheit. Was Byzanz gegenüber um den Preis tiefer Demütigungen, Verfolgungen, Mißhandlungen und Verbannung an Distanz noch möglich war, wird viel schwieriger, wo die jungen germanischen Völker ein neues mythisch-sakrales Denken auf das an-

---

[36] Contra Celsum, Gr. Chr. Schriftsteller, Origenes II, 279–287 (bei H. Rahner, Text 7).

[37] Buch V 24–26.

tike und alttestamentliche aufpfropfen und es von Karl dem Großen zu den Ottonen und Staufern großartig entfalten. Und wo der Traum einer theokratischen Totalität aus Staat und Kirche für die letztere einmal ausgeträumt ist und sie sich mit Gregor VII. von der Umklammerung des „Heiligen Reiches“ losringt, steht einstweilen noch kein anderer Denkhorizont offen als derselbe mit umgekehrten Vorzeichen: Kirche – mit staatlich-rechtlichen Kategorien gedacht –, die durch gottverliehene „potestas directa“ den Staat umgreift: Was als „Verrechtlichung“ der Kirche und so als Abfall von ihrer ursprünglichen Idee aussieht, ist nichts anderes als der einstweilen noch unmögliche Versuch, vom Leitbild eines irdischen Gottesreiches loszukommen; die Säkularisierung, die zugleich von Friedrich II., vom Bürgertum und von der aufstrebenden Wissenschaft her die Lösung bringen wird, erscheint im vorausliegenden Zeitalter als der eigentliche Verrat am Weltauftrag der Kirche.

c) Dennoch liegen vor all dieser Tragik – die sich bis zum Kampf mit Napoleon um den Kirchenstaat (das „Patrimonium Petri“) und bis 1870 fortzieht – die schwebenden, nach vielen Seiten hin neigbaren, aber jedenfalls vom staatskirchlichen System befreienden Äußerungen Jesu und Pauli, in denen grundsätzlich die Entmythisierung des Sakralstaates vollzogen ist, wie die Christen der ersten Verfolgungszeit wohl verstanden hatten. Hier konnte jederzeit neu angeknüpft werden, auch wenn uns die biblischen Texte weder ein fertiges Rezept für das Verhältnis von Staat, Kirche und Reich Gottes liefern; aber noch weniger erlauben sie einen gnostischen Dualismus zwischen Weltreich und Gottesreich und somit eine Indifferenz der Christen dem Staat gegenüber, die oft genug durch dialektischen Umschlag in die Staatshörigkeit der Kirche zurückführt.

Ein paar illustrierende Hinweise zu diesen drei Aspekten müssen hier genügen.

Alles liegt beisammen in der „Freiheit der Söhne Gottes, die Fremdlinge in dieser Welt sind (1 Petr 2,11), aber von Jesus angewiesen werden, Steuer zu zahlen (Mt 17,26f), von Paulus, sich der gottgegebenen Gewalt des Staates zu fügen (Röm 13,1), für Könige, Fürsten und Staatsgewalten zu beten (1 Tim 2,2). Seit Papst Klemens ist uns dieses Gebet für den Staat bezeugt[38], Tertullian, Aristides, Justin, Origenes, Dionysius von Alexandrien bezeugen es ebenso, manche in Zeiten ausgesprochener Verfolgung, in der auch das andere Bild des Staates – das des großen widergöttlichen Tieres Daniels und der Apokalypse – lebendig ist, wie in Hippolyts Danielkom-

[38] An die Korinther 60,4; 61,1–3.

mentar. Das Gebet der Christen und ihr unbescholtenes Leben halten die Weltordnung aufrecht (Aristides, Justin), sie sind die Seele der Welt (Diognetbrief), das Salz der Erde und somit auch des weltlichen Staates: Sie „erweisen ihrem Vaterland mehr Wohltaten als die übrigen Menschen, denn sie sind erzieherische Vorbilder für die andern Staatsbürger, weil sie lehren, dem Gott treu zu sein, der über dem Staat steht. So reißen sie ihre Mitbürger mit sich empor zu jenem geheimnisvollen göttlichen Himmelsstaat, wenn sie in diesem irdischen, kleinen Staat ein sittlich-gutes Leben geführt haben. Diesen Christen könnte man sagen: ‚Wohlan, du bist in dem kleinen Staat treu gewesen, geh nun ein in den großen Staat'" (Origenes)[39].

Ganz vergessen hat die katholische Kirche die Lehren der Verfolgungszeit nicht mehr: sie sind lebendig im Gedächtnis beim großen Freiheitskampf der Päpste gegen die sakralen Kaiser erst des Westens, dann des Ostens, deren Macht nicht nur die Konzilien berief, sondern auch vielen der großen Häresien ihre Virulenz gab. Der Monarchismus der Kaiser mußte innerlich sowohl zum Arianismus (nur einer ist der höchste Gott) wie zum Monophysitismus (im Menschlichen Christi wird nur das Göttliche transparent) oder Monotheletismus (nur *ein* Wille!) neigen. Dies stärkte den Bischöfen Roms den Rücken: als Hüter der Rechtgläubigkeit mußten die Besten unter ihnen den Kaisern ins Angesicht trotzen. Daß es oft große einsame Heilige waren, wie Athanasius, Ambrosius, Maximus Confessor, die den Päpsten die Kraft dazu einflößen (Julius I., sogar Liberius[40], Damasus, Martin I.), gehört zum Gefüge der kirchlichen Konstellation. Und noch wird ausschließlich mit geistlichen Waffen gekämpft: in der von den Soldaten des Kaisers umzingelten Mailänder Basilika ruft Ambrosius in seiner Predigt (385) aus: „Auch ich

[39] Contra Celsum VIII 74; vgl. schon 63–70. Origenes versucht auch, dem Einwand zu begegnen, wie die Christen für einen Staat beten können, der ihren Untergang plant: die Staatsmacht stammt von Gott, aber sie wird von den Menschen mißbraucht: Römerbriefkomm. IX 26–30.

[40] Der später Zermürbte und schwach Gewordene hat, als er vor kaiserlichem Gericht in Mailand stand, den Glauben tapfer bezeugt: Stenogramm in der Kirchengeschichte Theodorets II 6; dt. bei H. Rahner, a.a.O. 114ff. Da der Kaiser ihn spöttisch fragt: „Der wievielte Teil des Erdkreises seid Ihr eigentlich, daß Ihr ganz allein einem ruchlosen Menschen (Athanasius) treu bleibt und so den Frieden des Imperiums, ja der ganzen Erde stört?", antwortet der Papst: „Und wenn ich auch allein dastehe – die Sache des Glaubens wird dadurch nicht schwächer. Waren es doch auch im Alten Bund nur drei (Jünglinge), die dem Königsbefehl widerstanden." Und da der Kaiser ihm mit Verbannung droht: „Ich habe von meinen Brüdern in Rom schon Abschied genommen. Höher als der Aufenthalt in Rom stehen mir die kirchlichen Satzungen." Er lehnt alle Reisezehrung, die der Kaiser ihm anbietet, ab und geht in jene Verbannung, die ihn zuletzt moralisch zerbrechen sollte.

habe meine Waffen, aber im Namen Christi. Auch ich kann meinen Leib dem Tod entgegenhalten. Auch wir haben unsere ‚Tyrannei': die Tyrannei eines Bischofs besteht darin, daß er schwach ist, denn es steht geschrieben: ‚Wenn ich schwach bin, dann bin ich mächtig.'" Gegen die Anmaßung der Kaiser aber, als oberste Kirchenherren das Antlitz der Kirche nach Belieben umzugestalten, entstehen jene großen Dokumente, die zugleich die Freiheit der Kirche und die Vollmacht des römischen Führungsamtes sichern: von der Formel der römischen Synode 382 unter Damasus[41], über Innozenz I., Leo I. bis zur ausgewogenen Formulierung der Trennung geistlicher und weltlicher Gewalt durch Papst Gelasius (492–496)[42]. „Der Kaiser ist in der Kirche, er ist nicht über der Kirche."[43] Einstweilen überwiegt noch das Bild des im Westen für die Kirchenfreiheit kämpfenden Papstes, um den sich die Bischöfe scharen, während im Osten der Episkopat dem Kaiser bis auf geringe Ausnahmen sklavisch ergeben ist. Es ist die vorsichtige, distante Theologie des augustinischen „Gottesstaates", die Leo I., Gelasius, Gregor I. (dieser wird außerdem durch Benedikt inspiriert) in ihrer Haltung bestärkt: zwei Reiche, zwei Gewalten. Byzanz hat diese Unterscheidung nie angenommen; ebensowenig hat Rom das Ansinnen Neuroms annehmen können, dem dort errichteten Patriarchenstuhl aus politischen Gründen gleiche Würde einzuräumen wie dem von Petrus und Paulus begründeten „Apostolischen Stuhl".

Aber 774 werden sich Papst und Kaiser, Hadrian I. und Karl der Große, auf den Stufen der Peterskirche umarmen, 800 wird Leo III. Karl mit der Kaiserkrone überraschen, den Mann, der im Papst doch nicht mehr sah als den ersten Bischof, sich selbst aber als den Herrn der Kirche. Kurz vor der Krönung hatten ihm Mönche aus Jerusalem gehuldigt und ihm im Namen des oströmischen Patriarchen die Schlüssel Jerusalems überreicht[44]. Der Weg, den die Kirche nun ein-

---

[41] DSch 350, zur Authentizität vgl. die Vorbemerkung Schönmetzers.

[42] DSch 347.

[43] Ambrosius, Rede gegen Auxentius, 386 (PL 16, 1018).

[44] Der Protest Nikolaus I. (858–867) gegen ein neues sakrales Königtum, das im Alten Testament sowie im heidnischen Rom möglich gewesen sei (das waren vorchristliche „Typen" der kommenden Wahrheit, des „wahren Königs und Pontifex" Jesus Christus, der für Kaiser wie Papst fortan die Einheit verunmöglicht hat: DSch 642), verhallt ungehört. Auf dem berühmten Gelasiustext über die Scheidung der zwei Ämter fußend, vertieft Nikolaus den Gedanken christologisch: „Der eine Mittler zwischen Gott und den Menschen, der Mensch Christus Jesus, verfügte eine solche Trennung der beiden Gewalten gemäß unterschiedener Zuständigkeiten und getrennter Würden – er, der selbst nur durch heilende Demut erhöht werden und nicht abermals durch menschlichen Hochmut hinabgezogen werden wollte –, daß die christlichen Kaiser zum ewigen Heil

schlägt, um sich dieser neuen Umklammerung zu entwinden, sollte sie selber für lange in Ketten schlagen, es war der weltliche, nicht der geistliche Weg: die Konstantinische Schenkung (wohl 816) und bald darauf die Pseudo-Isidorischen Dekretalen. Damit ist erstmals auch der Episkopalismus als Alternative zum Papalismus auf den Plan gerufen, die Isolierung Roms mit seiner Kurie von dem Reichsorganismus eingeleitet, in dem Bischöfe als hohe Beamte walten. Das ethische Schwergewicht liegt bei den ottonischen Kaisern, Rom versinkt für ein Jahrhundert in schändliche und blutige Greuel. Wir sagten schon, daß aus dem Munde eines Erzbischofs und späteren Papstes (Sylvester II.) das Papsttum erstmals als Sitz des Antichrist bezeichnet wurde. Gewiß erholt sich Rom durch die herkulische Kraft Hildebrands und erhebt sich im folgenden bis zu den Höhen des dritten Alexander und dritten Innozenz, unter dem von der „plenitudo potestatis" (DSch 774) die Rede ist, die von nun an bis zum I. Vatikanum nachhallen wird. Aber während im dunkeln Jahrhundert der Päpste das Christentum im Reich durch die Ausstrahlung der zahlreichen Klöster blühte und die Ausübung des Führungscharismas nicht absolut lebensnotwendig schien, mußte von jetzt an, da die geistliche Autorität sich von der weltlichen mit weltlichen Mitteln zu lösen suchte, ihre energische Handhabung sie in einen Gegensatz zu den zahlreichen evangelisch-charismatischen Reformbestrebungen „von unten" bringen. Die drohten ohne die nötige Führung und hierarchische Vermittlung zu entarten und mußten daher als in der Tat verwilderte, der veräußerlichten kirchlichen Autorität unbotmäßige Bestrebungen verurteilt werden. Die Sternstunde der Begegnung zwischen Franz und Innozenz blieb beinah Ausnahme; als die Franziskaner in den Sog des antipapalen, spiritualistischen Joachimismus gerieten, war sie schon wieder vorbei; die spiritualistische Richtung konnte dem antirömischen, angeblich evangelischen, aber die konkrete Autorität ablehnenden „Defensor Pacis" (1324) der Pariser Doktoren Marsilius von Padua und Johann von Jandun die Hand reichen. Mit dem Sturz Bonifaz' VIII. durch Nogaret und dem französischen Exil des Papsttums, schließlich mit dem großen, die Christenheit tief aufwühlenden Schisma dreier gleichzeitiger Päpste wird die Trennung zwischen Führungsmacht und spiritueller Erneuerung nochmals akut; viel fühlbarer als im 10. Jahrhundert, denn anstelle des tragenden Reiches waren Bürgertum und Nationalismus getreten. So wird die

der Päpste bedürften, während die Päpste für die rein zeitlichen Dinge sich an die kaiserlichen Gesetze halten sollten" (ebd.).

rheinische Mystik weltlos und introvertiert, dem orthodoxen Spiritualismus fehlt die wirksame kirchliche Dimension, während der aggressive Wiclifismus die katholische Einheit zuinnerst bedroht. Da es nun galt, „Kirche und Papsttum zugleich vor den Päpsten zu retten“[45], schien der Konziliarismus, wie ihn Konstanz und Basel vertraten, der einzig mögliche Ausweg, der Kirche ein einheitliches und würdiges Oberhaupt zurückzugeben: Anglikanismus, Gallikanismus und die Gravamina Nationis Germanicae waren die innerhalb des hierarchischen Systems erwachsene Frucht der mittelalterlichen Gleichgewichtsstörung. Nur wenige, darunter Nikolaus von Kues (in seiner „Concordantia catholica“), konnten sich vorweg zu einem Gleichgewicht zwischen Kollegialität und Primat durchringen. Der nicht geheilte Riß vertiefte sich im Auseinandertreten der Renaissancepäpste und der Reformation, der Erbin jahrhundertelang auf eigene Faust betriebener Kirchenreform. Chiergatis Schuldbekenntnis vor den Reichsständen kommt zu spät, und Hadrian VI. stirbt zu früh. Die deutschen Soldaten, die im Sacco di Roma plündern, verhöhnen im Papstornat vor der Engelsburg den gefangenen Klemens VII. und rufen in einem Spottkonzil Luther zum Papst aus.

Erwägt man, wie heillos am Anfang der Neuzeit die zu verbindenden kirchlichen Prinzipien auseinanderklaffen, dann ist die Leistung des Tridentinums bewunderungswürdig, das es, aufs Ganze gesehen, zuwege gebracht hat, der katholischen Kirche nicht nur ein bis heute heiles und unbescholtenes Papsttum wiederzugeben, sondern es auch grundsätzlich in die frühchristliche kollegiale Einheit zurückzuintegrieren. Ein Anfang dazu war die Bestimmung der Residenzpflicht der Bischöfe, die Neuregelung der Seminarien, der Geist „kirchlicher Gesinnung“, den der Orden Loyolas in der Erziehung der Jugend und des Klerus verbreitete. Manches schleppte hintennach: die Inquisition arbeitete noch immer, die Eroberungskriege in Übersee wurden geduldet, der Nepotismus grassierte noch lange, das ärgste Übel, das am wenigsten erkannte, am zähesten verteidigte, der Kirchenstaat, wurde dem Papsttum erst zuletzt entrissen. Wieviel falsch-demütigende Situationen hätten auch dem neueren Papsttum erspart bleiben können – so absurde Situationen wie die Anrufung des Sultans durch den starrgläubigen Caraffapapst Paul IV. gegen den ebenso starrgläubigen Spanier Philipp II., oder die Gutheißung des politischen Meuchelmordes im konfessionellen Krieg dem gleichen Philipp II. gegenüber durch Gregor XIII. –, zwar nicht die Demütigungen des Aufklärungspap-

[45] J. Bernhart, Der Vatikan als Weltmacht (List, München $^{4}$1949) 191.

stes Pius VI. durch die Freigeister, zumal bei seinem Besuch in Wien, aber doch vielleicht manches von dem tragischen Ringen seines Nachfolgers Pius VII. mit Napoleon; denn nicht nur um Staatskirchentum ging es diesem brutalen Erneuerer der Idee Justinians und Karls des Großen, sondern immer wieder um den Kirchenstaat; im Schönbrunner Dekret 1809 widerrief Bonaparte, um den „dem Wohle der Religion und des Reiches so schädlichen Streitigkeiten ein Ende zu machen", die Schenkung Karls des Großen; so sollten durch seine Majestät „die Päpste zu dem gemacht werden, was sie immer sein sollten, indem der Kaiser die geistliche Gewalt vor den Leidenschaften sicherstellte, welchen die weltliche Gewalt unterworfen ist. Jesus Christus, der aus dem Blute Davids stammte, wollte nicht König der Juden werden ... ‚Mein Reich ist nicht von dieser Welt', hat Christus gesagt – und mit diesem Ausdruck verdammte er für immer jede Vermischung religiöser Interessen mit weltlichen Neigungen". Daraufhin unterzeichnet der Papst die längst in der Staatskanzlei verfertigte Bannbulle gegen „die Räuber des Patrimonium Petri". Da man vor Tagesanbruch mit Leitern die Fenster des Papstes erklimmt, der französische Offizier seine Order vorweist, den Papst zum Verzicht auf jede weltliche Herrschaft zu bewegen, antwortet dieser ruhig: „Wir können nicht auf etwas verzichten, was uns nicht gehört. Die weltliche Herrschaft gehört der römischen Kirche; wir sind nur ihre Verwalter." Nun wird er nach Savona verschleppt, wo man noch alles tut, um Zugeständnisse von ihm zu erpressen. Als der Kaiser geschlagen war, besuchte er seinen nach Fontainebleau entführten kranken Häftling und nannte ihn seinen Vater; er entwarf vor ihm das phantastische Gemälde eines unter Kaiser und Papst geeinten Europa. Und der treue, geschmeidige Consalvi hat auf dem Wiener Kongreß dem Papsttum die schon losgewordene Pandorabüchse noch einmal erhandelt!

Nach 1870 können solche Szenen nicht wiederkehren. Der Engpaß liegt endgültig hinter dem Papsttum. Es ist zu seiner angestammten Aufgabe hin befreit, die Kirche und vor allem ihre Hirten vor den Übergriffen des Staates zu schützen, zu jener Aufgabe, die es in den ersten Jahrhunderten sowohl gegenüber einem verfolgenden wie gegenüber einem schmeichelnd umgarnenden Staat immer schon wahrgenommen hatte.

### c) Dem Gleichgewicht entgegen

Der geschichtliche „Engpaß" hat zwei Ausgänge, die zeitlich nicht zusammenfallen: der eine ist der Schock der Französischen Revolution, der physischen und moralischen Schmach des Papsttums unter Napoleon (dazu gehört auch der Zusammenbruch der alten Reichskirche in Deutschland, der Reichsdeputationshauptschluß von 1803), der letzte schmale Ausgang war die Flucht Pius' IX. nach Gaëta und der endgültige Untergang des Kirchenstaats, gegen den sich das Papsttum noch über die Katastrophe hinaus mit einem beinah krankhaften „Non possumus!" gewehrt hat. Der zweite Ausgang ist das, was wir die Selbstbehauptung des Papsttums in der Notsituation von 1870/71 nannten, die Definition seiner universalen Jurisdiktion, ein „Sieg", den man nur als den verspäteten Abschluß jahrhundertelanger Streitigkeiten werten kann, hinter denen nunmehr etwas ganz Neues einzusetzen hat, etwas, das durch diesen „Sieg" scheinbar sehr viel schwerer geworden ist, aber dem das II. Vatikanum entschlossen ins Auge geblickt hat: die Reintegration einer aus dem Ganzen herausisolierten Funktion in das – vom letzten Konzil ausdrücklich als umfassenden Rahmen herausgestellte – „Volk Gottes".

Würden alle in der Kirche auf dieses Umgreifende blicken, so wäre die Integration nicht schwer: dann hätte das Petrusamt (im Rahmen der bischöflichen Kollegialität) nur den wichtigsten Ordnungsdienst der Einheit innerhalb eines gemeinsamen Willens zu dieser Einheit, innerhalb des idealen Konsenses der kirchlichen Liebe zu versehen. Denn je aktiver in allen Gliedern dieser Wille zur Integration der personalen Gliedaufträge im Gesamtleib ist, desto weniger Anlaß hat das Leitungsamt, das jurisdiktionelle Moment zu extrapolieren. Aber wenn dieses Ziel nunmehr seit dem II. Vatikanum deutlich vor Augen steht – was nicht heißt, daß es von der Mehrzahl effektiv angestrebt, gar erreicht wird –, so war der Weg vom (doppelten) Ende des „Engpasses" bis zu dieser Einsicht ein besonders schmerzlicher. Er beginnt mit der Periode der Restauration in Rom, die mit Leo XII. und Gregor XVI. anfing und nach der anfänglichen Öffnung Pius' IX. auch dessen späteres, vom Staatssekretär Antonelli bestimmtes Regiment einschließt, sich aber, trotz der politischen Wende Leos XIII. und später Pius' XI. innerkirchlich bis zur ersten Zeit Johannes' XXIII. fortsetzt: als Periode der Inadaptation des geistigen Horizonts Roms an die Umbrüche der Revolution und besonders des deutschen Idealismus mit seinen unabsehbaren Folgen. Daher die Angst, die sich in konservativer Abwehr nach außen („Syllabus") und in einem Mißtrauen nach innen äußert, Angst, die von einem unerträglichen Angeber- und geistigen Sykophantentum immer frisch erhalten, sich in lauter negativen Schlägen manifestiert, von denen beinah ausnahmslos alle katholischen Versuche, mit der modernen geistigen Welt in Fühlung und Dialog zu kommen, getroffen wurden. Während früher die Inquisition die Scheiterhaufen für Häresieverdächtige schichtete, verbrannte sie jetzt – man kann wohl sagen: methodisch – jenen katholischen Geist, der in der Nachfolge der Kirchenväter, auch noch der Hochscholastik (in deren Dialog mit Islam und Judentum), mit dem Geist der neuen Zeit in Fühlung trat. Die Folge war eine Atmosphäre des Terrors, einer künstlichen lähmenden Ruhe, aber auch eines Glühens unter der Asche; die lange Reihe überflüssiger menschlicher Tragödien zeugt von dem kirchlich unbewältigten Verhältnis zwischen Theologie und Lehramt. Die Krankheit hatte drei Krisenzeiten: die um den Syllabus (1866), die wichtigste, längste des Modernismus, der äußerlich mit der Enzyklika „Pascendi" (1907) niedergeschlagen wurde, schließlich, als Nachspiel, der falsche Alarm um die „Nouvelle Théologie", der „Humani Generis" (1953) ein Ende bereiten wollte. Das von Kardinal Frings im II. Vatikanum als wider alles Naturrecht der menschlichen Person verstoßend bezeichnete geheime Verfahren des Heiligen Offiziums und die dadurch provozierte Tendenz zu feigem Denunziantentum hat für mehr als ein Jahrhundert die geistige Luft in der Kirche vergiftet[46] und jenen Geistern, die sich nicht verbittern lassen wollten, fast Übermenschliches an seelischem Heroismus zugemutet, wie die Reihe von vier Namen, deren Werk mit knapper Not der Verurteilung entrann und die für viele andere stehen können, zeigt: Newman, Blondel, de Lubac, Teilhard.

Das Genie, das die umfassende katholische Antwort den Giganten des deutschen Idealismus hätte geben können, wurde nicht geboren; so mußte um diese Antwort in mancherlei Ansätzen gerungen werden; Akademien, bei denen auch Rom mitgemacht, mitgedacht, mitgelernt hätte, wären die ideale Lösung gewesen. Statt dessen arbeiteten die Philosophen und Theologen meist einsam und wurden als Vereinzelte, die einstweilen nur Teilantworten bereitstellen konnten, abgeschossen. Ihre Leichen liegen auf den Wegen Denzingers durch das Jahrhundert: die der Traditionalisten einerseits: Bautain (DSch 2751–2856, 2765–2869), Bonnetty (2811–2814), Lamennais (2730–2732), die der „Rationalisten" anderseits: Hermes (2738–2740), Günther (2828–2831), Frohschammer (2850–2861), auf einem besonderen Friedhof ruht Döllinger (2875–2880), auf einem andern der postum ausführlich verurteilte edle Rosmini-Ser-

[46] „Je ne comprendrai jamais que la justice autorise une forme de jugement sans accusation communiquée à l'accusé, sans enquête, sans débat, sans défense aucune. Un procédé judiciaire aussi monstrueux révolterait même en Turquie." Lamennais, Affaires de Rome (Ed. 1836–1837) 88.

bati (3201–3241), dessen „Fünf Wunden der Kirche“ schon 1849 indiziert worden waren.

Im Rückblick ist diesen Verurteilungen zuzugestehen, daß sie mit ihrer Ablehnung recht hatten: in der Tat war weder der traditionalistische noch der rationalistische Weg gangbar, und das I. Vatikanum hat über die Verbote hinaus sogar eine kurze positive Wegleitung (DSch 3000–3045) gegeben. Auch die modernistischen Exzesse mußten beschnitten werden: sie zerstörten zentrale Geheimnisse der Offenbarung. Nur war mit der Verurteilung kein positiver Weg gewiesen, und mancher Geist, der zu einem solchen hätte ermutigt werden sollen, wurde vielmehr entmutigt, verängstigt oder verbittert.

Vielleicht zeigt sich in dieser fatalen Periode die Begrenztheit des petrinischen Leitungscharismas, das hier mit harten Schlägen die Abweichungen vom Weg der Mitte markieren, aber wenig zur konstruktiven Lösung der von der Zeit aufgetragenen Fragen beitragen konnte. Damit soll nicht gesagt sein, daß dem so sein muß – in der heute aufgetragenen Integration könnte es sogar ganz anders sein –, noch sollen die großen positiven Impulse vergessen werden, die von einigen starken Enzykliken von Leo XIII. zu Paul VI. ausgingen, die selbst schon zuweilen Ergebnisse von Teamwerken waren.

*Blondel*, der tief Fromme, der die Kirche immer zu verteidigen sucht, schreibt anläßlich der Verurteilung Loisys: „Oh, wieviel besser wäre es doch gewesen, statt zur Maßnahme eines Ostrazismus zu greifen, eine Instruktion zu veröffentlichen über jene Deutungen, die unzulässig, und jene, die annehmbar sind. Dann wäre für alles gesorgt gewesen: für Wahrheit, Liebe, Geschicklichkeit. Aber was soll ich nun einem meiner Kollegen antworten, der mir einwendet: ‚Die Freiheit der wissenschaftlichen Forschung innerhalb der Kirche ist ein Wahn, weil nur inkompetente Leute in ihr die Autorität innehaben‘?“ Blondels verlegene Antwort, der Heilige Geist könne sich aller Mittel bedienen, wird weder den Kollegen noch sein eigenes Herz befriedigt haben[47].

*Laberthonnière* war es, der in seinen Meditationen über die Form der kirchlichen Autorität Tiefstes und für die Zeit wahrhaft Prophetisches gesagt hat. Man kann hierbei absehen von seinen das Lehramt agacierenden einseitigen Polemiken gegen jede (thomistische) Verwendung eines unpersönlichen Aristotelismus (aber auch des Platonismus, Stoizismus, Neuplatonismus) zum Aufbau der personalen

---

[47] An Wehrlé, 20. 1. 1903, in: Correspondance Blondel – Wehrlé, commentaires et notes par H. de Lubac (Aubier 1969) Bd. I, 130.

christlichen Weltanschauung, welche wesenhaft auf dem Evangelium vom „Deus Caritas“ aufruht. Seine Analysen dessen, was Autorität in der katholischen Kirche sein müßte und sein könnte, und dessen, was sie in diesen Zeiten leider war, sind von seinen Husarenritten gegen die griechische Philosophie völlig unabhängig. „Die Frage ist, in welchem Geist und auf welche Weise man leiten und lehren soll, damit es menschlich und christlich zugeht, und entsprechend, auf welche Art einer, der fortschreitet, sich bereithalten muß, gelenkt und belehrt zu werden. Nie steht die Existenz der Autorität selbst in Frage ... man rennt gegen eine bestehende Autorität nie anders an als mit Truppen, deren sich vorgängig eine andere Autorität bemächtigt hat. Und jedermann weiß, daß es keine strengere, unerbittlichere, tyrannischere Disziplin als die der Aufrührer gibt.“[48] Aber weil der dreieinige und menschgewordene Gott für Laberthonnière wesentlich die Nicht-an-sich-haltende Selbsthingabe ist, kann auch seine Kirche in ihrem Wesen nur „eine Einheit durch Communio“[49] freier Personen sein, die nur aus dem Innern ihres freien Liebeswillens heraus zur Bildung der kirchlichen Einigung bewegt werden dürfen. Nochmals: Kirche als „Organisation“ schloß von Anfang an „eine Hierarchie und somit die Ausübung einer Jurisdiktion ein; ... um in einer Gesellschaft leben zu können, sind Autorität, Organisation und Jurisdiktion unerläßlich“[50]. Aber die Autorität in der Kirche Gottes kann niemals „von außen“ her belehren und Wahrheit aufzwingen, sowenig wie der Christ sich rein passiv lenken und belehren lassen darf[51], sonst gerät die Kirche in das Schema „Herr – Knecht“, das dem heidnischen und niemals dem christlichen Gottesbild entsprechen kann. „Ihr (Römer) bildet euch immer ein, Gott habe die Menschheit geschaffen, um seine Herrschaft über sie ausüben und seine Rechte als souveräne Macht geltend machen zu können. Ihr stellt euch Gott als eine Art Potentat vor und sorgt dafür, euch als seine Abgesandten auszugeben, um seine Macht und Herrschaft auszuüben. Und damit kehrt ihr das Evangelium in sein Gegenteil um.“[52] Christlich gesehen, kann Autorität nur „eine zu vollbringende Pflicht“ sein. „Auf ein Recht kann man verzichten, aber nicht auf die Ausübung einer Pflicht.“

---

[48] La notion chrétienne de l'autorité. Contribution au rétablissement de l'unanimité chrétienne (Vrin, Paris 1955). Das Buch, wie die übrigen „Œuvres de Laberthonnière“ von Louis Canet herausgegeben, besteht aus vielen disparaten Fragmenten, deren ausgabetechnische Anordnung bemängelt werden kann, die aber im ganzen eine eindeutige, das Zentrum immer wieder anders umkreisende Lehre ergeben. Zit. S. 98–99.

[49] Ebd. 119.   [50] Ebd. 122.

[51] Ebd. 79.   [52] Ebd. 146.

Bitter wirft er der neuen Inquisition vor: früher habt ihr die „Integralität des Dogmas" durch Scheiterhaufen aufrechtzuerhalten versucht. Jetzt, da ihr den Staat nicht mehr zum Henker machen könnt, „installiert ihr euch in eurer stolzen Selbstgenügsamkeit und brüstet euch, nur warten zu müssen, bis die andern zu euch kommen". Die Veräußerlichung der Autoritätsfunktion gegenüber dem mystischen Leib Christi läßt diesen dialektisch zerfallen in „Autoritarismus und Herrschsucht" auf der einen, „Servilität" auf der andern Seite[53], die letztere ist Ausdruck sowohl der „ehrgeizigen Kriecherei" wie „der gemeinen Sorge um die eigene Ruhe"[54]: man entlastet sich seiner eigenen Verantwortung, indem man gehorchend die seine dem Befehlenden zuschiebt. Im Hintergrund aber herrscht Gewissensangst, innere Bedrängnis, Unbehagen[55]. Genau diagnostiziert Laberthonnière das geistige Bündnis dieses Systems mit dem Pragmatismus und Positivismus[56] und versteht, daß eine Heilung nur aus dem Innersten der Communio möglich ist. Seine Epoche war durch eine enge Allianz des Neuthomismus mit der Kirchenleitung gekennzeichnet; er meint, den innern Zusammenhang im Antipersonalismus beider zu erblicken, und sieht den Funken der „Unfehlbarkeit" vom Amt auf die Theologie überspringen, was gewiß zur Zeit der Thesen Matiussis kein Fehlurteil war. Wie die Sätze des Credo unfehlbar sind, so sollen auch die daraus abgeleiteten „qualifizierten Formeln der Theologen" als unfehlbar gelten, „der Theologen, die sich selbst als Doktoren bezeichnen, sehr ähnlich den einstigen Gesetzeslehren, die aus ihren Sätzen unveränderliche Formeln schufen, durch die sie die Autorität heiligsprachen, sich aber auch selbst durch diese heiligsprechen ließen und nicht gestatteten, daß man anders dachte als sie"[57]. Gegen diese Form des „Romanismus" ruft Laberthonnière zwar nicht zur „révolte", wohl aber zur „résistance"[58] auf, indem er eine Reform aus dem Geist der kirchlichen Gemeinschaft fordert, in der erst beides, Befehlen wie Gehorchen, aus dem Geist der Hingabe und der Verantwortung Christi erfolgen kann, „der Gehorsam gleiche Würde hat wie der Befehl, weil beide ihre Daseinsberechtigung nur im Erwecken der freien brüderlichen Einigung der Geister und Seelen in der Liebe und in der Wahrheit im Schoß des himmlischen Vaters haben"[59]. Nur in diesem Kontext kann christlich von „Gesetz" die Rede

---

[53] Ebd. 76, 139. [54] Ebd. 115. [55] Ebd. 117, 136.

[56] Ebd. 156; vgl. sein Werk: Positivisme et Catholicisme (Bloud, Paris 1911).

[57] Ebd. 135. [58] Ebd. 78.

[59] Ebd. 80. Um zu wissen, wie die antimodernistische römische Polizei funktionierte, muß man sich die endlich entdeckten und entzifferten Dokumente der „Sapinière" an-

sein[60]; denn im Christentum ist alles durch die Persönlichkeit Gottes und die durch ihn bestimmte Personalität jedes einzelnen Menschen bestimmt[61]. So geht es letztlich – wenn wir das abgegriffene Wort Dienst hier vermeiden wollen – um ein gegenseitiges *Helfen.* Das gilt für die Autorität, die bedenken soll, daß es im Geiste Pauli keine majores und minores in der Menschheit und in der Kirche gibt, sondern bestenfalls „ältere Brüder, die sich durch das, was sie mehr wissen als ihre weniger fortgeschrittenen Brüder, nicht ins Licht setzen dürfen, sondern jenen *helfen* müssen, damit auch sie Geltung erlangen"[62]. Das gilt aber auch in ganz besonderer Weise für den nicht mit Autorität ausgestatteten Christen, und hier liegt die Grundsorge Laberthonnières, die ihn nicht losläßt: „Wie sollen sich Leute wie wir verhalten, damit wir, uns durch die Autorität verinnerlichend, einen Beitrag dazu leisten können, daß auch die Autorität sich verinnerliche?"[63]

Wir nehmen von dem streitbaren Abbé diese letzte Frage mit in die kirchliche Zukunft hinein; eine Frage der Gegenseitigkeit, der Communio. Und da von den Öffnungen, die das II. Vatikanum gebracht hat, die kirchlich fruchtbarste sicher die zu dieser Communio war, so dürfte das törichteste Verhalten heute das sein, die Kirchenleitung zu zwingen, sich abermals vorkonziliar zu verhalten, wozu sie keinerlei Neigung besitzt. Die Theologen, die in der vergangenen Epoche manches Schwere durchzustehen hatten, verzichten auf heutige Klageweiber, die die Leiden derer beweinen, die sie selbst nicht erlitten haben. Daß sich vor dem Konzil achtunddreißig erlauchte Theologen zusammenscharten, um in vielstimmigem Chor „Kritik an der Kirche"[64] zu üben, mag hingehen; aber wozu solche Darbietungen bis zum Überdruß wiederholen, oft mit einer Arroganz, die an sich selber die Schwächen bloßstellt, die man Rom zulastet? Oft scheint die Unfehlbarkeit der Theologen eine hartnäckigere Krankheit zu sein als die definierte des Papsttums, das sie unvergleichlich diskreter verwendet.

In Zukunft haben alle Glieder der katholischen Communio sich unter die Jurisdictio Suprema Christi zu ordnen, der als der Herr

---

sehen: Émile Poulat, Intégrisme et Catholicisme Intégral, un réseau secret international antimoderniste: „La Sapinière" (Casterman 1969).

[60] Le vrai sens de la loi, in: Laberthonnière, Sicut Ministrator (Vrin 1947) 78–95.

[61] Laberthonnière, Esquisse d'une Philosophie personnaliste (Vrin 1942) 143ff, 288ff, 380ff, 648ff, Zusammenfassung: 695ff.

[62] Notion d'autorité, 135.

[63] Ebd. 140.

[64] Kritik an der Kirche, hrsg. von Hans Jürgen Schultz (Kreuzverlag, Stuttgart, und Walter-Verlag, Olten 1958).

der Kirche das letzte Evangelium mit seinem letzten Wort an Petrus abschließen wollte: „Was geht dich das an?“ Nämlich das genaue Verhältnis der kirchlichen Jurisdiktion zur Kirche als Liebe und Communio überhaupt. Um wieviel mehr muß der einfache Christ (und auch der Theologe ist ein solcher) sich dieses Schlußwort gesagt sein lassen und mit Petrus zusammen als letzte Weisung das „Du folge mir!“ entgegennehmen. Wir dürfen dankbar sein, in einer Kirchenzeit zu leben, in der das Verständnis der kirchlichen Einheit sich so vertieft und geweitet hat, daß die größtmögliche Pluralität, die innerhalb der christologischen Einheit überhaupt denkbar ist, in der Kirche nicht nur geduldet, sondern angestrebt wird. Warum diese konkrete Freiheit *im Herrn* nicht dankbar genießen, sondern sie um jeden Preis sprengen wollen in eine rein soziologische und abstrakte Freiheit hinein? Warum die unter schwersten Kämpfen, nach jahrhundertelangem Ringen endlich errungene Entpolitisierung der Kirche, kaum gewonnen, wieder in Frage stellen durch eine unlösbare Verquickung von Theologie und Politik?

### 3. *Der Hort der Freiheit*

Daß Rom, ausgerechnet Rom, der Hort der Freiheit des Geistes Christi (2 Kor 3,17), der herrlichen Freiheit der Kinder Gottes (Röm 8,21), der Freiheit des Christenmenschen sein soll, scheint nach dem eben Ausgeführten nun doch allzu paradox. Mußte es nicht selbst durch das Freiheitsbewußtsein des „prophetical office“ der Gesamtkirche der Gläubigen aus seiner gebannten und deshalb so gerne auch bannenden Angst herausgeführt werden? Aber weshalb will denn das christliche Volk und wollen seine aus der Tiefe des Glaubens denkenden Theologen um jeden Preis diese Herausführung? Weil sie Rom zuletzt als den Garanten der christlichen Freiheit in der Welt und gegenüber den Mächten dieser Welt kennen. Etwas davon wurde schon sichtbar: die Freiheit, um die die Kirche vor Konstantin kämpfte, führte sie nach der Einigung mit dem Reich in einen hartnäckigen, von den Päpsten oft im Alleingang geführten Kampf um die Freiheit der Gesamtkirche gegen die Umschlingung durch die weltliche Gewalt. Die tragischen Situationen zwischen Gregor VII. und Bonifaz VIII. waren die Fortsetzung dieses Kampfes unter den Vorzeichen mittelalterlichen Weltverständnisses, die Avignoneser Gefangenschaft löste einerseits das Papsttum vom Reich, rief anderseits das christliche Gewissen auf, dem Papsttum seine unabhängige, würdige Gestalt zurückzugeben (Konziliarismus); und die letzten Kämpfe von der Reformation über den Gallikanismus bis Napoleon waren lauter Schlachten – gegen christliche Bekenntnisse und katholische Fürsten – um die Freiheit der Kirche, die im letzten, konkret, nur durch die Entscheidungsfreiheit Roms garantiert war; die Definition des I. Vatikanums war der Schwertschnitt, der die katholische Kirche von der jahrhundertelang sie umwindenden Laokoonschlange befreien sollte. Und wenn die Kämpfe äußerlich weiterdauern, so ist im Innern die Situation prinzipiell klar, nicht nur unreflex, wie sie es seit den ersten Jahrhunderten immer gewesen war, sondern reflex und damit unbeirrbar.

Es geht um Freiheit nach außen und nach innen zugleich: nach außen gegenüber jedem Versuch weltlicher Mächte, politischer aber auch geistiger und weltanschaulicher, das Volk Gottes für bestimmte Kombinationen einzufangen und nutzbar zu machen: die Kirche behält sich vor, diese Angebote frei zu prüfen und nach Gutdünken darüber zu entscheiden. Nach innen auch, doch dies wird weniger beachtet. Die Freiheit Christi ist für die pilgernde Kirche keine triumphale, sondern eine solche des Glaubens, der seine Hingabe wagt. Wie Christus in der Knechtsgestalt die freie Entscheidung der Menschen für sich einforderte und sie lieber ziehen ließ, als daß er sie durch Machttaten überwältigte, so muß die sichtbare und dazu noch von Sündern vertretene Kirche in der Knechtsgestalt sich als Hüterin der Freiheit vorstellen, was aus allem bisher Gesagten erhellt: sie behauptet sich nur, um freigeben zu können; sie definiert nur, um vor das Mysterium zu stellen, sie zwingt nicht magisch, sondern wagt ihre Amtsführung im Vertrauen auf die freie Zustimmung der Gläubigen. Chesterton schildert es in einem paradoxen, fröhlichen Bild: „Den äußeren Ring des Christentums bildet eine starre Mauer von ethischen Abtötungen und berufsmäßigen Priestern; doch innerhalb dieser unmenschlichen Mauer wird man das alte menschliche Leben finden, reigentanzend wie Kinder und zechend wie Männer; denn das Christentum ist der einzige Rahmen für die heidnische Freiheit. Aber in der modernen Philosophie liegt der Fall gerade umgekehrt: in ihrem äußern Ring geht es künstlerisch und ausgelassen zu; die Verzweiflung aber wohnt innen."[65] Sorgfältiger sagt es Solowjew, über den gleich zu sprechen sein wird: Die petrinische Kirchenführung „muß göttlich sein in ihrem Gehalt, um sich dem religiösen Gewissen eines jeden unterrichteten und wohlgesinnten Menschen kraftvoll aufzuerlegen, und sie muß menschlich und unvollkommen in ihrer geschichtlichen Versichtba-

[65] Das Abenteuer des Glaubens (Orthodoxy) (Walter, Olten o. J.) 256.

rung sein, um einen moralischen Widerstand zu ermöglichen, um Raum zu lassen für Zweifel, für den Kampf, für Versuchungen, für alles, was das Verdienst der freien und wahrhaft menschlichen Tugend ausmacht."[66]

Wir werden hier vor allem vom ersten Aspekt handeln. Man könnte ihn in der ganzen Breite der Kirchengeschichte entfalten und zeigen, daß das I. Vatikanum keine bloße Grundsatzerklärung abgibt, sondern diese Geschichte zusammenfaßt, wenn es sagt: „Durch den obersten und allgemeinen Hirten wird die bischöfliche Gewalt unterstrichen, gefestigt und verteidigt."[67] Avitus hatte zu Beginn des siebten Jahrhunderts lapidar formuliert: „Wenn der römische Papst in Frage gestellt wird, dann wankt nicht ein einzelner Bischof, sondern das Bischofsamt im ganzen."[68] Aber wir wollen uns auf ein paar wenige Zeugnisse der Neuzeit beschränken, die um so stärker wiegen, als sie von freien forschenden Geistern abgelegt werden, die auf ihrer Suche nach dem Hort der kirchlichen Freiheit mit zwingender Logik nach Rom geführt wurden, und das gerade zu einer Zeit, da im Umkreis des I. Vatikanums nicht viel von innerkirchlicher Freiheit, Kollegialität und Dialog die Rede war, um so mehr aber von Päpstlicher Unfehlbarkeit. Es sind Konvertiten, die nach langem geistigem Ringen nach diesem Rom gelangten und dort im Gefühl, das Prinzip der Freiheit gefunden zu haben, aufatmeten.

Um sie ins Licht zu setzen, soll das Zeugnis eines anderen, der im Eifer der Polemik gegen die in ihrer Tragweite mißverstandene Definition von 1871 seine früheren Einsichten vergaß, *Ignaz Döllingers,* als Auftakt vorangesetzt werden. Wenn er im zweiten Teil seines Buches „Kirche und Kirchen, Papsttum und Kirchenstaat" (1861) vielerlei an der Verwaltung des Kirchenstaates auszusetzen hat, so bildet doch sein erster Teil eine einzigartige Apologie der durch das Papsttum allein garantierten Freiheit der Kirche. Der Grundgedanke ist einfach und wird in jedes historische Detail hinein forciert: die christliche Kirche bedarf ihrer Bestimmung nach des Papsttums; dessen „eigene Funktion" ist es, „der Staatsgewalt und den Fürsten gegenüber die Rechte der einzelnen Teilkirchen zu vertreten und zu wahren, zu wachen darüber, daß die Kirche nicht

---

[66] Rußland und die universale Kirche (deutsche, leider nicht immer zuverlässige Übersetzung von „La Russie et l'Église universelle", Paris 1889); Übertragung der zwei ersten Bücher, die uns hier einzig angehen, von Wsewolod Setschkareff, des dritten von Ludolf Müller, im 3. Bd. der Solowjew-Gesamtausgabe (Wewel-Verlag 1954) 274.

[67] Dsch 3061, dazu die Beispiele bei H. de Lubac, Les Églises particulières, a.a.O. 122.

[68] Ep. 31 (PL 59, 248–249), zit. nach de Lubac, a.a.O. 123.

durch Verflechtung mit dem Staate in ihrem Wesen alteriert oder verkümmert, in ihrer Kraft nicht gelähmt werde". Die Teilkirche allein vermag das nicht, deshalb ist „die Dazwischenkunft der obersten kirchlichen Autorität unentbehrlich", sie muß der Teilkirche, die „sonst unter der Wucht der mannigfaltigen, dem modernen Staate so reichlich zu Gebote stehenden Zwangs- und Verführungsmittel erliegen müßte, als Stütze und Rückhalt dienen"[69]. Und wenn die Päpste im Chaos der Völkerwanderung „durch die Gewalt der öffentlichen Meinung dazu gedrängt" wurden, als Moderatoren „an die Spitze des europäischen Gemeinwesens zu treten, das christliche Völkerrecht zu verkünden und zu beschirmen, internationale Streitigkeiten zu schlichten ... Frieden unter den kriegführenden Staaten zu stiften", so zogen sich die Päpste der Neuzeit „immer mehr auf das rein kirchliche Gebiet zurück"; hier „ist der päpstliche Stuhl gegenwärtig so kräftig und stark, so sicher und frei waltend, als er es nur jemals war"[70]. Dabei ist von „Allmacht" nicht die Rede, „alle diese Vorstellungen oder Anklagen sind unwahr und ungerecht. Die päpstliche Gewalt ist ... die gebundenste, die sich denken läßt": hat doch die Kirche längst ihre klare Gesetzgebung, wie de Maistre gezeigt hat. Anderseits kann der Papst, nach Bossuet, alles, was die Not erfordert, innerhalb der göttlichen Ordnung. Mit Recht weist Döllinger auf die mittelalterliche Lehre hin, daß „nicht nur jeder Bischof, sondern der Papst selbst, falls er in Irrlehre verfiele, abgesetzt und im Falle seines Beharrens gleich jedem andern gerichtet werden" müßte[71], so wie es dem König die Krone kostet, wenn er aufhört, christlicher König zu sein. Das ändert sich mit der Verabschiedung des Papsttums durch die Reformation, denn diese Verabschiedung hat die Reformierten in einen Despotismus ohnegleichen hineingeführt[72], was Döllinger minutiös für alle nichtkatholischen Kirchen und Länder, sogar für die griechische, russische, englische usf. zu zeigen unternimmt. Die Nationalisierung der Kirchen, dann die Flucht in die „unsichtbare Kirche"[73] sind die „unvermeidliche Folge davon, daß das entgegengesetzte Prinzip, das der Katholizität, der Weltkirche, allerdings mit vollem Bewußtsein, aufgegeben worden war ...[74] Der hier so leidenschaftlich redende Döllinger hat später das Schicksal seiner Exkommunikation so getragen, daß er sich weigerte, der neuen romfreien christkatholischen Kirche beizutreten, nach dem, was er hier sagt, mit vollem Recht.

---

[69] A. a. O. 35–37. [70] A. a. O. 33–35.

[71] A. a. O. 51, Texte bei Y. Congar, Ministères et Communion Ecclésiale (Cerf 1971) 72ff.

[72] A. a. O. 55. [73] A. a. O. 13. [74] A. a. O. 17.

Von der anglikanischen Kirche her wandert *John Henry Newman* in langsamen, sorgsam erwogenen Schritten Rom entgegen, er, der in seinen jungen Tagen, Newton lesend, den Papst als den Antichrist betrachtet hatte; sein Aufbruch wurde vornehmlich durch theologische Bedenken gegenüber dem „Establishment", der Einrichtung der Kirche innerhalb der weltlichen Oberhoheit des Königs, bedingt[75]. Newmans religiöse Seele sucht die wahre Begegnung mit dem absoluten Gott, dem Schöpfer, Erlöser, Richter, mit seiner lebendigen Autorität, in der Christus unausweichlich konkret wird und nun auch unverstellt durch eine christusförmige Kirche vermittelt werden müßte. Vor den Verwässerungen der zeitgenössischen Liberalen sucht er mit seinen Freunden Klarheit in den „Caroline Divines", den Theologen der hohen Zeit: Hooker vor allem[76], Sanderson, Laud. Hooker schafft eine zunächst ganz pragmatische Via Media, indem er aus der gleichen Natur Gottes die weltliche Vollmacht des Königs und die geistliche der Kirche ableitet, wobei die Königskrönung das irdische Bindeglied herstellt: Als Inthronisation ist sie Zeichen richterlicher Gewalt, als Salbung aber Ausdruck für die kirchliche Jurisdiktionsgewalt des Königs[77]. William Laud denkt von hier theologisch weiter: der König kann Gesetze erlassen, die notwendig sind für den Frieden und die Ordnung der Kirche, aber Glaubensentscheidungen liegen in der Hand der Bischöfe. Nach Sanderson stammt die Jurisdiktion der Bischöfe für das forum internum von Gott, für das forum externum vom König, der „die einzige Quelle aller Autorität im Bereich externaler Jurisdiktion ist, sei sie nun geistlich oder weltlich". Die geistliche Autorität fließt dem Bischof schon bei Hooker kraft apostolischer Sukzession zu, die sich auch nach der Reformation von der Englandmission unter Gregor I. herleiten kann. Die junge Oxfordbewegung entschied diesen Balanceakt der karolinischen Theologen im Sinne Gregors VII.: für Keble und Froude erhält der König seine Jurisdiktion in kirchlichen Fragen bei seiner Weihe durch den Bischof von der Kirche her. Für Newman dagegen ist nicht das Mittelalter, sondern die vorkonstantinische Zeit maßgeblich: die Kirche frei vom Staat, eben weil sie von ihm verfolgt wurde. Seine patristischen Studien bestärken ihn immer mehr in der Ansicht, daß jede staatliche Ein-

---

[75] Zum folgenden vor allem der erste Teil von Norbert Schiffers, Die Einheit der Kirche nach J. H. Newman, Die historische Ausgangsbasis etc. (Patmos 1956) 39–158.

[76] Dazu auch L. Bouyer, L'Église de Dieu, a. a. O. 136; über die carolinischen Theologen: Georges Tavard, La poursuite de la catholicité. Etude sur la pensée anglicane (engl. 1963, frz. 1965) 3. Kap.

[77] Die Zusammenhänge bei Schiffers, a. a. O. 50f.

flußnahme auf die Kirche das Grundübel der Kirchengeschichte sei. Er hat im Rückblick auf die Zeit der Oxfordbewegung (1850)[78] seine diesbezügliche, gereifte Erkenntnis so formuliert:

„Schon in der vornicäischen Zeit wurde der häretische Patriarch von Antiochien (Paul von Samosata) vom weltlichen Statthalter gegen die Katholiken verteidigt und nur durch die Autorität des Römischen Stuhls und seinen Einfluß bei der kaiserlichen Regierung abgesetzt. Und von da an hätte die weltliche Gewalt, wenn es nach ihr gegangen wäre, immer von neuem Teil um Teil der Christenheit eingefangen und verdorben, wären diese Teile nicht mit der übrigen Christenheit vereint geblieben und hätte der edle Einsatz des römischen Oberhaupts das nicht verhindert. Die Ohren klingen uns von der immerfort wiederholten Geschichte, wie die weltlichen Herrscher den örtlichen Episkopat verfolgt oder nach ihm gegriffen oder ihn für sich gewonnen haben und wie viele oder zuweilen auch wenige Bischöfe dabei Rückendeckung bei Rom suchten. So war es mit den Arianern des Ostens und dem hl. Athanasius, so mit der byzantinischen Kaiserin und dem hl. Chrysostomus, so mit dem Vandalen Geiserich und den Afrikanern, so mit den hundertdreißig monophysitischen Bischöfen (auf der Räubersynode) von Ephesus und dem hl. Flavian (der dort zu Tode geprügelt wurde), so war es im Fall der fünfhundert Bischöfe, die unter dem Einfluß des Basiliskus eine Erklärung gegen den Tomus Papst Leos unterschrieben, so im Fall des Henotikons Kaiser Zenos und so in den Kontroversen mit den Monotheleten wie auch mit den Inkonoklasten. Und schließlich ist in den wenigen umstrittenen Fällen, in denen die Standfestigkeit des Römischen Stuhles in Frage gestellt wird..., der meist verschwiegene Grund des Schwankens der Päpste der unmittelbare und physische Druck der weltlichen Gewalt. Wie unter hundert Märtyrer- und Bekenner-Päpsten Petrus und Marcellinus auf eine Stunde oder einen Tag ihren Herrn verrieten, so gaben Liberius und Vigilius einen Augenblick lang Ärgernis, dann nämlich, als sie ihrem angestammten Sitz entrissen waren, dem Schlüsselpunkt eines großen Zusammenhangs, und gleich tausend anderen untergeordneten Instanzen zu bloßen Individuen geworden waren, von ihrem Thron gezerrt und vor den Kaiser hingeworfen. Auch in späteren und modernen Zeiten sehen wir dieselbe Wahrheit unwiderstehlich ans Licht gebracht, nicht allein etwa in der Geschichte des hl. Thomas (Bekket), sondern auch in der des hl. Anselm, ja durch den gesamten Verlauf der kirchlichen Geschicke Englands hindurch, von der

[78] Certain Difficulties I ([2]1894) 184–186.

Eroberung bis zum 16. Jahrhundert, und keineswegs zuletzt bei Cranmer. Überdies erblicken wir dasselbe in den Tendenzen des Gallikanismus unter Ludwig XIV. und im österreichischen Josephinismus; und keine andere Lehre erteilt uns die jüngste Politik des Zaren den unierten Griechen gegenüber und das jetzige Verhalten der englischen Regierung angesichts der Kirche Irlands. In all diesen Fällen geht es um einen Kampf zwischen dem Heiligen Stuhl und einer örtlichen, vielleicht weitentfernten Regierung, wobei die Freiheit und Orthodoxie ihrer gläubigen Untertanen das Streitobjekt ist, und während die zeitliche Macht am Ort ist, geschäftig und zwingend, überragend und gefährlich, liegt die Kraft der angegriffenen Partei in ihrer Treue zur übrigen Christenheit und zum Heiligen Stuhl. Es kann gar nicht anders sein; wir sehen, daß es so ist, erblicken es in den geschichtlichen Tatsachen; wie aber soll es möglich sein und wo gibt es Beweise dafür, daß eine Kirche die katholische Communio aufgeben kann, ohne unter die Gewalt des Staates zu fallen? Könnte eine isolierte Kirche heute das vollbringen, was sie, menschlich gesprochen, im zwölften Jahrhundert nicht zu tun vermochte, obschon ein Heiliger für sie stritt? ... Sie müßte dann wahrscheinlich eine Zweig-Kirche (Branch Church) genannt werden; aber da ein Zweig nicht aus sich selbst leben kann, muß er, sobald er vom Leib Christi losgerissen ist, mit Notwendigkeit auf die staatliche Verfassung aufgepfropft werden ..." Im Jahr 1841 mußte der immer noch anglikanische Newman gegen die Errichtung eines Anglopreußischen Bistums in Jerusalem protestieren, sowohl weil sie ein staatspolitischer Akt war, wie weil sie zwei Kirchen zusammenband, die nicht miteinander in Kommunion standen.

Die im Text erwähnte Branch-Theorie war der erste Versuch eines Auswegs gewesen: Kirche in sich ruhend aufgrund ihres Festhaltens an der Glaubenseinheit der noch ungespaltenen frühen Christenheit. Hier hatte es das gegeben, was Newman immer suchte: eine lebendige Gegenwart Gottes in einer lebendig glaubenden Kirche, deren „prophetisches Amt" gelenkt war durch ein episkopales, ohne daß dessen Definitionen mehr waren als die notwendige Auswortung des geglaubten Gesamtmysteriums, um den Glauben daran lebendig zu erhalten; es gab die wuchernden „Neuerungen" noch nicht, die die spätere lateinische Kirche hinzugefügt und von denen die Reformation die Kirche wieder befreit hatte. Die Einheit, worauf sich für Newman alles bezog, war die Communio selbst – die Vorstellungen der Oxforder davon waren nicht sehr andere als die der Slawophilen, unter Chomjakows Führung, vom Sobornost – hier lag die

„Unfehlbarkeit“ der Kirche, von der Newman damals schon fasziniert war [79]. Hier gab es zugleich lebendige geistige Tradition in der Auslegung der Schrift durch Liturgie, Gebet, Theologie, konziliare Bestimmungen. Mußte man nicht diesen lebendigen Stamm, auf dem die Ostkirche, die römische und die anglikanische gleicherweise aufgepfropft waren, als den lebendigen Kanon der Kirche Christi nehmen und sich darauf beziehen? Newman mußte bald erkennen, daß dieser theologische „Klassizismus“ lebensferne Romantik war, weil er einen innern Widerspruch in sich barg: wie sollte die einst in der lebendigen Tradition vorhandene Autorität, ohne die es keine rechtgläubige Kirche geben kann, aufhören, lebendig zu sein und sich nur noch in einem abgerückten historischen Zeitalter darstellen? Newman mußte überdies zu seinem Schrecken wahrnehmen, daß die gleiche Berufung auf eine vergangene Tradition innerhalb der normativen Zeit Eutyches auf dem Konzil von Chalkedon zum Häretiker gestempelt hatte, wo die Formel von Ephesus um der Orthodoxie willen geändert werden mußte, und dies unter eindeutiger Führung des Römischen Stuhles. Die Einheit des Glaubens wurde aus einem konkreten, mit Vollmacht begabten Zentrum gerettet. Zudem gab es jene Liebeseinheit, jenen Sobornost in der klassischen Periode nur sehr beschränkt; war er nicht schon im Geist Cyprians romantisch gewesen, in den arianischen Wirren vollends zerbrochen? Sollte man vielleicht zum Beweis der Verbundenheit mit der frühen Kirche auf die Heiligkeit in der anglikanischen verweisen? Aber solche gab es doch wohl auch ebensosehr in der römischen; so mußte man also versuchen, Mißverständnisse zwischen beiden Kirchen abzutragen. (Newman hatte jetzt vor, gegen „die protestantische Idee vom Antichrist“ zu schreiben, wonach der Papst der Antichrist sei [80].) Sein ganzes Problem lag in der Vereinbarkeit der beiden Momente göttlicher je-jetzt gültiger Autorität in der Kirche: sie mußte ebenso unverrückbar wie aktuell, ebenso mysterienhaft unfaßbar wie klar einfordernd sein. Beides war in der Kirche der ersten Konzilien vorhanden gewesen. Nirgendwo gab es da einen starren, klassizistischen Buchstaben, sogar ins Apostolische Credo hinein kamen verändernde Erklärungen, ja waren nicht schon die Apostelbriefe zusätzliche Deutungen der ursprünglichen Worte Christi gewesen? Alles war lebendiges Pneuma, das doch eine

---

[79] The Prophetical Office of the Church (London 1837) 112; Apologia pro vita sua (London 1864) 116.

[80] Correspondence of J. H. Newman with John Keble and others 1843–1845 (edited at the Birmingham Oratory, London 1917) 50f. Und Essays critical and historical II (London 1877): Todds discourses on Antichrist (1840).

konkrete, je gegenwärtige Form prägen konnte, nirgends war bloßes „Skelett", alles war lebendiges, aber von einem ebenso lebendigen Gerüst getragenes Fleisch[81]. „Entwicklung", das ist der Schluß, ist notwendig, gerade auch im übernatürlichen Organismus der Kirche, um die lebendige Identität zu wahren. Soweit kam der „Essay on the Development of Christian Doctrine" (1845). Die bloße bischöfliche Funktion aber vermochte die universale Einheit nicht zu garantieren (wie schon Tract 90, 1841, festgestellt hatte)[82], die Folgerung war: „Wir kennen kein anderes Mittel, das Sacramentum Unitatis der Kirche zu wahren, als ein Zentrum der Einheit." Im selben Jahr (1845) wird Newman katholisch, um Anschluß an dieses Zentrum zu gewinnen.

Kennzeichnend für Newmans Weg ist, daß nach seiner Konversion das Papsttum durchaus nicht in den Mittelpunkt seiner Interessen rückte. Man weiß um seine Zurückhaltung angesichts der Unfehlbarkeitsdefinition[83]. Man sollte aber vor allem beachten, daß er die Funktion des unfehlbaren Sprechens und Definierens des Nachfolgers Petri auf das Minimum beschränkt wissen will, daß er betont, das Lehramt sei ebensowenig unsündlich wie das prophetische Amt der Gesamtkirche, so daß beide einander gegenseitig zu korrigieren hätten – Spannungen sind in der Kirche durchaus vorgesehen, auch zwischen Amt und Theologie (die als Exponent des „prophetical office" gilt), sintemal alle in der Kirche den Folgen der Erbsünde unterworfen sind[84]. Zur Thematik dieser Spannungen in der Kirche gehört auch der bekannte Aufruf an die Laien (im letzten „Rambler"-Artikel 1859) zur aktiven Wahrnehmung ihrer Glaubenssendung. Aber die Spannungen, die Newman während seiner katholischen Zeit in der Kirche nur allzusehr erfährt – man hat ein Buch über sein „Martyrium" schreiben können[85] –, sind für ihn im letzten nur Bestätigungen, daß er im Raum der *Freiheit* angelangt ist. Was ihn jetzt interessiert, ist nicht die Kirchenstruktur, sondern die Weise, die Freiheit in ihr zu leben: er selbst ist frei für die Heili-

[81] Dazu die lehrreiche Studie von Jean Stern, La controverse de Newman avec l'abbé Jager et la théorie du développement, in: Veröffentlichungen des internat. Card. Newman Kuratoriums, 6. Folge (Nürnberg 1964) 123–142.
[82] Aufgenommen in The Via Media (1888) 259–348.
[83] Ein paar Tage scheint er seine Annahme des Dogmas hinauszuschieben, „bis die Definition übereinstimmend vom ganzen Leib der Gläubigen angenommen ist" (Certain Difficulties II 303), nimmt den Gedanken aber gleich darauf zurück: „Ich nehme es (das neue Dogma) nicht an auf Grund des Wortes vom Konzil, sondern auf den Anspruch des Papstes hin" (ebd. 304). Schiffers, a.a.O. 238.
[84] Zu alldem das berühmte Vorwort zur dritten Ausgabe der „Via Media" (1877).
[85] Denys Gorce, Le Martyre de Newman (Bonne Presse, Paris 1946).

gen, für den Vollzug des personalen Glaubensaktes („Grammar of Assent 1870), für das Gebet und die Meditation mitten in allem Kirchendienst. Nicht Petrus als Einzelgestalt steht im Mittelpunkt, sondern der Raum der Freiheit, dessen Hüter Petrus ist, als Einer, aber ein Unentbehrlicher, in der Konstellation Christi.

Aus der andern „Branch", der Ostkirche, kam *Wladimir Solowjew* nach Rom[86]. Völlig anders geartet als Newman, im Bewußtsein, glaubensmäßig die ganze Katholizität des Credo bereits zu besitzen, ja der lateinischen Kirche den reichen Schatz der östlichen Weisheit, der spekulativen trinitarischen Sophiologie mitzubringen[87], hat er auch eine triumphale Art, seinen orthodoxen Glaubensgefährten die evidente Notwendigkeit des konkreten Kirchenzentrums in Rom darzustellen, die Sünden, Verblendungen und Feigheiten der Ostkirche schonungslos zu enthüllen. Dennoch liebt er seine Ursprungskirche nicht weniger innig als Newman die seine; beide sind noble Herzen, aber Newman spricht leiser.

Ausgangspunkt und Motiv des Aufbruchs sind bei Solowjew genau dieselben wie beim Engländer: Die Einheit der Kirche ist faktisch im ganzen Osten und gerade auch in der slawophilen theologischen Ideologie ein Traum, dem die harte Realität widerspricht; damit hängt unlöslich zusammen, als Ursache, aber auch als Wirkung, die Unfreiheit der Kirche unter byzantinischem und moskovitischem Joch. Wie die Tractarianer fordert Solowjew einen Begriff der Kirche, der die ein für allemal gegebene Grundlage, Jesus Christus und den Glauben an ihn, lebendig sein läßt als Verwirklichung seiner Liebe; wachsendes Reich Gottes in der Geschichte: als Reich für uns, Reich durch uns, Reich in uns[88]. Zum „Reich für uns" gehört die strukturierte Kirche: Hierarchie, Credo, Sakramente: dies ist Basis und Öffnung für das Streben nach der christlichen Gerechtigkeit in der Welt. Die Slawophilen, die als Begriff der Kirche die „freie Übereinstimmung des Bewußtseins der einzelnen Individuen", die „freiwillige und innere Synthese der Einheit und Freiheit in der Liebe"[89] setzen, verwechseln das anzustrebende Ziel, das sie als gegeben vorwegnehmen, mit dem Weg, auf dem ein solches Ideal notwendig angenähert werden muß. „Der Unterschied zwischen eitlen Träumereien und dem göttlichen Ideal der Einheit besteht

---

[86] Über ihn vgl. „Herrlichkeit" II, Fächer der Stile, Teil 2 (1969) 647–716. Uns beschäftigen hier nur die in Bd. 3 der dt. Gesamtausgabe gesammelten Schriften (s.o. Anm. 66). Über Solowjews wirkliche Konversion vgl. Heinrich Falk, Wladimir Solowjews Stellung zur katholischen Kirche, in: Stimmen der Zeit (1949) 421–435.
[87] Diesen Beitrag schildert er im 3. Buch von „Rußland und die Universale Kirche".
[88] A.a.O. 151–152. [89] A.a.O. 212.

darin, daß dieses einen realen Stützpunkt hat (das ‚dos moi pou sto' der sozialen Mechanik), um von da aus allmählich über alle Mächte der Zwietracht zu siegen."[90] Die Freiheit ist das Ziel, aber die reale Kirche, die, als „den Bedingungen einer endlichen Existenz unterworfen", „nicht absolut frei" sein kann, muß als „Basis" die Bedingungen der Möglichkeit eines Überstiegs aus der Knechtschaft in die Freiheit in sich tragen[91]. Und dieses Prinzip heißt unweigerlich Petrus. Denn er allein genügt, um die Kirche aus den weltlichen Umgarnungen zu lösen. Was Newman in einer raschen Übersicht aufzählte, ohne die Schrecken und Vergewaltigungen ahnen zu lassen, die hinter jedem seiner Beispiele standen, das schildert Solowjew in krassen Einzelheiten: die immerwährenden demütigenden Repressionen der kirchlichen Freiheit durch die griechischen und russischen Fürsten. Wer Petrus als Oberhaupt nicht will, verfällt automatisch der weltlichen Macht und damit dem Nationalismus[92], und damit der kirchlichen Zerspaltung und Zwietracht. Lange Zitate aus dem hellsichtigen, aber machtlosen Aksakow ersparen Solowjew die eigene Kritik am Zustand der russischen wie der griechischen Kirche: „Unsere Kirche erscheint, was ihre Verwaltung betrifft, als eine Art Büro oder riesenhafte Kanzlei, die alle Verfahren des deutschen Bürokratismus, mit der ganzen ihm eignenden offiziellen Verlogenheit, auf das Hirtenamt über die Herde Christi überträgt."[93] „Eine Kirche, die Teil eines Staates ist, das heißt eines ‚Reiches dieser Welt', hat auf ihre Sendung verzichtet und ist gezwungen, das Schicksal aller Reiche dieser Welt zu teilen."[94] Selbst wenn der Glaube des Volkes noch universal und katholisch wäre – und nach Solowjew ist er es substantiell und kümmert sich nicht um die nachträglich das Schisma rechtfertigenden theologischen Distinktionen –, fehlt einer Staatskirche die Möglichkeit, das Volk wirksam zur übernationalen Katholizität zu führen: „Man fürchtet sich vor der Wahrheit, weil die Wahrheit katholisch, das heißt universal ist; man will um jeden Preis eine Religion für sich allein haben, einen russischen Glauben, eine imperiale Kirche."[95] Man will dem wahren Gott „unsern nationalen Egoismus nicht zum Opfer bringen"[96]. Aksakow selbst, der das Wesen der Kirche im Liebesbund der Herzen sah, muß schließlich zugeben: „Der Geist der Wahrheit, der Geist der Liebe, der Geist des Lebens, der Geist der Freiheit, sein

---

[90] A. a. O. 275. [91] A. a. O. 214.
[92] Die russische Idee, a. a. O. 54ff.: c'est que des chaînes séculaires tiennent le corps de notre Église attaché à un cadavre immonde, qui l'étouffe en se décomposant...
[93] A. a. O. 56. [94] A. a. O. 62.
[95] A. a. O. 66. [96] A. a. O. 68.

heilsamer Hauch ist es, der der russischen Kirche fehlt."[97] Und da die Solidarität zwischen den Kirchen des Ostens „durch keine lebendige Handlung zum Ausdruck gebracht wird, so ist ihre ‚Einheit im Glauben' nur eine abstrakte Formel, die nichts schafft und zu nichts verpflichtet"[98]. Sie bleibt dort „Fiktion", wo „nur isolierte nationale Kirchen existieren"[99]. Wer im Osten den Stützpunkt der Einheit anderswo als im Kaiser gesucht hat, mußte notwendig zum Märtyrer werden: Chrysostomus, Flavian, Maximus der Bekenner, Theodor Studites, der Patriarch Ignatius, die sich alle an den Römischen Stuhl um Hilfe wandten.

Warum liegt das Prinzip der Freiheit beim Römischen Stuhl? Weil Petrus (Mt 16, 18) ein freies, uneingeschränktes Bekenntnis zu Christus abgelegt hat, in dem er geistig das nachvollzog, was Maria mit ihrem unbeschränkten Jawort physisch vollzogen hatte. Wir müssen den ganzen Text anhören.

„Eine echte Vereinigung beruht auf der wechselseitigen Tat derer, die sich vereinen. Der Tat der absoluten Wahrheit, die sich im Gottmenschen (oder im vollkommenen Menschen) offenbart, muß von seiten der unvollkommenen Menschen eine Tat der unwiderruflichen Zustimmung begegnen, die uns mit dem göttlichen Prinzip verbindet. Der fleischgewordene Gott will nicht, daß seine Wahrheit auf eine passive und knechtische Weise angenommen werde. Er will durch einen freien Akt der Menschheit anerkannt werden. Doch muß dieser freie Akt gleichzeitig unbedingt in der Wahrheit, er muß unfehlbar sein. Es handelt sich also darum, in der gefallenen Menschheit einen festen und unerschütterlichen Punkt zu begründen, auf den sich die aufbauende Tätigkeit Gottes unmittelbar stützen kann, einen Punkt, wo die menschliche Selbstbestimmung mit der göttlichen Wahrheit in einem synthetischen Akt zusammenfällt, der der Form nach rein menschlich, dem Wesen nach aber göttlich-unfehlbar sein muß. Bei der Hervorbringung der physischen und individuellen Menschheit Christi bedurfte der Akt der göttlichen Allmacht, um wirksam zu sein, nur einer durchaus passiven und rezeptiven Zustimmung der *weiblichen* Natur in der Person der unbefleckten Jungfrau; die Auferbauung der sozialen oder kollektiven Menschheit Christi, seines universalen Leibes (der Kirche) verlangt weniger und zugleich mehr als das. Weniger – weil die menschliche Basis der Kirche durch keine absolut reine und unbefleckte Person repräsentiert zu werden braucht, da es sich hier nicht darum handelt, eine substantielle und individuelle Beziehung oder eine hyposta-

[97] A. a. O. 227. [98] A. a. O. 228. [99] A. a. O. 230.

tische und vollkommene Vereinigung der beiden Naturen zu schaffen, sondern nur darum, eine reale und sittliche Verbindung zu gründen." Dennoch ist das zu schaffende Band „menschlich gesprochen bestimmter und umfassender. *Bestimmter:* weil diese neue Verbindung im Geiste und in der Wahrheit einen *männlichen* Willen verlangt, der der Offenbarung entgegenkommt, und einen männlichen Verstand, der der von ihm angenommenen Wahrheit eine bestimmte Gestalt verleiht. Und *umfassender:* weil sich dieses neue Band bei der Schaffung der Grundlage für ein Kollektiv-Wesen nicht mit einer persönlichen Beziehung begnügen kann, sondern als eine dauernde soziale Funktion fortbestehen muß."[100]

Die Freiheit des personalen Bekenntnisses Petri zur totalen (übernationalen) Wahrheit des konkreten Gottmenschen[101] macht ihn zum vermittelnden Felsen zwischen dem eigentlichen, alles tragenden Felsen Christus und dem Felsen der Kirche, in die alle Gläubigen als lebendige Steine eingefügt sind[102]. Ihm wird das Kollegium zugesellt, das „Ur-Konzil der zwölf Apostel", das aber seine unverbrüchliche Einigkeit doch nur in der petrinischen Einheit findet und behält: „Der göttliche Architekt... fixiert das Ideal der Eintracht, indem er es an eine reale, lebendige Macht fesselt."[103] So allein kann Jesus die mystischen Prinzipien der innern Einheit: seine Eucharistie und die darin enthaltene trinitarische Lebendigkeit der transzendierenden Einheit der Kirche anvertrauen[104]. Nur in dieser Kirche sind wirkliche Konzilien bis heute möglich – die Ostkirchen haben nach der Trennung von Rom kein einziges mehr zustande gebracht, ja ein solches ist „nach unsern besten Theologen sogar unmöglich"[105] –, nur sie kann gegen die Einstimmigkeit einer dem Kaiser hörigen Bande von Bischöfen den Ruf „contradicitur!" erheben, wie ihn der Diakon Hilarion als Legat Papst Leos unter Lebensgefahr in Ephesus erschallen ließ[106].

Wieder das gleiche seltsame Schauspiel wie bei Newman: Solowjew konvertiert, nicht weil ihm die Kollegialität, die Brüderlichkeit, die mystischen Definitionen der Kirche fehlten – davon besaß er im Osten genug –, sondern jener eine Schlußstein, der das ganze Gewölbe zum Tragen bringt und der nach der Definition des I. Vatikanums gerade der Papst ist. Er braucht den Papst, der auch „sine consensu Ecclesiae, nicht vermittels kollektiver Beratung, sondern kraft unmittelbarer Hilfe des himmlischen Vaters das Grunddogma

---

[100] A.a.O. 248–249. [101] A.a.O. 260.
[102] A.a.O. 258–259. [103] A.a.O. 257. [104] A.a.O. 273–274.
[105] Brief an Stroßmayer, a.a.O. 16. [106] A.a.O. 318.

unserer Religion formuliert...: ex sese". Und „erst im Bekenntnis Petri macht sich die messianische Idee frei von jedem nationalistischen Element und kleidet sich zum erstenmal in ihre universaliter gültige Form. ‚Du bist Christus, der Sohn des lebendigen Gottes.'"[107] Für Solowjew ist der entscheidende Beweis der Richtigkeit dieses Papsttums der gegenseitige Verweis der Gründungsgeschichte auf die Kirchengeschichte und dieser auf jene; Ursache und Wirkung entsprechen einander[108], und zwar über alle historischen Kontin-

---

[107] A. a. O. 252–253. Es ist hier selbstverständlich gleichgültig, ob der historische Petrus in der historischen Szene von Cäsarea Philippi diese Freiheit schon erreicht hatte, denn gewiß ist sie bei Matthäus von dem nachösterlichen, ebenso historischen Petrus gemeint.

[108] Ebd. 276–277. Ein besonders eindringliches Beispiel (das unter fast ungezählten andern ausgewählt ist) bietet der Neuaufbau der deutschen Kirche nach ihrem völligen Zusammenbruch unter Napoleon. Einige Sätze aus Franz Schnabels „Deutscher Geschichte im 19. Jahrhundert" mögen ihn erläutern: „Die Bischöfe des Ancien Régime starben dahin, und an die Stelle traten die neuen Bischöfe, die aus den schlimmen Erfahrungen der vergangenen revolutionären Jahrzehnte gelernt hatten, daß sie weder bei Kaisern noch bei Fürsten, noch bei Landtagen, sondern nur in Rom und nur durch die alten Gesetze der Kirche Schutz finden konnten gegen die immer noch mächtige Omnipotenz der Polizei- und Diplomatenstaaten" (13). „Wie der französische Episkopat die ‚gallikanischen Freiheiten' der Kirche Frankreichs gegen den Papst behaupteten, so betrieben im 18. Jahrhundert auch die vier deutschen Erzbischöfe die Errichtung einer deutschen Nationalkirche" (22); „der Episkopalismus berief sich dabei auf das Wort des Johannesevangeliums, daß alle Apostel die Gewalt zu binden und zu lösen unmittelbar von Christus empfingen. So forderte er die dem Episkopat ‚nach göttlicher Einsetzung' zukommenden Rechte, er stellte den Bischof innerhalb seiner Diözese als Gleichberechtigten neben den Papst: der Bischof brauche weder die päpstlichen Erlasse unter allen Umständen in Vollzug setzen, noch die Appellationen an den Papst unter allen Umständen weiterzuleiten." „Die ‚Gravamina' des 15. Jahrhunderts lebten wieder auf, als die Erzbischöfe in der ‚Emser Punktation' von 1786 die päpstliche Mitwirkung bei Besetzung von Ämtern und Pfründen bestritten usf." Die Domkapitel und die Bischöfe dagegen „standen auf seiten des Papstes, weil ihnen die bisherige päpstliche Führung lieber war als die Führung der Metropoliten oder eines Primas von Deutschland" (23–24). Wessenberg seinerseits betrieb das Anliegen der deutschen Nationalkirche, „er bestritt nicht die göttliche Einsetzung des Papsttums, er wollte nur gegen das ‚kurialistische' Kirchenrecht das ‚episkopalische' durchsetzen... Aber je mehr er in seinem Kampf gegen Rom sich auf die Hilfe des Staates angewiesen sah, desto mehr war er nach dieser Richtung zur Nachgiebigkeit gezwungen" (31). Im allgemeinen Kulturleben des Bürgertums sprach sich der Haß gegen die Diener der Kirche offen aus. „Bald nach 1815 wird dann noch der radikale Nationalismus hinzutreten, der in der katholischen Kirche ein Erzeugnis des römischen Weltreiches sah und ihren universalen Geist als unvereinbar mit dem begrenzten modernen Staat bezeichnete. Dieser Staat aber ließ sich teuer bezahlen, wenn er in seinem eigenen Interesse die überlieferte, kirchlich bestimmte Kultur im bürgerlichen Leben noch stützte und aufrechterhielt. Er strebte danach, die katholische Kirche seiner Souveränität ebenso zu unterstellen, wie dies mit der protestantischen Kirche gelungen war" (32). Napoleon, der zwei Päpste gedemütigt und gefangengenommen hatte, „berief 1811 nach Paris ein Nationalkonzil, aus dem er die Widersacher mit Gewalt entfernen ließ. Er ging damit um, Paris – die Hauptstadt seines Weltreiches – zugleich auch zum Sitze der Weltkirche zu machen und in ihrem

genzen und Unfälle hinweg, die der Russe genausogut kennt wie Newman.

Beiden ist das Papsttum nicht Selbstzweck, sondern ein Mittel und eine Verbürgung der Freiheit. Für beide ist die Kirche der werdende Gottesstaat, das in die Freiheit der Liebe sich durchringende Reich; sie blicken nur auf dieses Ziel, aber sie wissen, daß die Verbindlichkeit des realen Bezugspunkts Rom die Bedingung der Freiheit ist.

---

Verband auch eine deutsche ‚Nationalkirche' zu schaffen unter dem ‚Primas' Dalberg, dem höchsten Kirchenfürsten des alten Reiches, der sich ihm zur Verfügung stellte. Dalberg und Wessenberg nahmen an dem Pariser Konzil teil" (33). „Daß die entmachtete und verarmte Kirche jetzt leicht zu weltlichen Zwecken mißbraucht werden konnte, war allen Beteiligten (im deutschen Episkopat) bewußt. Die Bischöfe der Neuzeit brauchten daher eine viel stärkere Anlehnung an Rom, als sie in den letzten Jahrhunderten bestanden hatte" (36). In Wien dagegen entwickelt Wessenberg seinen Plan einer deutschen Reichskirche, dem sich der Staatssekretär Pius' VII., Consalvi, widersetzt. Langsam, durch Konkordate mit den einzelnen deutschen Staaten muß die Freiheit der Kirche wieder gesichert und vor den Übergriffen der Staatsmacht in Schutz genommen werden... (Die katholische Kirche in Deutschland, Herderbücherei 209/210, 1965). Man könnte die Linien bis in das Naziregime ausziehen, wo A. Rosenberg sich darüber beklagt, daß Rom eine „volklose Weltkirche" zu errichten suche (Der Mythos des 20. Jahrhunderts, München 1941, 175–176).

# III

# Das Wunder leben

# Liebe als Selbstübersteigung

Im zweiten Teil war die Rede von der „Konstellation“, die vom konkreten historischen Jesus Christus unablösbar ist und die er mit sich selbst zusammen seiner Kirche einstiftet; ferner von der besondern Gestalt des petrinischen Leitungsamtes innerhalb dieser Konstellation. Es zeigte sich, wie schwer bei der Bestimmung dieses Amtes innerhalb der umgreifenden Einheit das Gleichgewicht zu finden ist: mußte es doch mitsamt seiner eigentümlichen Exzentrizität im Zentrum verwurzelt und durchgehalten werden: gleichzeitig als der konkrete kritische Bezugspunkt der Einheit, die ohne ihn zerfällt, und als die so über sich hinaus zum Zentrum Christus hinführende, zur christlichen Freiheit hin befreiende Instanz. In diesem amtlichen „von-sich-weg“ des „unwürdigen Knechtes“, der „nur seine Pflicht tut“ und keinen Dank dafür zu erwarten hat (Lk 17,9f), wird Petrus zum Prototyp jeder christlichen Existenz innerhalb der Konstellation der Einheit. Dieser im katholischen Amt liegende *Verzicht* ist noch vor aller ethischen Leistung in der exzentrischen Struktur des Amtes selber begründet: mit einer Vollmacht vortreten zu müssen, die einem nicht gehört, mit der man wesenhaft auf einen andern verweist, die einen „hinführt, wohin man nicht will“, die man deshalb nur in der „Traurigkeit“ (Joh 21,17) über die eigene Unwürde empfangen kann. In dieser Objektivität kann Petrus zum gültigen und unübersehbaren Maß für jeden glaubenden und liebenden Selbstverzicht in der Kirche werden. Denn diese ist das Wunder, das keiner versteht, und das doch jeden für sich einfordert.

## *1. Selbstübersteigung in das Wunder*

Die Kirche als Leib, Braut, Fülle des Mysteriums Christi ist „Mysterium und Wunder“[1], nicht nur in ihrer Unsichtbarkeit, auch in ihrer

[1] Niemand hat darüber besser und ausführlicher gehandelt als Charles Journet: „L'Église comme mystère et comme miracle“ in seiner noch unausgeschöpften Ekklesiologie „L'Église du Verbe Incarné“ II (Desclée de Brouwer 1951) 1193–1288. Kürzer

Sichtbarkeit, denn die Hingabe der Liebe Gottes, die in ihrer „Ausgegossenheit“ (Röm 5,5) die Liebeseinheit der Herzen erwirkt, ist ja gerade in der Sichtbarkeit der geschichtlichen Hingabe Jesu „als Lösegeld für die Vielen“ (Mk 10,45) erfolgt und fordert diese Vielen in die Sichtbarkeit einer dankenden Liebe ein. Der christliche Entschluß, sein Leben als Dank für die geschenkte Liebe Gottes zu verstehen, schließt in sich den Willen zur Selbstübereignung an die konkrete Einheit der sich immer schon und uneinholbar zuvor verschenkt-habenden Liebe Gottes in Christo: und diese konkrete Einheit ist die Eucharistie und der in ihr wehende und freigegebene Heilige Geist. Damit die Eucharistie und der Geist aber immer Geschenk bleiben, das keiner sich aneignen und für sich besitzen kann: dazu ist die konkrete Gestalt der Kirche sowohl als Hüterin und Spenderin des Mysteriums wie als Gemeinschaft, die dem Einzelnen je voraus ist, gestiftet. Henri de Lubac hat immer wieder auf die gegenseitige Einschließung von Kirche und Eucharistie (die als solche die Fülle des fleischgewordenen Wortes ist) hingewiesen: „Die Eucharistie erzeugt die Kirche, die Kirche erzeugt die Eucharistie.“[2] Und gerade *weil* Kirche-Eucharistie das schlechthin von Gott Hingegebene und Angebotene ist, ist es unmöglich, sich ihrer ins Eigene hinein zu bemächtigen: man erhält nur Anteil daran, indem man sich selbst zu einem Anteilnehmenden, Anteilgebenden macht. So wunderhaft-unverfügbar der erste Aspekt ist: die Einheit der sich anbietenden Liebe, so wunderhaft-unverfügbar ist auch der zweite: die durch den Selbstverzicht der Empfänger entspringende Einheit der kirchlichen Liebe: sie und keine andere ist die wirkliche Einheit der Kirche; jede andere ihr zugeschriebene Einheit – etwa die bloß amtliche – ist nur ein daraus abstrahierter Aspekt, wie wesenhaft er auch zu ihrer Ganzheit gehören mag.

Das ist insofern wichtig, als es die heute so beliebte Entgegensetzung von „Leben“ und „Struktur“ (oder „Institution“) verunmöglicht. Sowenig die Menschheit Christi bloße „Struktur“ (oder „Instrumentalität“, wie schon die Scholastik sagte) der Lebendigkeit seiner Gottheit war, so wenig läßt sich in der lebendigen Gestalt der Kirche das Amt als „Struktur“ (oder „Institution“) von der Lebendigkeit der Liebe (oder der „Charismen“) trennen: beides

---

behandelt das gleiche Thema A.-D. Sertillanges, Le Miracle de l'Église. L'Éternité dans le Temps (Spes 1933), das auch Ferdinand Ulrich immer wieder umkreist; vgl. besonders in „Atheismus und Menschwerdung“ die Kapitel: „Die Kirche als personale Gestalt der befreiten Endlichkeit“, und: „Die Kirche in der atheistischen Todesdialektik von Herr und Knecht und ihre Freiheit als Dank“ (Johannesverlag, Einsiedeln 1966).

[2] Die Kirche. Eine Betrachtung (Johannesverlag ²1968) 127–142.

steht und fällt zusammen. Eine solche Unterscheidung mag der Protestant versuchen, wir können sie Friedrich Heiler nicht verargen, der (mit vielen andern) die Veramtlichung der katholischen Kirche als ihre Ausscheidung, wenigstens Absonderung aus dem vorausgehenden großen Liebesverband der „Altkirchlichen Autonomie" versteht und deshalb „die brüchigen und dunkeln Seiten der äußeren kirchlichen Institutionen" rücksichtslos aufdecken möchte, weil dann „desto heller ... die göttliche Innenseite der Kirche aufleuchtet ... die aus allen irdischen Umklammerungen befreite Ecclesia spiritualis"[3]. Aber weniger gern hören wir, nicht im gleichen Radikalismus natürlich, Y. Congar grundsätzlich zwischen „Struktur", ja „Skelett"[4] (die Knochen Ezechiels, die auf den lebendigen Geist warten) und „Leben" unterscheiden, und dabei das „Amtliche" als rein „instrumental" abwerten[5]. Nur in einer oberflächlichen Schicht gelingt eine solche Trennung; tiefer gesehen, ist der eigentliche Erweis der göttlichen Liebe die Annagelung des lebendigen Lebens an das harte Holz der sogenannten Institution: und hier läßt sich zwischen dem Angenagelten und dem, woran es geheftet bleibt, nicht mehr unterscheiden. Deshalb ist für Papst Klemens der Aufruhr der Korinther gegen die „Institution" ihrer Kirche ein Aufruhr gegen ihren eigenen lebendigen Leib: „Haben wir nicht einen Gott und einen Christus und einen Geist der Gnade, der über uns ausgegossen ist, und ist die Berufung in Christus nicht eine? Warum ziehen und zerren wir die Glieder Christi auseinander, lehnen uns wider den eigenen Leib auf und gehen in der Torheit so weit, bis wir vergessen, daß wir untereinander Glieder sind?"[6] Schon der korinthische Protest ist Versuch, statt die Einheit vom dreieinigen Gott als Geschenk zu empfangen, sie selber zu manipulieren. Der Empfang der Einheit aber fordert gerade nicht eine den Menschen beschämende Passivität, an deren Stelle er seine selbsterfundene konstruktive Tätigkeit setzen müßte, sondern die höchste Anstrengung mitwirkenden Jasagens, das *Tun* eben dessen, was ihm im Glauben geschenkt worden ist und was er in der aktiven Antwort an das menschgewordene Wort als Kirche geworden ist.

Das sind wieder Gedanken aus dem marianischen Bereich; sie weisen zurück auf die Konstellation, in deren Mitte das Petrinische

---

[3] Altkirchliche Autonomie und päpstlicher Zentralismus (Reinhardt, München 1941) VII.

[4] Vraie et fausse réforme dans l'Église (Cerf 1950) 96.

[5] Jalons pour une théologie du laïcat (Cerf 1953) passim, bes. 148ff. In: Ministères, a.a.O. 47 sieht Congar gut, daß auch die Charismen einer Struktur bedürfen.

[6] Brief an die Korinther 46,7–8 (Fischer 83).

*ein* Element bildet. Als solches Teilelement wird es sehr viel verständlicher, wenn es mit seiner Besonderheit in die übrigen Elemente der Konstellation eingebettet erscheint, deren *jedes* auf seine eigene Weise den Selbstüberstieg zur Einheit realsymbolisch vollzieht und dadurch zu einem der Fundamente der kirchlichen Einheit wird. Das meiste hierzu wurde bereits gesagt; doch ist es nützlich, nochmals die verschiedenen Momente und ihr Zusammenspiel in einem einzigen Blick zu umfassen. Wir dürfen uns auf die vier beschränken: Maria, die Mutter, Petrus, das Amt innerhalb der Gruppe der Zwölf, zu der in hervortretender Weise auch die beiden andern gehören: Johannes, vermittelnd zwischen Maria und Petrus, und Paulus, zu den Zwölfen hinzugezählt, auch ausdrücklich als Mit-Gründer der römischen Kirche erwähnt, der entscheidend äußere Verwirklicher und theologische Deuter.

Ohne Zweifel hat *Maria* als die Mutter den Vorrang des Umgreifenden; wie sie Jesus gebiert und erzieht, so verhält sie sich mütterlich seinem Werk und all dessen Aspekten gegenüber. Aber sie umgreift es im Zurücktreten, Gewährenlassen, Raumgeben; sie bestimmt nichts, sie ordnet nichts an, sie ist Magd und möchte, daß auch die andern ihre Haltung verstünden: „Tut alles, was immer er euch sagen mag" (Joh 2,5). Sie ist Schoß und Erdreich, aus dem der göttliche Same ziehen kann, was immer er braucht. Sie ist in ihrem Nichtverfügen die Fruchtbarkeit der vollkommenen Armut. „Die Armut der Kirche aber gehört nicht ihr selbst. Sie ist ihre kniende Anbetung der Herrlichkeit des Vaters auf dem Antlitz Jesu; das Unterpfand der je größeren Liebe Gottes, die sich ihr *ganz vereignet* hat, weil der göttlichen Selbstmitteilung im Glauben keine an-sich-haltende ‚Sub-sistenz', die mit eigener Kraft rechnen könnte, vorausgesetzt ist." Weder schiebt sie den je-größeren Gott anbetend in seine Größe zurück, in der falschen Demut, ihm nicht Raum bieten zu können, noch macht sie sich zu dem Abgrund, der diesen Gott, der Mensch werden will, „im Anderen seiner selbst verschluckt und verbraucht". Sie läßt den Sohn das werden und tun, was er will: Mensch aus ihr. Und so, als die fruchtbare „*Mutter* bleibt sie die *ledige Magd*, da sie die Gabe nur hat, wenn sie sie nicht für sich, sondern im Dienst an den Vielen – und sie ist eine unter vielen – ergreift; wenn sie die Herrlichkeit Gottes offenbart, das Sein als sich verendlichende Liebe bezeugt"[7]. Offener und damit umgreifender, katholischer kann kein Raumgeben sein. Jede andere Form des Gewährenlassens fällt notwendig in die ihre hinein.

---

[7] Ferdinand Ulrich, Atheismus und Menschenwerdung (Einsiedeln 1966) 66–69.

*Petrus* ist das Amt: jenes Tunmüssen mit der ganzen Person, aber restlos im Namen und Sinn des Herrn, der hier einen, irgendeinen braucht, durch den seine Autorität – die die reine Erscheinung der väterlichen Autorität im Sohn ist und reines Zurücktreten der sohnlichen, um die väterliche zu offenbaren – konkret werden kann. So gibt es ein unterscheidendes petrinisches Zurücktreten der Person vor dem Amt, und hier erkennt man – Schiller sagt es – „den Geist, der den römischen Hof beseelte, und die unerschütterliche Festigkeit der Grundsätze, die jeder Papst mit Hintansetzung aller persönlichen Verhältnisse befolgen zu *müssen* sich gedrungen sah. Man sah Kaiser und Könige, erleuchtete Staatsmänner und unbeugsame Krieger im Drang der Umstände Rechte opfern, ihren Grundsätzen untreu werden und der Notwendigkeit weichen; so etwas begegnete selten oder nie einem Papste ... So ungleich sich auch die Päpste in Temperament, Denkart und Fähigkeit sein mochten, so standhaft, so gleichförmig, so unveränderlich war ihre Politik. Ihre Fähigkeit, ihr Temperament, ihre Denkart schien in ihr Amt gar nicht einzufließen; ihre Persönlichkeit, möchte man sagen, zerfloß in ihrer Würde, und die Leidenschaft erlosch unter der dreifachen Krone. Obgleich mit jedem hinscheidenden Papste die Kette der Thronfolge abriß und mit jedem neuen Papste wieder frisch geknüpft wurde – obgleich kein Thron der Welt so oft seinen Herrn veränderte, so stürmisch besetzt und so stürmisch verlassen wurde, so war dieses doch der einzige Thron in der christlichen Welt, der seinen Besitzer nie zu verändern schien, weil nur die Päpste starben, aber der Geist, der sie beseelte, unsterblich war."[8] So ist es vielleicht – das ist Joseph Bernharts Hauptthese in seinem Papstbuch – oft beinah gleichgültig, was ein Papst sagt oder nicht sagt, tut oder nicht tut, wenn er nur da ist und seinen Posten besetzt hält, das „centrum unitatis" vorstellt, als das er von Christus gemeint ist. Auch in Zeiten des Versagens oder der Ängstlichkeit blieb das Papsttum „ohne sein Zutun, durch sein bloßes Dasein, eine Macht und wirkte, ohne selbst zu wirken. Seine Idee und seine geschichtliche Größe allein genügte der Welt, dieses Symbol des Seins im Werden, den Geist des ‚alten Wahren' über den geworfenen Wassern des Zeitgeschehens aufs neue zu ehren."[9] „Nicht die Gaben und Hilfen, die der Papst, gepriesen und geschmäht" – es geht um Benedikt XV. – „nach allen Seiten gewährte, nicht die Friedensvermittlung von 1917, die an deutscher und fremder Sabotage scheitern mußte, nicht die poli-

---

[8] Universalhistorische Übersicht der merkwürdigsten Staatsbegebenheiten zu den Zeiten Kaiser Friedrichs I. (WW VII, Insel o. J.) 431.
[9] A.a.O. 306.

tische Kunst der Kurie, auf italienischem Boden auch mit den Feinden Italiens das Band der höchsten Interessen zu wahren, sondern das bloße Dasein eines Geistes, der über den Wassern schwebt, hat die Idee des Papsttums in der Tiefe des modernen Bewußtseins erneuert. In derselben Tiefe aber leben auch die alten Mächte des Widerspruchs. In ihren Programmen steht, geschrieben oder nicht, an erster oder letzter Stelle der Sturm auf den Thron der Welt.“ [10] Der Fels, in den antlitzlos der Felsenmann eingeht, steht Aug in Auge zu den „Pforten der Hölle“. Er steht dort, wo die Existenz der in jeder Generation neu totgesagten Kirche wie durch ein Wunder, nein, *als* Wunder, immer noch steht, nicht als Idee, sondern als nicht-überwundene Wirklichkeit. Das ist Petri Weise des Verschwindens.

Er verschwindet vor allem, nachdem er die Tatsachen des Glaubens geprüft und als glaubhaft befunden, um *Johannes* Platz zu machen, der ihm den Vortritt gelassen und der jetzt in das Grab eintritt: „Er sah und glaubte“ (Joh 20,8). Der Liebesjünger, für dessen Sehen und Glauben Petrus geamtet hat, besitzt aber wiederum seine eigene Art, sich – und seine persönliche Liebe – in Petrus hinein verschwinden zu lassen (21,15) und nur noch so, ein entblätterter, abgeernteter Baum, „zu bleiben“. Andere, weniger würdige Amtsbrüder Petri, haben seinen Platz eingenommen (3 Joh 9). Aber er wird an einen Ort „entrückt“, von dem aus er zum unmittelbaren Mund des Herrn an seine Kirche werden kann: „So spricht der Erste und Letzte, der tot war und wieder lebt: Ich kenne deine Drangsal und deine Armut, aber du bist reich ...“ (Apk 2,8f). An diesem Ort wird ihm auch gezeigt, was es mit dem umgreifenden Weiblichen in Wahrheit auf sich hat (Apg 12,1–17), von dem Petrus und Paulus nur wenig wissen. Ihm ist die Kirche als Frau, als die liebende Gemeinde, anvertraut; er hat in seinem Brief die Worte, die durch alle vordergründige Pädagogik hindurch ihr innerstes Herz anspricht, das Herz, das „alles weiß“, das schon jenseits der wandelbaren Entscheidungen steht (weil es weiß: Gott ist größer als unser Herz, denn er weiß alles“: Joh 3,20); er hat die Mysteriensprache, die dem Uneingeweihten paradox scheint, die aber das Mysterienherz der Kirche versteht. Er ist der Heilige, weil Liebende, der beides gleichzeitig kann: einzig den Herrn in seiner je-größeren Liebe erscheinen lassen – und seine Kirche in diese Liebe einweihen, indem er die eine Hand Maria, die andere Petrus reicht, und – verschwin-

[10] A.a.O. 333.

dend – Hand in Hand legt. „Zwischen seinem Leib und der Schöpfung des Himmels ist nur eine dünne Wand", sagt Mechthild von Magdeburg[11].

*Paulus,* die „Fehlgeburt" (1 Kor 15,8), der Mächtigste, der am meisten Mühe hat, zu verschwinden, erscheint zuletzt, um zu ergänzen, „was noch fehlt" (Kol 1,24). Er ist vom vorgegebenen Marianischen schon umspannt[12]: es ist unmöglich, ihn in Gegensatz zu diesem – unter dem Oberbegriff „simul justus et peccator" – auszulegen. Er ist auch vom Petrinischen schon determiniert, das ja, wie wir schon zeigten, nirgends so rein hervortritt wie in den Korintherbriefen und dem dort unter den Charismatikern geführten Kirchenregiment (der erste Papstbrief des Klemens nimmt sich das Maß und den Mut daran). Und er ist auch durch das Johanneische schon bestimmt: jenseits von Amt und Charisma gibt es den „überhinausschwingenden Weg" der Liebe (1 Kor 12,31), ohne welche Wissen nur aufbläht und alle Theologie nur gellende Schelle bleibt. Er ist in der sichtbaren Kirche der, der alles, auch das Widersprechende („Jude und Heide zugleich sein") beherrschen und versöhnen muß: Amt und gelebte Nachfolge – denn er lebt die evangelischen Räte –, abgründige „Gnosis" unter Vollkommenen und deren vollkommenes Weglegen, um nichts anderes zu wissen als das Kreuz. Er muß alle Weisen des Christseins an sich selber vordemonstrieren und sich wie einen ausgestellten Gegenstand zur Nachahmung empfehlen. Er ist die katholische Spannungseinheit, wie immer man den Querschnitt durch ihn legen mag; und nun müßte er, als der so Ausgestellte, sich auswischen. Sich als Person, nicht sich als „Typos" der Gemeinde, als den Nachahmer Christi, auf den man hinblicken muß, um zu lernen, was katholische Universalität ist (1 Kor 11,1). Aber gerade indem er sich zum unpersönlichen Modell objektiviert, wird er auf seine Weise der petrinischen Versachlichung angeglichen. Keine Paulus-, keine Petrus-, keine Christuspartei, denn Christus ist ungeteilt, und Paulus wurde nicht für die Gemeinde gekreuzigt (1 Kor 1,25f). Sein Modellseinmüssen ist die paulinische „Exzentrizität": „Torheit" des Apostels wegen der Torheit der Gemeinde, die in ihrer Unmündigkeit verführt zu werden droht und deshalb solcher an sich überflüssigen Extrapolationen bedarf (2 Kor 11–12). Er ist Indifferenz, die auch sein Personalsein fordern kann. „Er spielt auf sich selber, weil er absolutes Instrument ist, kennt aber weder

[11] Das fließende Licht der Gottheit, IV 23; in: Menschen der Kirche, NF 3 (1955) 205.

[12] Vielleicht beruht sein angeblich misogyner Zug auf einem radikalen Mißverständnis der Texte: vgl. A. Feuillet, Le signe de puissance sur la tête de la femme. 1 Co 11, 10, in: NRT 95 (Nov. 1973) 945–954.

Demut noch Hochmut, nur Notwendigkeit. Konversion heißt bei ihm unwiderruflicher Einsatz... Er ringt nicht, er besitzt; eine Wahrheit, die ihn so sehr überragt, daß er sich selber zum Instrument wird, auf dem er auch spielt; denn nicht nur für Christus ist er zum Instrument geworden, sondern auch für sich selbst: er weiß, wie ein Christ aussieht mit seiner Sünde und seinem Sterben; sich selbst kann er nicht als Christ schildern, nur das Werkzeug des Meisters."[13]

Viermal Überantwortung in das Wunder, das da die ausgegossene Liebe Gottes in der Welt, konkret Jesus Christus und sein mitgeteilter Geist ist, das Wunder, das sich durch seine eigene Kraft das Gefäß seiner Aufnahme schafft, das Jawort, den Glauben, den freudigen Gehorsam, der zur Freiheit der Liebe führt, und das deshalb das Loslassen des begrenzten egoistischen Ich verlangt. Auch diese Antwort, dieses Jasagendürfen zur ewigen Liebe erlebt der Glaubende als Gnade, und in dieser Begegnung der schenkenden und beschenkten Gnade liegt der Ursprung der Kirche. Das gleiche Ursprungsgesetz wird in den vier Weisen, sie zu verkörpern, sichtbar, und zugleich wird die Vielheit der Sendungen grundgelegt, die der geschenkten göttlichen Fülle entspricht und jede Festlegung der kirchlichen Einheit auf eine abstrakte, überblickbare Einheit verbietet. Weil die Sendung aus dem Ursprung Gottes ergeht und in die Mitte der Kirche zielt, liegt in ihrer Besonderheit keine Beschränkung der Universalität. Wie die Gesamtkirche nicht die „Summierung" der Einzelkirchen ist, die von deren konkreter Besonderheit absehen könnte[14], so sind die verschiedenen grundlegenden Weisen, sich ins Wunder der Kirche hinein zu übersteigen, nicht auf eine einzige zu reduzieren (obschon die marianische die umgreifende bleibt), weil alle in ihrer Besonderheit je einmaliger Zugang zur Katholizität sind.

## 2. *Glaube und Erfahrung*

Der aufgezeigte vierfache Weg, darunter als einer der vier auch der Weg des petrinischen Amtes (an dem Johannes und Paulus als Apostel, Urbilder der Bischöfe, teilhaben), ist Weg für alle Gemeinden und für alle einzelnen Christen in der Catholica. Diese Ausweitung hier, wo an sich nur vom Papsttum die Rede ist, vorzunehmen ist

---

13 Adrienne von Speyr, Lumina und Neue Lumina (Einsiedeln 1974) 84–85.
14 Louis Bouyer, L'Église de Dieu (Cerf 1970) 340–341.

ein Postulat der Kirchenstunde. Die Klage ist allgemein, daß in der säkularisierten Welt Gott ferngerückt, ja erstorben scheint, daß die hominisierte Umwelt nicht mehr wie die unmittelbar Gottes Spuren offenbarende Natur von ihrem ewigen Schöpfer, sondern nur noch von ihrem zeitlichen redet und daß der nach religiöser Erfahrung dürstende Mensch entsprechend auch in der Kirche nur auf Menschengemächte, auf die Gerüste und Trägerbalken einer kalten soziologischen Institution stößt. Wo – so ruft es allenthalben –, wo kann Gott *erfahren* werden? Denn wenigstens eine Basis von Erfahrung muß der Mensch besitzen dürfen, wenn er den Absprung des Glaubens leisten soll. Maria wurde vom Engel angesprochen, um ihr Fiat zu sagen, die Zwölf wurden vom Meister, den sie kannten, angefordert und gesandt, Paulus vom Verherrlichten in Damaskus überwältigt und enteignet: aber wem begegnen wir, daß er uns erwiesenermaßen einfordere und aussende?

Vielleicht lassen sich die verschiedenartigsten Strömungen in der heutigen Kirche alle auf den Gesamtnenner „*Erfahrung*" zurückführen. In der kleinen „Basis"-Gruppe, in der ich die Eucharistie mitfeiere, geht mir auf, was die Urchristen bei ihren Hauseucharistien als Kirchenerlebnis, Gemeinschaft in Christus und im Heiligen Geist erfahren haben mögen. In den vielfältig differenzierten Pfingstbewegungen verspricht man mir eine unmittelbare Erfahrung des charismatischen Wesens der Kirche: ich werde zurückversetzt in die Ursprünge, an den Pfingsttag selbst, da jeder den Geist in Feuerzungen auf sein Haupt sich niedersenken fühlte und dann das Wunder des Zungenredens und der unverhofften Bekehrung vieler sich ereignete. In meinem tätigen Einsatz für die Not der konkreten Mitmenschen, in der Entwicklungshilfe, im Versuch, gegen die Mauer einer ungerechten Wirtschaftsordnung anzurennen (deren Widerspiegelung ich auch in der katholischen Kirche sehe), erfahre ich existentiell, was Hingabe aus dem Glauben ist. In der Praxis der östlichen Meditation – ein ganz anderer Weg – verschaffe ich mir Zugang zu den Paradiesen der Mystiker, welche Gott erfahren zu haben behaupten: auf all diesen so verschiedenen Wegen möchte ich die Gotterfahrung machen, die ich als Postulat für einen kirchlichen oder auch nur glaubensmäßigen Einsatz aufstelle.

Gewiß: „Wie sollen sie den anrufen, an den sie nicht glauben, und wie sollen sie an den glauben, von dem sie nicht gehört haben, und wie sollen sie von ihm hören, wenn ihnen niemand predigt?" (Röm 10,14f.) Aber: was heißt schon Predigen und Angepredigtwerden? Paulus fährt fort: „Wie soll einer predigen, wenn er nicht gesendet ist?" Sendung aber meint den Auftrag Christi, so wie Paulus ihn versteht: den Auftrag, der die ganze Existenz des Gesendeten in ein Zeugnis verwandelt, in ein „Licht der Welt", ein „Salz der Erde", eine „Stadt auf dem Berg". Aber wo begegnet man diesem? Weil man meint, ihm nirgends mehr zu begegnen, greift man zur Selbsthilfe derer, die außerhalb der Catholica Gott begegnen möchten: statt sich die Erfahrung geben zu lassen, nehmen sie sich diese selbst, stellen sie her, erzeugen sie. Und verwunderlich ist es nicht, daß wer nur einem zum „Establishment" verzerrten Bild der Catholica begegnet, solche Wege auch in ihr – um sie zu reformieren, sie zu ihrer Wahrheit zurückzuführen – beschreitet. Diese Notwehr kalt zu verbieten und kirchliche Gesetze an ihre Stelle zu setzen: dazu dürfte die Zeit nicht reichen.

Aber die Unterscheidung der Geister ist hier nicht so schwierig, wie sie auf den ersten Blick aussehen mag. Auch jene, die unmittelbare religiöse Erfahrung suchen, tun es fast immer, um der Unheimlichkeit ihres verschlossenen, verarmten, verweltlichten Ich zu entfliehen, das von niemandem endgültig geliebt und bestätigt wird. Und dieser Aufbruch nach der Gewißheit der Liebe, die als einzige der Existenz einen Sinn verleiht, ist ein Aufbruch nach dem Zentrum des Wunders Kirche, in dem Gottes absolute Liebe sich hingegeben hat und auch aufgenommen wird. Kirche existiert immer zuerst als Gemeinde, konkrete Versammlung solcher, die an die Liebe geglaubt haben und sie sich in Taufe und Wort und Eucharistie und Bruderliebe haben schenken lassen. Aber hier scheint es einen Zirkel zwischen Glaube und Erfahrung zu geben, der von außen unauflösbar ist. Der Taufanwärter der alten Kirche mußte ein Katechumenat durchlaufen, in dem er die Glaubensartikel verstehen und sich aneignen lernte, um in der Taufe selbst die „erleuchtende" Glaubenserfahrung geschenkt zu erhalten, die ihn gleichzeitig in die Realität der christlichen Bruderschaft und in die ihrer wunderhaften Voraussetzung: das Erfülltsein aller mit der Gnade Christi, dem Heiligen Geist, einführte. Uns wird diese einfache Periodisierung ein wenig künstlich erscheinen: schon der Katechumene wächst in die Glaubenserfahrung hinein, und der Getaufte mag in der Erfahrung wachsen, er überwächst doch den Glauben nie[15]. Es gibt also grundsätzlich ein gleichzeitiges Wachsen und Integrieren von

[15] Vgl. die bleibende Dialektik von Glaube und Erfahrung auch bei den am stärksten der Gnosis (Klemens von Alexandrien, Origenes) und der eigentlichen Erfahrung, Peira, zuneigenden Vätern (Makariushomilien, Diadochus von Photike, Maximus Confessor). Dazu mein „Mystérion d'Origène" in: RSR (1936) 513–562, (1937) 38–64, und „Kosmische Liturgie" (²1961), sowie „Herrlichkeit" I (1961) 211–410. André Léonard, Art. Expérience spirituelle, in: DSpir IV/2 (1961) Lit.

Glaube und Erfahrung, aber so, daß nicht nur der Glaube durch das Gelebtwerden erfahrungshaft, sondern auch die im christlichen Leben gemachte Erfahrung glaubenshaft wird.

Es kann, katholisch gesehen, gar nicht anders sein. Die Erfahrung, psychologisch betrachtet, ist die je-meinige, von mir bemessene, auf mich bezogene. Der Glaube dagegen ist Selbstübersteigung, und dies aufgrund einer ihm je schon vorausgegangenen objektiven Selbstenteignung durch die Tatsache Christi: „Keiner von uns lebt für sich selbst, und keiner stirbt für sich selbst" (Röm 14,7), denn „wenn einer für alle gestorben ist, so sind alle gestorben" (2 Kor 5,14). So universal diese Tatsache ist, so universal weitet sich auch der sie bejahende Glaube (in der Grundform des marianischen Fiat, in der Wahrheit der ersten Vater-Unser-Bitten), deshalb muß er jede auf sich reflektierende Erfahrung übersteigen und bereit sein, darauf zu verzichten, um sich tiefer enteignen, weiter ausdehnen zu lassen. Kein natürlicher Mensch hat in sich das Maß, um das Wunder der katholischen Einheit zu messen; er muß sich davon objektiv überwältigen lassen. Er muß die grundlegende Glaubenserfahrung dadurch machen, daß er sich schmerzlich seiner subjektiven Maßstäbe berauben läßt. Und wenn er ehrlich die christliche selbstlose Liebe zu leben versucht, dann wird er gerade im *Verzicht* auf subjektive Befriedigung die entscheidende *Erfahrung* der Möglichkeit machen, durch den Glauben ausgeweitet und katholisch zu werden. Er wird eingeübt in das, was reale Existenz in Kreuz und (jenseitiger) Auferstehung Christi bedeutet. In diesem immer tieferen Beraubtwerden wird er die Ketten des Egoismus von sich abfallen fühlen und mit dem durch sich öffnende Panzertüren geleiteten Petrus das „Nunc scio vere ..." (Apg 12,11) sprechen können. Die Modelle kirchlicher Glaubenserfahrung, wie sie im vorhergehenden Kapitel geschildert wurden, sind nicht überholbar. Keinesfalls kann man Erfahrung selbstzwecklich anstreben, um nachträglich eventuell Konsequenzen im Sinne des Glaubenslebens daraus zu ziehen. Nicht *weil* ich in einer Pfingstkirche gewisse psychologische Erschütterungen erlebt habe, werde ich mich nunmehr entschließen, den christlichen Glauben lebendiger zu leben. Denn *als* psychologische enthalten alle die anfangs aufgezählten religiösen Erfahrungen das Grundgesetz des Kreuzes Christi nicht in sich selbst und können es deshalb auch nicht – außer durch Mißverständnisse – vermitteln. Deshalb will Paulus bei den von pentekostalen „Erfahrungen" gesättigten Korinthern alle „Weisheit" hintanstellen und nichts anderes predigen als das nackte Kreuz, dessen „Kraft nicht ausgehöhlt" werden darf, das den Außenstehenden „Wahnsinn" ist, den Glaubenden aber „Gotteskraft". Und wenn er anschließend zitiert: „Vernichten will ich die Weisheit der Weisen, den Verstand der Verstehenden zuschanden machen", so meint er nicht die rationale Theologie (es gibt in Korinth „nicht viele Weise im irdischen Sinn"), sondern die pentekostale Exaltation (1 Kor 1,17ff). Wohlgemerkt: er verbietet das Zungenreden und dergleichen nicht; aber „der Zungenredner erbaut sich selbst", und allgemeiner: der nach Erfahrung Haschende baut am eigenen Haus, statt an dem der Kirche; entscheidend ist einzig die Agape im Sinn und in den Dimensionen Christi und *seiner* Kirche.

Ist Kirche nur in der Einzelkirche oder Brüdergemeinde wahrhaft konkret, so ist sie Kirche doch nur im immer radikaleren Selbstüberstieg bis zum Wunder der Catholica, deren Weite und Tiefe „in keines Menschen Herz aufgestiegen" ist. Und paradox genug: etwas von diesem Uneinholbar-Größeren der Gesamtkirche *kann* und *muß* der Katholik wirklich „erfahren". So wie der Epheserbrief uns einladet, „die über alle Erkenntnis hinausliegende Liebe Christi zu erkennen" (Eph 3,19), so sind wir (es ist dasselbe, nur modern ausgedrückt) aufgefordert, die über alle Erfahrung hinausliegende Liebe Christi und des dreieinigen Gottes in ihm zu erfahren. Dies ergibt sich übrigens in einem echt christlichen Leben von selbst, es ist überflüssig, sich hier mit dialektischen Vermittlungen abzuquälen. Es gibt einen gewissen katholischen „Geist", der denen geschenkt wird, die im Glauben sich loslassen und sich nicht darum mühen, das einmal Losgelassene immer wieder reflexiv einzufangen[16].

### *3. Das katholische Und*

Das wird von denen gesagt, die sich und ihre Meinung, auch wenn sie sich relativiert, festhalten wollen, die das Schweben nie gelernt haben, ihre Kirche auf dem eigenen Felsen bauen, nach eigenen Ansichten und Grundsätzen ihr Leben gestalten, die ohne es wahrhaben zu wollen, eine Unfehlbarkeit beanspruchen, welche in einem

---

[16] Betreffs dieser Reflexion über das Loslassen bzw. die Selbstversicherung des Glaubens vgl. das wichtige Werk Paul Hackers: „Das Ich im Glauben bei Martin Luther" (Styria 1966). Das notwendige Ergebnis dieser Reflexion ist die – auch von Kierkegaard an Luther so getadelte – Trennung von Glaube und (Nächsten-)Liebe. Es ist bedeutsam, daß die Kirche am Modernismus gerade das Prinzip „Erfahrung" verurteilen wollte: „Finis quem (apologeta modernista) sibi assequendum praestituit, hic est: hominem fidei adhuc expertem eo adducere, ut eam in catholica religione *experientiam* assequatur, quae ex modernistarum scitis *unicum fidei* est firmamentum", DSch 3500.

fort definiert, während der Papst das nur ganz ausnahmsweise und nur zum Schutz und Wohl der Gesamtkirche tut. Deshalb wissen sie auch aufgrund ihrer infalliblen Prinzipien, daß der Papst entweder ein starrer, unzeitgemäßer Traditionalist oder aber ein geheimer Modernist und vielleicht sogar Freimaurer ist.

Die Rechthaberei desjenigen, der sich selbst nicht loslassen kann, ist das Gegenteil dessen, der den Mut hat, sich für die Katholizität der Wahrheit zu entscheiden und den Schwerpunkt seiner Existenz in den konkreten Christus, den „Christus totus", wie ihn Augustin nennt, zu verlegen. Er hat das hoffnungslos Partielle seines eigenen geistigen Horizontes erkannt und gibt zu, daß er einer Ergänzung bedarf. Er ist ja nur ein Glied am mystischen Leib, und sogar wenn er Auge wäre, bedürfte er, um es bleiben zu können, des Funktionierens der übrigen Glieder. Katholiken haben die Aussage des Epheserbriefes, die Kirche sei die Fülle Christi und damit die Fülle aller Wahrheit, als eine Anmaßung andern Religionen und Weltanschauungen gegenüber bezeichnet. Aber haben sie genügend bedacht, was die Kirchengeschichte erweist: jede von der Kirche verurteilte Häresie ist als ein sich absolutsetzender Teil erweisbar. Das beginnt mit des Irenäus Kampf wider die Gnostiker, die Natur und Gnade, Alten und Neuen Bund, Geist und Leib voneinander trennen und dann einen Jesus behalten, der keinen Vater hat, die Welt nicht erlöst hat, sie ihrer Verzweiflung überläßt. Immer wenn etwas definiert werden mußte, ging es darum, das Ganze gegen die Verabsolutierung des Teils zu retten. Das Ganze, das man nur glauben und anbeten kann, gegen den Teil, den man angeblich versteht, überblickt, beherrscht. Sehr oft tut man das in der frommen Meinung, Gott damit einen Dienst zu erweisen. Die reformatorischen Soli – sola fide, sola scriptura, sola gratia, soli Deo gloria – geben vor, die Allmacht Gottes gegen Übergriffe seines Geschöpfs in seiner Sphäre zu verteidigen; aber sieht man genauer zu, so verbieten sie Gott, etwas anderes zu sein als er selbst (also nicht Mensch, falls es ihm einfällt, das sein zu wollen), anderswo zu sein als im Himmel, sein Geschöpf – sein Plasma, sagt Irenäus – so zu formen, daß es mit dem ihm lebendig eingehauchten Geist und dem ihm geschenkten göttlichen Wort Gott wirklich antworten kann. Als ob Gott sich beflecken würde, wenn er mit dem Andern seiner selbst (das doch von ihm stammt) hochzeitliche Einigung begehen wollte. Karl Barth kann das „katholische Und" nicht leiden: „Die Theologie des ‚und' wächst in allen Trieben aus *einer* Wurzel. Wer ‚Glaube *und* Werke', ‚Natur *und* Gnade', ‚Vernunft *und* Offenbarung' sagt, der muß an seiner Stelle folgerichtig und notwendig auch ‚Schrift und Tradition' sagen. Das ... ist nur der Ausdruck, *ein* Ausdruck dafür, daß zuvor die Hoheit Gottes in seiner Gemeinschaft mit dem Menschen relativiert worden ist."[17] Müßte man nicht eher sagen: dieses Und ist der Ausdruck dafür, daß das Geschöpf Gott die Hoheit beläßt, auch außerhalb seiner selbst er selbst zu sein, die Freiheit, als der Schöpfer, der Freiheit verliehen hat, auch der Erlöser zu sein, „durch den, mit dem und in dem" wir den Vater im Heiligen Geist preisen können? Vielleicht bedarf der Katholik oft genug des warnenden Fingers, damit er weder lau noch übermütig werde; aber er hat doch wohl Heilige genug in seiner Kirche, die ihm den echten Sinn für die Göttlichkeit Gottes einflößen können.

Aber die Heiligen sind nie diese sauertöpfischen Tanten (zu denen man den Karl Barth, der Mozart verstanden und geliebt hat, nicht zählen darf), die aus Profession „übelnehmen", die, kurz gesagt, keinen Humor haben, wenn wir mit diesem Wort ein mit dem Katholischen untrennbar verbundenes, geheimnisvolles, aber unverkennbares Charisma bezeichnen dürfen, das allen „Progressisten" und allen „Integralisten" gleicherweise abgeht, den letztern oft noch mehr als den ersten. Aber beide sind Nörgler, hämische Satiriker, Meckerer, Kritikaster, bittere Verächter, Besserwisser, Pächter des unfehlbaren Urteils, sich selber legitimierende Propheten, kurz Fanatiker (ein Wort, das von fanum, Heiligtum, herkommt: also von der Gottheit ergriffene, rasende ‚Hüter der Schwelle'). Sie sind griesgrämig, wie es der ganze Jansenismus war, der sich wie Mehltau jahrhundertelang über das geistige Leben Frankreichs senkte – vielleicht sind erst Claudel und Bernanos von ihm völlig frei. Sie sind natürlich vor allem kritisch. Nachdem sie die reine, die praktische und die urteilende Vernunft durchkritisiert haben, bleibt für sie von der Vernunft nichts weiter übrig als die Kritik, das wahre Ding an sich, das alles zermalmt, was ihm zwischen die Mühlsteine kommt: das Denken über Gott, die Sprache, in der man es ausdrückt, jede Form seiner Kundgabe (mit einem „Versuch einer Kritik aller Offenbarung" begann Fichte seine Laufbahn), jede Gestalt seiner Kirche: „Kritischer Katholizismus" ist natürlich, in der Radikalität, wie er sich meint, ein Widerspruch in sich selbst. Was ist, soll nicht oder soll anders sein: „Weltveränderung" bleibt das kaschierende Codewort dieser humorlosen Prinzipienreiter. Sie sind steif, während der Katholik geschmeidig, lenksam, nachgiebig ist, und zwar deshalb, weil seine Entschlossenheit nicht auf sich selbst und die eigene Meinung, sondern auf das

[17] KD I/2, 619–620.

Immer-Größere, auf Gott geht. Sie sind entweder fanatisch mündig (als Progressisten) oder fanatisch unmündig (als Integralisten, die auf handgreiflich ausgeübte päpstliche Autorität pochen und Dinge zu Dogmen erheben, die keine sind, etwa die Mundkommunion oder weiß Gott was für Muttergotteserscheinungen und dergleichen mehr). Und wie die Fanatiker der reformatorischen „Soli“ durch ein eisernes Gesetz der Geschichtsphilosophie dem Umschlag ins Gegenteil und damit der Schizophrenie der Dialektik verfallen, so schlagen heute immerfort die randkatholischen Extreme des Progressismus und des Integralismus ineinander um und treiben sich gegenseitig provokatorisch und ebenfalls dialektisch hervor.

Gewiß, nicht jeder in der katholischen Kirche ist so, wie er sein sollte: heilig, und nicht allen gelingt jene Schwebe, die wir mit dem Hinweis auf Humor kennzeichnen wollten. Irgendwo ist es humorvoll, wenn die katholische Kirche, die seit den Kirchenvätern, seit der hohen Scholastik, seit dem neuzeitlichen Humanismus immer die Neigung besaß, das Erbe der Antike, ja aller nichtchristlichen Religionen sich einzuverleiben, auf die Reformation mit den Putten des bayrischen Barocks antwortete. Und dezidiert humorvoll ist die Weise, wie Chesterton, der Verteidiger „des Unsinns, der Demut, des Schundromans und anderer mißachteter Dinge“ auf den tierischen Ernst und verzweifelten Optimismus der modernen Weltanschauungen, die sich alle gegen Rom verbünden, geantwortet hat: nur in der katholischen Form ist der Wundercharakter des Seins, die Freiheit, das Kindsein, das Abenteuer, das federnde, belebende Paradox der Existenz gewahrt: „Ein Vogel ist behende, weil er weich ist. Ein Stein ist hilflos, weil er hart ist. In vollkommener Kraft liegt eine Art Leichtsinn, eine Schwerelosigkeit, die sich in der Luft zu halten vermag. Engel können fliegen, weil sie sich selbst leicht nehmen. Das war immer das Empfinden des Christentums ... Der Stolz ist der Zug nach unten in allen Dingen, nach einer wohlfeilen Feierlichkeit. Man läßt sich in selbstsüchtigem Ernste nieder; dabei sollte man sich zu fröhlicher Selbstvergessenheit erheben. Ernsthaftigkeit ist keine Tugend ... man folgt damit nur einem natürlichen Trieb, sich selbst ernst zu nehmen, weil nichts leichter ist als das. Es ist viel leichter, einen guten Leitartikel in die ‚Times‘ zu schreiben, als einen guten Witz für den ‚Punch‘. Denn die Feierlichkeit strömt nur so aus den Menschen; das Lachen aber ist wie ein Sprung. Es ist leicht, schwer zu sein: schwer, leicht zu sein. Satan fiel zufolge seiner Schwere.“[18] „Das Herabsehen (aus den Bergen Zarathustras) mag

[18] Das Abenteuer des Glaubens (= Orthodoxy) (Olten o. J.) 199–200.

ja eine sehr ergötzliche Beschäftigung sein, aber es gibt nichts, von einem Bergesgipfel bis zu einem Kohlkopf, was man von einem Flugzeug aus wirklich sähe." „Vom Moment an, wo wir die Dinge wirklich so einschätzen wollen, wie sie tatsächlich sind ... vollzieht sich in uns ein Prozeß geistiger Aszese, eine Ausschaltung unseres ganzen Wesens ... um in die Fülle aller Dinge einzudringen."[19]

Das Buch über den Humor der Heiligen bleibt noch zu schreiben. Ein kurzes Kapitel daraus hat uns Goethe in seinem „Philipp Neri, der humoristische Heilige" geschenkt, zumal in dessen unverfrorenem Notenwechsel mit Klemens VIII. Aber welche Heiterkeit schon bei Irenäus, wenn er die schillernden Seifenblasen der gnostischen Weltsysteme aufsticht, bei Klemens von Alexandrien, wenn er mit diesen Systemen wie ein Jongleur mit Kugeln spielt; welche knabenhafte Abenteuerlust in Bonaventuras „Wanderkarte des Geistes zu Gott", wieviel blitzender Humor (während man solchen bei den feierlichen Reformatoren vergeblich sucht) bei Ignatius von Loyola und Teresa von Avila, und, näher bei uns, welch reizende malice bei der kleinen Therese, vom behaglichen Lachen Claudels (mitten in den Tränen der Leidenschaft) ganz zu schweigen, welch heitere grandezza bei Péguy, wenn er seine christliche Seele für alle heidnischen und jüdischen Werte öffnet und dann (in Ève) alle Schätze lächelnd an der Krippe niederlegt, welch liebevolle Nachsicht für die Mängel der Christen (die sie sich als lodernde Fackeln wünschte) bei Madeleine Delbrêl. Und mit gutem Gewissen darf ich für die Catholica einen Augenblick den Humor von C. S. Lewis (seine Märchen, schöner als die Brentanos) und den Ljeskows annektieren, für die das Leben mit all seinen Schrecken ein einziges paradoxes Wunder war, und ein anderer, Kierkegaard, blickt sehnsüchtig über die Grenzen seiner Schwermutsreligion in das katholische Paradies, wo man trotz allem Ernst immer „ein bißchen schelmisch" sein darf, wo „alles Kindliche in der zweiten Potenz wiederkommt, als gereifte Naivität, Einfalt, Staunen, Humor ..."[20] Péguys (in der „Note Conjointe") abschließende Kategorien sind die „morale souple" und die „morale raide": die biegsame, geschmeidige und die versteifte Haltung vor dem Leben, auch unter Christen. Für ihn hat die Souplesse nichts mit Laxismus zu tun, im Gegenteil, sie fordert den Menschen und seine Liebe viel tiefer ein als alle bequeme Versteifung.

---

[19] Verteidigung der Demut, in: Verteidigung des Unsinns usf. (Olten 1945) 82.

[20] Tagebücher (Haecker) II (München 1922) 88; dazu E. Peterson, Kierkegaard und der Protestantismus (1948), in: Marginalien zur Theologie (München 1956) 17–28; E. Przywara, Das Geheimnis Kirkegaards (München – Berlin 1929) 80ff, 169ff.

Es wäre sinnvoll, von hier einen welthistorischen Gesamtblick auf das Papsttum zu werfen: Papsttum und Diplomatie, Papsttum und Humanismus (von Damasus über Gregor I. bis hin zu Gregor XVI. und zur Lektüre Pauls VI.), Papsttum und Nachgiebigkeit in allen Dingen, die nicht wesentlich sind, und vollkommene Unnachgiebigkeit nur dort, wo eine vielleicht unmerkliche Abweichung, ein Iota (homoiousios statt homousios), den verborgenen Eisberg darstellt, an dem das ganze Kirchenschiff zerschellen müßte. Meist genügt dem Steuermann ein gelegentlicher leichter Druck mit der Hand. Vielleicht darf man sagen, daß, wenn nicht alle Päpste diesem besondern „Berufsethos" entsprochen haben – zumal dann, wenn das Petrusamt von staatlichen Mächten überschattet war –, es doch im Begriff und im besonderen Ethos ihres Auftrags lag, so zu sein.

# Die Zerreißprobe

## *1. Das apostolische Geviert*

Es war von der menschlichen, theologisch relevanten „Konstellation“ der Menschen um Jesus Christus die Rede, und es wurden ihre einzelnen Gestalten in ihrer Beziehung zu Christus als Realsymbole der Kirche beschrieben. Dies geschah, um die Stellung Petri nicht als den Gipfel einer kirchlichen Pyramide erscheinen zu lassen – auf deren Höhe einzig Jesus Christus steht –, sondern als einen wenn auch ausgezeichneten Dienst neben anderen. Aber in dieser Beschreibung liefen die Linien vorwiegend vertikal: von jedem einzelnen Beauftragten zum Haupt der Kirche hin. In diesem trafen sie sich und relativierten sich gegenseitig.

Nach der Zeit Jesu aber kommt die Kirchenzeit, da die Jünger den Herrn nicht mehr neben sich haben, sondern als den Aufgefahrenen über sich und als den Geist Christi in sich; die Zeit, da sie lernen müssen, miteinander die Kirche Christi zu sein. In der „Apostelgeschichte“ wandelt sich die Konstellation: die Frauen treten ins Innere der Kirche zurück – als erste Ostererscheinung wird nun nicht mehr die vor Magdalena, sondern die vor Petrus genannt (1 Kor 15,5), und zwei Verse weiter heißt es: „Sodann erschien er dem Jakobus“ (V. 7), jenem Bruder des Herrn offenbar, der Bischof der Urgemeinde von Jerusalem sein wird und deshalb eigens ein Zeuge nicht nur des lebenden Jesus, sondern des auferstandenen Christus sein muß. Jakobus ist es, der, scheinbar die Stelle Petri (nach dessen Weggang aus Jerusalem Apg 12,17) einnehmend und auf dem „Apostelkonzil“ den entscheidenden Versöhnungsvorschlag zwischen Juden- und Heidenchristen vortragend (15,13–21), mit seinem Anhang zum spannungsvollen Gegenspieler Pauli wird, indem er diesem Konvertiten gegenüber die Kontinuität zwischen Altem und Neuem Bund, die Tradition, das Recht des gesetzlichen Buchstabens gegen den bloßen Geist, aber zusammen mit dem inkarnierten Geist repräsentieren wird. Sein Bischofsamt, das er als leiblicher

Verwandter Jesu bekleidet, das nach seinem Martyrium ein anderer leiblicher Bruder des Herrn, Simon (vgl. Mk 6,3), innehaben wird, ist eine Art Kalifat, das erst mit der Zerstörung Jerusalems (zugunsten der Vorhand Roms) aufgehoben wird. Jakobus, der den Vermittlungsvorschlag machte, in der schwersten Auseinandersetzung, die die Kirche je erlebt hat, die der Versöhnung zwischen Juden und Heiden, Gottesvolk und „Nichtvolk" (Röm 10,19), vom Gesetz Geprägten und „Gesetzlosen" (1 Kor 9,21), Jakobus ist trotzdem Partei. Die Konzessionen, die er macht und die von allen Aposteln gutgeheißen werden, gefallen den „Leuten aus der Umgebung des Jakobus" (Gal 2,12) nicht; sie dringen auf integrale Durchführung der jüdischen überlieferten Bräuche. Mit diesen traditionalistischen Integralisten des Buchstabens ficht Paulus, der durch unerbittliches Brechen mit seiner Vergangenheit Christ geworden ist, aufgrund reiner Gnade, ohne Werk und Verdienst, härteste Kämpfe, die ihn zu bittern Äußerungen über diese „Lügenapostel" und „heimtückischen Arbeiter" (2 Kor 11,13) veranlassen, hinter welchen aber doch jene „Überapostel" (2 Kor 11,5; 12,11) als die „Säulen" aufragen (Gal 2,9), denen Paulus „in nichts nachzustehen" gedenkt: Jakobus, Petrus, Johannes. Vier, und nur vier sind es, die das Kräftefeld der werdenden Kirche beherrschen und durch die zwischen ihren Sendungen schwingenden und durchgetragenen Spannungen deren Lebendigkeit und Gestalt ein für allemal determinieren.

Wir wollen sie uns, notwendig vereinfacht, in ihrer Überkreuzung, ihrer Kreuzgestalt einprägen:

Jakobus: Tradition, Gesetz

Petrus: Hirtenamt

Johannes: die „bleibende" Liebe

Paulus: Freiheit im Heiligen Geist

Bevor aber diese Spannungen betrachtet werden, muß man einsehen, daß es sich um Aufträge *innerhalb* der Catholica, der Einheit des Leibes Christi handelt, also auch innerhalb der umgreifenden Geltung des mütterlichen Jaworts, das stillschweigend vorausgesetzt wird. Deshalb partizipieren die Einzelsendungen je am Ganzen und im Ganzen auch aneinander. Jakobus wird kein anderes Gesetz vertreten als das „vollkommene Gesetz der Freiheit" (Jk 2,25) und nicht weniger als Paulus gegen „Rechthaberei" ankämpfen (Jk 3,13).

Paulus kann keine Freiheit verkünden, die nicht im „Gesetz Christi" (Gal 6,2; vgl. Röm 8,2) sich auswirkte, er mutet den Heiden den Glauben Abrahams zu und die Kenntnis der alttestamentlichen Vorbilder (1 Kor 10,11), und er führt in den Gemeinden ein wahrhaft „petrinisches" Regiment, während er ihnen immerfort die johanneische Liebe als Ideal vorstellt. Petrus hat, wir wissen es, sein Amt nur aufgrund seiner (johanneischen) Liebe antreten dürfen, und die ihm zugeschriebenen Briefe zeigen deutlich, daß sein Verständnis des Evangeliums mit denen der drei andern in Osmose steht. Johannes schließlich ist Apostel und kann auch in der Spätzeit „petrinische" Töne anschlagen, wenn es gilt, die Ordnung der Ortskirche zu wahren oder wiederherzustellen. Alle ihre Sendungen sind deutlich bestimmt, aber – wie wir anfangs sahen – nicht gegeneinander abgedichtet.

Man könnte, wiederum vereinfachend und manches vom Reichtum der Aspekte beschneidend, die vier von ihnen vertretenen Aspekte der Kirche den berühmten vier Schriftsinnen zuordnen, die das Grundgerüst der kirchlichen Exegese für mehr als ein Jahrtausend gebildet haben[1] und die sogar (unter eingeschrumpfter Gestalt) in der modernen (Bultmannschen) Exegese weiterleben:

Historia (der historische Jesus)

Tropologia (ethischer Sinn in kirchlicher disciplina) | Anagogia (Ausblick in die je schon präsentische Ewigkeit)

„Allegoria" als pneumatischer Sinn (der Christus des Glaubens)

Hier wird die Komplementarität der Sendungen und ihrer Sonderaspekte vollends evident: das Evangelium ist ein einziges, es ist lebendige Wirklichkeit Jesu Christi, der wahrhaft gelebt haben und gestorben sein muß, um als Auferstandener seinen Geist zu verschenken und die ganze (alt- und neutestamentliche) Historie geistig auszulegen (Lk 24,25–27.44–49), wodurch der Christ in der Kirche

[1] Henri de Lubac, „Sur un vieux distique. La doctrine du ‚quadruple sens' (de l'Écriture)", in: Mélanges Cavallera (Toulouse 1948); ders.: „Sens spirituel", in: RSR (1949), 542–576, entfaltet in: „Histoire et Esprit. L'Intelligence de l'Ecriture d'après Origène" (Aubier 1950; (dt. „Geist aus der Geschichte", Johannesverlag, Einsiedeln 1968) und in: „Exégèse médiévale. Les quatre sens de l'Écriture", Bd. I–II (Aubier 1959), Bd. III (ebd. 1961), Bd. IV (ebd. 1964).

auf die Bahn tätiger Nachfolge und Aneignung gesetzt wird und der Erfüllung des wiederkehrenden Herrn entgegenstrebt, der allem erst seinen enthüllten Sinn verleihen wird. Aber wenn die Momente auch untrennbar ineinanderliegen, so sind sie trotzdem deutlich voneinander abgehoben: man muß sie unterscheiden, um die Synthese der Fülle zu erhalten. Trennt man sie voneinander oder verabsolutiert man ein Moment, um die andern nur noch als dessen sekundäre Epiphänomene zu werten, so fällt man notwendig in die vier möglichen Irrwege der Exegese und tiefer in die vier möglichen Einseitigkeiten der christlichen Communio, die nur im umgreifenden Jawort und immerfort neu angestrebten Einssein überwunden werden können:

Positivismus (exegetischer,
kirchengeschichtlicher, theologischer)

| Kirche als Organisation, Verwaltung | | Gnostizismus, Pneumatismus, Liebe als „Erfahrung“ |
|---|---|---|

Rationalismus (das die Tiefen
Gottes durchforschende Pneuma wird
menschliche Vernunft: Dogmatizismus)

Das Schema bedarf kaum einer Erläuterung. Jeder Pol kann sich auf ein Element des ihn begründenden apostolischen Charismas berufen; aber eben weil dieses aus dem christologisch-ekklesiologischen Zusammenhang herausgelöst worden ist, ist es auf die Ebene des rein Anthropologischen – wo es soziologisch-psychologisch-methodologisch ausgewertet wird – herabgesunken und hier im christlichen Sinn sich selbst entfremdet. Deshalb ist auch die Auseinandersetzung zwischen den defizienten, herabnivellierten Formen christlich nur ein Scheindialog ohne möglichen Erfolg, denn jeder sieht seinen Opponenten nur in der Maske, die er für diesen selber trägt. Das heißt freilich nicht, daß die Kohärenz zwischen den vier Typen deshalb nicht mehr bestünde – obschon es wahr ist, daß in dieser Entfremdungsform jeder Typ einen Führungsanspruch über die drei übrigen erhebt und so vier Formen kirchlicher Selbstentfremdung daraus abgeleitet werden können –, es heißt nur, daß die gegenseitige Angewiesenheit nicht mehr als Ergänzung in der kirchlichen Liebe verstanden wird, sondern als eine durch Überwältigung zu behebende Abhängigkeit. Eine rein pneumatische Kirche würde die Amtsstruktur dadurch aufheben, daß sie aus eigener

Heilsvollmacht das amtlich Verwaltete übernähme und verteilte, eine rein rationalistische (Theologen-)Kirche würde sowohl die amtliche Autorität überspielen wie den Geist beanspruchen und sich der Exegese und Kirchengeschichte ihren eigenen Zwecken gemäß bedienen usf. Das Umgreifende Christologisch (-Mariologische) würde sich in seiner Überordnung nicht mehr auswirken können, sondern praktisch von einem der Pole in eigene Verwaltung und Auslegung übernommen werden. In solchem Zusammenhang kommt es dann vor, daß man jede andere Autorität als seine eigene als „repressiv" bekämpft (was schon gegen die elementaren soziologischen Gegebenheiten jeder geordneten Gesellschaft verstößt, vgl. Röm 13), und dies gar im Namen einer nicht mehr verstandenen, sondern als Demokratie säkularisierten kirchlichen Liebe und Communio.

Nehmen wir dagegen das Kräftespiel, so wie es uns in der Urkirche (und ihrem Bewußtsein der Abkünftigkeit von Christus und der Abhängigkeit von seinem Geist) entgegentritt, so wird der psychologische und soziologische Unterbau natürlich nicht negiert – es geht ja um einzelne Menschen mit differenzierten Stellungen in einer bestimmten Gesellschaft! –, aber dieser wird thematisch nur in dem darüber Aufgebauten: einer Gesellschaft, die als solche Ausdruck der Selbsthingabe des göttlichen Lebens, letztlich seines trinitarischen Liebesaustausches sein soll (Joh 13,34f; 17,23, in idealer Verwirklichung: Apg 4,32; 2,4ff). In dieser Integration, die das einigende Prinzip von oben erwirkt, ist das Gespräch zwischen den tragenden Sendungen in der Kirche ohne soziologische Absicherungen[2] nicht nur möglich, sondern notwendig, als innerweltliche Darstellung des innergöttlichen „Gesprächs" und Lebensaustausches.

Nun wird dieses Gespräch, in das auch Petrus und sein Amt mit der ihm zugehörigen Autorität einbezogen ist, faktisch von fehlerhaften Menschen geführt, deren persönliche Existenz nicht mit der Idee ihrer Sendung zusammenfällt (dies ist in der Kirche Maria allein vorbehalten); deshalb kommen in den Austausch nicht nur jene Spannungsmomente hinein, die zur reinen Polyphonie und Symphonie des himmlischen Jerusalem gehören, sondern solche Spannungmomente, die der Inadäquatheit des Amtsträgers entspringen, vielleicht auch der Perplexität von geschichtlichen Situationen, die für einen Einzelnen unüberblickbar und daher unlösbar sind. Dann

[2] Wie sie sich etwa Karl Rahner durch die Schaffung kontrollierender Gegeninstanzen für die kirchlichen Ämter ausdenkt, in: „Freiheit und Manipulation in Gesellschaft und Kirche" (München 1970) 53; vgl. die Unterstellung der Bischöfe unter Schiedsgerichte: ebd. 54.

kann das Spiel der Kräfte dramatische Formen annehmen, die so lange berechtigt sind, als die beteiligten Spieler sich von der übergeordneten Einheit des Heiligen Geistes lenken lassen: und der Geist weht immer – auch wo Widerspruch nötig ist – zur Einheit der göttlichen und brüderlichen Liebe hin.

Alles, was im Lauf der Kirchengeschichte und heute ausdrücklicher als je sich als innerkirchliche *Kontestation* darstellt – meistens gegen das Petrusprinzip, aber es könnte ja ebensogut eine Kontestation gegen den Pneumatizismus oder den theologischen Rationalismus oder gegen die Herrschaftsansprüche der Exegese erhoben werden –, hat legitimerweise seinen Ort und seine Form an der neutestamentlichen Paraklesis (dem Wortsinn nach „ein Zurufen mannigfacher Art: ein Herbeirufen, Anrufen, Aufrufen, des weitern ein Auffordern, Aufmuntern, Aneifern, ein Bewegen, Bedrängen, Beschwören, ein Bitten, aber auch ein Ermutigen, Begütigen, Trösten“ [3]), und wenn man das „con-“ in Kontestation eigens bedenken will, so kann es in der Zeugenanrufung ja nur einen Akt der Vergemeinschaftung besagen – er mag Gott oder andere Glieder der Kirche als Zeugen beiziehen –, die zwar ein bestimmtes Kirchenglied *meint*, es aber deswegen nicht aus der Kirchengemeinschaft isoliert oder gar ausschließt. Das Gegenteil wird in der Paraklese deutlich. Die immer wieder notwendige Zurechtstellung eines Poles aus dem Gesamtgleichgewicht heraus – Ecclesia semper reformanda – fordert nicht die tuschelnde Übereinkunft der drei übrigen, wie sie mit dem Abgewichenen verfahren wollen, sondern ihren ermunternden Anruf an den Betroffenen, seine Neu-Einbeziehung in das Konzert (was eigentlich „Wettkampf“ heißt) des christlichen Ganzen. Aus dem schon abgesprochenen Plan des Ganzen heraus und in Berufung auf diesen kontestiert Paulus in Antiochia gegen das Benehmen des Petrus, und daß er das eigens tut, beweist, daß er dessen Stellung im Ganzen hoch anschlägt.

Natürlich muß auch Petrus immer wieder lernen und sich dabei nicht einsam an der Idee seines Amtes orientieren (was ihn leicht zu einer Überbewertung desselben verführen könnte), sondern ebenso am umgreifenden Ganzen der Kirche, das sich konkret im Kräftespiel der Hauptsendungen, am Gesetz ihrer „Statik“ äußert. Dies hat selbst das I. Vatikanum durchaus verstanden, und hierin liegt die in der kirchlichen Koinonia begründete Befragung und (bei Definitionen darin schon eingeschlossene!) Zustimmung. Die Hin-

---

[3] H. Schlier, Die Eigenart der christlichen Mahnung nach dem Apostel Paulus (1963) in: Besinnung auf das Neue Testament (Herder 1964) 34.

terlage der Offenbarung ist der Gesamtkirche anvertraut, und deren Bewahrung, Deutung, lebendige Erschließung ist Sache aller – unter dem Führungsamt Petri. Und da dieses Amt je von an sich fehlbaren Menschen versehen wird, bedarf es der wachen aber liebenden Mitwirkung aller, damit es in seiner konkreten Ausübung jenen Grad von „Unfehlbarkeit" behalte, die dem Amt als solchem eignet. Dies heißt nun genau, daß ein Papst sein Amt fruchtbar für alle nur ausüben kann, wenn er auf kirchliche Art – auch mitten in aller Paraklese oder Kontestation – *anerkannt und geliebt* wird. Wird sein Amt bestritten und abgelehnt, so zerreißt man im Ungehorsam gegenüber Christus und seinem Evangelium die von ihm zusammengefügte Einheit von „Petrus" und „Hirte", mag dies durch die Pneumatiker, die Theologen oder die exegetischen Positivisten geschehen. Wenn diese das Amt nicht lieben, fallen sie selbst aus dem kirchlichen Verband heraus, dessen Einheit konkret der *Heilige* Geist der Liebe wirkt. So hat einer um so mehr Befugnis zur Kontestation, je mehr er den Geist der Heiligkeit in sich walten läßt. Die Heiligen sind die Vorbilder der wahren Kontestation, wobei immer noch zu bedenken bleibt, daß „heilig" auf Erden auch ein analoger Begriff bleibt: Caterina hat gegen Avignon kontestiert, Chrysostomus gegen die Übergriffe des christlichen Gott-Kaisertums, Petrus Damiani gegen die Simonie und Unzucht des Klerus, Ignatius von Loyola diskret, aber wirksam gegen die Übergriffe der Inquisition, Darboy weiß, wie man einen Papst zu ermahnen hat[4], und oft ist das bloße stumme Beispiel wie das des Franz von Assisi (mit all seiner Hochachtung vor dem Klerus) die wirksamste Kontestation gegen Überziehung des Petrinischen gewesen. Ignatius hat einmal bei einem lauen Priester gebeichtet, um ihm zu zeigen, was ein echtes Sündenbewußtsein und Bekenntnis ist. Solche Dinge kamen aus dem Heiligen Geist und haben das Zurechtzuweisende stets in der umfassenden Liebe mit eingeschlossen.

---

[4] Der Seligsprechungsprozeß des Erzbischofs von Paris ist eingeleitet. Nach Erscheinen des Syllabus schrieb er an Pius IX.: „Dein Tadel, o Statthalter Christi, hat Gewalt; aber dein Segen ist noch viel mächtiger. Gott hat dich auf den Apostolischen Stuhl erhoben zwischen den beiden Hälften dieses Jahrhunderts, damit du der einen die Absolution und der andern die Weihe erteilst. Sei es dein Werk, die Vernunft mit dem Glauben, die Freiheit mit der Autorität zu versöhnen. Von der Höhe der dreifachen Würde, mit der Religion, Alter und Unglück dich geschmückt haben, hat alles, was du tust, und alles, was du sagst, Reichweite genug, um die Völker niederzudrücken oder sie zuversichtlich zu stimmen. Gib ihnen aus deinem priesterlichen Herzen ein Wort, das die Vergangenheit entsühnt, die Gegenwart ermutigt und der Zukunft den Horizont öffnet." – Was auf dem I. Vatikanum sich ereignete, kann im ganzen als das Zeichen angesehen werden, daß diese Paraklese des Papstes von ihm verstanden und angenommen worden ist.

In diesem Zusammenhang seien noch drei Gesichtspunkte erörtert: ein subjektiver, die vielberufene „Wahrhaftigkeit", ein objektiver, die Fähigkeit der Kirche, des Amtes insbesondere, zu lernen, ein abschließender: Worin liegt das Kriterium, daß im Spannungsfeld der kirchlichen Kräfte das Depositum Fidei bei aller zeitbedingten Veränderung der Formulierung und des Verständnisses unverändert bewahrt wird?

1. „*Wahrhaftigkeit*" (G. Tyrrell, H. Küng), „Redlichkeit" (K. Rahner), „authenticité" (M. Légaut) wird bei der „offiziellen Kirche"[5], ihrer mit „allen Arten von raffinierten Distinktionen, ja oft recht wenig ehrlichen theologischen Tricks" spielenden Apologetik, einst auch ihrer Exegese und Theologie[6], weitherum vermißt. Kirche lebe in einer „Belagerungsmentalität", die „dem Feinde nichts, aber auch gar nichts zugeben" wolle, und das um so weniger, da sie „als zentralistisch geleitete Festung, als Machtkirche" ausgebaut worden sei, die sich gegen Angriffe „immer mehr verteidigen" mußte[7]. Mit ihrer „Besserwisserei"[8], die „ihre liturgischen, dogmatischen und rechtlichen Gesetze und Vorschriften, Überlieferungen und Gewohnheiten als Gebote Gottes" ausgibt und dafür „blinden Gehorsam aus Furcht" verlangt[9], in ihrem „paternalistischen Stil"[10] hat sie den wahren biblischen Sinn für Wahrheit – „Zuverlässigkeit, Aufrichtigkeit, Ehrlichkeit"[11] – weitgehend verloren und Unzählige, oft die Besten, aus sich heraus vertrieben[12] oder sie zu einer noch immer geliebten Kirche in Opposition gebracht[13]. Ein Großer des 19. Jahrhunderts, Schüler und Freund Döllingers, der Begründer des „Rambler" und Verfasser einer nie vollendeten „Geschichte der Freiheit", wovon wenigstens ein Teil als „Geschichte der Freiheit in der Christenheit" erschien, *Lord Acton*[14], hat die hier geforderte Wahrhaftigkeit der „offiziellen", gerade auch der römischen Kirche, zu seinem Lebensanliegen gemacht. Er hat zunächst, wie viele an-

---

[5] H. Küng, „Wahrhaftigkeit" (Herder 1968) 9.

[6] Ebd. 40f. [7] Ebd. 42–43. [8] Ebd. 50.

[9] Ebd. 55. [10] Ebd. 13. [11] Ebd. 59.

[12] Am Beispiel von Charles Davis demonstriert: 73–87.

[13] Ebd. 33 werden aufgezählt: Léon Bloy (der noch zu vielem andern in zorniger Opposition stand), Carl Muth, Georges Bernanos, Charles Péguy (bei beiden müßte man genau zusehen, welche Opposition gemeint ist), Reinhold Schneider (der zu Beginn und am Ende Zeiten hatte, da er nicht wußte, ob er eher Christ oder Buddhist sei), Heinrich Böll.

[14] Essays on freedom and power (London 1956); Döllinger-Acton, Briefwechsel, 3 Bde., bearbeitet von V. Conzemius (Beck, München 1963–1971); Ulrich Noack, „Katholizität und Geistesfreiheit. Nach den Schriften von John Dalberg-Acton" (Frankfurt a.M. 1936).

dere[15] – seit Hadrian VI., seit dem II. Vatikanum –, das bedingungslose Sündenbekenntnis der Kirche gefordert und darin die bestmögliche Apologetik gesehen. Nur wenn alle Schwächen und Fehler der Kirche – er denkt vor allem an den Mißbrauch des Banns, an Inquisition, an Exkommunikation (die seinen Lehrer und Freund Döllinger traf und auch ihn bedrohte) –, nur wenn alle dadurch verschuldete Abwendung der modernen Kultur von der Kirche restlos aufgedeckt sei, könne man wieder sinnvoll von kirchlicher Autorität (an der Acton festhielt) reden. Acton weigerte sich, die Greuel der Kirchengeschichte der Roheit der Zeiten zuzuschreiben, sie wuchsen „auf rein katholischem Boden, in den besten Jahrhunderten des herrschenden Katholizismus, nicht unter fremdem Einfluß, nicht... unter halbgebildeten Völkern". Und „Preisgabe des Gewissens ist so gut Vorbedingung der Willkür wie die Revolution. Nun ist das Streben nach Willkür im päpstlichen System enthalten – ist der Nisus formativus im modernen Papsttum. Wir haben es zu tun mit einer unmoralischen Macht."[16] Die im letzten Satz klar heraustretenden Übertreibungen Actons kompromittieren seinen echten und löblichen Ansatz: viele seiner Anklagen sind unwahr[17]. So recht er (und Tyrrell und Küng nach ihm) in manchem hat – wenn er sich z.B. über die bis in die jüngste Vergangenheit üblichen Verurteilungen oder Indizierungen von Theologen ohne deren vorherige Anhörung, ja ohne Angabe der Gründe empört –, so fragwürdig, weil unkritisiert, ist doch der von Acton überall unterstellte Freiheits- und Wahrheitsbegriff, der bei ihm im letzten univok für den Bereich von Kirche und Staat (bzw. Wissenschaft), für den Umgang mit dem Mysterium und dem mit humaner Ethik und Forschung eintritt. Nicht als wäre demgegenüber eine „doppelte Wahrheit" und „doppelte Freiheit" zu vertreten; aber ein anderes ist doch die wissenschaftliche Ehrlichkeit, die zu den eigenen Erfolgen und Fehlern steht, ein anderes die Ehrlichkeit dessen, der den Auftrag hat, eine von ihm niemals übersehbare Wahrheit und sogar Freiheit zu vertreten und zu verteidigen. Denn hier gibt es einen konstitutiven Dualismus zwischen der Sache und der sie vertretenden Person, der wiederum mit der „Exzentrizität des Amtes" zusammenhängt und uns im letzten Abschnitt dieses Buches nochmals beschäftigen wird. Dieser

---

[15] Vgl. z.B. Kardinal Jean Daniélou, „Autorité et contestation dans L'Église (Genève 1969) 8, 10.

[16] Briefwechsel III, 263f (Mai 1882), auch zitiert von V. Conzemius, Lord Acton, in: „Propheten und Vorläufer, Wegbereiter des neuzeitlichen Katholizismus (Benziger 1972) 153–155.

[17] V. Conzemius, Propheten..., a.a.O. 156.

Dualismus – und nicht der von Acton unterstellte Nisus des modernen Papsttums nach unmoralischer Macht – kann es in manchen Grenzfällen fraglich erscheinen lassen, auf welcher Seite die „wahrere Wahrheit" liegen mag: ob im rücksichtslosen Enthüllen eigener Schwäche und Schuld oder in einem Zudecken fremder Schuld mit dem Mantel der Liebe. Der Einwand liegt nahe: Nicht am Schuldigen ist es, diesen Mantel über sich selbst zu breiten, sondern, wenn er seine Schuld bekannt hat, allenfalls am Verzeihenden. Aber hier fragt sich: Wer ist der Schuldige: ein isoliertes Rom oder nicht wir Katholiken alle? Und wer verzeiht Rom: etwa wir Theologen, wir Wahrhaftigkeits-Fans, wir Charismatiker, die das unerträgliche „kirchliche Establishment"[18] und seine „Heuchelei"[19] noch einmal ertragen wollen, oder nicht vielmehr Gott uns allen? In unserem Jahrhundert begann das neue Pathos der christlichen Wahrhaftigkeit mit der Jugendbewegung; die Früchte reiften, wo deutlich wurde, daß man im oben geschilderten Kriterium des *erfahrenen* Glaubens die Wahrheit selber besaß und beurteilen konnte. Damit ist der „lebendige" und „wahrhaftige" Christ zum Maßstab der (angeblich auch biblischen) Wahrheit geworden: er kann das jammervolle Skelett der „Institution" aburteilen. Siehe das anfangs über Marcel Légaut Gesagte. Hier klagt Jean Daniélou „die Feigheit so vieler heutiger Intellektueller an, die sich von aller Ausübung der Autorität desolidarisieren, auch wenn diese in durchaus authentischer Weise ausgeübt wird". Die *ganze* Kirche, fährt er fort, „soll sich selbst immerfort kontestieren, im Namen Jesu Christi, weil sie Ihm nicht treu genug ist"[20]. Wigand Siebel kann als Soziologe sogar ein Fragezeichen hinter die als so selbstverständlich angesehene Aufhebung des Index und praktisch auch der römischen Verfahren gegen Theologen setzen, denn „die Erkundung dessen, was der Verfasser eigentlich gemeint hat, tritt stärker in den Vordergrund, und die Frage, ob die vertretenen Thesen eine Gefahr für die Ausbreitung der Wahrheit darstellen, Unruhe und Unsicherheit bei den Gläubigen schaffen, rückt in den dritten Rang. Man mag diese Änderungen unter den gegebenen kirchlichen und gesellschaftlichen Bedingungen dennoch für sinnvoll oder gar für unverzichtbar halten. Nicht unbedingt zuzustimmen braucht man jedoch allen damit zusammenhängenden oder darüber hinausgehenden Versuchen, die Emanzipation des Theologen von der kirchlichen Autorität beliebig weit voranzutragen."[21] Die von Acton vertretene Univozität der

---

[18] H. Küng, a.a.O. 20. [19] Ebd. 46. [20] A.a.O. (Anm. 15) 26–27.

[21] „Freiheit und Herrschaftsstruktur in der Kirche" (Morus, Berlin 1971) 78f.

Wahrheit wie der Freiheit führt schließlich, trotz aller Beteuerungen der Treue zur Autorität, doch dahin, der Wahrheit des Wissenschaftlers oder Theologen den Maßstab – und damit die Autorität – in die Hand zu spielen[22].

Den wirklichen Maßstab erhalten wir nur, wenn wir zu unserem ekklesiologischen Schema zurückkehren. Dort handelt es sich zwischen den vier Prinzipien (und damit im ganzen Raum der Kirche) um ein „alētheuein en agapēi" (Eph 4,15) und nicht „en gnōsei": ein „wahrheiten in Liebe". Die Liebe begrenzt dabei die Wahrheit und ihr Tun nicht, aber formt und bestimmt sie: sie gibt das umgreifende Maß. Das Maß somit auch des Enthüllens und Verhüllens, das Maß des Anklagens und des Verzeihens, das Maß des Einschließens und Ausschließens. Innerhalb dieser Umfriedung kann die Aussage stehen bleiben: „Zorn bedarf in der Kirche heute geradezu einer Rehabilitation" [23]; sie kann sich nicht nur auf den Zorn Jesu, sondern (besser) auf den Zorn Pauli gegen die Übergriffe und Fanatismen der Leute „aus der Umgebung des Jakobus" berufen, sollte aber dabei nicht vergessen, was Paulus für die Jakobusgemeinde in Jerusalem alles unternommen hat, Materielles nicht nur, sondern Geistiges, indem er um des lieben Friedens und um der Einheit der Kirche und der Vermeidung eines Schismas willen auf den Rat des Jakobus sich im Tempel einem jüdischen Brauch unterwarf (um zu zeigen, wie gesetzestreu er immer noch sei: Apg 21,24: vielleicht das größte Beispiel eines sacrificium intellectus in der gesamten Kirchengeschichte), und bei dieser Gelegenheit (ein Moderner würde sagen: von den Christen verraten) durch die Juden ergriffen und den Heiden überliefert wird. Wer *diese* Reaktion Pauli nicht sieht und sich

---

[22] Sehr kennzeichnend ist die Dialektik bei Acton zwischen einem idealen „Ultramontanismus" (der nicht sehr weit von dem des heftig bekämpften Lamennais steht) und einem realen Ultramontanismus, der für alle Sünden der Kirche das schwarze Schaf ist. Vgl. Noack, a.a.O. 242 und 346. – H. Küng präkonisiert eine Trennung von „Hirtendiensten" und „Lehrdiensten": „Hirten können nicht ohne weiteres Lehrer und Lehrer nicht ohne weiteres Hirten sein, der Theologe in der Kirche übernimmt sich, wenn er in seinem Lehrdienst auch noch die Kirchenleitung übernehmen will. Umgekehrt aber übernimmt sich auch der Hirte in der Kirche, wenn er zu seinem Hirtendienst auch noch Fragen wissenschaftlicher (!) Theologie auf autoritärem Wege entscheiden will", a.a.O. 180. Also nicht nur Information des Hirten beim Professor, da der heutige Hirte nicht mehr, wie der paulinische, für die Reinheit der Lehre zuständig zu sein scheint (Pastoralbriefe, Apg 22,30f), nicht nur echtes Zusammenarbeiten von Lehramt und Theologie, was selbstverständlich notwendig ist, sondern zu gleichen Teilen geteilte Autorität. Das klingt wie ein Nachhall von Döllingers Äußerung zum Syllabus: „Von dem, was *wir Deutschen* Wissenschaft oder wissenschaftliche Behandlung eines Gegenstandes nennen, hat man dort (in Rom) keine Ahnung" (Kleinere Schriften, 1890, 201f).

[23] H. Küng, a.a.O. 18.

nicht zum Vorbild nimmt, hat kein Recht, innerhalb der Kirche den zornigen Kontestierer zu spielen. Man wird aber auch die Reaktion „Petri" nicht außer acht lassen, die (in einer der spätesten Schriften des Neuen Testamentes) wie ein Echo auf das Ereignis von Antiochia fortklingt: „In diesem Sinne hat ja auch unser lieber Bruder Paulus mit der ihm eigenen Weisheit geschrieben, wie dies in all seinen Briefen der Fall ist, wenn er von diesen Dingen redet. Freilich ist darin manches schwer verständlich, was dann ungebildete und ungefestigte Leute zu ihrem Verderben verdrehen; so machen sie es ja auch mit den übrigen Schriften" (2 Petr 3, 15f). Ein Stoßseufzer des Ordinariats über die genialen, für den Durchschnitt der Herde allzu tiefsinnigen Schriften des lieben Bruders, die Petrus mit seiner Autorität deckt, deren Weisheit er rühmt, deren Übereinstimmung mit der von ihm gehüteten überlieferten Lehre er feststellt, vor denen er aber die im Glauben Ungereiften und des Gleichgewichts Ermangelnden warnt. Liebevoll stellt er dabei die Schriften Pauli in den Gesamtzusammenhang der „übrigen Schriften" zurück, die allesamt verdreht werden können. Das ist Zensur innerhalb der kirchlichen Liebe, unentbehrlich, wenn Petrus seinen Dienst versehen soll[24], genauso unentbehrlich wie sein Vorausschreiten in das leere Grab, am wartenden Johannes vorbei, um erst einmal allein amtlich zu prüfen, wie der Tatbestand liegt. (Ganz abwegig wäre es, aus dem durch die Verfolgung bedingten Verschwinden Petri aus Jerusalem, Apg 12, 17, und die Übernahme der Gemeindeleitung durch Jakobus zu schließen, seine Primatstellung im Evangelium sei nur temporär gewesen oder nur partiell – in den Gemeinden, die Mt 16, 18 hervorgebracht hätten – anerkannt worden.) Die harten theologischen Gegensätze, die zwischen Jakobus und Paulus notwendigerweise ausgetragen werden mußten (Röm 4,2f gegen Jk 2,20–23), praktisch die Gegensätze zwischen einem traditionellen Judentum (in dem, was daran berechtigt ist) und einem Heidenchristentum, das sich von der alttestamentlichen Urtradition her begründet, spiegeln nur im theologischen Bezirk die ganze Härte der urchristlichen Situation zwischen Juden- und Heidenchristentum wider, deren Dialektik die innerzeitliche Kirchengeschichte bis zur Wiederkunft Christi kennzeichnen wird (vgl. Röm 11): der Christ mitsamt seiner Theologie darf sich angesichts des „ausgehauenen" Israel nur mit Furcht und

[24] Praktisch gehen doch alle großen Häresien oder verderblichen Einseitigkeiten des Abendlandes auf Paulus zurück: die Prädestinationslehre des greisen Augustinus, deren Auswirkungen verheerend waren, die Thesen des Augustinermönches Luther, diejenigen Calvins, Baius' und des „Augustinus" Jansenius' mit all ihren Folgen. Paulus darf am wenigsten aus dem Geviert der „Säulen" isoliert werden.

Zittern (11,20) seiner Erwählung freuen, sich selbst immer befragend, ob er wohl das „Werk" vorweisen kann, das Jakobus fordert, damit der Glaube Abrahams kirchlich vollendet sei. Und wie bezeichnend ist, daß in diesen immerfort um das Gleichgewicht der kirchlichen Einheit ringenden Prinzipien Johannes abseits steht! Die Liebe, die einfach „bleibt", streitet nicht, setzt sich nicht „aus"-einander; sie wiederholt höchstens das eine Gebot des Herrn und führt tiefer in sein Verständnis ein. Johannes erscheint zu Beginn der Apostelgeschichte immerfort an der Seite des Petrus, als seien beide unzertrennlich, dann, da das bekehrte Genie die Arena betritt, verschwindet er lautlos, um abseits jene „Schule" der Liebe (die zugleich eine Schule des Gehorsams gegenüber dem Amt ist) zu begründen: Polykarp, Ignatius von Antiochien, Irenäus: in seiner Nachfolge beginnt die große kirchliche Theologie sich zu entfalten. Hier liegt das Modell und der Maßstab für kirchliche Wahrhaftigkeit.

2. Aus alldem ergibt sich, gerade wenn das apostolische Zeitalter für die folgende Kirche normativ bleiben soll, daß die Einheit der Kirche und das Spezifische ihrer tragenden Sendungen immer sowohl *ist* (denn die Sendungen sind eingestiftet) wie *wird* (denn sie müssen in jeder Situation neu gelebt, verwirklicht und miteinander ausgeglichen werden). *Y. Congar* hat dies genau ausgedrückt, wenn er sagt: „Das Katholische ist die *universale Kapazität der Einheit* der Kirche, oder auch: die dynamische Universalität ihrer Einheitsprinzipien."[25] Diese Dynamik, darüber ist man sich heute einig, wird nur inadäquat durch den Begriff „Entwicklung" wiedergegeben, wenn dieser auch nach dem Aufkommen des zentralen Kennzeichens moderner Weltanschauung in der Dogmatik des 19. und beginnenden 20. Jahrhunderts üblich geworden ist. Der Entwicklungsbegriff eignet sich für endliche und sterbliche Organismen (als individuelle oder als Kette sich abfolgender Lebensformen genommen), er enthält die Vorstellung einer Auswickelung (E-volution) des zuerst eingewickelt Vorhandenen, einer Aktualisation potentieller Anlagen und Möglichkeiten, und zwar in wesentlich unumkehrbarer Richtung. Übertrug man dies auf die Geschichte der

[25] „Conscience de la catholicité", in: Esquisses du Mystère de l'Église (neue Auflage Cerf 1953). Der Aufsatz stammt aus dem Jahr 1937 (vgl. S. 7), in welchem das erste ökumenische Hauptwerk Congars erschienen war: „Chrétiens désunis". Hier stand zu lesen: „Catholicité signifie universalité, universalité signifie rassemblement dans l'unité *(unus, vertere)*... Si l'Église, en effet, est apte et destinée à s'étendre dans le monde entier, c'est en vertu de la capacité universelle d'assimilation de ses principes constitutifs. La catholicité de l'Église... est l'universalité dynamique de son unité (115–117).

christlichen Lehre, so kam der mißliche Eindruck zustande, es handle sich um eine progressive Entdeckung, Festlegung und damit Beherrschung der christlichen Offenbarungswahrheit, konsequent gedacht: um eine immer vollkommenere Umsetzung des anfänglich nur Geglaubten in – wenigstens *auch* – Verstandenes. Diese Vorstellung war dem Glaubensbewußtsein der Kirche allzu entgegengesetzt, als daß man dabei hätte verharren können. Nehmen wir Congars vorgeschlagene Formel und setzen wir sie zu unserem Schema des apostolisch-urchristlichen Kräftefelds in Beziehung, so wird deutlich, daß im dauernd sich fortsetzenden Zusammenspiel der miteinander ringenden Prinzipien Situationen entstehen können, die zunächst nicht voraussehbar waren – niemand kann a priori eine Übersicht über alle möglichen Kombinationen im Schachspiel bieten, sonst wäre die unerhörte Anstrengung der Spieler bei jedem neuen Turnier überflüssig –, daß trotzdem die Wertigkeit jeder Grundgestalt invariabel festgelegt ist (wie die der Schachfiguren), damit überhaupt ein Spiel (auch ein immer neues, unvorhersehbares) in Gang kommen kann. Und es geht in der Kirche gewiß nicht um bloße, beliebige, spielhafte Wiederholungen veränderter Kombinationen, sondern um den vollen Ernst und die Verantwortung des Glaubensverständnisses der Kirche in jeder neuen Weltlage. Das Beispiel, das in mehrfacher Hinsicht hinkt – vor allem ist ja das Viererschema eine Vereinfachung, es hebt nur die Hauptrichtungen hervor, und im Spiel der Kirche geht es nie um die Überwältigung eines Gegners, der Spielausgang kann nie ein Matt oder Patt sein –, soll nur erweisen, daß die Einheit der Kirche in der Vielfalt der sie vereinheitlichenden Prinzipien bei aller Vorgegebenheit der Figuren und bei ihrer Verbürgtheit durch die Führung des Heiligen Geistes immer auch Möglichkeiten des Einigens und Einbegreifens enthält, die zunächst unvorhersehbar waren. Und diese Aktualisierungen von Potentiellem sind nicht, wie bei einem endlichen Organismus, unumkehrbar; in der Kirche sind die Keime ewigen Lebens niedergelegt, die sich auch in der Zeitdimension ungehindert entfalten können. So kann in dem, was ich „Einfaltungen" genannt habe[26] und was Vereinfachung und Konzentration des gefährlich Auseinandergenommenen durch Besinnung auf die vorgegebene Ganzheit meint, durchaus keine einseitige Rückläufigkeit zum Ursprung, sondern ein bedeutsamer „Fort-Schritt" liegen. Umgekehrt überblickt die Kirche die Spannweite ihrer möglichen Ausfaltungen nicht: wenn es wahr ist, daß der geschichtliche Jesus keine Heidenmission

[26] Auf Wegen christlicher Einigung (Kösel 1969).

vorgesehen hat (ein Text wie Mt 28,18–20 wäre dann schon Ausdruck einer langen Kirchenerfahrung im Heiligen Geist), daß die Apostel sich erst nach dem Mißerfolg bei den Juden zu den Heiden wandten, daß auch Paulus sich erst allmählich seiner spezifischen Aufgabe bewußt wurde, während Petrus gegen seinen innerlichsten Widerstand durch die Vision von Joppe davon überzeugt werden mußte, so läßt sich doch nicht sagen, der Reichsgedanke Jesu habe sich auf den innerjüdischen Horizont beschränkt und nicht – was doch offensichtlich ist – alle Anlagen und alles Potential der Universalität in sich getragen. Man muß aber noch exakter sprechen: wenn die Apostel – und es dürfen hier alle vier Genannten gemeint sein – erst allmählich die Implikationen der Katholizität der Kirche mit Hilfe des Geistes verstanden, so doch nicht eigentlich als etwas Neues, das sich von außen zur bisherigen, von ihnen gehüteten Glaubenshinterlage hinzugesellt hätte, sondern durchaus als ein immer schon in der nie überblickbaren inneren Fülle derselben Liegendes, das ihnen nur noch nicht explizit zu Bewußtsein gekommen war. Sie mögen staunen, wenn ihnen an Pfingsten der Heilige Geist im Sprachenwunder die weltweite Dimension ihrer Botschaft erschließt, aber das jetzt offen Zutagetretende hatte doch immer schon einschlußweise in ihrer grenzenlosen vertrauenden Hingabe an ihren Herrn und Meister gelegen: in *seine* Wahrheit führt der Geist sie ein (Joh 16,12–15). Nach der Apostelgeschichte gilt dieser Lernprozeß gerade auch vom Vertreter des Hirten- und Lehramtes, dem ein besonders drastischer, ausführlicher, geradezu umständlicher Unterricht, bezeichnenderweise noch vor dem Auftreten des Paulus, erteilt wird (Apg 10,1 – 11,18). Das Lehramt hat genauso wie die drei andern zu lernen; menschlich ist Petrus ebenso wie die übrigen in einem zeitgeschichtlich bedingten spätjüdischen Denkhorizont befangen; man denke nur an die Frage der Jünger an den Auferstandenen, wann er nun endlich das Reich Israel aufrichten werde (Apg 1,6).

Und doch: das Lernen der Kirche ist nicht auf einen bloßen Wissenszuwachs durch Aufnahme von außerhalb liegenden oder gefundenen Wahrheiten reduzierbar. Auf der Ebene der Empirie, der zeitlichen Personen und Verhältnisse gibt es ohne jeden Zweifel eine solche Aufnahme: sogar in der Aneignung neuer Aspekte der Heiligen Schrift, der unausgeschöpften Tradition, dann der Einsichten einer fortgeschrittenen Kultur und vor allem der Werte fremder, noch unassimilierter Völker und Kulturen. Auf dieser Ebene kann der Kirche durch Nichtchristen und vielleicht Anti-Christen auch manches in Erinnerung gerufen werden, was sie sehr unzureichend realisiert oder im Lauf ihrer Geschichte wieder vergessen hatte. Aber gerade hier taucht der andere Aspekt auf (auf den Ferdinand Ulrich mit Recht aufmerksam macht): in ihrem innern überempirischen Wesen kann die Kirche als Fülle, Leib und Braut Christi nichts von außen hinzulernen, was sie nicht schon in der innigen Gemeinschaft mit Jesus Christus, in dem „alle Schätze der Weisheit und Erkenntnis verborgen" (Kol 2,3) sind, grundsätzlich weiß. Paulus betet immer wieder für die Gemeinden, sie möchten „erfüllt werden mit der Erkenntnis seines Willens, um in aller geistgewirkten Weisheit und Einsicht des Herrn würdig zu wandeln, ... in der Erkenntnis zu wachsen" (Kol 1,9f), wie das „wahre Wort des Evangeliums" selbst „in der ganzen Welt Früchte trägt und wächst" (Kol 1,6); sie möchten in der kirchlichen Gemeinschaft („mit allen Heiligen") die vier sich unendlich dehnenden Dimensionen, „Breite, Länge, Höhe und Tiefe" der Liebesoffenbarung Gottes kennenlernen, in die sie je schon eingesetzt sind, um „in die ganze Fülle Gottes hinein erfüllt zu werden" (Eph 3,18f), in die sie immer bereits eingegründet sind. Kirche, die ihre eigenen Tiefen ausschöpfen lernt, verändert sich also in Wirklichkeit nicht, sie kommt nur besser zu sich selbst, und was immer von außen sie anregt – es mag Marxismus mit seiner Orthopraxie oder Buddhismus mit seiner Kontemplation sein –, weckt nur etwas, das in ihrer eigenen Fülle liegt, und zwar besser geformt und richtiger im Gesamtzusammenhang proportioniert. Dies Ganze gilt für die drei Formen der Infallibilität der Kirche – die des Allgemeinbewußtseins, die des ordentlichen (bischöflich kollegialen) und die des besonderen (päpstlichen) Lehramts –, die in den empirisch-historischen Lernprozeß eingetaucht ist und ihn doch an einer wesentlichen Stelle überragt. Zudem bleiben die drei Formen einander zugestaltet, da Petrus eine der vier Säulen ist (die immer das gesamte Gottesvolk tragen), aber dadurch in seinem Sonderauftrag und Sondercharisma nicht eingeebnet wird. Damit ist auch das lebendige Verhältnis zwischen Traditionalismus und Progressismus grundsätzlich bestimmt, das wir mit Worten *Erich Przywaras* so zusammenfassen können:

„Kirche in ihrer ganz besonderen Lebensgestalt ist sozusagen *die* Gestalt katholischer Transzendentalität. Denn sie ist selber die Mitte zwischen Traditionalismus und Dynamismus, weder reine Beharrung noch reine Bewegung, sondern Beharrung in Bewegung, Selbstbehauptung in Selbstentfaltung. Das ist der viel mißverstandene Satz der Infallibilität, der Unfehlbarkeit, deren entscheidender Ausdruck die Unfehlbarkeit des Papstes ist, ‚wenn er *ex cathedra* spricht, d. h. in Ausübung seines Amtes als höchster Hirt und Lehrer der Christen, aus seiner höchsten apostolischen Autorität heraus, eine Lehre, die Glauben oder Sitten betrifft, als für die ganze Kirche verpflichtend definiert' (Vat. sess. IV cap. 4). Damit grenzt sich Kirche zunächst gegen zwei Formen von Traditionalismus scharf ab. Gegen den Traditionalismus im strengen Sinn einer reinen Bewahrung festausgeprägter Formen, wie er etwa das Grundwesen der östlichen Orthodoxie (Liturgie) und des orthodoxen Luthertums (Bibel) ist: denn die Entscheidungsmacht der lebendigen Kirche ist wesenhaft unabhängig vom Präjudiz eines ‚von alters'. Gegen den Traditionalismus im weiteren Sinn einer philosophischen Schule, in der die Annahme neuer Formen entweder von dem Nachweis abhängt, daß sie folgerichtig aus den bisherigen sich ergeben (logisch-sachliche Tradition), oder von der Annahme durch die herrschende Mehrheit der Anhänger (lebendig-personhafte Tradition): denn die Entscheidungsmacht der lebendigen Kirche ist ebenso wesenhaft unabhängig von den vorgebrachten (nicht definierten) Beweisen für eine neue Entscheidung (die mangelhaft sein können, ohne daß hieraus irgend etwas für die unfehlbare Entscheidung sich ergäbe) wie von irgendeiner Mehrheitsbildung in ihr (man denke an die historische Mehrheit des Semi-Arianismus!). Auf der andern Seite aber ist die damit gegebene ‚lebendige Entfaltung' nicht Dynamismus im Sinne eines beständigen ‚Neubruches', da nach kirchlicher Lehre ‚die Offenbarung ... mit den Aposteln abgeschlossen ist' (Decr. Lamentabili prop. 21). Es ist lebendige Selbstentfaltung bleibender Formen, da diese lebendige Kirche in ihrem Wesen als Beharrung in Bewegung und Selbstbehauptung in Selbstentfaltung in sich selbst autonom ist."[27]

3. Aber damit ist doch die Lebendigkeit und „Dehnbarkeit" der Kapazität der katholischen Einheitsprinzipien (Congar) erst formal bestimmt. Es bleibt eine letzte Frage: Worauf haben die Partner des Gesprächs zwischen den einheitstragenden Prinzipien zu blicken, damit in ihren je neuen Verhandlungen über die *jetzt* der Kirche und der Welt vorzustellenden Gestalt der Einheit auch material, inhaltlich das Rechte getroffen werde? Wir haben ja auch die soziologischen Zerfalls- und Entfremdungsformen kennengelernt, die sowohl durch innere Trägheitsmomente in der Kirche wie durch Sollizitationen von der säkularen Umwelt her in ihr mächtig zu werden drohen. Die johanneische Liebe kann zu einer orthopraktischen und humanitären Allerweltsliebe degenerieren, die ihre Kriterien aus

[27] „Religionsphilosophie katholischer Theologie", jetzt in: Religionsphilosophische Schriften (Schriften II, Johannesverlag, Einsiedeln $^{2}$1962) 428–430.

der „Veränderung der sozialen Strukturen" zugunsten gerechterer Güterverteilung bezieht; die jakobeische Tradition zu jenem ängstlich-integralistischen, reaktionären Festhalten an überkommenen Formen, wie es eben von Przywara abgelehnt wurde; das paulinische Allen-Alles zu jenem diplomatischen Aggiornamento an alles Gängige und Gefallende, worüber sich schon Voltaire lustig gemacht hat; die petrinischen Entartungsformen sind zu oft angeprangert worden, als daß man sie noch eigens herausstellen müßte. Und eine Zerfallsform ruft die andere an und verführt sie oder stößt sie in eine unfruchtbare Antithese ab. Wir haben anderswo[28] das Kriterium der Wahrheit, auf das im innerkirchlichen Kräftespiel zu achten ist, als das „*eschatologische Schwergewicht*" der Christusbotschaft bezeichnet, jene Maximalität – nur ein Aspekt der dynamischen Katholizität – der in der Kirche für die Welt einbehaltenen Gnade. Nun gibt es offensichtlich Formen ihrer Schädigung oder Zerstörung – etwa durch radikale Behauptungen liberaler Exegese, die die Grundlagen des christlichen Glaubens, das „pro nobis" des Heilswerkes Gottes in Jesus Christus, den Sühnetod, die Auferstehung usf. angreifen –, in solchen Fällen ist die Abgrenzung für das Lehramt nicht schwer. Es gibt aber auch Fälle, in denen die Abwägung der Gründe für und wider gerade im Blick auf das „eschatologische Schwergewicht" äußerst schwierig ist, nicht nur deshalb, weil eine bestimmte jetzt auftauchende Situation in der Zeit biblischer Offenbarung nicht existierte, somit im Geist des historisch Einstmaligen Schlüsse auf das veränderte Heute gezogen werden müssen, sondern auch deshalb, weil in der Kirche Christi eine breitgestufte Skala menschlicher Möglichkeiten oder Hemmnisse besteht, der vollkommenen Gnade Gottes in Christus auch die erwartete vollkommene Antwort zu geben: Petrus läuft langsamer zum Grab als Johannes, weil der Hirte nicht nur mit liebenden Heiligen zu rechnen hat, sondern mit kranken Tieren, nicht selten mit räudigen Schafen – was in der Herde Gottes von altersher vorgesehen ist (Ez 34,16). Eine Entscheidung, die sich für die lebendig Liebenden rechtfertigt, kann für den großen Haufen der Lauen oder sonst Behinderten unvollziehbar sein; aber eine nach den letztern sich ausrichtende Entscheidung kann das Ideal der Liebenden, das Schwergewicht der eschatologischen kirchlichen Antwort ernsthaft gefährden. Dies genau ist die irgendwie ausweglose Problematik (falls eine Einheitslösung gegeben werden sollte), vor der sich der

---

[28] „Warum ich noch ein Christ bin", in: H. U. v. Balthasar, Joseph Ratzinger, Zwei Plädoyers (Münchener Akademie-Schriften, Bd. 57, Kösel 1971).

Papst beim Erlaß der vielgeschmähten Enzyklika „Humanae Vitae" befand. Er hat für das Ideal der kleinen Schar optiert und damit den Entrüstungssturm des großen Haufens in und außerhalb der Kirche gegen sich entfesselt. Er hat optiert, ohne auf eine Mehrheit in dem ihn beratenden Gremium und auf die soziologischen Kontraindikationen zu achten. Er mag hier willentlich Schwergewichte übersehen haben, die zu beachten gewesen wären; schlechthin erwiesen ist das nicht. Die entscheidende Schwierigkeit seiner Entscheidung liegt gar nicht in der Problematik, die uns hier beschäftigt – die Wahl entsprechend dem eschatologischen Schwergewicht –, sondern wie Hans Küng m. E. zu Recht hervorhebt, in der Tatsache, daß mit einer Enzyklika, die nicht auf Unfehlbarkeit Anspruch erheben kann, die Gewissen aller verheirateten Katholiken in einer höchst folgenreichen Sache belastet und gebunden werden sollten, so daß damit ein neuerer Trend zur Autoritätsüberziehung in die offene Krise geriet. Wir können diesen Gesichtspunkt, der natürlich nicht leicht wiegt, hier ausklammern und nur das inhaltliche Problem vor den Augen behalten. Dann wird man vermutlich mehr die Form als den Inhalt kritisieren müssen: eine Vorstellung des Ideals als „Zielnorm" hätte genügt, sowohl dem objektiven eschatologischen Schwergewicht der christlichen Vorstellung von selbstloser, entsagungsvoller Liebe, dem persönlichen Ideal der Eifrigen, wie auch dem Ansporn und zugleich der Beruhigung der Unvermögenden oder Perplexen zu entsprechen. Denn wer sieht nicht, welche Verheerung im Geschlechtlichen die glatte Trennung der Bereiche von Lust und von sich-hingebendem Wagnis anstellt, wie überragend groß auf der andern Seite die Gewichte der soziologischen Argumente sind. So stellt sich an diesem Beispiel nochmals die ganze Bedeutung des apostolischen „Gevierts" dar: bei aller Befugnis und Verpflichtung für den Papst, letzte personale Verantwortung „im Alleingang" zu treffen, seine Eingewiesenheit in einen Dialog, in dem die drei von uns herausgestellten Partner nur die Vertreter einer weit komplexeren kirchlichen Konstellation sind.

## 2. *Roma aeterna?*

Das Spannungsfeld der apostolischen Sendungen lag innerhalb der christologischen Konstellation: es war ihre Darstellung im Feld der kirchlichen Urgeschichte. Nur ganz an deren Ende taucht jene Größe auf, die, als außerbiblische, in der Folge zentral wird und vom petrinischen Amt untrennbar scheint: ein freier römischer Bürger appelliert an den Kaiser und wird nach Rom geführt. Und Rom wird in der Folge die Hüterin der Gräber Petri und Pauli sein und unter den übrigen apostolischen Sitzen so hervorragen, daß es sich bald als den „Apostolischen Stuhl“ schlechthin bezeichnen wird. Zwischen dem Anspruch der Catholica auf Universalität und konkrete Einheit und demselben Anspruch des römischen Imperiums zeigt sich eine Affinität, deren Folgen für die Geschichte Europas und der Welt unabsehbar sind. Und da das konkrete Zentrum der katholischen Einheit der Nachfolger Petri sein wird und dieser in dem Rom residiert, das sich selbst nicht als einen idealen griechischen Entwurf eines Menschheitsreiches verstand, sondern als eine politisch-ökonomische, reale organisierte Einheit weltweiter Ordnung durch einheitliches Recht, so stellt sich unabweisbar die Frage, wie eng diese beiden Universalismen verschwistert sind, welcher Grad von Notwendigkeit der Fundierung der Katholizität auf Romanität, näherhin der päpstlichen „plenitudo potestatis“ auf der kaiserlichen Machtfülle zugeschrieben wird, und ob, wenn ein solches Fundierungsverhältnis als konstitutiv für das Papsttum gilt, es nicht den stärksten Grund für die antirömische Konspiration aller nicht-katholischen Christen bildet. Das Thema, dessen Peripherie[29] – der Romgedanke im Abendland überhaupt – sich ins Uferlose verliert, kann uns hier nur in der ganz präzisen Einengung beschäftigen: Läßt sich sagen, daß das „römische“ Papsttum, seine kirchliche Stellung und sein Anspruch innerlich mit dem säkularen (oder wenn man will: „sakralen“) Reichsgedanken Roms verbunden ist?

Man könnte meinen, der Gedanke einer innern und engen Verbindung von Papsttum und Imperium sei unter Katholiken nach den tragischen Konflikten der Ideologien im Mittelalter etwas völlig Aufgegebenes, das nur historisches, aber keinerlei theologisches Interesse mehr hat[30]. Aber dem ist nicht so. In der Nachfolge Dantes, der sich von Vergil, dem eigentlichen Schöpfer des antiken

[29] Dazu u. a. F. Klingner, Rom als Idee. Römische Geisteswelt (1943); W. Gernentz, Laudes Romae (Diss. Rostock 1918); J. Vogt, Vom Reichsgedanken der Römer (Leipzig 1942); W. Rehm, Der Untergang Roms im Abendländischen Denken, in: Erbe der Alten II, 18 (1930). Allgemein über das Verhältnis Kirche und römisches Reich: Chr. Dawson, Die Gestaltung des Abendlandes ($^2$1950); A. Dempf, Sacrum Imperium (1926); W. Kamlah, Christentum und Geschichtlichkeit (1951); E. Salin, Civitas Dei (1926).

[30] Es ginge dann vielmehr um eine entromantisierende Kritik der abendländischen Kirchengeschichte, zumal seit der Verschmelzung des Kirchen- und Reichsgedankens bei Konstantin: vgl. etwa Alb. Mirgeler, Kritischer Rückblick auf das abendländische Christentum (1961, verändert Herder 1969); Rud. Hernegger, Macht ohne Auftrag (Olten 1963).

Romgedankens, bis an die Schwelle des Paradiso geleiten läßt und dessen Monarchia den erhabensten und ausgewogensten Versuch einer Zusammenschau von Reich und Kirche darstellt, kann *Theodor Haecker* in seinem Buch über „Vergil, Vater des Abendlandes“ [31] aus tiefer Überzeugung sagen: „Imperium sine fine dedi: so lautet das fatum Iovis. Denn wir alle leben noch im Imperium Romanum, das nicht tot ist. Wir alle sind noch Glieder des Imperium Romanum, ob wir es wahrhaben wollen oder nicht, ob wir es wissen oder nicht, des Imperium Romanum, das nach grausamen Irrungen das Christentum sua sponte, aus eigenem Willen, angenommen hatte und es nun nicht mehr aufgeben kann, ohne sich selber und den Humanismus auch aufzugeben.“ Denn das, was Vergil besingt, ist keine bloße „Idee, sondern eine Realität... die Sache, die res, und Fleisch und Blut“. Vergil ist der „adventistische Heide“ schlechthin[32], die „vollkommenste anima naturaliter christiana der Antike“ [33], die sich vom Spruch, vom „Gesagten“ (fatum) führen läßt, ohne jemals aufzubegehren. Und Haecker zitiert den „verwegenen und Mißverständnissen ausgesetzten“ Satz Sainte-Beuves: „La venue même du Christ n'a rien qui étonne, quand on a lu Virgile.“ [34] Ähnliches kann man in dem nicht ohne den Einfluß Haekkers entstandenen Werk J. Sellmairs „Humanitas Christiana“ lesen[35], und nochmals bei Reinhard Raffalt, dessen programmatischer Vortrag „Das Ende des römischen Prinzips“ (1970)[36] den adventischen Charakter der römischen pietas und humanitas – „Übereinstimmung mit den Gesetzen des Kosmos, des Staates, der Familie“, „Einbeziehung der Würde und Schwäche der menschlichen Natur“, Verständnis für die Geschicke, die Aufstieg und Untergang der Völker bewegen – beschreibt, um dieses Potentielle sich in der christlichen Aktualität überformen und vollenden zu lassen. „Was im römischen Denken durch die Anerkennung der Grenzen der menschlichen Erkenntnis vorgeformt war, wurde nun von der Kirche ergänzt durch die Wahrheit der Offenbarung. Das Bedürfnis nach Übereinstimmung mit dem Ganzen des Kosmos wurde von der Kirche aufgefangen durch die Sicherheit des göttlichen Gebotes, das in der Liebe seine Krönung findet. Die Geschichte als Kontinuum dehnte sich durch die Kirche aus zu dem großen Heilsplan, den der Herr der Geschichte entwarf und über die Beschwernisse

---

[31] (Hegner, Leipzig 1935) 99f.

[32] Ebd. 26. [33] Ebd. 28. [34] Ebd. 94.

[35] „Roms Wiedergeburt aus dem Glauben enthält das Geheimnis des Westens“ (1949) 152.

[36] Münchener Akademie-Schriften 52.

der Zeitlichkeit hinweg zu einem verborgenen, aber glorreichen Ende führt. Die Präsenz der Geschichte in der Gegenwart wurde von der Kirche überhöht durch den Gebetskontakt mit den Seelen der Verstorbenen, den Heiligen des Himmels und schließlich durch die immerwährende Anwesenheit des Erlösers in der verhüllenden Form des Sakramentes. Der mos maiorum, die Berufung auf die Sitte der Väter, vergeistigte sich in der Kirche durch die geistliche Ahnenkette, die von den Bischöfen als Trägern christlicher Vollmacht hinabreichte bis zu den Aposteln und infolge der nahtlosen Weitergabe der Weihe gesetzmäßig und sicher war. Eine solche gegenseitige Durchdringung der Grundideen des antiken Rom mit korrespondierenden Teilen der christlichen Idee war als Basis fest genug, die umwälzend neuen Gedanken des Christentums tragen zu können ... Es ist also das universale Streben nach Übereinstimmung, nach gesetzmäßiger Harmonie, das den Kern des römischen Prinzips kennzeichnet. In ihm fließen pietas, Tradition und die Integration von Religion und Recht, von der Antike geschaffen, zusammen mit der christlichen Proportion zwischen Zeit und Ewigkeit." [37] Eben dieses humane Vorverständnis geht heute verloren: anstelle kosmischer Ordnung tritt der Wille, die Welt zu verändern, deshalb wird Autorität mit Macht gleichgesetzt und als ein Vorgegebenes abgelehnt, ganz abgesehen davon, daß „zuviel in der Welt geschehen ist, als daß uns nicht jede Institution verdächtig wäre, ein Recht auszuüben, das seinerseits zweifelhaft ist"[38]. „Das Ende des römischen Prinzips steht nicht bevor, es ist eingetreten." [39] Raffalt sieht den Papst „Rom verlassen und nach Jerusalem ziehen, um dort am Grabe Christi eine Kirche der Demut aufzubauen, gänzlich anders als jene, die zu erhalten ihm auf dem Heiligen Stuhl so übermenschlich schwer wird." [40]

Diese Beispiele mögen genügen; sie zeigen bereits ihre Schwäche. Die römische Humanität und Pietät ist hier, besonders ausgeprägt und idealistisch verklärt, jene „natura", die nach allgemein katholischem Denken (das Gott den Schöpfer vom Erlöser nicht trennen will) die „Voraussetzung" für die Gnade ist: gratia supponit naturam – was vorsichtiger negativ („non destruit") und jedenfalls als Verwandlung („elevat") formuliert werden muß und auch dann noch das unterscheidend Christliche, Kreuz und Auferstehung, nicht einfangen kann. Das Prinzip, auch als universales, ist weiter als die Realität Roms, das es historisch-faktisch bei ihrer Begegnung

[37] Ebd. 10–12. [38] Ebd. 24.
[39] Ebd. 7. [40] Ebd. 44.

mit dem Christentum stellvertritt. Immerhin: wenn der griechische Universalismus des Gedankens und der Sprache, seine Entwürfe eines kosmischen Staates die Voraussetzung dafür war, daß das Evangelium von einem partikulären Winkelstaat aus der Ökumene offenbar werden konnte, so mußte dieser Idealstaat doch auch durch Roms politischen Realismus eine greifbare Wirklichkeit werden, um diese Predigt zu ermöglichen. In diesem Sinn sagt Papst Leo I.: „Damit die Wirkung der unaussprechlichen göttlichen Gnade über die ganze Welt hin verbreitet werde, hat die göttliche Vorsehung das Römische Reich bereitet ... Dem göttlichen Weltplan war es am meisten gemäß, daß viele Reiche in *einem* Imperium verbunden würden und die allgemeine Predigt schnellen Zugang zu den Völkern fände, weil die Herrschaft einer einzigen Stadt sie alle unter ihrem Gebot hielt." [41] Und so dankt der Papst der Vorsehung dafür, daß sie „den christlichen Glauben in die Burg des römischen Imperiums eingeborgen" hat. Und man kann hier gleich noch ein paar wichtige Merkmale beifügen, die sich das römische Imperium in seiner Selbstdeutung beigelegt hat und die dem christlichen Denken in verlockender Weise entgegenkamen [42]. Einmal die ihm zugeschriebene Aeternitas, die es angeblich dem Gesetz des Werdens und Vergehens enthebt [43], was Tertullian veranlaßt, in ihm den „katechōn", den Aufhalter des Antichrist, zu erblicken, der erst kommen kann, wenn das römische Reich am Ende der Geschichtszeit zusam-

[41] Sermo 82,2. So schon Origenes, Contra Celsum II 30.

[42] Kurze, vortreffliche Beschreibung bei Endre v. Ivánka, Rhomäerreich und Gottesvolk (Alber 1968) 26–42.

[43] Dazu C. Koch, Roma aeterna, in: Paideuma 3 (1949); Roma aeterna, in: Gymnasium 59 (1952); H. U. Instinsky, Kaiser und Ewigkeit, in: Hermes 77 (1942) 313 ff. Während Polybius, basierend noch auf Platons Umlaufschema der Staatsordnungen und auf dem typisch griechischen Anfang-Mitte-Ende-Schema des Aristoteles für das Drama, ein Ende auch des Römerreichs voraussieht, entwickeln die Römer (Vergil, Ovid) trotz ihres realistischen Geschichtsbewußtseins und in Widerspruch zu ihm, trotz der Kritik an den politischen und sittlichen Zuständen, ein Wunschbild von der Ewigkeit des Reiches, dessen „Schutzgeist" es durch alle Fährnisse zum Glück geleitet, wie Plutarch es in seiner Jugendarbeit „De fortuna Romanorum" schildert und noch mitten im Zerfall Claudian, Rutilius und Namatian es durchzuhalten suchen. Den Widerspruch zwischen der allgemein verbreiteten Idee des Alters der Welt und der Aeternitas gleichen Ammianus Marcellinus und Florus durch den Gedanken vom „neuen Saeculum" aus, das unter bestimmten Kaisern neu beginnt und eine Art verjüngende Ewigkeit in der alternden Zeit einbrechen läßt. Zur Entwicklung des römischen Erneuerungsgedankens vgl. Percy E. Schramm, Kaiser, Rom und Renovatio (Darmstadt $^{2}$1957); Joh. Straub, Regeneratio Imperii (Darmstadt 1972). Die widersprüchlichen Formen, in denen der Romgedanke fortlebt, schildert anschaulich Michael Seidlmayer, Rom und Romgedanke im Mittelalter, in: Saeculum 7 (1956) 395–412.

menbricht[44]. Sodann die einmalige Verbindung von Tüchtigkeit (virtus) und Glück (fortuna), dem die andere verwandt ist: die Verbindung von durchgesetzter Ordnung und gewährtem Frieden, die bei der Pax Augustana zeitlich zusammenfällt mit dem bei der Geburt des Messias vom Himmel auf die Erde gebrachten Frieden. Und nochmals eine einzigartige Verbindung des römischen Imperiums: die zwischen einem männlichen Recht, das von Zwang und Unfreiheit erlöst, und jener „Mütterlichkeit", die Horaz die Reichsstadt als „Domina" anreden läßt, ein aus dem Orient stammender, den großen Muttergottheiten gegebener Titel[45], die später Claudian in berühmten Versen[46] Rom als die Mutter preisen läßt, die als einzige die besiegten Völker nicht herrisch, sondern mütterlich in ihren Schoß aufnimmt, um die Bezwungenen nunmehr als Bürger zu begrüßen. Wieviel gebändigte Spannungen liegen in diesem Rom, das sich der werdenden Catholica entgegenhält wie einen Spiegel für das, was sie selbst an Potenzen in sich birgt! Welche Verlockung auch, später, wenn die offensichtlichen Gefahren einmal bezwungen sein werden – im Zeitalter, das mit Gregor VII. anhebt –, sich immer exakter nach dem römischen Vorbild zu verstehen, zu organisieren, ja sich als dessen wahre Fortsetzung zu wissen![47]

Derselben Verlockung erliegt aber bereits die Reichstheologie des Eusebius, der nicht nur wie Papst Leo die Einheit des Imperiums als Medium für die Verbreitung des Evangeliums versteht, sondern – nach Endre v. Ivánkas sorgfältiger Analyse – in seiner ernsthaften Spekulation[48] eine weltgeschichtliche Synthese zu erblicken vermeint zwischen einer (heidnischen) Religion, die (auch nach Klemens von Alexandrien) immer schon bestanden hat, so daß die

---

[44] Apologeticum 32,1 (Ed. Carl Becker, Kösel 1952) 168.

[45] Hildebrecht Hommel, Domina Roma, in: Die Antike 18 (1942) 127–158, zeigt, daß die von Horaz Ad. 4, 14, 43f. zum erstenmal gebrauchte Anrede, die sich dann rasch eingebürgert, lange zuvor im Osten gebräuchlich war und mit den dortigen, aber auch in Italien bekannten Kulten der Muttergottheiten zusammenhing; eine „mater Roma" scheint bei Vergil, Aen. 6, 781 ff wenigstens vorausgesetzt. Bei Livius wird das Vaterland „Mutter" genannt (5, 54, 2). Die Stadtgöttin Roma wird, in verschiedenen Typen, nach alexandrinischem Muster als bewehrter Frauenkopf auf Münzen abgebildet. Zahlreiche Texte, die Rom als „domina" (rerum) anreden bei Guilelmus Gernentz, Laudes Romae (Diss. Rostock 1918) 125ff. Daneben die Titel Regina, Mater, Genitrix (hominum et deorum): ebd. 126ff.

[46] Haec est, gremium victos quae sola recepit / Matris, non dominae ritu, civesque vocavit / quos domuit... (De consulatu Stilichonis III 150ff).

[47] In strenger Schematik wird das durchgeführt von Sägmüller, Die Idee der Kirche als Imperium Romanum im kanonischen Recht, in: ThQ (1898) 50–80.

[48] Nicht in seinen Lobreden auf Konstantin, sondern am Eingang seiner Kirchengeschichte.

Urväter vor Abraham „der Sache nach, wenn auch nicht dem Namen nach", schon Christen waren[49], aber jetzt diese konkrete, politische Weltgestalt im Römerreich Konstantins erhalten hat – und der im partikulären jüdischen Gottesvolk herangewachsenen, in Christus erschienenen Vollendung der Religion, eine Synthese, die also nicht Verweltlichung des Christentums besagt, sondern Universalisierung der in Palästina erst potentiell katholischen Religion Christi, praktisch-reale Erweiterung des besondern Gottesvolkes zu dem in der römischen Ökumene allgemeinen. Mit dieser eusebianischen Neuinterpretation der paulinischen und gesamtneutestamentlichen Synthese zwischen Juden und Heiden ist der entscheidende Schritt getan zur theologischen Grundlegung der Reichskirchentheologie Ostroms, deren letzte Konsequenzen sich auswirken bis zum „dritten Rom" Moskau, wie Hugo Rahner in einer lichtvollen Rede gezeigt hat[50]. Aber hat denn das erste Rom diese „konstantinische" Theologie rezipiert, und wenn nicht, weshalb nicht?

Es gibt in der Begegnung zwischen der petrinischen Kirche und dem Römischen Reich drei Linien, die sich quer zu der glatten eusebianischen Synthese legen.

1. Zum ersten gibt es den geistigen Widerstand gegen Rom[51], der von seiten der unterworfenen Völker, besonders denen des Ostens und ganz besonders dem jüdischen Volk schon vor Auftreten des Christentums bestand, den dieses letztere zumal dort übernahm und fortführte, wo es auf den Widerstand des die Christen verfolgenden Rom stieß und in ihm jenes „Babylon" wiedererkannte, dessen Bild in überdimensionaler Größe die Johannesapokalypse entwirft und von dem aus der erste Petrusbrief geschrieben ist: „Es grüßt euch die Mitauserwählte in Babylon und Markus, mein Sohn" (1 Petr 5,13). Das ist um so beachtlicher, als weder Jesus noch seine Jünger staatsfeindlich sind, vielmehr zur Erbötigkeit gegen die Obrigkeit und zum Gebet für sie mahnen. Die allgemeine Kritik an Rom lautete auf Macht- und Habgier[52], Augustinus wird sich in der Civitas

---

49 Hist. Eccl. I 4,6.

50 Vom Ersten bis zum Dritten Rom, Antrittsrede als Rektor der Universität Innsbruck (1949), in: Abendland, Reden und Aufsätze (Herder 1966) 253–269.

51 Harald Fuchs, Der geistige Widerstand gegen Rom in der antiken Welt (W. de Gruyter, Berlin 1938).

52 Unter den zahlreichen Beispielen bei Fuchs vgl. vor allem die zwei Vorträge des Karneades in Rom (2–4), die Erzählung des Antisthenes (5f), das Buch Daniel und die Sibyllinen (7f) – hier hätten die neuen Funde von Qumrân, die Fuchs noch nicht kennt, einen bedeutsamen Platz (vgl. in der Ausgabe der Texte von Joh. Maier, 2. Bd. [1960], die Anmerkungen unter dem Stichwort Römer) –, die bitteren Seiten Sallusts, die Vor-

Dei dieser heidnischen Vorwürfe bedienen, nicht ohne sie fein abzuwägen. Von sich aus sagen die Christen zum Staat weder ein bedingungsloses Ja – sowenig wie Jesus die politisiert-jüdische Theokratie annehmen konnte, so wenig können sie das sakralisierte Gottkönigtum Roms hinnehmen – noch ein restloses Nein. Daß Hippolyt in Rom gerade das Danielbuch kommentiert und dessen „viertes Tier“ auf die Römer auslegt[53], ist kennzeichnend. Tertullian setzt sich gegen die falsche Verpriesterlichung des Kaisers, ja seine Vergöttlichung zur Wehr, Justin legt dem Kaiser das Herrenwort „Gebet dem Kaiser usf.“ aus, Origenes unternimmt die schwierige Erklärung, daß auch der verfolgende Staat als von Gott eingesetzte Gewalt gut, nur als mißbrauchte schlecht sei[54]; er anerkennt die staatliche Gesetzgebung als Naturgesetz, das göttliche Gesetz setzt dieses voraus. Alle Christen beten für den Staat, angefangen von Klemens von Rom; manche (wie Aristides von Athen, Justin) sind überzeugt, daß Gott die Welt und das Reich um dieses Gebetes willen erhält“, andere (Origenes[55], der Diognetbrief) sehen in den Christen das Salz des Staates, die Seele der Welt. Im ganzen – mitten in der Verfolgungszeit – eine unerhörte unfanatische Überlegenheit.

2. Ein Zweites ist für die Verbindung Papsttum und Rom wichtig. Erst im 9. Jahrhundert wird, und nicht in Rom, die gefälschte „konstantinische Schenkung“ hergestellt, und erst im 11. Jahrhundert wird sie für Rom zu einem kirchenpolitischen Argument. Die Vorrangstellung der Gemeinde Roms rechtfertigt sich selbst nie damit, daß sie die Gemeinde der Reichshauptstadt ist, sondern daß sie die

bild und Quelle für Augustins Romkritik sein werden, die ersten Epoden von Horaz, die Auswanderung aus Rom nahelegen (9f), die Pläne Cäsars, Antonius', die Hauptstadt anderswohin zu verlegen, was dann von Konstantin durchgeführt wird (12f), die Angriffe Dionysius' von Halikarnaß und anderer Griechen, die „gerade für die Königreiche des Ostens werben“ und damit eindringlich zu erkennen geben, „bis zu welchem bedenklichen Grade in der Kulturwelt die Erbitterung über die ungeistige und zerstörende römische Gewaltherrschaft angewachsen war“ (15), die Anwürfe der Fremden gegen Rom in der Weltgeschichte des Pompejus Trogus, die wiederum auf Habgier und Blutdurst lauten, im Agricola des Tacitus (17): „Raubende Welteroberer, deren Zerstörungstrieb kein Land mehr findet, durchsuchen sie nun den Ozean, habgierig, wo der Feind reich ist, ruhmgierig, wo er arm ist... Rauben, Morden, Stehlen heißt bei ihnen mit falscher Bezeichnung Herrschaft, und wo sie eine Wüste schufen, ‚Friede'“ (17). Lukians Vergleich zwischen Athen und Rom fällt zuungunsten des zweiten aus (18), die Römer der silbernen Latinität sind sämtlich kritisch gegen das faktische Regime – von Lucan über Seneca zu Tacitus (Ivánka, a. a. O. 16ff), schließlich die Christen, die aber von Fuchs zum Teil verzeichnet werden (zumal Augustinus: 23).

[53] Comm. in Dan., Gr. Chr. Schriftst. Hippolyt I/1, 206/8, vgl. ebd. 162–169.

[54] Comm. in Rom. IX, 26–30.

[55] Contra Celsum 8, 74.

Nachfolge Petri besitzt und dafür die Gräber der beiden Hauptapostel vorweisen kann. Dies letztere ist kein Rechtstitel für sich, sondern nur ein Hinweis auf den ersten und einzigen. Papst Leo I. (der sich schon auf augustinisches Denken stützen kann) wird bei seinem entscheidenden Nachfolgeanspruch den Glauben Petri sehr geistig deuten: nicht der Mann, sondern sein Glaube hat die Festigkeit des Felsens[56], „und so wie das verharrt, was Petrus von Christus geglaubt hat, so verharrt auch, was Christus in der Person des Petrus begründet hat“[57]. Und wenn ein Nachfolger sein Amt „umfassender und machtvoller“ (plenius et potentius) als Petrus ausüben muß, weil ihm mehr Aufgaben zufallen, so kommt ihm dieser Zuwachs in keiner Weise von einer Belehnung oder Rivalität mit der kaiserlichen Macht her, er wird einzig aus dem apostolischen Auftrag selbst entfaltet[58]. Alle Vollmacht, die er innehat, bezieht Leo auf Petrus: „Freuen wir uns über unseren Anführer, indem wir Christus Dank sagen, daß er ihm so große Vollmacht gab und ihn zum Ersten der ganzen Kirche machte.“[59] Indem Petrus und seine Weise, die erhaltene Vollmacht auszuüben, als die konkrete, nunmehr wirklich realsymbolisch aufgefaßte Form aller bischöflichen Amtsausübung verstanden wird, wird ein Gedanke Cyprians – der des zeitlichen Vorrangs Petri – eingeholt und bereits in Richtung auf das I. Vatikanum hin überholt: „Allen Lenkern der Kirche wird die Form des Petrus vor Augen gestellt. So bleibt seine besondere Vollmacht überall gegenwärtig, wo aus seiner Rechtlichkeit (aequitas) heraus das Urteil gefällt wird. Dort herrscht keine zu große Strenge, keine übermäßige Milde, wo nichts gebunden oder gelöst wird, als was der selige Petrus gebunden oder gelöst haben würde.“[60] Und der Papst selbst freut sich, dem Sitz, den er innehat, „weniger vorzustehen, als ihm zu dienen“[61]. Wenn wir oben Papst Leo der Vorsehung danken sahen, daß sie den christlichen Glauben „in die Burg des römischen Imperiums eingeborgen hat“, ist die eigentliche Burg für ihn doch nicht das Reich, sondern das Papsttum, das „ipsa apostolicae petrae arx“ ist[62]. Rom ist von den beiden Apostelfürsten, seinen wahren Vätern und Hirten, „besser begründet worden als von jenen, die deine Mauern errichteten und deren einer, der dir den Namen verlieh, dich durch Brudermord besudelt hat“[63]. Und eben weil das alte Rom so sehr in den Ketten des Dämons lag, mußte gerade der

[56] Sermo 4,3; 51,1; 62,2; 83,3.
[57] Sermo 3,2. [58] Sermo 3,3. [59] Sermo 4,4.
[60] Sermo 4,8; vgl. die Einheit von Kollegialität und Primat in: Sermo 5,2.
[61] Sermo 5,5. [62] Sermo 3,4.
[63] Sermo 82,1. Das Motiv kehrt vielfach wieder.

Fürst der Apostel „für die Burg des römischen Imperiums ausersehen werden“. Vom Zentrum aller Irrtümer aus sollte das Licht der Wahrheit Christi ausstrahlen[64]. Leo wird die Kaiser seiner Zeit loben, ihnen für ihren Beistand dankbar sein, „aber Rom verdankt ihnen jetzt nichts mehr von seinem Ruhm. In der Auffassung Leos ist das Prestige Roms fortan rein christlich.“ [65] Man kann von einer Ablösung sprechen, aber sie erfolgt, indem Roms erste Gründung durch eine zweite ersetzt wird. Wir sind weit entfernt von der eusebianischen Synthese. Wo das christliche Haus steht, kann das Gerüst abgebrochen werden, auch wenn später, in Zeiten, da das Reich gefallen ist und die Päpste notgedrungen Funktionen weltlicher Verwaltung übernehmen, manche Elemente des Abgebrochenen Hilfsdienste tun.

3. Aber die eigentliche Krisis der antiken Roma, ihre endgültige Entmythologisierung und Säkularisierung hatte sich schon zwanzig bis dreißig Jahre vor Leos Amtsantritt in *Augustins „Gottesstaat“* vollzogen[66], worin eine viel mächtigere Wotanseiche gefällt wird als die des Bonifatius: hier wird der Mythos Roms in all seinen Phasen: seiner Gründung (durch einen Brudermörder[67]), seinem Aufstieg (durch unersättliche Macht- und Ruhmgier[68]), seiner Friedenstat

---

[64] Sermo 82, 3.

[65] P. Batiffol, Le Siège Apostolique (359–451) (Paris 1924) 432.

[66] Die ausgewogenste Deutung hinsichtlich der uns beschäftigenden Frage ist Franz Georg Maiers „Augustin und das antike Rom“, in: Tübinger Beiträge zur Altertumswissenschaft 39 (Kohlhammer 1955), daselbst die ältere Literatur. Das Schlußurteil nach all den nuancierten Einzelurteilen bleibt zu schroff, falls man es auf das ganze Phänomen Augustinus bezöge, es mag für den „späten“ (212) zutreffen. Mit vollem Recht wird natürlich die ganze unter dem Faschismus versuchte „Romanisierung“ Augustins abgelehnt (vgl. die S. 14 Anm. 10 angeführte Literatur); das Schlußurteil lautet: „Die Romanitas (erscheint) als bedeutendste geschichtliche Form politischer Religiosität, als der vollendete Abfall von Gott“, darum „verwirft er (Augustin) alle versöhnende Geschichtsbetrachtung, die Romanitas und Christianitas zu einen sucht“ (208). „De Civitate Dei ist Antwort auf den Romglauben der heidnischen Philosophen wie der christlichen Gläubigen. Wer an Rom glaubt und seinen Untergang mit dem der Welt identifiziert, steht gegen Gott“ (78).

[67] Die Gründung der Stadt auf einem Brudermord ist schon von Horaz (Ep 7, 17ff) als ein Verhängnis gesehen worden. Das Motiv wird von Tertullian, Cyprian, Minucius Felix, Laktanz aufgegriffen (Stellen bei Maier 103 A 72). Aber erst bei Augustin erhält es seine ganze Symbolkraft, weil es von ihm ausdrücklich als „primum exemplum, et ut Graeci appellant, archetypos“ (15, 5) der Civitas erhoben wird, „was zeigt, wie tief die Civitas terrena gegen sich selbst zerspalten ist“ (ebd.). In der Folge wird von Augustin auch die ganze heroische Vorzeit brutal entmythologisiert.

[68] Über den Zusammenhang zwischen libido dominandi und cupido gloriae: Maier 107–108, 126.

(die durch unmenschliche Kriege erkauft ist[69] und die für Augustin keinerlei theologisches Gewicht zu haben scheint)[70], bis in die Wurzeln zerstört. Dieses „Abgesägtwerden" bis über der Wurzel, worüber Raffalt klagt, findet nicht heute statt, sondern ist die Tat des Bischofs von Hippo. Augustin kann sich hier all der warnenden Selbstkritik Roms in seinen besonnensten Schriftstellern (an erster Stelle Sallust[71]) bedienen; aber seine entscheidende Tat ist, den Widerspruch zur politischen Großmacht, die ihm ebenso als reinweltliche Machtballung unter irdischen Motiven wie die einer organisierten Räuberbande[72] erscheint, durch einen viel tieferen, theologischen Gegensatz unterwandert zu haben, den zweier Letzthaltungen, die er selbstlose Liebe (caritas) und selbstsüchtige Begierlichkeit (cupiditas) nennt, sie bestimmen die beiden Civitates, die im Himmel beheimatete, die Weltgeschichte durchpilgernde Civitas Dei und die aus dem Abfall von Gott, der irdischen Selbstgenügsamkeit entstandene Civitas terrena. Daß das „ewige Rom" 410 von Alarich verwüstet wird, nimmt Augustin gelassen hin: wie sollte Vergängliches, erst recht derart vom Ursprung her Schuldiges, nicht vergehen[73]. Eine positive Romtheologie findet sich bei Augustin nicht, daher auch keine Verbindung zwischen seiner Spekulation über den Sinn des römischen Reiches und des Papsttums, dem er treu ergeben

---

[69] Das Faktum des augusteischen Friedens wird nicht bestritten: „verum est. Sed hoc quam multis et quam grandibus bellis, quanta strage hominum, quanta effusione sanguinis comparatum est!" (19,7.)

[70] „Dieses einfache Übergehen des berühmten Synchronismus" zwischen augusteischem Frieden und Geburt Christi ist allein schon vielsagend (Maier 181), es vollendet die „grundsätzliche Profanisierung" Roms, durch die Augustin das Christentum von der politischen Bindung an eine zerfallende Welt löst. Er tut etwas Ähnliches wie Jeremias, der den abergläubischen Tempelglauben der Juden zerstört: die Christen klammerten sich an die Apostelgräber in Rom, das „trotzdem angezündet wird" (Sermo 296,6).

[71] Neben Sallust, dessen dunkle Schilderungen noch tiefer eingeschwärzt werden, werden Livius, Cicero, Varro und zuweilen Vergil benützt.

[72] Civ. Dei 4,5. Die Aussage wird direkt von Assur gemacht, zielt aber deutlich genug auch auf Rom.

[73] Augustin hält im Jahr 410/411 vier Predigten über den Untergang Roms, in denen er die Gemüter seiner Zuhörer beruhigt: De urbis excidio (PL 40, 714–724) und Sermones 81, 105, 296. Darin wird auch gegen die angebliche „Ewigkeit" Roms Stellung bezogen; weil der Mensch vergänglich geschaffen ist, sind es auch seine Werke. „Und sollte der Staat jetzt nicht untergehen, einmal wird ihm ein Ende gesetzt sein" (S. 81,9). Augustin spricht von Vergänglichkeit, kündet aber keinen nahen Weltuntergang an. Die Ewigkeit Roms ist ein blasphemischer Anspruch, der Kreatürlichkeit nicht zu unterliegen. Schon frühere Apologeten hatten dagegen Stellung bezogen, vgl. M. Dibelius, Rom und die Christen im ersten Jahrhundert, in: Sitzungsberichte Heidelberg 1941/2, 2.

ist[74]. Worauf es ihm einzig ankommt, ist die Entwurzelung der menschlichen Selbst-Herrlichkeit Roms bis in jene Tiefe, in der die Ehre, die Gloria, Gott zurückgegeben werden kann, dem sie gebührt[75]. Dabei kann er innerhalb der Klammer der Nichtliebe durchaus auch positive Werte feststellen. Es ist nicht wahr, daß für ihn die heidnischen Tugenden *als solche* nur glänzende Laster sind; sie sind unzureichend nur deshalb, weil sie unterhalb des Niveaus der Caritas verharren, ja sie können in ihrem Eigenwert durchaus dem Christen Ansporn und Vorbild sein[76]. Aber im christlichen Sinn positiv ist nur, was unter dem Vorzeichen der Liebe, jetzt der christlichen Liebe steht, und das kann durchaus auch – wie Augustins Fürstenspiegel[77] zeigt – ein christlich der Civitas Dei dienender Herrscher, Theodosius (5,26) zum Beispiel, sein. Aber das Christentum hat als die alles umgreifende Form in sich selbst Ressourcen genug, seinen eigenen Humanismus zu begründen[78]. „Ein letztes Mal bricht mit Augustin die apokalyptische Romfeindschaft der Verfolgungszeiten auf, die immer wieder das Römische Reich als die große Hure Babel der Stadt der Heiligen gegenübergestellt hatte."[79] Dem augusteischen Frieden stellt er einen ganz andern,

---

[74] Zu Augustins Stellung zum Papsttum vgl. P. Batiffol: Le catholicisme de S. Augustin, 2 Bde. ($^2$1920). Obschon Augustin in der Civitas Dei nicht vom Papsttum handelt, ist es eindeutig, daß für ihn der auf Erden pilgernde Teil des Gottesstaates die katholische Kirche ist, mit ihrem Paradox einer civitas permixta (aus Guten und Bösen, Echten und Scheinchristen) und mit ihrer sichtbaren kirchlichen und sakramentalen Struktur. Über den Papst: Ep 43,7 (PG 33, 163), 176,5 (PG 33, 784).

[75] Civ. Dei 5,14, mit Verweis auf Joh 5,44.

[76] Manche alten Römer werden für ihre Tugenden gelobt, etwa Regulus oder Scipio Nasica. Es gibt „nobilissima exempla". Aber sie verbleiben innerhalb der Klammer, vor der das negative Vorzeichen der Ruhm- oder Machtsucht steht, sie sind „non quidem jam sancti, sed minus turpes": ebd. 5,13. Ihr Gutes erhält von Gott zeitlichen Lohn und ist den Christen ein Vorbild: 5,13–20. Vgl. schon den Brief (nr. 138) an Marcellinus, worin das Imperium als ganzes den Christen zu einem Anschauungsmaterial wird, an dem sie erkennen, daß rein immanente Ziele für den Menschen ungenügend sind.

[77] Im Brief an Macedonius wird das Idealbild eines christlichen Staatsdieners entworfen (Ep. 155, 7–9). Der Fürstenspiegel, Civ. Dei 5,24, mit seiner „katalogartigen Aufzählung der Tugenden des christlichen Fürsten" bleibt konventionell und blaß, verglichen etwa mit „dem kompakten Realismus" des Eusebius (Maier, a.a.O. 137).

[78] So schon in den frühen Entwürfen einer christlichen Bildungslehre (De doctrina christiana). Augustins kühle Distanz von der antiken (vorab rhetorischen) Bildung sticht ab von dem Schwanken des Hieronymus zwischen Verfallenheit und Askese ihr gegenüber.

[79] Augustin glaubt weder an die Veränderbarkeit des Menschen – außer durch ein Leben im Glauben – noch (infolgedessen) an einen Fortschritt der Geschichte im weltlichen Sinn: die Prinzipien, die die Geschichte machen, die beiden Civitates, stehen sich

den von Christus den Herzen geschenkten himmlischen Frieden entgegen (19. Buch). Und gewiß darf man bei einer Gesamtbeurteilung Augustins nicht vergessen, daß seine Denkform platonisch ist, was immer beides in sich schließt: daß das Irdische nur Schatten und Schein des Überirdischen ist, daß es aber zugleich auch seine wirkliche, vielleicht notwendige Er-Scheinung ist, so daß man auf der Stufenleiter der Erscheinungen emporgeleitet werden kann zur Wahrheit und Gerechtigkeit. Der schroffe Dualismus kann jederzeit gemäßigt werden durch einen Monismus, in welchem – auch für den platonisierenden Christen – Natur und Übernatürliches nicht deutlich voneinander abgesetzt sind[80]. Sicher aber dominiert in der Theologie des Ostreichs der Monismus (mit dem christlichen Kaiser als Erscheinung Gottes an der Spitze der Welt), in der Theologie der Civitas Dei ein Dualismus, der sich durch alle platonisierenden Monismen des römisch-germanischen Mittelalters hindurch auswirken wird. Am Ursprung des Heiligen Römischen Reiches deutscher Nation steht der *radikale „antirömische Affekt“ Augustins.*

Wir haben diese Erörterung unter den Obertitel „die Zerreißprobe“ gesetzt, denn sie führt uns ein letztes Mal geradenwegs in die tragische und immanent unlösbare Situation des Papsttums vom Ausgang der Antike bis zum Beginn der Neuzeit und beleuchtet diese Epoche grell von dem über die *Exzentrizität* des päpstlichen Amtes Gesagten her. Mit Recht hat man bei den extremen praktischen Konsequenzen, die Gregor VII. und alle seine Nachfolger bis Bonifaz VIII. der staatlichen Macht gegenüber gezogen haben, von „politischem Augustinismus“ gesprochen[81]. Denn gesetzt, der Vertreter der Civitas terrena ist Christ (wie Theodosius oder später Karl der Große, die Ottonen und Staufer), so kann er diese heilige Aufgabe nur von dem her erhalten, dem die Verantwortung für die auf Erden pilgernde Civitas Dei von Christus anvertraut worden ist. Gregor VII., der den rebellischen Kaiser Heinrich IV. nicht nur bannt, sondern absetzt (nachdem ihn dieser 1076 abzusetzen versucht hatte[82]) und der darin das äußerste, lang verschobene Mittel erblickt, die Kirche aus der Umklammerung des Reiches und den

---

unveränderlich gegenüber. „Nos sumus tempora: quales sumus, talia sunt tempora“ (Sermo 80,8).

[80] Dazu vor allem É. Gilson, Introduction à l'étude de S. Augustin (Paris 1929) 299ff.

[81] H.-X. Arquillère, L'Augustinisme politique. Essai sur la formation des théories politiques au Moyen-Age (Vrin, Paris ²1955).

[82] Er läßt zu Worms die Absetzungsurkunde des ‚falschen Mönches Hildebrand‘ von vierundzwanzig Bischöfen unterschreiben.

daraus folgenden Übeln der Simonie und Zuchtlosigkeit zu befreien, ist sich bewußt, im Sinne Augustins einzig die Ehre Gottes zu suchen, aber, was ebenso wichtig ist, der Tradition des Papsttums treu zu bleiben[83]. Hat nicht gerade Gelasius, der die zwei obersten Mächte, von denen die Welt regiert wird, „die heilige Autorität der Päpste und die königliche Vollmacht", unterscheidet, sogleich hinzugefügt: „von diesen beiden ist die Last der Päpste um so schwerer, als sie selber auch für die Könige der Menschen im göttlichen Gericht Rechenschaft abzulegen haben" (DSch 347). Gregor der Große fühlt dieselbe Verantwortung gegenüber den Merowingern, denen er aufträgt, „in allem unsere Anweisungen ausführen zu lassen, um Gottes und des seligen Petrus willen..."[84] Bei Isidor von Sevilla wird der Fürst zum weltlichen Arm der Kirche, der „durch den Schrecken der Disziplin durchsetzt, was die Priester durch die Predigt nicht durchzusetzen vermögen... Die weltlichen Fürsten sollen wissen, daß Gott von ihnen Rechenschaft fordern wird über die Kirche, die er ihrem Schutz anvertraut hat."[86] Die Kaiserkrönung hat den Sinn, die weltliche Macht in den Dienst an dem in der Kirche versichtbarten Gottesreich hinein zu weihen. Gregor VII. wird in seinem Brief an Hermann von Metz klar herausstellen, daß die oberste Pflicht der Könige eine geistliche ist, „und wenn es schon für den einfachen Christen keine geringe Mühe ist, eine einzige Seele, die seinige, zu retten, welch große Last ruht dann auf den Fürsten mit ihrer Verantwortung für Tausende von Seelen!"[87] Die von der Kirche geweihten Könige sollen deshalb ihr Amt übernehmen, „nicht um einer vergänglichen Glorie willen, sondern für das Heil vieler... Immer sollen sie die Ehre Gottes der eigenen vorziehen."[88] In einer solchen von Augustinus und zugleich von der päpstlichen Überlieferung her gerechtfertigten Sicht bedurfte es gar keiner „Konstantinischen Schenkung" mehr, bei Innozenz IV. genügt der Verweis auf die Übergabe der „zwei Schwerter" des Priesterkönigs Jesus Christus nach der Ordnung des Melchisedech an Petrus, der das weltliche Schwert dem Fürsten leiht[89].

Nun war es unvermeidlich, daß das von Ostrom verwahrte und christlich ausgestaltete römische Recht zur Stütze dieses aus dem Antiromanismus Augustins genährten Anspruchs verwendet, aber,

---

[83] Nil novi facientes, nil adinventione nostra statuentes... Regist. IV 22.
[84] Regist. VI, 5. [85] Regist. V, 60.
[86] Sententiae III, 51. [87] Regist. VIII 21. [88] Ebd.
[89] Arquillère nennt die Bulle „Aeger cui levia" von 1245 „l'expression la plus absolue de la théocratie pontificale au Moyen-Age", a.a.O. 35 Anm.

weil es wirklich *römisches Recht* war, gegen diesen Anspruch ausgespielt werden konnte. Die totale Säkularisation des alten Rom durch Augustin führt zwangsmäßig zu einer Sakralisation des profanen Rechts durch die oberste Instanz des sichtbaren „Gottesstaats", und wo dieses Recht sich seiner – augustinischen! – Profanität neu bewußt wird, zu einem antirömischen Protest, der schließlich nur der Widerhall des gleichen – zu seiner Zeit und an seiner Stelle wohlberechtigten – Protestes Augustins war. Das war die Zerreißprobe der mittleren Zeit, die nicht mehr die unsrige ist. Die absolute Zentralisierung der Welt in Petrus als dem Absolutpunkt, in welchem das Gottesreich sich wie durch die schmale Stelle der Sanduhr je und je im untern Bereich der Welt vergegenwärtigt, war zugleich als absolute Exzentrizität vorgestellt, worin die ganze Fülle weltlichen Rechts aus der paulinischen „Rechtfertigung" und „Dikaiosyne" hervorgehen und der Papst letztlich für dessen Ausübung verantwortlich erklärt werden sollte.

Der Zerfall des heiligen Reiches in säkulare Nationen, entsprechend dem des heiligen Rechts in deren weltliches Recht, die seit Thomas von Aquin zunehmende Unterscheidung (nicht Scheidung!) des Natur- und Gnadenbereichs haben steigend alle direkten Ansprüche des Papsttums auf den staatlichen Bereich in indirekte verwandelt (vor allem in der Kirchenlehre des hl. Bellarmin) und den Nachfolger Petri in jenes Geviert zurückgestellt, in welchem er, ohne etwas von seiner Sendung einzubüßen, christlicher gestaltete Verantwortungen und deshalb auch christlicher motivierte Demütigungen tragen kann als in der unerhörten Extrapolation seines Amtes in der nachaugustinischen Zeit. „Jede Gesellschaft, jeder Kulturzustand verfügt zur Deutung, Bekämpfung und Bewältigung der Ereignisse nur über eine beschränkte Anzahl von Ideen. Man kann von den Päpsten, die als Hüter der Hinterlage ans Ewige rühren, nicht fordern, daß sie, was die menschliche Kultur angeht, ihrer Zeit um mehrere Jahrhunderte voraus sind." [90]

Eins aber dürfte Augustins Kampf gegen Rom für immer erreicht haben: das Bewußtsein, daß das christliche Rom durch keine innere Notwendigkeit mit dem imperialen verbunden ist. Petrarca sagte es, zur Zeit der Avignoneser Gefangenschaft des Papsttums: „Der Papst kann an jedem Ort sein; dort, wo er ist, ist Rom."

Im „Ersten Rom" kann künftig nicht mehr von Theokratie die Rede sein, so wie das „Zweite Rom" sie verstand, und wie dieses Verständnis sich nochmals, im Übergang zum „Dritten Rom" sä-

[90] A.a.O. 48.

kularisiert hat. Was im Zweiten „heiliges Recht" war, ist im Dritten zur „heiligen", die Welt verändernden Wirtschaft geworden. Das Zweite ist als Weltmacht untergegangen, aber neue Zerreißproben stehen bevor zwischen einem kirchlichen Papsttum, das um die Artung und Grenzen der Civitas terrena weiß, und einer neuen säkularisierten Unfehlbarkeit, die die Gnadenwunder der Civitas Dei in manipulierbare Menschen- und weltverändernde Wirtschaftswunder zu verändern vorgibt. Überholt und zwecklos aber ist es, wenn Christen das Erste Rom durch Rückenschüsse zu schwächen versuchen, die selbst dann, wenn sie eine längst vergangene Gestalt des Papsttums anzielen, danebentreffen.

### 3. „*Wohin du nicht willst*"

Bei der Amtsverleihung durch den auferstandenen Herrn erhält Petrus keine andere Verheißung als die seines Kreuzestodes: „Als du jung warst, gürtetest du dich selbst und gingst, wohin du wolltest. Wenn du aber alt geworden bist, wirst du deine Arme ausbreiten, und ein anderer wird dich gürten und dich führen, wohin du nicht willst." Petrus selbst brauchte diese Verheißung nicht schon auf seine Kreuzigung auszulegen, er konnte dabei an seine ganze Amtsführung denken, die in seinem Leben das immer stärkere Übergewicht über seine private Existenz und seine spontanen Entschlüsse erhalten, ihn zum „Gefangenen des Vatikans" machen, ihm eine übermenschliche Bürde aufladen wird: sollicitudo omnium ecclesiarum (2 Kor 11,28). Aber vielleicht hätte er, diese Aussicht bejahend, nur das menschliche Geschick eines jeden mit öffentlichen Geschäften beladenen Mannes übernommen, wenn nicht ein geheimnisvolles Mehr darin angedeutet gewesen wäre, das der Evangelist, auf die Geschehnisse rückblickend, ausdrücklich herausstellt: „Das aber sagte er, um anzudeuten, durch was für eine Todesart er Gott verherrlichen werde. Und nach diesen Worten sagt er zu ihm: ‚Folge mir'" (Joh 21,18f). Die Aufforderung der Nachfolge bezieht sich jetzt deutlich auf beides: die Folge in der Ausübung des Gut-Hirten-Amtes und dessen letzte Konsequenz: die Lebenshingabe für seine Schafe (Joh 10,15). Das Zweite ist, wenn die Nachfolge eine echte, christologisch geprägte ist, kein zufälliger gnadenhafter Anhang zum Ersten, es gehört schlicht zu dessen innerer Form, mag nun ein Papst den Kreuzestod sterben oder nicht. Wenn man die Amtsverwaltung als „funktional" bezeichnen will, dann gehört auch der Kreuzestod, in welcher Gestalt auch immer, zu dieser Funktion. Er steht nicht neben ihr als ein privates Werk der Übergebühr, das hinzukommen und ebensogut auch wegbleiben kann.

Wie so oft, ist auch hier die Selbstanatomie des Apostels Paulus die beste Illustration für das Gemeinte. Wie Simon, ohne gefragt und gebeten zu werden, mit dem Titel Petrus, Fels, überrumpelt wird (Joh 1,42) und dann zusehen muß, wie er – allmählich – seine Person in den Dienst seines Dienstamtes stellen lernt, so wird auch Saulus bei Damaskus in seinen Dienst hinein überwältigt, allem Sehen und Verstehen voraus von der Souveränität des Herrn geblendet und als Blinder herumkommandiert: „Steh auf und geh in die Stadt; dort wird man (!) dir sagen, was du zu tun hast." Und an Ananias, der zufällig dieser „man" ist: „Ich will ihm zeigen, wieviel er um meines Namens willen leiden muß" (Apg 9,5.16). Hier sind von vornherein die Beschlagnahme in den Dienst und die in das Leiden eins. Wir brauchen jetzt nicht die ganze Theologie der „Christusleiden" Pauli zu entrollen[91], es genügt die Feststellung, daß es *die* Apostel sind, die gleichsam von Amts und Berufs wegen „wie schon zum Tod verurteilte Verbrecher an den letzten Platz" verwiesen sind, weil sie „für Welt, Engel und Menschen" zum Blickfang und zur Augenweide werden sollen (1 Kor 4,9). Paulus wiederholt hier das Wort Jesu vom „letzten Platz", auf den man sich freiwillig stellen soll, zumal wenn man ein in der Kirche „Großer", mit einem Dienstamt Versehener ist (Lk 14,10; 22,26; 9,46ff par), aber das Wort verschärft sich bei ihm durch die bittere Feststellung, daß es die Kreuzesscheu und die Gnadenvergessenheit der Gemeinde ist, die den Apostel an diesen Platz nötigt: sie ist „schon satt" und schon „reich", ohne „empfangen" zu haben, sie hat sich selber zugelegt, was sie nicht nur einmal, sondern immerfort durch das Dienstamt hätte bekommen müssen, und erweist damit dessen völlige Überflüssigkeit: „Wir sind Toren um Christi willen – ihr seid Kluge in Christus; wir sind schwach – ihr seid stark; ihr seid berühmt – wir gelten nichts" (1 Kor 4,10). Wie Jesus sich über sein Volk und seine Stadt beklagt, weil sie sich geweigert hat, seinen Dienst anzunehmen, und dies unter Tränen (Lk 19,41), und wie er von dem prophetenmordenden Jerusalem an den Platz seines letzten entscheidenden Dienstes, des Kreuzes, gestellt wird, so wird Paulus durch die „satte" Gemeinde an den Platz des Verbrechers hinauskomplimen-

[91] Lit. bei Erh. Güttgemanns, Der leidende Apostel und sein Herr. Studien zur paulinischen Christologie (Göttingen 1966). Hier auch eine objektive Darstellung der neueren Diskussion, die auch dann dankenswert ist, wenn man der Stellungnahme des Autors nicht überall beipflichten kann.

tiert, auf den „Kehricht-"Haufen: wir sind „wie der Kehricht der Welt, wie der allgemeine Abschaum (peripsēma: wörtlich: was beim Reinigen abgeht, das abrinnende schmutzige Seifenwasser)." Und gleich an diese Bemerkung anschließend, fährt Paulus fort: „Nicht um euch zu beschämen, schreibe ich das, sondern um euch als meine geliebten Kinder zu ermahnen. Hättet ihr auch viel tausend Lehrmeister in Christus, so habt ihr doch nicht viele Väter, denn ich bin in Christus Jesus durch das Evangelium euer Vater geworden" (1 Kor 4, 13–15). Beides steht so eng nebeneinander, daß es wie zwei Seiten des gleichen ist: der von der Kirche den Aposteln zugewiesene letzte Platz der Schande – und ihre Vaterschaft ihr gegenüber. Natürlich stellt sich die Frage, ob es denn so richtig und normal sei. Die Antwort liegt in der Verschiebung des Tonfalls (wie ähnlich auch in 2 Kor 10–13; im Tonfall Pauli liegt die Hälfte seiner ganzen Theologie!): von einem bitteren, absichtlich provozierenden Sarkasmus, der ein Teil seiner „Paraklese" ist, zur ruhigen, aber keineswegs resignierten Feststellung, daß es eben so ist und daß es im Heilsplan Gottes, der seinen Sohn ans Kreuz geliefert hat, so richtig ist: „*Gott* hat uns Aposteln den letzten Platz angewiesen ..." Das Amt des Apostels hat seine konkrete Gestalt aufgrund eines empörenden Skandals, aber Paulus ist nicht um seiner selbst willen empört, daß man ihn wie den „letzten Dreck" behandelt, sondern einzig um der Gemeinde willen, die offenbar, so handelnd, nichts von nichts verstanden hat. Er würde sein Dienstamt nicht erfüllen, wenn er der Gemeinde nicht vorhalten würde, was sie da tut, wenn er sich in der persönlichen Tugend des schweigenden Hinnehmens übte, denn seine Existenz ist als ganze in den Dienst enteignet: Wie man ihn behandelt, so behandelt man eben das Amt, und wie sie das von Christus verliehene Amt behandeln, das müssen die korinthischen Charismatiker wissen. Sie sollen deshalb auch den ausführlichen Beweis dafür geliefert erhalten, daß sie Amt und Amtsträger (so ärgerlich der letztere ihnen sein mag) nicht säuberlich scheiden können: dem Amt ihre Reverenz erweisend und den Amtsträger kritisierend („aus der Nähe bescheiden, mutig nur, wenn er fern ist", 2 Kor 10, 1). Nirgends deutlicher als in den Schlußkapiteln des zweiten Korintherbriefs wird die Exzentrizität des Amtes bis in die feinsten Nuancen geschildert: Paulus ist provoziert durch die exzentrische Haltung der Gemeinde: „Ich befürchte nur, *ich* möchte euch bei meiner Ankunft *nicht* so finden, wie ich es wünsche, und *ihr* möchtet mich so finden, wie ihr es *nicht* wünscht ... Prüft euch selbst, ob ihr im Glauben steht, erprobt euch selbst. Oder seid ihr euch dessen nicht bewußt, daß Jesus Christus *in euch* ist? Dann wäret ihr unbewährt." Paulus betet, daß dies nicht zutreffen möge, „aber nicht damit *wir* bewährt erscheinen, sondern damit *ihr* das Gute tut, mögen wir auch unbewährt erscheinen" (2 Kor 12,30 – 13,7). Somit wäre die Exzentrik des Amtes – das als reines Recht („mit der Rute") aufzutreten gezwungen wird – durch die Unbewährtheit der Gemeinde verschuldet, aber darüber hinaus ist Paulus bereit, sich an den exzentrischen letzten Platz der Unbewährtheit, der Schande, des Kreuzes zu stellen, wenn er dadurch verhindern kann, daß die Gemeinde unbewährt ist. Wieder sind das die „Geburtswehen", die er für die Gemeinde erleidet, „bis Christus in euch Gestalt gewinnt" (Gal 4,19).

Durch diese Anatomie des apostolischen Amtes im ganzen ist die besondere des petrinischen Amtes mitgegeben. Der antipaulinische Affekt der Korinther und gewiß auch der von Jerusalem her bearbeiteten Galater ist strukturell von dem antipetrinischen Affekt aller Gemeinden, zu denen die Jurisdiktion Petri und seiner Nachfolger hinreicht (DSch 3064), nicht verschieden; dieser hat grundsätzlich die gleiche theologische Stelle, Bedeutung und Qualität, und wenn der antipaulinische Affekt und der für uns feststellbare antijohanneische Affekt (3 Joh 9) dem Bischofsamt und dem mit ihm solidarischen Priesteramt gilt, wenn die Apostel von „Murrköpfen" „hochfahrende Reden" zu hören bekommen, wenn die „Spötter" in ihren Diözesen „Spaltungen hervorrufen", weil sie „den Geist nicht besitzen" (Jud 16–19), so wird sich all dieses Gemurr und Gespött notwendig konzentriert über den Nachfolger Petri ergießen. *Denn Petrus hat einen „unmöglichen" Auftrag;* er soll in weltlich geformter, kontinuierlicher Gestalt das verkörpern, was am Kreuz alle Gestalt zerbrochen hat und in eine unnachahmliche Übergestalt eingegangen ist. Er soll in der Zerbrechlichkeit irdener Gefäße des Wortes und Begriffs jene ungeheuren Inhalte auf gültige und verpflichtende Weise einbergen, die alles Sinnen und Begreifen übersteigen. Er soll auf Erden binden und lösen – und damit irdisch verständliches und vertretbares Recht setzen –, was im Himmel nach einem nur Gott bekannten Recht gebunden und gelöst wird. Wer sieht nicht, daß er es an dieser Kreuzungsstelle zwischen Zeit und Ewigkeit ewig falsch machen wird: entweder das Ewige an die Zeit verraten, indem er es darin einbergen will (unendlich Wahres in „unfehlbaren Sätzen!") oder das Zeitliche an das Ewige, indem er sich an seine schein-ewigen Formeln klammert und damit das weiterrinnende Zeitliche verpaßt. Man spottet über ihn, man sollte vielmehr über seinen Auftrag lachen oder weinen.

Dies aber heißt nun: *die Gestalt des von Christus der Kirche ein-*

*gestifteten Amtes hat als solches und unabhängig von der es bekleidenden Person Kreuzesgestalt.* Es ist, in der Nachfolge Jesu, notwendig für jene da, die als Sünder Anstoß an ihm nehmen, und da der „Fels“, an dem sie sich stoßen, ein lebendiger Mensch ist, spürt *er* diesen Anstoß. Er spürt ihn gleichsam ungeschützt, während es jenen, die „wider den Stachel löcken“, zwar auch „hart“ wird (wie der Herr dem Paulus sagt: Apg 9,4), sie aber doch zunächst meinen, ein Vergnügen daran zu finden. Das Hirtenamt erwies sich als wesentlich exzentrisch, sofern es, im Zentrum verankert, sich in doppelter Weise zur Peripherie hin neigt: weil die Sünder und die Schwachen von ihm geweidet werden sollen, was ohne den Stab des Hirten nicht geht, und weil ein gewöhnlicher, fehlbarer Mensch, ein Sünder das Amt versieht, das in seiner höchsten Funktion sich als adäquat (unfehlbar) ausgeben muß. Das ist die gestiftete Struktur, und hier gibt es keine Hoffnung, durch „Veränderung der Strukturen“ etwas an der Lage der Kirche zu verbessern. Der Papst kann sich Mühe geben, sein Amt so demütig und so kompetent zu versehen wie möglich – aber auch Paulus war kompetent und hat trotzdem an den letzten Platz müssen. Auch die Sprengel und Gemeinden können sich Mühe geben, „bewährt“ zu sein und das Amt nicht in seine Exzentrizität hinaus zu provozieren, aber immer wird es etwas zu richten und zurechtzustellen geben.

Wenn das Amt selbst in seiner Exzentrik Kreuzesgestalt hat, dann wird die christliche Nachfolge des Amtsträgers auch durch das Amt selber bestimmt, und der unaufhebbare Dualismus zwischen ihm und seinem Träger, zwischen der Würde des Amtes und der Unwürdigkeit des Trägers („Geh weg von mir ...“; „Ich werde dich zum Menschenfischer machen“: Lk 5,8.10), wird vom Amt selbst her überbrückt. Einerseits zeigte sich, daß auch längere Zeiten schlechter Amtsverwaltung die Achtung des christlichen Volkes vor dem Amt nicht zu mindern vermochte, daß die Periode der Konziliartheorie eine solche der Sorge um das Amt war, daß Polemiken gegen die Amtsverwaltung nur selten die Abschaffung des Amtes selbst, zumeist nur dessen Reform anstrebten. Auf der andern Seite liegt das Tiefere: gerade in den persönlichen Angriffen auf einen Amtsträger tritt, ob die Angreifer es wissen und wollen oder nicht, die Kreuzgestalt des Amtes selber unabweisbar heraus: „fulget crucis mysterium“. Paulus wußte gerade dies. Konzentrierte Angriffe auf das Amt, wie wir sie in der heutigen Zeit erleben, wo die uralten antirömischen Affekte neu geschürt werden, haben als Erfolg, das Amt, zentral das petrinische, sekundär das bischöfliche und priesterliche, in eine Isolation zu drängen, die die Blicke darauf versammelt, es „auf die Bühne“ oder „an den Schandpfahl“ zu stellen (theatron: 1 Kor 4,9; theatrizesthai: Hebr 10,33), wo keiner es übersehen kann. Gerade seine beabsichtigte Demütigung, Schmähung, sogar seine Verschweigung hebt es hervor, und zwar nicht den Träger, sondern das, was er trägt und was ihn trägt: die menschlich unerträgliche Bürde, das Kreuz. In seiner Verhöhnung ob der Unwürdigkeit seines Trägers verherrlicht es sich selbst. Es spielt eine gewisse Rolle, aber doch keine sehr große, ob der verdemütigte Träger sich selbst vor der Welt mitverdemütigt, ob er auf Sedia und Tiara und dergleichen Zutaten verzichtet, die strenggenommen aber gar nicht ihm gehören, sondern einzig dem Amt, das er verkörpert[92]. R. Raffalt hat recht, die persönliche Demut eines Papstes klar abzuheben von der durch das Amt selbst erzwungenen Demütigung. Diese mit der ganzen Kraft der Person anzunehmen ist nicht dasselbe wie die Neigung, eigene Demutsgebärden zu vollziehen. Paulus hat ihrer nicht bedurft, so sehr war er eins mit dem in ihm gedemütigten Amt.

Zweifellos bedeutet auch die je neue Demütigung des Amtes dessen Reinigung und Klärung. Aber nochmals: *Gott* stellt die Amtsträger an den letzten Platz; weder sie selbst stellen sich dahin, noch hat die Gemeinde irgendeinen Auftrag, dergleichen zu tun. Daß es in der Gemeinde ein Amt gibt, ist für sie gewiß auch eine Präsenz des Kreuzes: eine Autorität, die mehr als menschlich, sogar übernatürlich ist und entsprechend für Gott einfordern kann, ist für den nach Autonomie lechzenden Menschen eine ständige Erinnerung an sein „Gekreuzigtsein der Welt“ (Gal 6,14). Und das Amt fordert sogar die ganze Gemeinde auf, an den Ort der Schmach außerhalb

---

[92] „Eine wichtige Streitfrage ist, ob Würdezeichen, Titel, Bischofspaläste überflüssigen oder schädlichen Reichtum bedeuten ... Es ist Reichtum, der keinem Individuum gehört, und mit ihm kann nicht nach Belieben verfahren werden. Ebensowenig bedeutet der Reichtum der Kirche an Kirchenliedern und Heiligenfesten Reichtum im Sinn von beliebiger Verfügungsmacht. Die Beseitigung aller dieser Reichtümer würde die Kirche nicht zu evangelischer Armut führen, wie die Bilderstürmer früherer Jahrhunderte bewiesen haben, sondern zu einem Rückgang der Verehrung und der Hingabe.“ W. Siebel, a.a.O. 70, in Antwort auf einen heutigen Trend, wobei der Autor „auf keinen Fall“ sagen will, „daß Herrschaftszeichen immer und auf jeden Fall erhalten werden müßten“, wohl aber, daß Änderungen stets unter dem Gesichtspunkt zu stehen haben, daß eine Stärkung der Repräsentation erfolgt“. Paläste können dann aufgegeben werden, wenn sie „unter den gegebenen Zeitumständen nur als Ausdruck von Reichtum und von Zugehörigkeit zu einer wirtschaftlichen Klasse verstanden werden“. Ein Aufgeben solcher Zeichen um des Aufgebens willen wäre ein Zeichen dafür, daß die Führerperson „von ihrem Herrschaftsauftrag (von der Größe ihrer Berufung) nicht mehr überzeugt ist. Sie hat sich damit zum Organ eines neuen partiellen Bildersturms machen lassen“: ebd. 71–72.

der heiligen Stadt hinauszugehen, wo Jesus gelitten hat, wo der *Unrat* der Opfertiere verbrannt wurde (Hebr 13,11–13). Die ganze Christenheit ist „der letzte Dreck“. Daher der Drang, den Störenfried seinerseits zu kreuzigen: ein gegenseitiger Vorgang. Er dauert, solange die Welt währt, und holt die blindlings vor dem Kreuz ins Aktivistische, Weltverändernde oder sonstwohin fliehende Kirche immer wieder ein, zu ihrem Glück, weil sie sich sonst in lauter Alibis und Abstraktionen verlöre. Wie sollte in der Kirche die Eucharistie als ein „memoriale passionis Domini“ gefeiert werden ohne das Amt, das das Kreuz auf sichtbare und fühlbare Art vergegenwärtigt, ohne das sie nur ein sentimentales Andenken bliebe?

*

Petrus ist als Gestalt eine Unmöglichkeit, die nur im Wollen des ihn stiftenden Ursprungs seine Möglichkeit hat. Ein Fischer, der nach Galiläa gehört, wird in der Mitte des Imperiums eingepflanzt, er erbt es, indem er von ihm getötet wird, aber getötet nicht wie sein Herr, den er verraten hat, sondern umgekehrt, mit den Füßen nach oben, um seinen Verrat wettzumachen. Es ist zu sublim, um nicht gleichzeitig grotesk zu sein. „Wie Sancho Pansa und Don Quijote, so bilden Simon Petrus und Christus eine Konstellation. Simon Petrus stand zum Herrn, womit zugleich gesagt ist, daß jede Komplikation psychologischer Art damit ausgeschlossen blieb. Hat einer schon einmal einen guten Schäferhund in der unmittelbaren Nähe des Hirten zu beobachten Gelegenheit gehabt, dessen Gespanntsein auf den Wink des Hirten, die Unruhe, bis dessen Befehl aus dem Auge springt? So war Petrus. Ohne den Herrn im Augenblick unsicher danebengreifend, unentschieden. Es gibt die Nähe dessen, der, wie es hieß, an der Brust des Herrn lag. Es gibt ferner die Nähe des geistigen Menschen, die zugleich dessen Ferne bedeutet. Die Nähe des Petrus aber ist eine andere als die des Johannes, eine andere als die des Paulus. Sie ist die Nähe dessen, der am heftigsten der Erschütterung ausgesetzt ist, die Nähe des gläubigen Menschen, als welche sich von solcher Art erweist, daß noch unter ihr, tiefer als sie, in ihrem Kern Ruhe herrscht, die Ruhe des Kindes. Simon Petrus war nämlich in einem tieferen Sinne Kind als Johannes, Kind das ganze Leben lang bis zum Tod. Daher auch seine Raschheit. Petrus ist rasch, zu rasch; rasch, wie Knaben rasch sind. Rasch gegenüber oder in Gegenwart des ewigen Maßes, der Ruhe des im Ewigen Geborgenen. Petrus gleicht dem Schüler, der nicht warten kann, bis der Lehrer die Frage an ihn richtet. Er ist darum gar nicht das, was man in der Klasse Streber nennt, sondern er strömt über, alles in ihm strömt über. Der Sünde Knecht ist man immer nur als Einzelner; Petrus ist kein Einzelner, sondern ist Volk, Herz des Volkes, Legende bis in den Himmel ragend, dort dann der Erste, zum mindesten der erste, dem wir begegnen, der Pförtner. Unten aber ist er unsicher wie ein Kind, das Gehübungen anstellt. Gleicht er nicht ganz einem solchen, da er auf dem Spiegel des Sees dem Herrn entgegengeht? Oder es ist so, daß er nicht mag, daß der Herr ihm die Füße wasche; nein, nein, wer bin ich, daß mir das geschehe! Dann aber will er, daß der Herr ihm gleich alles wasche, den ganzen Körper. Nach der Gefangennahme bleiben die Jünger zurück... Und Petrus folgte von ferne. So kam er bis in die Vorhalle. Und da geschah es dann. Wie wundervoll, wie voll Unschuld die Welt, darin der Erste zunächst einmal sich als voreilig erweist! Der antike Mensch hatte nicht diese Tiefe des durch Gott aufgerissenen Menschen, er hatte statt solchen Eingriffs seitens des einen Gottes die Bindung von Mensch und Gott durch das Schicksal, woraus sich dann gleich das eine ergibt: die hohe Konvention zwischen Göttlichem und Menschlichem (was alles Gottmenschentum ausschließt), das hohe Niveau, die Größe, der Ruhm und das andere." Nicht so die Menschen der Bibel, weil der lebendige Gott in sie eingreift – er, der „die Könige zugleich will und nicht will – daß sie in ihrer Tiefe wie aufgerissen sind von Gott gleich Opfertieren, daß diese Aufgerissenheit zugleich ihre Sünde ist, die Sünde des Gläubigen. Es gibt nur diese Sünde, die Sünde des Gläubigen, wie es nur ein Kindtum des Gläubigen gibt. Statt aller Größe auf Erden und im Himmel." [93]

[93] Rudolf Kassner, Simon Petrus, in: Neue Schweizer Rundschau NF 15 (1947/8) 717–727. Der Aufsatz ist in der Kassnerbibliographie (Gedenkbuch zum 80. Geburtstag, Rentsch o. J.) übergangen. Wir haben die Auslassungen im Text nicht gekennzeichnet. – Wir hätten auch mit einem Text Reinhold Schneiders schließen können, der vielleicht noch tiefer als Kassner die „unmögliche Möglichkeit" des petrinischen Amtes gesehen und in großen Tragödien dargestellt hat: sein Innozenz III. hat es sehr viel schwerer als Franziskus, sein Cölestin V. desertiert in die Heiligkeit und macht so dem Ungeheuer (wie Schneider ihn zeichnet) Bonifaz VIII. Platz. Aber einzig seine Skizze über Gregor den Großen ist in sich beruhigt, wenn auch Gregor der ist, der auf den Ruinen Roms die verkörperte Klage des Menschen ist, der im Tun die Schau, in der Schau das Tun vermißt. Reinhold Schneider gräbt sehr tief, aber an der entscheidenden Stelle verwechselt er das Kreuz mit der Tragik. Es fehlt das Wort Kind; und dieses ist es, das der geborene Katholik, aber spätere „Gnostiker" Kassner mit seiner divinatorischen Intuition erschaut. Sofern Petrus Kind ist, mitten in der „Unmöglichkeit" seines Auftrags, mitten in der Zerreißung des Form-sein-müssens dort, wo keine Form möglich ist, wird er zum Spiegelbild des ewigen Kindes des Vaters.

# Epilog

## *Die Verurteilung des Großinquisitors*

Dreihundert Jahre später. Die Situation hat sich umgekehrt. Jetzt steht der Großinquisitor, der Jesus verurteilt hatte, selbst vor Gericht. Jesus hatte zu allen Anklagen geschwiegen, er konnte gar nicht anders: „Alles hast Du dem Papst übergeben, folglich liegt jetzt alles beim Papst; Du aber komme jetzt überhaupt nicht wieder, oder störe wenigstens nicht vor der Zeit." Und der Papst nahm die Freiheit, die Jesus gebracht hatte, in Verwaltung, in der Weise, daß er das Geheimnis aufrichtete, vor dem der Drang der Menschen nach gemeinsamer Anbetung sich genugtun kann, und dieses Geheimnis und diese Anbetung durch Autorität vor dem Zugriff der Unheiligen schützte. Er nahm sich „von Rom das Schwert des Kaisers", das Jesus zu nehmen verschmäht hatte, „und erklärte, er sei nun allein der Herr der Welt". Unter „dem Bannstrahl gegen die Mächtigen" und dem Syllabus gegen die freien Geister hatte er die Gläubigen „zu einem einzigen, einstimmigen Ameisenhaufen vereinigen können". Und so brachte er es dahin, daß die Freiheit, die Jesus zu bringen gekommen war, nun gerade gegen ihn auf das Banner der Ungläubigen geschrieben wurde. Er nahm in seiner Autorität den Menschen ihre Freiheit ab: er erlaubte oder verbot ihnen, mit ihren Frauen und Geliebten zu leben, Kinder zu haben oder keine zu haben – immer je nach ihrem Gehorsam, „selbst die quälendsten Geheimnisse ihres Gewissens" übernahm er, alles übernahm und trug er in einer überschweren Verantwortung, auch den Weg der Vollkommenheit organisierte er, beraubte ihn seiner Gefahren und verbesserte damit das Werk Dessen, den er noch einmal zu verbrennen beschloß.

Aber Widersprüche rächen sich, und deshalb steht heute der Großinquisitor vor Gericht. Er, der damals gut zu tun meinte, das Werk Jesu zu verbessern, muß sich verantworten: hat er es nicht teuflisch verfälscht, hat er nicht – das war ja sein erster Gedanke –

durch seine Autorität den Menschen die Freiheit geraubt, die sie angeblich nicht zu tragen vermochten? Können sie es wirklich nicht, oder war es nicht einfach die Lüge des Großinquisitors, die sich noch einmal selbst überschlug, diesmal gegen ihn?

Er hatte Jesus vorgeworfen, die Versuchung des Teufels abgewiesen zu haben, aus Steinen Brot zu machen. „‚Der Mensch lebt nicht vom Brot allein'. Aber weißt Du auch, daß im Namen dieses irdischen Brotes der Geist der Erde sich gegen Dich erheben, mit Dir kämpfen und *Dich* besiegen wird? ‚Sättige sie zuerst, dann kannst Du von ihnen Tugenden verlangen!' werden sie auf ihre Fahnen schreiben." Aber hat denn der Großinquisitor dieses Brot gebracht oder nur in schönen Reden gefordert, daß man es bringe? Oder hat er den Völkern den Frieden dieser Welt gebracht, den er ihnen in so eindringlichen Vorträgen empfahl und um dessentwillen er so mühselige Reisen unternahm? Sind nicht *wir* es, so rufen ihm die neuen Massen entgegen, die uns das Brot selber gesät und bereitet haben; sind nicht wir es, die am Weltfrieden bauen, an deinen beschwörenden, völlig wirkungslosen Reden vorbei? Ganz richtig: „Erst kommt das Fressen, dann kommt die Moral", aber wir sind es, nicht du, die damit ernst gemacht haben. Und siehst du, der Witz der Weltgeschichte liegt darin, daß wir, nicht du, damit das Gebot deines Christus erfüllen, daß es besser sei, etwas zu leisten, als „Herr! Herr!" zu sagen. Erst kommt das Handeln, dann, wenn noch Platz dafür ist, der Glaube. Wir Orthopraktiker sind näher beim Evangelium als du und können es trotzdem entbehren. Wir sind bessere Christen als du, aber glauben atheistisch an Gott. Du meintest schlauer zu sein als dein Christus, indem du die Psychologie der Massen und gar ein wenig Soziologie studiertest, aber so dilettantisch, daß es ein leichtes war, dich darin zu überholen und dabei den wirklichen Menschen zu finden, wo du nur bis zu einer Menschenattrappe gelangt bist. Der wirkliche Mensch ist der, der sich selber in die Hand nimmt, sich selber hilft, damit Gott ihm helfe, der wirksam sich und seinen Nächsten zugleich rettet, ganz egal, ob unter evangelischem oder antichristlichem Vorzeichen. Die beiden Vorzeichen vertragen sich, wie du zu deinem Erstaunen sehen kannst, recht gut. Wir handelnde Christen sind mündig genug, auch unter der Flagge des Marxismus zu segeln und trotzdem wir selber zu sein. Wir können ebensogut als Jesuiten Nietzscheaner sein und sind es wirklich und mit gutem Gewissen, denn der von dir eingerichtete fromme Verein ist doch lauter bürgerliche Verlogenheit und dekadente Selbsttäuschung einer in ihren Konventionen hoffnungslos eingeschlossenen Gesellschaft; es ist eine gutchristliche Tat, sie an das „Gott ist tot“ des Kreuzesschreis Jesu zu gemahnen; sie sollen ruhig ein bißchen erschüttert werden – „was fällt, das sollt ihr auch noch stoßen“ – vielleicht schüttelt es sie in die Wahrheit des Menschen hinein.

Schließlich hast du Jesus verworfen, weil er mit seinem Programm nur die Hundertvierundvierzigtausend selig machen und den Millionen nichts bieten konnte. Der schmale Weg mußte verbreitert werden. So hast du eine Volkskirche erfunden, in der es Raum genug gab für die Vielen und außerdem einen ausgesparten, wohl organisierten und domestizierten Raum für die Wenigen, den sogenannten „Stand der Vollkommenheit“, aus dem sich jene Heiligen rekrutierten, die du kanonisierst, um sie dem Pöbel zur Anbetung (nicht zur Nachahmung, vergiß nicht die Pille) auf die Altäre zu stellen und ihnen so jede nüchterne Effizienz zu rauben. Nicht so hat es dein Meister, den du verbrennen wolltest, gemeint, und auch wir meinen es nicht so. Heilige hin oder her; die Mutigen, die wirksam deinem Establishment ins Angesicht widerstehen, deinen konformistischen Bischöfen den Gehorsam aufsagen und einfach Hand anlegen, ans Gewehr wenn nötig, sind uns heilig genug, und wir fragen uns sehr, ob sie es nicht auch jenem Mutigen wären, der der jüdischen Behörde ins Angesicht widerstand, oft subversiv, immer provokativ. Und wenn es schon um Wunder geht, so nehmen wir's gern mit dir auf: ob ein paar Tuberkulöse mehr oder weniger in der Lourdesgrotte geheilt werden, wiegt wenig, gemessen an dem Wunder, daß eine Handvoll Verwegener, die mit nichts anderem ausgerüstet als mit ihrem Verstand und ihrer Berechnung, das zaristische Reich zu stürzen vermochten und Millionen den Weg in ein menschenwürdiges Dasein geöffnet haben.

Ging es deinem Jesus nicht auch um die Menschheit? Um alle? Und was hast du daraus gemacht? Erwartet wurde das Reich, gekommen ist die Kirche. Und du kannst dir schließlich kein höheres Leitbild ausdenken, als daß alle sich in *deiner* Kirche versammeln, die ganze Herde mit dir als dem Hirten. Darüber hinaus reicht deine ökumenische Phantasie nicht. Die Deinen machen vor Protestanten, Anglikanern, Orthodoxen freundliche Knickse, aber deine Oberhoheit über das Ganze aufzugeben, sind weder sie noch bist du selber gewillt. Du kannst dich um einer höheren, wirklich umfassenden, wirklich katholischen Allheit willen nicht loslassen. Nun, was du nicht hinkriegst, das werden wir dir vormachen: eine Ökumene ohne dich, an dir vorbei, auf deine Kosten und auf deinem Rücken. Vor der Sammlung aller derer, an die sich die Seligkeiten Jesu adressierten, der Armen und Hungernden und Trauernden und Vergewaltigten, von den Mächtigen dieser Welt Ausgebeuteten, um der Gerechtigkeit willen Verfolgten, wirst du mit deiner armseligen Ökumene staunen: was du wolltest, aber nicht konntest, mit völlig unzureichenden Mitteln, in viel zu kleinem Format anstrebtest, das werden wir dir zeigen: die Ökumene der Gutwilligen – gegen dich.

Ob wir dich verbrennen, wie du den wiedergekehrten Christus verbrennen wolltest, das werden wir uns überlegen, vermutlich wird es gar nicht mehr nötig sein. Du wirst ein so schäbiges Häufchen Elend, wirst (mit deiner großartigen Vergangenheit) so sehr an den Schandpfahl der Weltgeschichte gestellt sein, daß alle Vorübergehenden den Kopf schütteln und mit der Zunge schnalzen werden: Na so was! Hat sich mit seiner plenitudo potestatis gebrüstet, und jetzt heben die Hunde ihre Hinterpfote gegen ihn. Geschieht ihm ganz recht. Immanente Gerechtigkeit; Sie glauben doch selbst an die Gerechtigkeit, Paternität?

„‚Und womit endet denn deine Dichtung?‘ fragte Aljoscha, den Blick zu Boden gesenkt. Oder ist sie schon zu Ende?‘ ‚Den Schluß habe ich mir damals so gedacht. Nachdem der Inquisitor verstummt ist, wartet er noch eine Weile, was der Gefangene ihm antworten würde, er hätte gewünscht, daß Er ihm etwas sage, und wäre es nur etwas Bitteres, Furchtbares. Er aber nähert sich schweigend und küßt ihn still auf die Lippen. Das ist seine ganze Antwort. Da öffnet der Inquisitor die Tür des gewölbten Verlieses und sagt zu ihm: ‚Geh und komm nie wieder ... Komm überhaupt nicht mehr ...‘ Und der Gefangene geht hinaus.“

Die neue Legende wird nicht so enden können. Es genügt, wenn sie bis zum schweigenden Kuß gelangt. Dann ist klar, quod erat demonstrandum: daß es möglich war, ist und sein wird, auch im Amt, gerade im Amt, dem Herrn nachzufolgen. Daß der Erste wirklich an den letzten Platz gelangen kann, ohne seinen Dienst aufzugeben. Und daß die dem Papsttum von den Seinen („popule meus!“) angetane Schmach ihm auch seine Glaubwürdigkeit wiederzugeben vermag.

# Personenregister

(kursive Zahlen = Anmerkungen)

## *Päpste*

VON
HANS URS VON BALTHASAR
ERSCHIEN IM
JOHANNES VERLAG EINSIEDELN

---

AUS DER TRILOGIE ÄSTHETIK/DRAMATIK/LOGIK

Die theologische Ästhetik: Herrlichkeit, 6 Bände

I Schau der Gestalt
II Fächer der Stile, 2 Bände
III/1 Im Raum der Metaphysik
III/2 Alter und Neuer Bund, 2 Bände

SKIZZEN ZUR THEOLOGIE

I Verbum Caro
II Sponsa Verbi
III Spiritus Creator

GESTALTEN

Gelebte Kirche – Bernanos
Schwestern im Geist (Therese von Lisieux und Elisabeth von Dijon)
Erster Blick auf Adrienne von Speyr

KLEINE PROGRAMMSCHRIFTEN

Schleifung der Bastionen
Theologie der Geschichte
Glaubhaft ist nur Liebe
Cordula oder der Ernstfall
Die Wahrheit ist symphonisch

SPIRITUELLES

Das betrachtende Gebet
Der Christ und die Angst
Thessalonicher- und Pastoralbriefe
Das Weizenkorn (Aphorismen)